鄞州区文化研究工程项目

鄞州宋史研究论文集

陈志坚 张凯 编

ZHEJIANG UNIVERSITY PRESS

浙江大学出版社

·杭州·

前 言

　　宋代是古今变革的枢纽,研究宋史、宋学可以明辨中国人心风俗的演变;宋韵文化是两宋文化中优秀的文明元素、内在精神与传承至今的文化价值。宋史研究首先是一项放眼全国的文化事业,正如陈寅恪指出的那样:"华夏民族之文化,历数千载之演进,而造极于赵宋之世。"对于宋韵的深入理解,乃是理解中华文明的关键一环。

　　如果就立足浙江而言,宋韵研究尤其显得重要而迫切,因为宋代正是浙江历史文化开始腾飞的时代。虽然宋以前,浙江历史文化有过十分辉煌的成就,如新石器时代的上山文化、河姆渡文化、良渚文化,春秋时期的越国,五代时的吴越等,都是中华文明的光辉篇章,但就整体上,浙江的历史文化能在全国有重要地位,乃至占据舞台中心,还是要等到宋代才开始。换而言之,宋代开始直至近代,浙江文化堪称中华文明当之无愧的代表作。我们要深入认识宋代的历史文化,提出宋韵研究绝对是首要之务。

　　单就宁波而言,其历史文化发展脉络也略同于浙江地区,宋代是宁波崛起的关键时期,其标志就是宋代的宁波已经成为两浙地区的一大经济中心和文化重镇,鄞州可谓唐宋时期区域社会发展的重要典范。梳理宁波宋韵,显然也是整个宋韵研究中不可或缺的一环。

　　经过学者们多年的耕耘,宁波宋代的历史文化研究成果,已然十分可观。这一研究范围,可谓是一时一地,但研究成果却非常之多,完全可以称得上是硕果累累。张如安编的《北宋宁波文化史》《南宋宁波文化史》,就足以证明这一点。

宋代宁波的研究成果,从论著对象和内容看,已经十分全面,且呈现出较为鲜明的特色,即有三大亮点:一是家族研究,二是海上丝绸之路研究,三是重要思想家研究。

一、家族研究。宁波宋代历史研究中最大的亮点是家族研究。家族研究,从宁波角度而言,或者视为地方史的问题。但吸引了众多史学名家的关注,可以说明宁波的家族具有代表性,具有全国性意义。从政治家族史家到文化家族楼家,这些家族之所以能够引起足够重视,首先是因为他们都在宋代历史上留下了深刻的烙印,非一时一地的问题;其次,这些家族都在明州这一地方的社会空间呈现错综复杂之势,以当时丰富而典型的家族形态展现。宁波家族研究中,可谓名家辈出,大作纷呈,如戴仁柱、柳立言、小林晃、黄宽重、黄敏枝、包伟民、游彪等名家,都著有大块文章、著作。

戴仁柱的《丞相世家:南宋四明史氏家族研究》是最早涉及宋代四明家族的著作之一,堪称最具代表性的成果,该书着重探究史家的政治活动,以政治世家的角度来考察史氏。戴仁柱又有《政治成就与世袭团体的成长:宋代明州史氏》一文,收在《晚期中华帝国的家族组织》一书中。游彪和龙耀祥的《由"鄞县"到"临安":两宋之际四明史氏的崛起道路》一文,以政治空间上的变化探讨四明史氏家族逐渐走出乡里,步入政治权力中心的过程。除对史氏家族的综合论述之外,对史氏个体的研究同样数量众多,以史浩研究和史弥远研究为主,有蒋义斌《史浩研究:兼论南宋孝宗朝政局及学术》、何忠礼《试论南宋孝宗朝初年与金人的和战:兼论对张浚和史浩的评价》、小林晃《南宋后期史弥远专权内情及其嬗变》等研究成果。另有对史氏家族在文化领域作用的探究,如黄敏枝的《南宋四明史氏家族与佛教的关系》从寺庙坟观及与高僧的关系入手,讨论了史氏家族与佛教的关系。

关于另一家族四明楼氏的主要研究成果有包伟民《宋代明州楼氏家族研究》、唐燮军与孙旭红的《两宋四明楼氏的盛衰沉浮及其家族文化:基于〈楼钥集〉的考察》、庞桧存《宋代新兴士人家族研究：以楼钥家族为例》等。这些论著对楼氏家族兴衰情况进行考察，并分析楼氏家族如何维持兴盛，包括通过婚姻、交游、组织和参与地方公益及文化活动等。黄宽重《南宋四明士族人际网络与社会文化活动：以楼氏家族为中心的观察》一文，从楼氏家族的发展轨迹、家族与地方社会的关系、家族兴衰与社会流动这三个方面入手，将讨论范围扩大到婚姻、交游、教育、学术、社群、公共建设等。黄氏另有《发明本心：袁氏家族与陆学衣钵》一文，探究四明袁氏，收录于《宋代的家族与社会》一书中，全面介绍了袁氏家族由起家到中衰，继而再次兴衰的六代族人，并考察其家族的运作机制与学术传承。

柳立言为家族史研究提供了具体思路，其《科举、人际关系网络与家族兴衰：以宋代明州为例》一文，从科举及在此基础上产生的各种人际网络切入，探讨了科举对宋代明州地区的士人家族之兴衰的影响。黄宽重《政治、地域与家族：宋元时期四明士族的衰替》一文试图对四明地区士人家族的发展历程进行跨代研究，指出在宋代，科举出仕是家族兴起的重要途径，然而由于南宋末的政治斗争，四明士族走向了分化与对立。

另外，郑丞良的《南宋明州先贤祠研究》，也是一部分析宁波人物和文化的力作。

二、海上丝绸之路研究。宁波东临沧海，向西则是广阔的内陆腹地，得天独厚的地理优势使得宁波自古以来就是中国"海上丝绸之路"的重要港口之一，宋代在宁波设立市舶司，是官方指定的开放港口，因此学界对于两宋时期宁波海外贸易、对外文化交流等内容的重视不言而喻。

对于宁波港海外贸易状况的研究无疑是学界关注的热点，宋代中日贸易持续保持繁荣，另外与朝鲜半岛等地的海外贸易网络也渐次开辟。虞浩旭《论唐宋时期往来中日间的"明州商帮"》一文，探究了唐宋时期一批以明州商人为主，以明州港为基地，以日本为主要贸易对象的明州商帮在历史上发挥的重要作用。张伟《略论明州在宋丽民间贸易中的地位》探索了北宋建立后明州和高丽的民间贸易，指出在宋丽民间互通有无的贸易交往过程中，明州港有着举足轻重的地位。林士民《论宋元时期明州与高丽的友好交往》通过对历史遗址、遗迹的考察与文献资料研究，证明浙东明州港自唐、吴越时期到宋元时期一直是中朝进行政治、经济、文化交流的主要窗口和纽带。

海外贸易是对外往来的重要方式，内在社会经济发展与对外贸易兴盛相互作用、相互促进。李小红《海外贸易与唐宋明州社会经济的发展》一文，认为海外贸易是唐宋时期明州地区社会经济发展的外在推动力，朱爱武《宋代明州海外贸易发展对政治和社会生活的影响》论述了海外贸易的繁荣很大程度上影响和推动了明州政治和社会生活的变化。另外，明州市舶司和航济亭等机构的设置，保证了海外贸易的有序进行，与此相关的研究有方祖猷和俞信芳《五代宋明州市舶机构初建时间及演变考》、纪昌兰《宋代明州航济亭设置时间考辨》等。

宁波不仅是开展贸易往来的大埠，还是进行文化交流的窗口，与日本、朝鲜半岛的文化交流是宁波主要任务，僧侣在其中发挥了重要作用。张德华《唐宋时期鄞州与日本的佛教交往》一文对唐宋时期日本与鄞州的佛教交往殊胜因缘等作了探讨，郭万平《来宋日僧成寻与宁波商人陈咏》则探讨了宋日僧侣与商人的互动关系。方祖猷《宋明州高丽宝云义通大师事迹考：兼论其在佛教史上的作用》叙述了高丽僧人义通从高丽至明州弘扬天台宗的情况。此外，涉及宋日文化交流的研究成果还有渡部武《〈耕织图〉对日本文化的影响》、董贻安《唐宋时期的明州茶禅文化与"海上茶叶之路"》、江静《赴日宋僧无学祖元研究》等。

三、人物研究。人物研究的出彩是因为宋代宁波名人众多，最著名者有杨简、黄震、王应麟等，还有以地域显名的学派"庆历五先生""甬上四先生"，除此之外，外来人物王安石、张孝祥等同样在宋代宁波历史上留下了浓墨重彩的一笔，因此与明州人物相关的研究也是层出不穷。

作为宋元之际的学术大儒，王应麟以其经史和文献的双重造诣，一直备受学界关注。钱穆的《王深宁学述》从师承和为学精神等方面论证王应麟之学实源出朱熹学统，并偏重经史之学。张三夕、杨毅《论王应麟的学术渊源》从王应麟的历史世界与学术思想出发，考察其学术渊源。另外，对于王应麟经学、文学思想的研究也逐渐涌现出来，王水照《王应麟的"词科"情结与〈辞学指南〉的双重意义》，从王应麟家族的"词科"情结着手探讨《辞学指南》的编纂背景及其于文章学史上的意义。钱志熙《试论王应麟的学术思想与文学成就》，结合南宋学术发展的内在理路，论述王应麟学术格局的形成及对其文学思想的影响。

此外，黄震的思想主张也为学界重视。张伟的《论黄震理学思想的时代特色及其历史地位》认为黄震是程朱理学的继承者、修正者，其理学思想对当时和后世都产生了不可低估的影响，张伟另有《黄震的社会政治思想及改革观》一文，考察黄震在民族忧患意识支配下提出的政治主张和改革方案，深入剖析其政治思想。吴怀祺《宋代学术史著作和黄震对理学的总结》，考察了黄震的学术著作《黄氏日抄》。

除对理学大家的研究外，以宁波这一地域为划分依据的学派也备受关注。李小红、陈雁《庆历五先生：宁波文化坐标的节点》一文，认为庆历五先生在宁波学术文化坐标中居于节点的位置，是宁波学术文化承上启下的关键人物。范立舟的《"甬上四先生"对象山心学的继承和张大：以"心本论"为中心的考察》认为四先生的学术核心观念"心"来自陆九渊及其兄弟，但又表现出不同于陆九渊的特点。对于"甬上四先生"又有单独研究，如曾凡朝《杨简易学思想研究》、蔡方鹿《杨简的心学思想及其在心学史上的地位》、杨万里《有契于心：袁燮文艺思想之精神内核》等。

外来人物对宋代宁波面貌也起到锦上添花的作用，如王安石曾任鄞县令，政绩斐然。张邦炜《王安石的鄞县施政与熙宁变法之异同》一文，探寻王安石鄞县施政与熙宁变法的传承与差异；杨渭生《王安石在鄞县的事迹考略》则梳理王安石在鄞县的政绩与这一时期的诗篇。幼年居住于鄞县的张孝祥以词作闻名于世，缪钺《灵谿词说：论苏、辛词与《庄》、《骚》；论陈与义词；论张孝祥词》一文认为张孝祥兼有清旷和豪雄两种长处，在词的发展史中有相当重要的地位。文学家中，词人吴文英也受到很大的关注，其中尤以叶嘉莹的《拆碎七宝楼台：谈梦窗词之现代观》为人瞩目。

当然，以上几个亮点的总结只是宁波宋史研究的一个方面。另一方面，宋代宁波城市建设、经济发展、考古建筑等基础研究也时常有新进展出现。

两宋时期可以说是宁波经济发展的转型期,因此在城市、经济发展等方面也颇受学者关注。日本斯波义信所著《宋代江南经济史研究》中"宋代的明州"一节,认为唐宋时期刺激明州发展和城市化的直接原因可以归结为交通和远距离商业的发达。邹逸麟《广德湖考》论述了广德湖的地理位置和其在水利方面的作用,并进一步论述广德湖废湖为田的原因。日本西冈弘晃《宋代明州鄞县的开发和水利问题》一文,以水利建设的视角来介绍明州城市发展的状况。成岳冲《论宋元宁波地区主干水利工程的分布与定型》认为在宋元时期宁波水利网系统已经形成,并指出每个县都有一个或两个中心工程。陆敏珍《唐宋时期明州区域社会经济研究》一书从人口、交通、水利等方面入手,将之作为区域经济形成的要素加以分析。另有乐承耀、徐兆文《宋代宁波农业的发展及其原因》、侯强《宋元时期宁波盐业考述》、苏金花《唐宋明州制瓷业发展述论:以考古资料为主的考察》等文章从不同产业出发考察宋代宁波经济发展状况。

另外,宁波还保存有大量宋代考古遗址、建筑,是宋代宁波风貌最直观的表达。宁波市文物考古研究所发表的《浙江宁波市唐宋子城遗址》一文,详细记载了子城考古挖掘资料,指出了唐宋时宁波城区的位置和构筑工艺。杨古城、曹厚德、徐宁的《浙江鄞县东钱湖南宋墓道石刻的历史和文化价值》和陈锽的《鄞县东钱湖南宋神道石刻艺术初探》探讨了东钱湖神道的历史文化价值和审美艺术价值。宁波保国寺还保存有完好的古代木结构建筑,由清华大学建筑学院、郭黛姮、宁波市保国寺古建筑博物馆编著的《东来第一山:保国寺》一书,对保国寺的历史沿革和建筑结构都作了详细论述,其中"保国寺及祥符殿的宏观价值"一节探讨了保国寺的历史价值和科学技术价值,祥符殿与《营造法式》制度有诸多相似,可以认为它代表 11 世纪初最先进的木结构技术。

最后一点,在长期研究和众多成果的基础上,宁波宋史研究已经产生了一些总结性的成果,如《宁波通史·宋代卷》《北宋宁波文化史》等都是证明。

以上的总结,乃是我们对于宁波宋史研究的一些粗浅认识,挂一漏万,颇有不足。今年,浙大历史学院开展了与宁波市鄞州区社科院的文化合作,承担了《鄞州宋史研究论文集》的编撰任务。我们基于以上对宁波宋代历史文化研究的认识，做了选编论文的工作。

论文选编时，我们首先从三大特色亮点出发，包括家族、海上丝绸之路、思想文化三个方面；其次也希望从研究者的角度来反映宁波宋韵的研究状况，尽量涵盖多位作者，因此每位作者的论文只选一篇；最后根据论文本身情况做筛选，比如有些论文因为篇幅过长或版权问题，只好忍痛割爱。

选编论文的最大痛苦，不在于没有好的论文，而是要去掉太多本来值得选编的文章。实际上，在选编过程中，编者也深深感受到，在如此浩繁的成果中，要选出极少量来作为代表，其实是一项不可能完成的任务。所以虽然本书完成了初次选编，但完全不敢认为已经将重要论文一网打尽，甚至不敢说一定能够代表宁波宋韵研究的成果。不过如果还有机会再出版更多续编的话，庶几可以弥补一点点初编的不足吧。

由于选入本书的各篇文章发表时间跨度较长，相应的表述、格式、注释方式等不尽相同，本书在尽量保持原文风貌的前提下，对有关表述、格式、注释方式等按今天的出版规范做了一些细微调整，请读者注意。各篇文章的作者，我们大多已联系到，个别作者未能及时联系上，也祈请谅解。

目　录

对外交流与社会经济　　　　　　　　　　　264

附录　鄞州宋代研究论著选目

宋代明州楼氏家族研究

包伟民

明州(庆元府)在两宋(960—1279)尤其是南宋(1127—1279)时期,名族聚居,文献丰富,一直是学者研究中古家族史的重要地区。[①] 以某一家族为中心的个案研究,在学术上虽或有以偏概全之不足,不过个案研究能向学者提供具体家族发展的全面和深入的事实,展示它们的历史全貌,不仅是进行综合分析不可或缺的基础,更能避免理论抽象在史实取舍中顾此失彼的困境,颇有意义。因此,本文拟在前人研究的基础上,全面阐述明州楼氏家族在宋代(960—1279)的发展,并据此对两宋时期社会流动性扩大与世家大族并存的现象略陈管见。

大致讲,宋代明州楼氏家族的发展可分为三个阶段:一、宋初楼郁以科举起家,典郡学三十余年,为楼氏作为一个儒学世家奠定基础;二、从北宋后期至南宋初期,

---

① 例如:戴仁柱(Richard L. Davis):*Court and Family in Sung China*,960—1279:*Bureaucratic Success and Kinship Fortunes for the Shih of Ming-chou*,Durham:Duke University Press(1986),论述明州史氏家族史事;黄宽重:《宋代四明袁氏家族研究》,《中国近世社会文化史论文集》,台北:"中研院"历史语言研究所,1992 年,论述明州袁氏史事;又伊原弘:《宋代明州における官户の婚姻関系》,《中央大学大学院研究年报》1974 年第 1 期,综述明州几个大族互相间的婚姻关系。

楼异(？—1124)父子典乡邦、创义庄,使楼氏开始形成地方名族规模;三、至南宋中期,楼钥(1137—1213)擢任执政,众多族人由科举或门荫入仕,明州楼氏成为南宋少数几个富于政治影响的家族之一,达到鼎盛时期。入元(1271—1368)后,政移人非,明州楼氏才归于衰落。

一、楼郁决科起家

明州楼氏祖籍本郡奉化县。先世出自浙西东阳,迁奉化始祖已不可考。据楼钥说:"楼氏以杞国为郡,而望出东阳。虽闻吾族自婺而迁,不知所始。自钥一行推而上之,至八世祖而止。惟曾叔祖二十五助教墓志云:'六世祖自婺迁于明。'是钥之九世祖也。又不书其讳。"①不过自九世以下,楼钥所说的八世祖名讳也已失载,唯知七世祖楼皓,六世祖楼杲,"皆卓有贤行"。② 七世祖楼皓生活于北宋初年,则估计楼氏九世祖自婺迁于明当在唐末或五代初年。

楼氏"世以财雄于乡里"③,"祖宅"在奉化县东奉化乡明化院旁,明化院西南的一个山坡"陁数百亩,上世埋葬甚众,邑人号楼太婆墓"④,可知向来是当地富族大姓。据说楼氏曾营建了奉化县告成、明化等佛寺院观的不少塔殿,并去杭州赎买新印《华严经》十部、私家雕印《法华经》百部,分施当地各寺庙,财力非常人可比。⑤

估计在咸平年间(998—1003),楼皓"以赀为奉化县录事"⑥,开始了楼氏从地方富族向官宦世家的转化,不过奠定家族发展基础的关键人物还是楼杲的孙子楼郁。楼皓生四子,次子杲,"笃厚种德",生郁,行十八,字子文,就是楼钥的高祖,累赠正议大夫。

---

① 楼钥:《攻媿集》卷六〇《长汀庵记》,四部丛刊本,第1093页。
② 袁燮:《絜斋集》卷一一《资政殿大学士赠少师楼公行状》,四库全书本,第257页。
③ 楼钥:《攻媿集》卷八五《高祖先生事略》,第1571页。
④ 楼钥:《攻媿集》卷六〇《长汀庵记》,第1093页。
⑤ 楼钥:《攻媿集》卷七四《为赵晦之书金刚经口诀题其后》,第1354页。
⑥ 楼钥:《攻媿集》卷七四《为赵晦之书金刚经口诀题其后》,第1354页。

楼郁至少在两个方面为家族的发展作出了贡献:一、楼郁精通儒术,以"古学为乡人所尊"①,为一方名士。庆历初各地创立州县学校,楼郁受地方人士推荐,掌教奉化县县学。当时王安石(1021—1086)恰在知鄞县任上,曾与楼郁有文字交往,称其"学行笃美,信于士友,穷居海濒,自乐于屡空之内,此某所仰叹也"②。数年后,楼郁又到州学任教,因此从乡间移居州城,居明州城南,人称城南先生,非复一介"乡先生"而已。自楼郁后,子孙无不读书应举,确立了业儒家风。"一门书种,赖以不绝"③,形成自己的学术世系,是谓"西湖家学"④,在两宋儒学传授中确立显著地位。后代读书应举,陆续科举及第,终于成为仕宦名家。二、皇祐五年(1053),楼郁考取进士,"登第起家",是楼氏家族正式入仕之第一人。初调舒州庐江县主簿,以禄不及亲,辞归,遂致仕,授大理评事。在此之前,他已典州学十余年,致仕后,重又掌教州学,前后两次共计三十余年,一时名宦如舒亶(1041—1103)、丰稷(1033—1107)、罗适(1029—1101)、袁毂、史诏、汪锷、俞充等人,都是他的弟子,号"西湖门人"。所以楼郁不仅在以家财与儒学相结合谋取出身一节,为一族之先,也许更重要的是他为楼氏家族在赵宋王朝官僚集团中建立了广泛的人际关系网。后来他的儿孙们入仕,"诸公又皆执友"⑤。楼氏子孙与各名宦世家的姻亲关系,不少也是从中发展而来的。

楼郁五子,"俱传业"⑥,其中长子常、次子光都先后科举及第。楼常中治平二年(1065)乙科,曾出知兴化军,元符三年(1100)七月至崇宁元年(1102)十二月,以朝奉大夫知台州⑦,官至左朝议大夫。后以子孙贵,累赠金紫光禄大夫。楼光"妙

① 楼钥:《攻媿集》卷八五《高祖先生事略》,第1552页。

② 王安石:《王文公文集》卷四《与楼郁教授书》,北京:人民出版社,1974年,第58页。

③ 楼钥:《攻媿集》卷一〇〇《叔祖居士并张夫人墓志铭》,第1931页。

④ 黄宗羲:《宋元学案》卷六《士刘诸儒学案》,北京:中华书局,1986年,第211页。

⑤ 楼钥:《攻媿集》卷七四《为赵晦之书金刚经口诀题其后》,第1354页。

⑥ 楼钥:《攻媿集》卷一〇九《承议郎谢君墓志铭》,第2132页。

⑦ 宋耆卿纂,徐三见点校:《嘉定赤城志》卷九《本朝郡守》,北京:中国文史出版社,2004年,第120页。

年举科",中熙宁九年(1076)进士第,元丰(1078—1085)中历无为州判官,后知畿县,"尹以势临之,不为动,未几罢归,卒",官至承议郎。子孙中看来没有以官宦知名者,唯知他的次子,名讳失载,少年力学,颇有父风。楼光去世后,此公于家中赀产一文不取,曾"以一介行李,往来江湖间,上武昌,浮彭蠡,历览胜地,挹秀气以充胸中之奇",但功名无就,晚居奉化龙潭,以伊洛道德之书、释老清净之说自娱,享年八十余岁。曾编有《纸阁诗集》。①

楼郁的幼子楼肖,字梦弼,就是前引楼钥所称"曾叔祖二十五助教",他"家传擅名,而邃于小学"②,可惜蹭蹬场屋,后以特奏名补和州助教,大概就只任此一差遣而已。奇怪的是,他的子孙似乎一直没有摆脱乃祖在科场失利的阴影。他的儿子楼弄(1099—1173),字元应,"少举进士,一再不遇",布衣终身。楼弄也有五个儿子,他"教子尤笃,五鼓而兴灯,前坐对同读,一书多至百遍",诸子"经书皆通读如流,真可畏服也"③。虽有家学如此,楼肖一支子孙科举及第者却只有淳祐七年(1247)楼浏一人,相比于前代强调家世阀阅的选士制度,科举制度一以程文决定取舍的公平性与科场成败的或然性,在这里得到了鲜明的体现。

二、楼异父子时期

从北宋后期楼异(? —1124)两典乡邦,到南宋初年楼璹(1099—1162)创建义庄,是明州楼氏形成地方名族的决定性阶段。

据记载所及,楼常有两个儿子先后考取进士。楼弁居长,中元符三年(1100)进士第,仕历不清,楼钥称他为"宗子博士"④,大概是他最重要的一个差遣。子嗣无考。

① 楼钥:《攻媿集》卷五二《纸阁诗序》,第972页。
② 楼钥:《攻媿集》卷五二《三家诗押韵序》,第974页。
③ 楼钥:《攻媿集》卷一〇〇《叔祖居士并张夫人墓志铭》,第1931页。
④ 楼钥:《攻媿集》卷五二《三家诗押韵序》,第974页。

楼常的另一个儿子就是楼异，字试可，里人尊之为墨庄先生。① 元丰八年
（1085）楼异以丙科第十人登进士第，初授汾州司理参军，历内外差遣，知大中正寺、
度支员外郎、吏部右司员外郎，知泗州、秀州等。政和七年（1117），受命知随州，入
殿辞行时，他向徽宗提出两个建议：一、在明州置高丽司，造百舟，供使者往来之需，
以应元丰年间的旧制；二、将明州的广德湖垦之为田，收租以为应奉之用。徽宗采
纳了他的建议，并改命他出知明州。楼异到明州任后，曾组织民役疏凿沟塘，改进
水利，同时还积极落实他自己的那两个建议，尤其是垦湖为田一项，将广德湖全部
围垦，共治湖田 720 顷，岁得谷 36000 石，专供应奉之需，大得权臣赞赏，在宣和元
年（1119）二月及二年（1120）八月，先后以"应奉有劳""职事修举"，两次下诏再任，
加官晋爵，为直龙图阁学士、秘阁修撰，至徽猷阁待制。② 宣和二年方腊起义爆发，
锋芒直指明州城下，楼异组织城防，"备御有方，人皆德之"，因此又受到奖励，进徽
猷阁直学士。③ 宣和四年任满，调平江府，后以疾辞归，六年（1124）正月卒。可知
楼异在政、宣年间仕途亨通，再典乡邦，大半是因为他迎合时风，"应奉有劳"之故，
这与数十年后乃孙楼钥的政治行为颇有区别。如广德湖是一方溉灌所资，为利甚
广，当地形势富户包占围垦，一向就有斗争。楼异为投当权者之所好，围垦广德湖，
虽官府每年可得数万石租米收入，但广德湖这一浙东名湖从此消失，水利灌溉之便
更受到破坏，宋廷宣和三年（1121）二月一日的一则诏书，即反映了问题的严重性：
"越州鉴湖、明州广德湖，自措置为田，下流堙塞，有妨灌溉，致失陷常赋。又请田人

---

① 王元恭：《至正四明续志》卷八《昼锦楼氏义田庄》引元统二年况逵记文，《宋元方志丛
刊》，北京：中华书局，1990 年，第 10 页。

② 徐松：《宋会要辑稿》职官三二之三三、二五之六〇，北京：中华书局，1957 年，第 2006、
2883—3733 页；《宋史》卷三五四《楼异传》，北京：中华书局，1985 年，第 11163 页。广德湖垦田及
岁租数据《宋史》本传。《至正四明续志》卷八《昼锦楼氏义田庄》引况逵所作记文，作"为田七万
八千余亩，收粟四万八千有奇"；同书卷九《祠祀·丰惠庙》引况逵所作庙记，又谓广德湖田"岁得
谷三十余万斛"，疑或指湖田的产量而非田租数。

③ 罗濬：《宝庆四明志》卷八《叙人上·楼郁》，《宋元方志丛刊》，北京：中华书局，1990 年，
第 12 页。

多是新旧权势之家,广占顷亩,公肆请求,两州被害民户例多流徙……"①反而影响了农业生产。

楼异以郡人再典乡邦前后达六年之久,无疑大大提高楼氏家族在当地的名望,促进了家族的发展。就记载所及直接的举措而言,如他曾对族人在郡城的居坊大加营建,名之为"昼锦坊"。坊在明州城南,南北直径一百步。坊桥在北,名"昼锦桥",坊南门内有锦照桥,与正堂相直,坊内有锦照堂、继绣堂等建筑,规模非常,成为楼氏家族名望地位的象征,诸子聚居坊里。② 他还在明州任上时,就已有人在州城之西的望春山为他建立了一个生祠,到嘉定间(1208—1224)他的孙子楼钥为执政时,地方政府"以士民之请上于朝廷",得赐庙额为丰惠,楼异从此成为一方神祇,民间更流传不少关于他显灵保佑地方的神话。③

楼异五子:琛、璹、琚、璩、珌,科场无名,都以门荫入仕。其中长子琛与幼子珌事迹无考;三子楼琚官至右朝散郎;四子楼璩(?—1182)曾以军器监丞兼权尚书工部郎官,以忠厚廉平著称于朝,出知处州,通判明州,为沿海制置司参议,终朝议大夫,后以子贵,累赠银青光禄大夫。④

次子楼璹(1099—1162)字寿玉,政绩最著。绍兴初任临安府於潜县令时⑤,感叹民间耕作之苦,曾为耕、织二图,"耕自浸种以至入仓,凡二十一事;织自浴蚕以至

---

① 徐松:《宋会要辑稿》食货六一之一○六,第 5914—6414 页。参见同书食货六一之一○七"绍兴三年三月二十九日"条;《宋史》卷三五四《楼异传》,第 11163 页等。

② 据《宝庆四明志》,昼锦桥距州治一百八十步,锦照桥距州治二百八十步,由此可推知昼锦坊的方圆范围,南北直径一百步。见卷四《桥梁》、卷一○《叙人下·典乡郡》。参见《至正四明续志》卷八《昼锦楼氏义田庄》引况逵记文。昼锦坊在今宁波市区的大致位置,待来日子详。

③ 据《至正四明续志》卷九《祠祀·丰惠庙》引况逵所作庙记,绍兴初祠迁至灵波庙之西,士民"饮食必祭,四时献赛,严奉如生存。顷岁旱蝗雨雹,有祷即应,妖不为害,常赋无损,承信郎汤建中等三十三人述其灵应,乞加封爵,诣府列诉,以达于朝。嘉定元年,以孙钥同知枢密院事,赠太师、楚国公。二年,赐庙额曰丰惠,与它山善政祠并为久远"。丰惠庙后圮废,至元三年重建。

④ 楼钥:《攻媿集》卷一○五《绩溪县尉楼君墓志铭》,第 2060 页;卷八五《亡姊安康郡太夫人行状》,第 1553 页。

⑤ 据《系年要录》卷六六"绍兴三年六月戊子日"条自注,时楼璹在於潜县令任上。

剪帛凡二十四事,事为之图,系以五言诗一章,章八句,农桑之务曲尽情状。虽四方习俗间有不同,其大略不外于此"。后以考课最优,近臣力荐赐对,遂以《耕织图》进呈,受到嘉奖。① 绍兴五年(1135)十二月,擢通判邵州。历任两广、福建市舶司,湖北、湖南转运使,摄长沙帅,绍兴二十五年(1155)十一月以知扬州权兼淮南转运司事,"所至多著声绩",官至朝议大夫。晚年致仕后,他慕仿范氏义庄规范,"斥余俸以为义庄",在鄞县置腴田五百亩,族人自同曾祖至缌麻亲,凡贫而无业者,每人禀给有差。命四个儿子"岁更任其出纳,定规约以示夫后人",楼氏从此有了一份"睦姻族厚风教"的族产②,这无疑更增进了家族的凝聚力,从而使之进入一个新的发展时期。

三、楼氏家族的鼎盛时期

楼异"五子二十五孙"③,是楼郁后代的主支。南宋初年,虽有楼异五子以门荫入仕,不乏政绩,但数十年间子孙科场无名,也可以说是楼氏家族发展史中一个短暂的沉寂时期。大致自南宋中前期即高、孝之间起,明州楼氏的发展开始进入它的鼎盛时期。这主要表现在以下三个方面。

第一,楼氏子孙陆续考取进士,人数众多,一门声望由此大振。

绍兴三十年(1160),楼异的孙子锷、铉双双考取进士,这是楼氏子孙在南宋时期首次的科场题名,同时也标志着楼氏在南宋科场近百年辉煌业绩的开端。如楼钥所说:"吾宗自高祖正议先生以儒学起家,仍三世登科者五人,最后伯祖宗子博士元符三年锁厅以来,雁塔不书者至于五纪,从兄编修景山(按即楼锷)始因太学舍

---

① 楼钥:《攻媿集》卷七六《跋扬州伯父耕织图》,第 1406 页。按楼璹《耕织图》今不存,唯存诗及附录各一卷,见《知不足斋》等丛书,题《於潜令楼公进耕织二图诗一卷附录一卷》,估计即出自当年楼璹后代之刊本。

② 王元恭:《至正四明续志》卷八《昼锦楼氏义田庄》引况逵记文,第 10 页;楼钥:《攻媿集》卷七六《跋扬州伯父耕织图》,第 1406 页。

③ 楼钥:《攻媿集》卷一〇九《从兄楼府君墓志铭》,第 2145 页。

选,与教授兄少虚(按即楼钺)同上绍兴三十年进士第,又三年而后钥继之,大率群从中人上庠,蹑世科,登朝行,拥州麾,皆兄为之倡。"①楼锷于楼异五子中究系何人所出不明;楼钺则是楼琚的第三个儿子。

锷、钺之后楼氏子孙陆续登第者,据《四明志》②,隆兴元年(1163)木待问榜,有楼璩的儿子钥,所答策论文理俱优,大受赞赏,可惜不慎犯哲宗旧名佣字讳,屈居五等第一名;③绍熙四年(1193)陈亮榜,有楼异孙子即楼钥的从弟镛;庆元二年(1196)邹应龙榜,有楼异曾孙汶;嘉定四年(1211)赵建大榜,有楼异曾孙淮。汶、淮究系何人所出无考,史文称之为楼钥从子,或者是楼璩的后代;嘉定十年(1217)吴潜榜,有楼汶之侄采;嘉定十六年(1223)蒋重珍榜,有楼矿,志文称之为"郁五世孙",从其名用字看,应为楼钥从兄弟辈;宝庆二年(1226)王会龙榜,有楼㳘,据志文,系楼淮之弟;绍定五年(1232)徐元杰榜,有楼异曾孙濂、瀚,玄孙□,其中楼瀚为楼璃之曾孙,楼濂为楼钥之孙;另有楼镞的儿子浒、潭,据其名,颇疑也是楼异的玄孙辈;此外当年中武举的也有楼氏一个子孙,即楼采之弟茉;端平二年(1235)吴叔告榜,有楼异曾孙即楼汶之弟潍,玄孙棁、樟;嘉熙二年(1238)周坦榜,有楼异曾孙渟,玄孙侃、条;又有楼枡者,志文未注明世系所出,据其名,颇疑系楼钥曾孙辈;淳祐七年(1247)张渊微榜,有楼肖玄孙洌,楼异曾孙澔、玄孙楳及枝(钥曾孙);另有楼梼者,志文未载明世系所出,据其名,疑亦系楼异玄孙辈。此外开庆元年(1259)周震炎榜有楼楠、楼极,志文未注明世系所出,据其名,亦疑系楼异玄孙辈。又据袁燮为其父袁文所作《先公墓表》,云有孙女适"进士楼槃"④,按其名字从木,或者亦系楼异玄孙辈,但《四明志》诸进士题名记未载,疑系特奏名者。这样,从绍兴三十年(1160)至开庆元年(1259)总计99年间,世系确定为楼氏家族、主要是楼异一支的

① 楼钥:《攻媿集》卷五二《求定斋诗余序》,第975页。
② 参见《乾道四明图经》卷一二《进士题名记》、《宝庆四明志》卷一〇《科目人才》、《延祐四明志》卷六《进士》,北京:中华书局,1990年。
③ 徐松:《宋会要辑稿》职官一三,第2663页;袁燮:《絜斋集》卷一一《资政殿大学士赠少师楼公行状》,第257页。
④ 袁燮:《絜斋集》卷一七《先公墓表》,第441页。

后代考取文武进士的,共有 23 人,若另加楼槃等世系大致可推断者,则共有 30 人,一门之中科第之盛,鲜有可匹敌者。

第二,嘉定初,楼异的孙子楼钥位居两府,前后五年,大大提高了明州楼氏在地方乃至在南宋政治中的影响,标志着这个家族的发展达到了鼎盛阶段。

楼钥一生以文学著名,他前后数十年仕途升迁贬谪的契机,主要也在于词臣之职。隆兴元年(1163)以进士出身后,楼钥历知温州事等,光宗嗣位,迁国子司业、太府少卿、起居郎,兼权中书舍人,开始参与宋廷上层政治,"缴奏录黄,无所顾忌"。他起草了光宗内禅诏书,论列朱熹(1130—1200)罢侍讲出知外郡事,在政治上附同赵汝愚,终于受到韩侂胄的排挤,离开行都,以显谟阁直学士出知婺州,寻守宫观,夺职,在家闲居十余年,"前后凡七任书问,未尝一入都门,权臣于天下善类中怨公最深……"①,楼钥坚持"忠邪之分",不为权臣所屈,名望日隆。开禧三年(1207)韩侂胄失势被杀,史弥远执政,即援楼钥入朝,为翰林学士,不久迁吏部尚书兼翰林侍讲。嘉定元年(1208)八月除端明殿学士、签书枢密院事;十月,进同知枢密院事;二年(1209)正月,授参知政事。六年三月以疾乞老,致仕,四月己丑日去世,享年七十七。积阶至金紫光禄大夫,赠少师,谥宣献。

楼钥为侍从、居两府前后数十年,在他的荫庇之下,楼氏子孙于科第之外,"以门荫入仕者又数十人"②,一门之中,大都任宦作官。如楼钥的三个弟弟与仲兄楼锡(1134—1183)的儿子楼澡,都由他奏补为官。因此仅楼钥九个同胞兄弟中,除两人早逝,就有六人为官③,孙辈中入仕人数也不少。楼氏一家就此在南宋政权中形成了一个颇具影响的、以宗族血缘关系为纽带的官僚小集团。

楼氏先世"以财雄于乡里",至北宋末年楼异再典乡邦,修建居坊,一直是当地

---

① 袁燮:《絜斋集》卷一一《资政殿大学士赠少师楼公行状》,第 257 页。
② 楼钥:《攻媿集》卷八五《高祖先生事略》,第 1552 页。
③ 楼钥:《攻媿集》卷二《送元声弟赴水阳监镇》:"吾翁积德厚,九子官其六,不幸失二人,孤甃纷在目,三弟尚白丁……"又《絜斋集》卷一一《资政殿大学士赠少师楼公行状》:"仁于宗族同气加厚欢焉无间,三弟一兄子皆奏以官……"

的富族。建炎三年(1129)明州惨遭金兵屠焚,楼氏一族幸免于难,但"先庐故物一簪不留",家产全毁,所以楼钥少时称为清贫。楼璩"宦游既久,生理尚窄,朴素如寒士,诸子无复豪习","敝衣粝食,仅免寒饥"。至楼钥通显,一门大多入仕,俸厚禄优,家产渐丰,才重新富庶起来。楼钥于是修造营建,大兴土木。例如郡城南湖,楼异时曾有所营建,筑锦照堂、怀绥轩,南宋初毁于兵火,隆兴初地方官修复,后又浸坏。楼钥"以私钱自葺之",修复旧观。为执政后,又于东湖增建东楼,"丛古今群书其上,而累奇石于前,斩然有二十四峰之状,又取楚公(按即楼异)登封令时所藏《嵩岳图》石刻列屏其下,仍以'仰嵩'旧名名之"①,使之成为一地名胜,十分风光。

楼璹于绍兴初置立的义庄,至此已数十年,嘉定五年(1212),"诸孙洪、深、泽、瀚,曾孙杞,椿虑其族大年远,而不率教者或贸易鬻之,它而攘敛其入以坏其成,援范文正公例,申请奏裁:敢一违越,则官有恒刑"。当时也由楼钥"录其事上闻",朝廷据所请行下,楼洪等诸孙因此重新申定"义庄规约",比绍兴初所订更加详尽。这是楼钥以自己的政治地位,进一步改进了义庄的管理,他本人还专门为此写有一篇记文。②

楼氏祖籍奉化,祖上坟茔均在,后代虽游宦于外,去世后历来返葬祖籍。据记载所及,楼钥六世祖楼杲葬奉化县东明化院西南,即楼氏祖宅所在地附近。五世祖楼郁葬奉化县奉化乡龙潭。祖父楼异葬奉化县东金钟山之原,其下即著名的金钟墩。山有长汀庵,为楼氏功德院。淳熙十年(1183),楼璹去世后葬于长汀庵后。此外如楼钥长兄楼铟(1132—1163)葬奉化禽孝乡白石里徐岙,仲兄楼锡葬龙潭楼郁

---

① 袁燮:《絜斋集》卷一一《资政殿大学士赠少师楼公行状》,第 257 页。

② 王元恭:《至正四明续志》卷八《昼锦楼氏义田庄》引况逵记文。记文又有"宜献记则又训之以无倦,其言曰……"语,可知楼钥当时确曾写过一篇义庄记文,今本《攻媿集》失载,《至正四明续志》中有所引述。

墓之傍,伯父楼璹之子楼铠葬奉化县东南松林乡。① 所以称"五世皆反葬境内"。②
嘉泰四年(1204)楼钥母亲汪氏去世,将与其父楼璩合葬之前,楼钥还重修了功德院
长汀庵,"为屋三十余间,造石桥三所,材良工致,庶几可久。于是始得神道坦平,墓
与门直,列植楸桧,移置石兽等,平揖前山,气象愈伟"。③ 不过坟墓虽都在祖籍,却
并未聚葬一处,互相间距近远不等,或一二十里,或三五里,这与近年清理出来的宁
波东钱湖周围南宋史氏家族墓地的情况相一致,可谓宋人丧葬文化的一个特征。④
但到楼钥考虑他自己的墓地时,却离开祖籍,改到了郡城的附近。这在某种程度上
既体现了宋代士人因官为家、不受返葬习俗的影响,更表明了楼氏一族由于楼钥官
高位崇,从此完全成为郡城名族的事实。嘉定二年(1209),楼钥奏请以鄞县西南报
忠福善院为功德院;五年,楼钥去世,就埋葬在这个功德院左边的马鞍山上。⑤

南宋四明衣冠之盛,首推史氏,其次有袁氏、楼氏,可谓与史氏鼎足而立。楼钥
由侍从入参大政,封赠三代,一门显贵,则是使楼氏成为当地名门望族的决定性因素。

第三,子孙繁衍是宗族强盛的先决条件。楼氏历代人丁兴旺,族显势众,尤以
南宋中期为盛。据记载所及,可阐述者大致有楼异、楼弄两支的后代。

楼钥七世祖生四子,六世祖楼郁为次子。楼郁生五子,长子楼常,生楼异。楼
异有"五子二十五孙",五子即谓琛、璹、琚、璩、珌;二十五孙者名讳无法全部考明,
可述者有五子中楼璹、楼琚及楼璩三支的后代。

---

① 参见《攻媿集》卷六〇《长汀庵记》、卷八五《亡姊安康郡太夫人行状》《先兄严州行状》、卷
一〇五《太孺人蒋氏墓志铭》《绩溪县尉楼君墓志铭》等。又《宝庆四明志》卷一五《纪异》:"金钟
墩,县东一十里大溪之间,其墩绝小,树木颇茂,虽山泉奔突,而墩无所损。或传昔钱氏载大金钟
过此,沈焉,涨沙成墩。"

② 楼钥:《攻媿集》卷五四《奉化县学记》,第1011页。

③ 楼钥:《攻媿集》卷六〇《长汀庵记》,第1093页。

④ 参见1993年12月"宁波东钱湖南宋石雕文化考察报告会"有关论文,如杨古城、曹厚
德:《东钱湖畔的南宋墓道石刻艺术》,《杭州工艺美术》总第41期。目前当地文管部门已在东钱
湖畔确定属南宋明州史氏家族坟墓共22座,墓主有史浩、史弥远等人,各墓分布较散,大致在东
钱湖周围近30公里的范围内。

⑤ 袁燮:《絜斋集》卷一一《资政殿大学士赠少师楼公行状》,第257页。

　　楼璹小名嵩,共生了几个儿子不清楚,次子楼铠(? —1145),字仲宏,娶里人蒋氏,乃朝请大夫蒋玜之女。楼铠早逝,绍兴十五年卒于其父楼璹提举福建市舶司官舍,当时蒋氏年仅二十九岁,守节不改嫁,抚养一女四子成人。蒋氏于嘉泰二年(1202)去世,享年八十六岁,其时女已嫁承议郎周之卿,四子中楼源早亡,情况不明,其他三子中楼渊以承议郎知婺州浦江县,楼洪、楼深皆为国学生,已有孙十三人:椅、桐、棣、梓、榛、枅、栱、槐、植、根、梲、栟、枡,孙女九人;曾孙六人:仪、伾、僖、储、儒、俨,曾孙女六人。① 若以三子有后嗣计,则每人共生了四个儿子,或七个儿女,不可谓后嗣不蕃。元人况逵作楼氏义庄记文,还记有"诸孙"楼泽、楼翰,曾孙楼椿者,《攻媿集》所载楼氏族人诸碑传均未提及,看来也以楼璹的后人可能性为大。

　　楼琚官至朝散郎,娶陈氏,"子女最众,及娶嫁者男五女六",六女中有一字靓之(1137—1200),嫁新昌石氏,生四男二女。② 五男中次子名讳无考,其余四子名钰、钛(1131—1173)、钜、镃(1136—1211)。记载提到四子楼钜太学出身,曾为歙县丞,但与次子二人子嗣的情况皆不明,长子楼钰无后,以弟楼镃孙子楼柄入继。三子楼钛字少虚,进士出身,官至临安府教授,先娶郑居中孙女,再娶孙近孙女,俱无子,领了两个养子,一为族人,名演;另一得于民家,名澧。③ 幼子楼镃字少及,"不及禄仕",娶海宁李氏,生二男浃、洽,一女;六个孙子:权、柄、校、楉、桧、楷,"俱业儒",孙女多人。④ 相对说来,楼琚的孙辈人口稍少。

　　楼璩即楼钥的父亲,娶明州汪氏通慧(1110—1204),字正柔,为楼氏世亲,楼郁弟子汪锷后代,左朝请大夫汪思温之女。汪氏生九子二女⑤,二女皆早夭,九子为

---

① 楼钥:《攻媿集》卷一〇五《太孺人蒋氏墓志铭》,第 2053 页。

② 楼钥:《攻媿集》卷一〇五《从妹楼夫人墓志铭》,第 2057 页。

③ 楼钥:《攻媿集》卷七三《书从兄少虚教授书金刚经后》,第 1336 页。

④ 楼钥:《攻媿集》卷一九《从兄楼府君墓志铭》,第 395 页。

⑤ 楼钥:《攻媿集》卷八五《亡姊安康郡太夫人行状》,第 1553 页。又同书卷二《送元声弟赴水阳监镇》:"吾翁积德厚,九子官其六,不幸失二人,孤嫠纷在目,三弟尚白丁。……"卷八五《先兄严州行状》:"先公……生九子,兄其仲也。"皆作九子,与《亡姊安康郡太夫人行状》同。然同书卷一〇《送元积弟赴淮东总属》有"十人兄弟五人存,心事方欣得细论"语,卷一〇五《绩溪县尉楼君墓志铭》也有"先光禄有十丈夫子"语,疑"十"系"九"之刊误。

铟(1132—1163)、锡(1134—1183)、钥(1137—1213)、舘、锵、锱、铝、鏺、鉼，除七子楼铝、幼子楼鉼外，其余都入仕为官。楼璩的孙辈，至嘉定六年(1213)楼钥去世时，已有孙男 31 人，其中世系可确定的有：楼铟生三男，其次子名潫；楼锡字予善，生三男，名澡、溁、溇；及楼钥生四男，名淳、濛、浦、治；此外有汎、滁、溯、涞、涔、溧、泪、湙、涷、况、濓、涮、减、恃、浔、浯、澁、濇、湞、濡、潛、淳、渥、溧等 24 人；曾孙男 21 人，其中楼铟孙男七人，名栋、机、械、枝、樾、枚、格，楼钥孙男七人，名杓、杞、栝、扶、机、杉、杒；另有櫄、欂、札、桔、栎、柯、桎等七人；此外又有孙女 12 人，曾孙女 10 人，总计孙曾子女 72 人，真可谓人丁兴旺。①

楼弄(1099—1173)是楼肖的次子，娶张氏，生五子，名由仁、行仁、珹、球、琰，另有二女。由仁、行仁、珹早卒。至淳熙九年(1182)张氏去世时，楼球、琰两兄弟已有子四人，名锆、锾、铉、锦，女六人，孙一人。又据《四明志》，淳祐七年(1247)进士题名中有楼洌者，谓系"肖五世孙"，疑即楼弄曾孙。

总起来说，除去少数早逝或无后的情况外，楼氏家族子嗣的确比较多。仅就记载所及人数计，自楼郁起的前五世大致每人平均有子女五人；五世以后，一般起码也有三至四人。到南宋中期，仅楼异一支子孙估计应已不少于数百人，他们的平均寿命也比较长②，从而为家族的发展提供了充分的人力资源，这无疑是明州楼氏能够保持长期兴盛不衰的一个十分重要的前提。

估计从南宋末年起，四明楼氏开始走下坡路。开庆元年(1259)后，未再见有楼氏族人科举及第的记载。入元以后，义庄田产更一度落入当地富户之手，后虽经族长楼彬等人诉官夺回，但终属"族寡且弱"③，从此衰落。

---

① 参见楼钥：《攻媿集》卷八五《亡姊安康郡太夫人行状》《先兄严州行状》，卷一〇五《绩溪县尉楼君墓志铭》，及《絜斋集》卷一一一《资政殿大学士赠少师楼公行状》。

② 据正文中已提到的楼氏族人享年数，若仅计楼氏子孙寿数，有楼弄 75 岁，楼璩 64 岁，楼鐊 32 岁，楼锡 50 岁，楼钥 77 岁，楼镒 76 岁，楼某字靓之 64 岁，平均超过 62 岁。若考虑到血缘关系，合计妻室寿数，另有楼弄夫人张氏 78 岁，楼鐊夫人陈氏 75 岁，楼璩夫人汪氏 95 岁，楼镗夫人蒋氏 88 岁，与以上楼氏族人寿数合计，则平均寿命达到 70 岁。

③ 王元恭：《至正四明续志》卷八《昼锦楼氏义田庄》引况逵记文，第 10 页。

四、结语

如学者所指出,经过唐宋之际社会结构的转折,社会流动性扩大,与经济领域"富儿更替做""田宅无定主"相适应的,[①]是人们在社会领域中家世阀阅观念的淡化与政治领域中升迁黜降无常的现象。宋代文献中所谓"世家""勋阀"等词的内涵,已与唐代以前大不相同。但与此同时,宋代又确实有一定数量的士人家族,在比较长的时期内保持了相对稳定的发展,因此引起不少学者的注意。四明楼氏是其中比较典型的一个。如果从北宋仁宗时期楼郁任教于州县学校时算起,到南宋楼钥子侄辈即理宗时期,前后长达二百余年,其间虽一度"雁塔不书者至于五纪",但大致保持着持续稳定的发展,从楼郁至楼异,至楼钥,前后相续,家势日隆。楼氏或者不如宋代有的家族那样一时间大富大贵,却也没有骤起骤落,在发展的连续性上尤其引人注目。分析楼氏长期稳定发展的因素,必当有与其他宋代名族相似的共性存在,值得注意的或有如下几点。

第一,世代业儒的家族传统,以及不可或缺的政治机缘。

在传统中国,政治权势向来是家族发展的基础。随着科举制度的全面推行,旧的以家世背景为主要依据的勋阀贵族被以儒术为其进身之本的职业官僚所取代,士人阶级也相应地认识到教育子孙读书应举是保持家族发展的根本之道,强调"爱民好学可以大其家"。[②] 不少研究已指出了这一点。明州楼氏自楼郁以"古学为乡人所尊",教授州县学校以来,一直坚持业儒家风,记载所及的子孙中几乎无例外地以读书应举为业。子孙在科场连续的成功,不仅长期维持着楼氏在政治上的显贵,更为他们提供了一份丰厚的俸禄收入,使之能在南宋初家产焚毁后重又富裕起来。

---

① 袁采:《袁氏世范》卷三《兼并用术非悠久计》《富家置产当存仁心》,天津:天津古籍出版社,2016 年,第 173、171 页。

② 司马光:《温国文正公文集》卷六六《陈氏四令祠堂记》,上海:商务印书馆,1936 年,第 1 页。

入元以后,楼氏所以成为窶弱之族,也正是由于科举丧失了在选官制度中的主导地位。

不过,唐宋间制度更换,其意义并不仅仅是在形式上从依仗家世改变为以程文取士,而是从此引入一种竞争机制,扩大了选士的范围,提高了社会流动性。人们靠业儒应举来维持家族地位的努力也因此更多了一种或然性。换句话说,业儒应举其实并不能一定确保某一家族的兴旺发达,前述楼肖一支子孙数代人在科场失利即为明证。除了一定程度的偶然因素外,家庭教育的水平、子孙才气及如楼氏所显示的众多的人力资源,都是不可或缺的前提。

退一步说,即便科场成功,顺利入仕,但如果一直浮沉州县,出入下僚,想要成为一方望族,也不容易。家族声望仰仗政治上的显贵,而政治显贵则又常常取决于机遇。如对楼氏家族兴盛起过决定性作用的三位主要人物而言,就是如此:楼郁顺应北宋前期大办学校的潮流,长期典掌州学,弟子多为高官,他自己也因此成为一方名士;楼异依从时风,应奉有功,封官晋爵,再典乡邦,使楼氏初显名族规模;楼钥秉承家学,以词臣发迹,虽受政治斗争影响,投闲十余年,但当嘉定初理学诸臣重新垄断中央政权之际,终于以同道入参大政,带来了家族发展的鼎盛时期。因此也可以说这三次政治机遇决定了楼氏家族两百余年的兴旺发达。

第二,充裕的家产。

"世以财雄于乡里",是四明楼氏能够维持业儒家风的经济基础。据记载所及,自北宋前期起两百余年的时间里,楼氏子孙在读书应举一途之外,从未有人舍此为农作贾,更无论其他贱业。一门之内,食指众多,如果没有充裕的家产,生计不丰,自然无法保持这一家风。南宋初年是楼氏在经济上比较困难的时期,如楼璩一支不得不长期依附外氏,却仍能使众多子孙一心读书,可见对诸如"朴素如寒士""仅免寒饥"等记载,不能以一般贫民的境况去理解。所以到绍兴末年,楼璩就有能力以腴田五百亩置立义庄。因此,所谓两宋社会流动性扩大,应该有一个下限,那就是须得在保证基本生活资料来源的前提下,才能考虑人生的进取。对于占人口绝大多数的贫民来说,他们所为之胼手胝足的恐怕不过是这个人生进取的前提而已。

第三,广泛的社会联系。

前文已经指出,自楼郁教授州学,一时名宦多出其门,如舒亶、丰稷、罗适、袁毂、俞充等人皆是,从此为子孙在宋代士族中建立起了广泛的人际关系网,后来儿孙入仕,"诸公又皆执友"。至楼钥兄弟辈,联系更广,交游中如与明州史氏、永嘉陈傅良家族等,都十分密切。这些名族有的还与楼氏保持着儿女姻亲关系,如汪氏、袁氏,形成休戚与共的利益集团。嘉定间,楼钥与仲舅汪大猷、表兄陈居仁同为侍从,人称"舅甥三学士",以为衣冠盛事。楼氏择婿嫁女,也少有平民布衣,均为士林中人,即楼钥孙曾女辈中,所嫁就有赵汝括、孙逢吉等名士。① 这些虽不必然直接决定一族的兴衰,如子孙科举之成败与家产之聚散,但名族间互相提携,共为形势,对于宗族声望、仕途升黜等,却十分重要,因此又必然转而影响宗族的兴衰。楼钥所谓:"吾乡五先生俱以文行师表士子,惟桃源王先生暨我高祖之后皆大,盖其启迪后学,德泽之及来裔者,源深而流长矣。"②虽着眼于儒业的传授,但由这种传授关系形成的广泛的社会联系,也确实对楼氏家族的发展起着不可忽视的促进作用。从这个角度看,两宋时期的世家大族之左右朝政、垄断地方,虽与前代有程度或者说本质上的差别,但任何事物的盛衰均有相应过程;宗族的发迹也是如此,在强调两宋社会流动性扩大的同时,自也不能否认惯性力量在社会与政治中的作用。

总之,在分析宋代社会流动性扩大与世家大族力量某种程度上继续存在这对矛盾时,任何片面强调其中某一方面的看法都与历史事实不符。社会变革是一个缓慢的演变过程,新旧交加不仅仅是在人们的思想观念,而且也是在社会制度中的一般现象。

(原载《大陆杂志》1997 年第 5 期)

---

① 楼钥:《攻媿集》卷一〇五《太孺人蒋氏墓志铭》《绩溪县尉楼君墓志铭》,第 2053—2063 页。

② 楼钥:《攻媿集》卷一〇〇《朝请大夫致仕王君墓志铭》,第 1931 页。

宋代科举社会的形成

——以明州庆元府为例

近藤一成

序　言

到目前为止,笔者对"宋代科举社会"形成了以下看法:居于最上层的科举及第者以及科举应试者与自称有应试能力之人,被认为是区别于庶民的士人,正是他们构成了不同于庶民层的"士人层"社会,即科举社会。其中,科举官僚被称为士大夫。而确立 11 世纪的宋代科举制度使中国传统的统治与被统治的概念的"士一庶"关系产生了很大的变动,即根据与科举制度的关系程度,再构成了"士一庶"关系。具备一定的识字与写作诗词能力是士人最基本的素养,但是要参加科举考试,还必须具备高水平的古学知识。这就要求应试者具备一定的学力和经济力。上述看法已经成了共识。然而,笔者认为,对这种宋代士人阶层的形成,蔡京的科举、学校政策起了不少作用。蔡京推行了以官学毕业者代替科举及第者的任用政策,而为了邀集科举应试者,对地方官学的学生,按照他们的身份,渐渐给予了各种特权。结果导致全国官学的学生数量激增,据推测在宣和三年(1121)前后竟达到 30 万人。尽管蔡京的科举、学校政策最终失败,但给予地方官学学生的特权在改变其形式后,一直延续到南宋社会,从而促成了士人阶层的显现,对后世的中国社会也产生了相当大的影响。①

宋代以后的中国社会,家产采取平分制度,加之商品经济的发达,使家产的安定及大土地的世代维系都相当困难。由此,有势力的家族不得不利用各种各样的方法来维持其地位。而其中科举及第则几乎成为维持、扩大家族势力的唯一有效的方法。因为及第后,在加入统治阶层的同时,还能获得权力、名声与财力。这样,科举及第便成为巩固不稳定的经济基础及社会地位的手段。但同时长期保持应试环境的稳定也需要稳定的经济基础和社会地位。此种相互关系导致了中国特有的竞争原理与阶层固定化共存的科举社会的形成。因为基本上每个人均可参加科举考试,于是能力主义引发了严格的竞争原理。因此,以士人层为基础的科举社会就成为激烈的、上升下降的流动社会。士人层逐渐形成了以父系血统为核心的宗族,在家族内制定经营战略,努力维持、获得各种特权。② 以上看法也基本成为共识。

但有关科举社会的更为详细的情形,仍需要进行进一步探讨。笔者在这篇文章中,将以浙东明州庆元府为例,考察宋代科举社会的形成问题。

之前,日本的斯波义信教授从社会经济史的角度探讨过明州与其西邻越州绍兴府(宁绍地区)的历史。他认为明州甬江地区的开发在南宋时期业已完成,在明代末期取得了进一步的发展。

北宋时期,明州已被中央政府视为与高丽、日本进行贸易的据点,另外与福建、广东、东南亚间的人员与物品往来也十分活跃。并且,在南宋时期,包括宗室在内的大量移民从北方流入该地区,当地的史氏就曾辈出宰相。而作为海防据点的明州因其军事职能,其重要性更是大大提高。与此相呼应,南宋时期的明州庆元府在经学、史学、文学等学术、文化史上也是人才辈出。下面,笔者在第一节将围绕宋代

---

① 近藤一成:《蔡京的科举、学校政策》,《东洋史研究》1994 年第 1 期。

② 近藤一成:《宋代士大夫政治的特色》,《岩波讲座世界历史 9·中华的分裂与再生》,东京:岩波书店,1999 年。

明州庆元府的科举问题进行考察,而第二节则以南宋末期两名庆元府出身的科举官僚王应麟与黄震为例,从地域的视角探讨科举社会。最后,为了研究明州庆元府的科举社会,提出今后须解决的课题。

一、明州庆元府与科举

Chaffee(贾志扬)教授最先对宋代的科举及第者进行了全国规模的统计,并按照府州进行了区分。根据他的研究,整个宋代,进士及第者人数前 10 位的州军依次为:福州、建州、温州、兴化军、饶州、泉州、吉州、眉州、常州与明州。[①] 若只看南宋时期的话,第 10 位的明州庆元府则成为仅次于福州、瑞安府温州的第 3 位辈出及第者的府州。但是,Chaffee 教授也指出,主要依据地方志的记载来计算的话,由于诸多原因,各地及第者的正确人数很难确定。尽管这样,依据地方志的记载仍可充分掌握大体的倾向,对此,笔者亦表赞同。但根据笔者之前的考察结果,若加上类省试及第进士的话,南宋四川的科举及第者数将大量增加,很可能会改变全国府州的顺序。不过,由于许多不确定的因素,这篇文章暂不涉及这个问题(据说,最近浙江大学做成了详细的登科录,可惜笔者还未能拜读)。[②]

明州庆元府的现存宋元地方志一共有 5 种(还有 1 种县级地方志)。其中,《乾道四明图经》(乾道五年,1169)、《宝庆四明志》(宝庆三年,1227)、《延祐四明志》(延祐七年,1320)都收录了进士题名记。《宝庆四明志》卷 10《进士》中记载:"旧志,以特奏名杂载,题名碑亦然。今悉按登科记厘正之。"即由于与《乾道四明图经》的出版或者编纂同期、建立在贡院或者府学的进士题名碑记中混入了特奏名及第者,其内容就存在着不正确的部分,所以需要按照原来的登科记进行修订。因《延祐四明志》基本上沿用了《宝庆四明志》的记载,表 1 即为《宝庆四明志》记载的及第者的一

---

① 贾志扬:《宋代科举》(中文版),台北:东大图书公司,1995 年。
② 近藤一成:《从南宋四川的类省试来探讨地域问题》,《史观》2004 年卷。

览表。另外,《宝庆四明志》虽有绍定二年(1229)的刻本,但该刻本经过后人的续补,题名记一直收载到开庆元年(1259)。到临安陷落的前两年——咸淳十年(1274)的及第者,均根据《延祐四明志》的记载(参见表1)。

表 1　明州庆元府进士统计

北宋				南宋			
皇帝	年号	人数	备考	皇帝	年号	人数	备考
太宗	端拱二年	1		高宗	建炎二年	2	
	淳化三年	1			绍兴元年	1	上舍释褐
真宗	咸平五年	1			二年	6	
	景德二年	1			五年	7	
	大中祥符五年	2			八年	5	
	八年	2			十二年	6	
仁宗	天圣二年	0			十五年	8	
	五年	2			十八年	2	
	景祐元年	2			二十一年	6	
	五年	0	宝元元年		二十四年	0	
	宝元元年	1			二十七年	3	解额 14 名
	庆历二年	3			三十年	13	
	六年	3		孝宗	隆兴元年	11	
	皇祐元年	2			乾道二年	4	
	五年	7			五年	8	
	嘉祐二年	3			八年	8	
	四年	3			淳熙二年	4	
	六年	3			五年	5	
	八年	4			八年	3	
英宗	治平二年	2			十一年	5	
神宗	熙宁三年	3			十四年	13	
	六年	2		光宗	绍熙元年	12	
	九年	4			四年	17	

北宋				南宋			
皇帝	年号	人数	备考	皇帝	年号	人数	备考
神宗	元丰二年	2		宁宗	庆元二年	26	
	五年	6			五年	15	
	八年	1			嘉泰二年	6	
哲宗	元祐三年	5			三年	1	两优释褐
	六年	3			开禧元年	9	
	九年绍圣元年	2			嘉定元年	13	
	绍圣四年	4			四年	12	
	元符三年	5			七年	23	
徽宗	崇宁二年	2			十年	30	
	五年	7			十三年	19	
	大观二年	0			十四年	1	两优释褐
	三年	4			十六年	17	
	政和二年	5			十七年	4	上舍释褐
	五年	1		理宗	宝庆二年	45	宗室23人
	八年	11	上舍释褐		绍定二年	32	
	宣和元年	1			四年	3	上舍释褐
	三年	4			五年	45	
	六年	3	解额12名		端平二年	28	解额28名
	计	118			嘉熙二年	37	
					淳祐元年	32	
					四年	16	
					七年	35	
					十年	25	
					宝祐元年	32	
					四年	30	
					开庆元年	27	
					景定三年	12	

续表

北宋				南宋			
皇帝	年号	人数	备考	皇帝	年号	人数	备考
				度宗	咸淳元年	16	
					四年	3	
					七年	4	
					十年	4	
					计	751	

　　北宋明州与东南部其他府州一样,从历届科举考试的结果来看,平均水平很低。除了政和八年(1118)的及第者数量勉强达到了两位数外,根据现存史料,明州平均每次的及第人数只有 3 名左右。到了南宋时期,高宗朝仍是延续北宋时期的情形。然孝宗朝有了略微的增加,从光宗朝到宁宗朝继续有增加的倾向,至理宗朝达到了高峰。此外,绍兴二十六年(1156),以北方流寓为缘由,明州庆元府的解额从 12 名增加到了 14 名,理宗端平元年(1234)又增到 28 名。特别是宁宗朝以后,明州庆元府的及第者数经常超过固定解额。对此,Chaffee 教授已指出,除了经由州乡试的举人之外,也有很多经由太学解试、转运司牒试而到达礼部试的举人。当然,具备应付诸种考试的能力与资格的人员也相应增加了。或者说,其中还可能有获得免解特权的人。南宋太学的入学考试,不管是混补或者是待补,淘汰率均极高,故及第非常困难。因此,经由乡试以外的途径考中的人数多这一事实表明,庆元府士人的应试水平比其他地方更高。此外,理宗端平元年,庆元府的解额为诗赋科 10 名、经义科 4 名,共增加了 14 名。然解额倍增后,及第者的总数却没有很大变化,这便表明解额并不是该地区及第人数多少的决定因素。

　　从南宋初期,及第者逐渐增加,自南宋后期开始激增,至理宗朝达到了巅峰。笔者将这种模式称作"庆元模式"。为了便于比较,下面列出了浙东绍兴府(庆元府的西邻)、庆元府、台州、严州(睦州)、温州,浙西润州镇江府、常州、湖州,福建福州、泉州的南宋进士及第者数的图。

　　Chaffee 教授把包括上述州府的各个区域分为长江三角洲（常州、苏州、湖州、秀州、临安府）和东南沿海（明州、台州、温州、福州）两个地区，并计算出了各地解额数量与进士及第者数量的比率。但笔者认为，先不论及第者绝对数的多少，从及第者数推移这个角度，便可把下面 10 个图分为 3 个类型。第一类以常州（图 7）为典型，即及第者数随着时代推移而呈递减趋势。虽因绝对数不多而不敢断言，但湖州（图 8）、润州镇江府（图 6）也应该属于此类型。其府州似大多在浙西。第二类则以福州（图 9）为典型，即无论时代如何推移，一直维持一定的及第者数。另外，及第者数量虽曾达到过 21 名（只有一次），但一般是在 3、4 到 12、13 名之间不规则变动的绍兴府（图 1），以及像严州（图 4）一样，及第者数平均不足 5 名，在 1 到 11 名之间变动，对时代推移没有一定变化趋向的府州也属于第二类。第三类则是随着时代推移，及第者数呈递增趋势类型，其代表即是明州庆元府（图 2）。另外温州（图 5），以及比庆元府稍早、及第者数在宁宗朝已达到高峰的台州（图 3）、泉州（图 10）亦属于此类型。

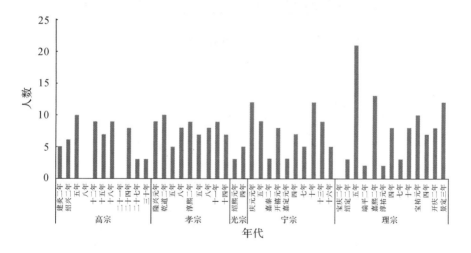

图 1　南宋绍兴进士

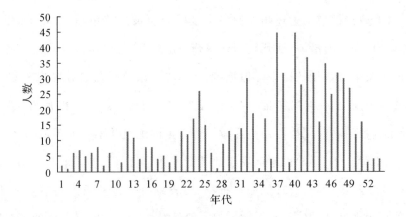

图 2 南宋庆元府进士

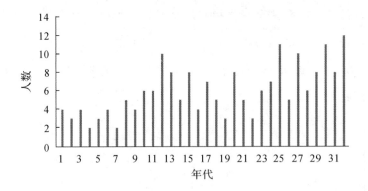

图 3 南宋台州进士

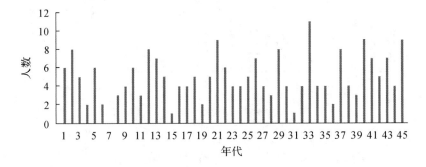

图 4 南宋严州进士

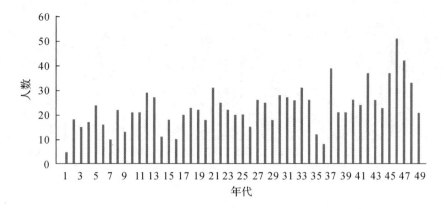

图 5　南宋温州进士

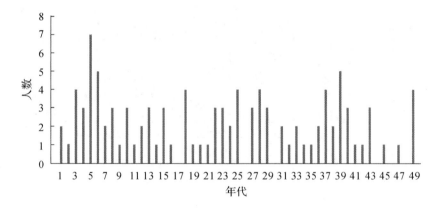

图 6　南宋润州镇江府进士

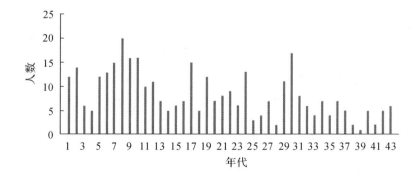

图 7　南宋常州进士

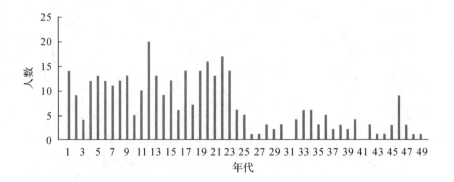

图 8　南宋湖州进士

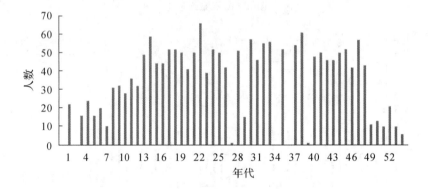

图 9　南宋福州进士

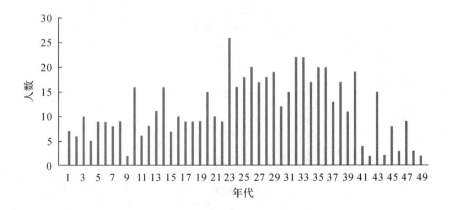

图 10　南宋泉州进士

确定不了其动向的四川姑且不论,在及第进士数量居全国第一位的福州,解试考生曾高达 2 万名。福州的解额在绍兴二十六年(1156)从 60 名增加到 62 名,并在南宋末期达到了 100 名,这远比其他州的多。按解额数来看,居第二位的江西吉州为 68 名,江东饶州为 55 名,浙东温州为 50 名(均引自日本京都棘庵所藏南宋《舆地图》附载解额表),可见其差异之大。据此,我们甚至也可以认为,福州每次50 名左右的进士及第者实际上并不多。应试者、进士及第者、解额的数量与其推移究竟体现出该州府的何种地方特色? 特别是地方士人的社会现实又怎样? 此外,各地模式的比较究竟有无意义? 在第二节,笔者将通过对庆元模式形成背景的探讨,来考察明州庆元府的地方士人社会的特质。

二、王应麟与黄震

王应麟(1223—1296,字伯厚,号厚斋,深宁老人)和黄震(1213—1280,字东发),因分别著有《玉海》《困学纪闻》与《黄氏日抄》而被大家所熟悉。而且,二人均为南宋末期庆元府学者、官僚的代表,对后世、特别是对明末以后的浙东史学都有相当大的影响。不过,两人虽然同为士大夫官僚,但在年龄上相差 10 岁,经历也就大不相同。王应麟人生的重要转折点——宝祐四年(1256)的境遇就明显揭示出这种差异。这跟《宝祐四年登科录》(以下略称《登科录》,本稿据《宋元科举三录》本)中所记载当年的著名的殿试大有关系。众所周知,正如绍兴十八年(1148)朱熹及第后《同年小录》得以传世一样,宝祐四年的《登科录》也因文天祥考中状元而得以保存。顺便提一下,在这次科举中,后来在崖山背着卫王投水,最终断绝赵宋命脉的陆秀夫也名列第二甲第 27 名。此外,第五甲第 121 名为后来师事王应麟的胡三省。

首先,关于王应麟与宝祐四年科举的关系,在《登科录》的开头、御试策题下面考官的条目中有复考检点试卷官王应麟的名字。《宋史》卷 438《王应麟传》中记载了当时状况,"帝御集英殿策士,召应麟复考,考第既上,帝欲易第七卷置其首。应麟读之,乃顿首曰:'是卷古谊若龟镜,忠肝如铁石,臣敢为得士贺。'"这里描述了王应麟对文天祥的及第很有助益。此外,小应麟七岁的弟弟应凤考中第二甲第 9 名,这对王应麟来说也是一大喜事。不过,宝祐四年最重要的一件事要算他实现了考上博学宏辞科的愿望,获得了人生一大转机一事。王应麟在淳祐元年(1241)19 岁时即已考上科举,然而,当时他却说:"今之事举子业者,沽名誉,得则一切委弃,制度典故漫不省,非国家所望于通儒。"及第后"闭门发愤","誓以博学宏辞科自见"而"假馆阁书读之"。他的努力终于取得成效,在宝祐四年二月殿试举行之前考上了博学宏辞科。此后,除了 40 岁左右任过台州通判、快 50 岁时做过徽州知事这两个外任以外,他一直在中央做官。他的苦学成果以后结集为《玉海》200 卷,而自己所研究的博学宏辞科,则整理为《辞学指南》。总之,宝祐四年以后,王应麟一方面经历了中央高官必经的通判、知州之职以后,又担任了中书舍人、礼部尚书等要职;另一方面还做过国史编修、实录院检讨官、侍讲等清要官职,走上了精英官僚的道路。

反之,名列第四甲第 105 名的黄震则有着不同的经历。据《登科录》记载,虽然他是第一次参加礼部试(他曾几次乡试不第),但当时已经 44 岁,且因只中第四甲,在 3 年后的开庆元年(1259)才得以就任苏州平江府吴县尉。即他的官僚生涯是从 47 岁才开始的。理宗死后他虽一度做过史馆检阅,从事宁宗、理宗两朝国史的编纂,但除此之外一直在做外任官。《宋史》本传记载,贾似道被罢免宰相后,黄震由宗正寺主簿被任命为监察御史,然因其直言为内戚嫌恶,后被放为浙东提举。最后辞宗正少卿一职不就,在元军进攻之前,离开了宰辅争先逃避的朝廷,在庆元府宝幢山中隐居不出,甚至连日湖湖畔别墅的图籍器物被掠夺一空都不介意。关于黄震的晚年,众说纷纭,有人认为他的隐居地在定海县泽山,而《宋元学案》则记载他在宋朝灭亡后绝食殉节。

两个人的经历差异,在他们的著作中也有明显反映。全祖望在修订增补《宋元学案》时,把留下庞大著作的同乡人王应麟跟真德秀的《西山学案》分别开来,另外设立《深宁学案》,并大力赞扬王应麟的业绩。不过全祖望也写道:"《宋史》但夸其辞业之盛。予之微嫌于深宁者,正以其辞科习气未尽耳。""若区区以其《玉海》之少作为足尽其底蕴,陋矣。"对仅以《玉海》为其代表作的看法进行批评。

博学宏辞科使王应麟走上了精英官僚的道路,并对其著作产生了深刻的影响。

而另一方面,被全祖望设立为《东发学案》的黄震在《黄氏日抄》卷68《读文集》的末尾提到了《叶水心文集》,并抄录了其中《外稿》的"博学宏辞科"的条目。叶适认为,王安石废止诗赋、设立词科,原意是为了消除只靠经术取士的弊病。然而词科最后不仅成为获得高爵厚禄的手段,还成为有能力的士人从道德性命的本统中逸脱的毒害。以致叶适作出以下结论:"盖进士、制科,其法优有可议而损益之者,至宏词则直罢之而已矣。"对此,黄震节略引用为"今诗赋、经义并行则宏词当直罢之而已",从而完全赞同了叶适的观点。

《黄氏日抄》卷68载"景定三年甲子(甲子为景定五年)春,后学黄震谨书",表明这篇文章是王应麟宏词科及第后所作。现虽无法确认黄震是否注意到了王应麟,但似乎黄震根本就没有打算考三年一次的宏词科。《黄氏日抄》卷69以后收录了轮对札子、上奏文、公移、榜文等黄震给官方、民间写的各种文书、布告。这些文书一方面记录了地方官黄震的活动,另一方面则生动地描述了当时苦难的社会现实,以及黄震为解决这些问题所作出的努力及采取的明确措施,这些成为研究南宋社会史十分宝贵的资料。《黄氏日抄》在构成、内容上与其他宋人文集没有太大差异。不过读者仍能深深地感到其著作的特色,即读书札记、古今纪要是黄震学习、学术研究的记录,而通过此种学习、学术体会而形成的学问、思想又成为他实践活动的基础。

下面,笔者将探讨为官经历如此不同的两个人在起家前后的情形。及第时二人分别为19岁与44岁,因此其周围的环境状况也就不尽相同。特别是黄震在44岁及第之前,又是如何谋生并从事举业的呢?

王应麟《玉海》各卷开头均载有"浚仪王应麟伯厚甫",可见,王氏原籍在开封府浚仪县(大中祥符二年改为祥符县)。后随宋朝南渡而移居南方,其曾祖父安道在乾道年间定居明州(《四明文献集·宋吏部尚书王公圹记》;张大昌《王深宁先生年谱》,以下略称《年谱》)。曾祖父、祖父都曾做过武官,祖父晞亮死后还被追赠为朝散大夫。

首先,考察《延祐四明志》卷5《人物先贤》收录的有关王应麟的父亲王㧑的两件事。一则为其"幼学于里师楼昉"之事;另一则篇幅稍长,是关于应麟、应凤两个孩子的记事,"同年余天锡参知政事,属教其子弟。岁终致束脩以谢,坚不肯受。拱立言曰:二儿习词学,乡里无完书。愿从公求尺牍,往借周益公、傅内翰、番阳三洪,暨其余家所藏书。余欣然许之"。第一件是关于王㧑小的时候师事乡里楼昉之事。楼昉年轻时曾师事婺州吕祖谦,并以其博学、文章、议论的才华而闻名。回到庆元府后,据称其门下有数百人,受业生中有日后曾任宰相的郑清之等许多杰出人物。后世多认为王应麟习过吕学,其远因就是其父曾师事楼昉。此外,楼昉所纂《历代文章一编》还被当时的应试者暗诵,并被认为是举业的必备书。而鄞士须善于论策的评价标准固定下来以后,台、越两地的举人每年以数十名之多成队过来向他学习。另外,楼昉是光宗绍熙四年(1193)的进士(《宝庆四明志》卷10),有人认为李璧、黄裳做侍从时的文章可能为楼昉所作,这就留下了里师楼昉做官的印记。而师事楼昉的王㧑也善于文章、议论,似乎出于对自己才能的自信,壮年的王㧑曾多次应试词学科,然而却一直不中。因此他发誓不管是哪一个也好,一定要让孩子获得词学科及第的荣誉。对王应麟来说,博学宏辞科及第也是其父的遗愿。

上述情形还与下述事件有关系。余天锡,庆元府昌国县人。因其祖父曾教授过宰相史浩的子弟而移居鄞县。天锡也在史浩之子史弥远家授过书,也就是做家庭教师,其地点应该是临安。时任宰相已久的史弥远对天锡谨严慎重的性格仍有着高度的评价,他在策划废黜对自己持反感态度的皇太子、拥立宁宗的后继者时,就曾打算启用天锡,即要求赴庆元府乡试的天锡将宗室中优秀的年轻子弟带回。天锡在绍兴檐下避雨时,遇到了人品不卑的一对兄弟,并将其推荐给了史弥远。其中之一就是后来做了皇帝的理宗,并因此而引起了被废皇太子济王的叛乱,也就是此次推荐成为围绕理宗即位的一系列著名事件的发端。嘉定十六年(1223),王㧑、余天锡进士及第,天锡因其功绩在理宗即位第二年(宝庆元年,1225)被提拔为起居郎,几年后就担任了执政位。《年谱》把上述第二件事记为嘉熙三年(1239),也就是余天锡被拜为参知政事的那一年。当时王应麟17岁,王㧑从国子监正迁为将作监主簿。这件记事表明了两件事情。第一,如果《年谱》的纪年没错,余天锡虽身为参知政事,但仍应邀为国子监正、将作监主簿等中央官员教授子弟一事,当属无误。如果《年谱》的纪年有误,此事发生在嘉熙三年以前,也应为王㧑及第之后,因王应凤出生于宝庆三年(1227)。第二,乡里没有学习词学所需的书籍则意味着当时的鄞县虽已是周围地域的举业中心,但若要考博学宏辞科,其相关书籍仍很匮乏。而且如果王㧑时已任国子监监正一职,就说明国子监的藏书也不能满足博学宏辞科应试者的需求。所以,只好求助身为参知政事的余天锡从中斡旋,借用历代宏词科及第者的藏书。周益公即周必大,绍兴二十七年(1157)词科及第。傅内翰,除了傅伯寿以外没有合适人选。他与其弟伯成均为朱门弟子,不过,与被称人格高洁、纯实无妄且就任高官的弟弟伯成不同,伯寿被后世认为追随韩侂胄陷害善士,评价十分恶劣。傅伯寿于乾道八年(1172)词科及第。番阳三洪即洪适、洪遵与洪迈三兄弟,适与遵于绍兴十二年(1142)词科及第,迈于十五年及第。此外,王㧑还借用了其他二十余家的藏书,可以说准备已相当齐全。而其结果便是宝祐四年(1256)的应麟词科及第与开庆元年(1259)的应凤词科及第(《玉海》卷 204 上《辞学指南》)。

跟从父亲一起逗留在临安的应麟,经过嘉熙四年(1240)八月的国子监解试与淳祐元年(1241)的别试所省试(避亲嫌的贡士之外,国子监、漕试贡士也在这里考试),于廷试考中了乙科。可以说,王应麟享受了特别优裕的应试环境。尽管一般认为其父王㧑并没有追随宰相史弥远和丁大全,并因此未获得升迁,但我们仍可以认为,无论他们的主观意图如何,正如其与余天锡的关系所显示,王㧑、应麟父子官僚地位的基础就建立在以史氏家族为中心的四明的人际关系之上。

慈溪黄氏的祖籍为温州乐清县,于北宋大中祥符年间,迁到明州慈溪县。《登科录》记载,黄震的上三代均为无官布衣。而其子彦实的墓志铭(黄溍《黄学士文集》卷 33《黄彦实墓志铭》)则记述其祖父一鹗为奉议郎,但此应系黄震的追赠。尽管几乎没有黄震及第之前的记录,但近年张伟教授指出:“黄震幼承父教,熟读‘四书’。理宗端平元年(1234),他就读于余姚县学。三年春,他又求学于鄞县学宫,师从朱熹三传弟子王文贵。一年后,黄震开始以教书为生,因家境贫寒,同时也从事一些农业劳动。理宗宝祐四年(1256),乡试屡遭失利的黄震,终于在省试中《诗》一举登文天祥榜进士,名列第四甲第一百五名。"①及第之前的黄震的如此境遇,恐怕是当时庶民出身应试者的普遍形象。教书不足谋生,同时仍须从事农业劳动。甘于贫困而继续挑战乡试,这不仅需要本人的坚强意志,还必须要有维持或者至少允许应试的社会环境。《登科录·治诗一举》所载的《治诗》就是考察这一问题的一个线索。

南宋进士科分为诗赋、经义两科,应试者选择其一科。若选择经义科,还要从《易》《书》《诗》《礼记》《周礼》《春秋》之中选择一经来决定在第一场考试的本经。《登科录》中的记载与《绍兴十八年同年小录》有些不同,其中之一就是《登科录》记载了各人选择的科名与经书名。但很遗憾的是,《登科录》所载的 601 名及第者中,包括第五甲第 190 名以下的 24 人,一共有 30 名的缺落,此外也有些选科选经不明之人,因此不能提供完全的统计,只能作为参考。《登科录》所载的有案可稽的及第者中,选择诗赋的有 315 名,选择经义的有 255 名,在总数 570 名中,分别占 55% 和 45%。与今人的预测相比,新法时期北宋史书记载的两科的比率更加接近。经义科应试者选择经书的比率是,《书》109 名,《易》36 名,《诗》34 名,《春秋》38 名,《周礼》23 名,《礼记》12 名。这与上述史书所记述的情形几乎一致。选择经书者总数不到 255 名,即是因有些及第者选择的经书不明。经书的选择与地域性之间的关系仅根据这些统计仍显模糊,但选择《春秋》的 38 名及第者中,四川人最多,有 14 名,余下之人,以路的划分来看,各路均在 5 名以下。

那么,黄震之选择《诗经》又有着何种背景与意味呢?《至正四明续志》卷 2《人物补遗王文贯》条与此相关,值得我们注意:

> 王文贯,字贯道,鄞县人。早嗜学,与乡先生余端良游。魁太学公试,登宝庆二年进士第。教授真州,除宗学谕。弟宗道与兄同领乡荐,亦进士第。文贯,精毛氏诗说,以辅氏为宗,从游常数十人。同郡之知名者,奉化汪元春、慈

---

① 张伟:《黄震生平及学术成就述略》,《浙江万里学院学报》2001 年第 3 期。

溪黄震俱以论议政事,称于时。文贯由是名益著。四明诗学为最盛。奉化尤得渊懿。舒文靖、杨献子琛为倡首,而曹粹中、王宗道皆有论说。三江李氏自元白受业文靖归教。其家词伯、诲伯、森、以称、以制、以益,俱踵世科门人以次相授。黄应春、杜梦冠、安刘、王良学其杰然者。在鄞者称文贯,然源委实由于舒李云。

此虽为至正年间的记载,但庆元府却被认为是诗经学很兴盛的地区。《宋元学案》认为黄震为王贯道与王遂的门人,据《至正四明续志》的记载,我们能够知道黄震与此二人之间有着诗经学的继承关系。文贯所师事的余端良即为《乾隆鄞县志》卷13所引《成化志》中的余端臣。《成化志》载之曰:"字正君,精毛诗学,宗庆源辅氏,以溯朱子之传。为太学生,归教授于乡,从游者百余人。若王文贵其最著者。慈溪黄震、奉化汪元春俱私淑其学,远近宗之,称为讷庵先生。"又,黄震为嫁于薛氏的余端臣之女所书之墓志铭(《日抄》卷97《余夫人墓志铭》)中记载了与余氏一族的关系:"庆元府旧有讷庵先生余君以经学教授闾里,从之数百人。后多出为名卿才士。余生也晚,犹幸得师其门人宗学谕王公贯道,因亦得窃闻先生绪论。及识其子余君子容与其外孙薛君漫翁。时端平三年丙申岁春也。"即其关系是从端平三年(1236)黄震24岁时开始的,而这篇墓志铭则为38年后的咸淳十年(1274)余夫人81岁过世时,黄震应其子漫翁之请而作。是时,黄震奉祠禄于乡,参加了余夫人的丧礼。

此外,关于同出文贯门下并与黄震并称的汪元春,黄震笔下也有记载(《日抄》卷96《知兴化军宫讲宗博汪公行状》)。元春出身于奉化名家,嘉熙四年(1240)在庆元府乡试中考取了第一名,并于翌年——淳祐元年进士及第。关于其师承关系,有记载曰:"公(元春)少颖悟好学,受诗于大(太)学余先生正君及宗学谕王先生贯道。二先生四明诗学渊源所自,从之游者常余百人,公独每为称首。"此外,黄震在行状末尾记有"咸淳四年六月日,门生文林郎、史馆检阅黄震状"。汪元春出生于嘉定元年(1208),殁于咸淳二年(1266),比黄震大五岁。很可能黄震以行状执笔者的立场而自称门生,但事实上却无法确认他们之间是否具有师徒关系。

综上可知,黄震在端平三年(1236)从余姚县学转到了鄞县学,在王文贯的门下认识了许多以诗经学为专业的同窗。通过师事余端臣、王贯道,黄震继承了吕祖谦、朱熹门人博广的学问。同时,在南宋中期曾师事张栻、陆九渊、朱熹、吕祖谦的奉化人舒璘与杨琛的学问被鄞县三江李元白继承,成为李氏家学,并赋予四明诗经学很大的活力。虽然我们仍无法明了黄震与舒、李诗经学间的关系,但是他们生活在同一时期的同一地区,且不论他们之间的学问有何关联,交流应当是存在的。总之,可以推知,黄震在从事举业的 20 余年间,并非专注于单调的应试学习,在地域的学术交流活动上也相当积极。《至正四明续志》王文贯的条目中具名的杜梦冠也与黄震一样在宝祐四年及第(第五甲第 148 名),《登科录》中也记载为"治诗一举",当时他已 45 岁,长黄震一岁。此外,文贯的门生和舒、李诗经学的弟子,除了王应麟之子王良学以外,全部进士及第。由此,我们认为,地域学术和科举在这一时期已经一体化。

结 论

黄震《黄氏日抄》卷 4《读毛诗》所引以前之诸学说,包括朱熹的《诗传》,均以南宋前半期的著述为主。然而,在其学殖的背后,确有四明诗经学的存在。众所周知,朱熹讨厌应试学习,对弟子们的应举也无任何好感。作为获取世俗名利手段的举业与追求伦理道德、并试图把实现天下太平的方策也收入视野的学问,虽同有学问之名,但内在却存在着巨大的差异。但二者之间是否总呈对立状态呢?南宋前半期正是其治下各地开始生成具有独立倾向且颇成体系的学问的时期。那些刚萌生的陆学、吕学、朱学等思想流入庆元府,一般的里师、乡先生便把这些思想教授予当地子弟。不久,习过此类思想的学生开始应试科举,而乡先生本身考中科举的事例也不少,被后世看作朱学一宗的黄震也属于此类。在当时的庆元府,思想活动与应试学问和谐共存。可以说,南宋后半期的庆元府经历了历史上少有的思想转化为学术的时期,此时期即相当于宁宗、理宗朝时期。在本文的开头部分,笔者把南宋庆元府科举及第者的推移称为庆元模式,并试图探讨庆元模式的形成背景。当然,笔者十分清楚,这次发表的内容十分粗糙,不能对此课题作出完全回答。但笔者仍认为,对思想的形成与学术的传播,以及对采用了此类思想、学术的地方士人社会的动向进行综合研究,将会对上述课题的解决大有裨益。所以,以王应麟、黄震为例,探讨了南宋庆元府士人社会的一个侧面。顺便提一句,王应麟所考的别试所省试第二场的策问,第一题为"科举",第二题为"道学",而第三题则为"理刑"。

(原载《厦门大学学报(哲学社会科学版)》2005 年第 6 期)

南宋四明地区耆老会概述

周扬波

四明地区(今浙江宁波)在宋代属两浙路明州管辖,唐时经济已较繁荣,入南宋后由于大批北方士民南迁,并且地近首都临安,更是迅速发展成为一大都会。南宋四明地区的繁荣,集中体现于其士绅阶层的发达。有宋一代,四明产生了众多影响卓著的士绅家族,如史氏、楼氏、袁氏、汪氏、高氏等;同时也产生了宋代数量最多、规模最大的士绅会社,有五老会、八老会、尊老会、诗社、棋社等多种名目。这些会社大多属于由地方声望较著的老年士绅组成的耆老会,是四明士绅交游网络的核心群体,对乡里各个方面发挥着重要影响,值得对其作全面和深入的考察。①

---

① 关于本文研究对象,目前以下三作有所探讨:欧阳光:《宋元诗社研究丛稿》,广州:广东高等教育出版社,1996 年;黄宽重:《宋代四明士族人际网络与社会文化活动:以楼氏家族为中心的观察》,《宋史研究集》第 32 辑,台北:台湾编译馆,1988 年;梁庚尧:《家族合作、社会声望与地方公益:宋元四明乡曲义田的源起与演变》,《中国近世家族与社会学术研讨会论文集》,台北:"中研院"历史语言研究所,1998 年。欧阳之作侧重文学,对四明耆老会揭示有限;黄、梁二作考察了耆老会对乡饮酒礼与义田庄等推行所起的作用,由于耆老会并非其专门的研究对象,故其成员状况、社会功能等均未得到全面深入的揭示。

一、四明耆老会系列群体考辨

南宋四明地区先后出现五老会、八老会、六老会、尊老会、真率会、诗社、棋社等多个会社,于两宋无论在数量还是规模上皆为极最。这些会社在四明乡里建设方面表现活跃,在两宋社会史上极为突出。由于其均由乡居耆老组成,且成员前后承接、时间相近,故可将之视为同一系列群体,总以"四明耆老会"名之,以下分别对其逐一考察。

五老会:南宋绍兴年间(1131—1162)成立,成员为王珩、蒋璿、顾文、薛朋龟、汪思温(1077—1157)五人。五人均为 70 岁以上的致仕高官,王、蒋、汪等皆是四明地区世代科甲的望族著姓,故五老会的成立成为四明地区佳话,时人拟之以"唐之九老、本朝之耆英"①。

八老会:该会是五老会的延续和扩展。五老会在王珩、薛朋龟辞世后,于原有基础上吸收了王次翁、高阅、吴秉信、徐彦老、陈先五人,进而组成八老会。这个会社出现了两大特点:一是放宽了对成员的年龄限制,吸收了不到 70 岁的高阅、吴秉信入会;二是首次吸收布衣成员陈先入会②,这是耆老会自唐以来的历史性突破,标志着其对个人功名限制的放松,而转为重视成员在乡里的声望。

尊老会:成员有史浩等人,活动于乾道、淳熙年间(1165—1189)。史浩为孝宗朝名相,其子史弥远为宁宗时权相,其家族在南宋历史上拥有重大影响。史浩有《满庭芳》词五首,分别题为"四明尊老会劝乡大夫酒""劝乡老众宾酒""代乡大夫报劝""代乡老众宾报劝""代乡老众宾劝乡大夫"。③ 其《最高楼》词小序云:

乡老十人皆年八十,淳熙丁酉三月十九日,作庆劝酒。④

---

① 袁燮:《絜斋集》卷一八《刑部郎中薛公墓志铭》,景印文渊阁四库全书版,第 827 页。
② 楼钥:《攻媿集》卷七五《跋蒋亢宗所藏钱松窗诗帖》,四部丛刊本,第 656 页。
③ 史浩:《鄮峰真隐漫录》卷四七《满庭芳》,景印文渊阁四库全书版,第 291 页。
④ 史浩:《鄮峰真隐漫录》卷四七《满庭芳》,第 296 页。

可知尊老会是酒会,内容是为高年乡老作庆劝酒,属于广义意义上的会社范畴。该会成员已难详考,由于乡大夫、乡老、众宾等都是古代乡饮酒礼中的角色,劝酒、报劝都是这一礼仪的组成部分,可知该尊老会是四明地区推行乡饮酒礼时,将这一古礼融合进入耆老会的产物。

五老会:成员有史浩、魏杞、汪大猷、赵粹中等五人,活动于淳熙年间(1174—1189)。① 史浩为孝宗朝名相,其子史弥远为宁宗时权相;魏杞官至右仆射兼枢密使,亦贵为宰执;汪大猷官至吏部尚书,居乡以好周施称,是四明乡里领袖之一;赵粹中为宋宗室,官至吏部侍郎;第五人已难以考知。已知四人官秩皆高,在朝野均享重望,故五老会在四明乡里拥有较大的影响力。

六老会:成员为史浩姐弟共六人,为宋代仅见的有女性成员参与之会,也是仅有的成员纯为亲属关系的耆老会。史浩作有《六老会致语》云“惟同生积善之家,斯并享长年之庆”②,可知六人为同一个家庭的成员。楼钥有《六老图序》说:

> 至淳熙乙巳岁,丞相年登八衮,其女兄八十有三,四弟亦皆六十余矣……乃大合乐置酒高会,簪缨樽俎,极一时之盛……史氏之兴殆未艾也。③

可知六老会由史浩兄弟五人及其一姐组成,与尊老会一样属于酒会。作为簪缨世家置酒高会,可以说是对史氏家族声望的一次弘扬。

真率会:由汪大猷主盟,成员有楼钥、周模④、楼士颖⑤、楼少潜⑥、朱季公⑦等人,活动于庆元年间(1195—1200)。楼钥为汪大猷外甥,为南宋名士,后官至参知政事,为真率会中坚力量。《适斋约同社往来无事行迹次韵》诗较全面地反映了该

---

① 史浩:《鄮峰真隐漫录》序,第15页。
② 史浩:《鄮峰真隐漫录》卷三八《六老会致语》,第248页。
③ 楼钥:《攻媿集》卷五三《六老图序》,第465页。
④ 楼钥:《攻媿集》卷一〇九《周伯范墓志铭》,第1007页。
⑤ 楼钥:《攻媿集》卷一二《楼忠简公挽词》,第125页。
⑥ 楼钥:《攻媿集》卷二《少潜兄真率会》,第18页。
⑦ 楼钥:《攻媿集》卷四《朱少公寄诗有怀真率之集次韵》,第50页。

社的活动：

> 为作真率集,率以月为期……一乡有善士,收拾略不遗……但欲客长满,
> 痛饮真吾师。乡党既恂恂,朋友亦偲偲,凡我同盟人,共当惜此时。间或造竹
> 所,宁容掩柴扉。耆英古有约,不劝亦不辞。此意岂不美,谨当守良规。

适斋为汪大猷之号,此诗应为楼钥响应汪大猷为真率会提出的规约而作,反映出该
社具有如下几个特征:1. 以追随唐香山九老会、北宋洛阳耆英会的真率自然为宗
旨;2. 社员一月一次定期聚会;3. 乡里最有声望的耆老多已纳入会中,其中既有乡
人,也有寓公。

棋社:社员与真率会有重叠,可确考者有汪大猷、楼钥、周模、朱季公、朱南
剑①、蒋德常②、杨圣可③、姜子谦④等人,亦由汪大猷主盟,时间与真率会基本相同。
楼钥《棋会》诗云:

> 归来乡曲大家闲,同社仍欣取友端。无事衔杯何不可,有时会面亦良难。
> 少曾环坐坐常满,赖有主盟盟未寒。琴奕相寻诗间作,笑谈终日有余欢。⑤

可知棋社亦由投闲归乡的士绅组成,社中以抚琴、弈棋、作诗为主要活动方式。楼
钥《蒋德常棋会展日次适斋韵》云:

> 棋社经年能几回,身闲深幸屡参陪。一旬又见朋簪集,三径还应听屦开。

可知棋社活动为一旬一会。还有一位楼钥同年进士郑若容则在致仕后即有加盟之
意,但其人在返乡不久即去世,是否入社不得而知。⑥ 从辈分上看,真率会成员多
为楼钥前辈,而棋社成员多为楼钥同辈,可能因为真率会一般属于年事较高者之

---

① 楼钥:《攻媿集》卷一〇《送朱南剑守封川》,第 104 页。
② 楼钥:《攻媿集》卷三《次韵蒋德要三径》,第 39 页。
③ 楼钥:《攻媿集》卷一二《杨圣可棋集余方归自桃源不及预次适斋韵》,第 124 页。
④ 楼钥:《攻媿集》卷三《送姜子谦宰钟离》,第 40 页。
⑤ 楼钥:《攻媿集》卷一二《次适斋韵》十首其一《棋会》,第 124 页。
⑥ 楼钥:《攻媿集》卷一二《坚郑贵温棋社》,第 127 页;卷一三《郑华文挽词》,第 140 页。

会,故又另设棋社以待同道,但由于棋社成员多为退朝还乡之人,亦属于耆老会性质。

二、耆老会在四明乡里发挥的功能

四明耆老会系列群体历时既久,规模又大,在两宋史上实属罕见。耆老会成员多为四明望族出身,本身又具较高功名。这些人所组成的耆老会,很容易将地方重要家族紧密团结,在地方上形成强大影响力,并自然而然地成为乡里交游网络的核心。正因如此,四明耆老会被时人视为"衣冠盛事""风化之原"①。大致说来,耆老会在四明所起影响可以分为三个方面:1.推动乡里公益事业的发展;2.通过恢复乡饮酒礼教化乡里;3.敦族睦邦和敬宗收族。第一方面黄宽重和梁庚尧二先生已有较详研究,不加赘述。第二方面黄文略有探讨,但仅涉及四明耆老会对恢复乡饮酒礼的部分贡献,尚有许多未发之覆。本文着重对二、三两个方面进行探讨。

(一)耆老会对乡饮酒礼的恢复

乡饮酒礼是周代乡学中为业成学生设宴钱别所行礼节,由乡大夫作主人设宴,待学生以宾礼。饮酒酬酢皆有仪式,以表尚贤尊老之意。《仪礼》有《乡饮酒礼》篇,秦汉以来长期沿用,至宋因年代久远仪式已经湮灭。北宋初期孙何曾奏请行乡饮酒礼,但未能广泛推行。② 直到南宋时,乡饮酒礼作为教化措施才又在全国推行,而其推行范本,即是四明耆老会率先举行的乡饮酒礼。《宋史·礼志》叙述乡饮酒礼说:

> 唐贞观所颁礼,惟明州独存……绍兴七年,郡守仇悆置田以供费。十三

---

① 周必大:《周益国文忠公集》卷二六,明澹生堂抄本,第935页。
② 《宋史》卷三百六《孙何传》,北京:中华书局,1977年,第10098页。

年,比部郎中林保乞修定乡饮仪制,遍下郡国。于是国子祭酒高闶草具其仪上之,僎介之位,皆与古制不合,诸儒莫解其指意。庆元中,朱熹以《仪礼》改定,知学者皆尊用之,主宾、僎介之位,始有定说。其主,则州以守、县以令,位于东南;宾,以里居年高及致仕者,位于西北;僎,则州以倅、县以丞或簿,位东北;介,以次长,位西南。三宾,以宾之次者;司正,以众所推服者;相及赞,以士之熟于礼仪者。①

可见在宋代全国推行乡饮酒礼的过程中,明州扮演了先行者和示范者的角色,而其本身又存在一个不断发展和完善的过程,其中既有乡里耆老的推动,又有官方郡守的倡导。其中对乡饮礼制的确立起到关键作用的两位人物高闶和林保,前者是四明绍兴年间八老会成员之一,后者是真率会成员楼钥的姻亲。② 而真率会领袖汪大猷亦为在州学推动乡饮酒礼不遗余力,楼钥为他所作行状说他在明州兴建州学时,利用他的影响力劝说许多当地巨室助修州学,并在州学的乡饮酒礼中扮演了重要角色:

> 冬至岁旦,序拜有规,主盟斯事,少长以礼,推年长者为学宾,遇释菜则为祭酒,自编于布韦之间,以为一乡矜式。③

四明地区不仅是在州学推行乡饮酒礼的先行者,同时也是将乡饮酒礼推广到其他领域的先行者。自古以来乡饮酒礼只在学校中推行,虽然其本意在明辨尊卑长幼,但本质是贡士的一个附属环节。但宋代四明的尊老会,则将乡饮酒礼推行于会中,使之成为专门的尚老仪式。这种方式为后世继承,发展到清代成为官方化的乡饮耆宾仪式。④ 前述史浩五首《满庭芳》词分别题名为"四明尊老会劝乡大夫酒"

---

① 《宋史》卷一百一十四《礼十七》,第 2721—2722 页。

② 周必大:《周益国文忠公集》卷六八《左中奉大夫敷文阁待制特进林公保神道碑》,第 935 页。

③ 楼钥:《攻媿集》卷八八《敷文阁学士宣奉大夫致任赠特进汪公行状》,第 775 页。

④ 昆冈等:《清会典事例》卷四〇六《礼部之乡饮酒礼》,北京:中华书局,1991 年,第 88 页。

"劝乡老众宾酒""代乡大夫报劝""代乡老众宾报劝""代乡老众宾劝乡大夫",《最高楼》词序云"乡老十人皆年八十","乡大夫""乡老""众宾"皆为乡饮酒礼中的角色。根据《宋史·礼志》乡饮酒礼的描述,"乡大夫"是仪式之主,由州县长官任;"乡老"则由里居年高致仕者担任;"众宾"是声望相对次于"乡老"者。从这些角色的出现可以看出,史浩这些作品均为乡饮酒礼所作。但与在学校推行的乡饮酒礼不同的是,这里的场合是尊老会,其举办宗旨如《最高楼》序云,是为年高德劭的乡老作庆劝酒。就尚齿崇年来说,尊老会与宋代其他耆老会相同,但其间也存在重大差异,即一般耆老会追求真率、崇尚简朴、尚齿不尚官,而尊老会显然是一种仪式化以及半官方化的活动。由于尊老会的成员都是里居致仕、年高德劭的乡里耆老,在由官方倡导并以乡饮酒礼仪式化推行的活动下,他们所享有的爵齿、他们本人以及所代表家族的声望,就在乡间得以一再强化,这里高寿的年龄与功名和声望成正比,因此尚齿的背后其实是对功名和声望的推崇,并在长期仪式的强化下在乡里逐渐成为一种示范。前述史浩姐弟组成的六老会、史浩与魏杞等人组成的五老会,都是相类似的活动。会上史浩均作致语,致语是古代喜庆宴会时专作的祝辞,一般在舞乐队表演之前朗诵,包括四六文体的正文以及文末所附的口号诗章一篇,可见尊老会、六老会等都是同一种仪式化的活动。

史浩又有《寄居为诸乡老庆寿致语》诗,旁注为"就吴舍人宅"①,可知这种活动有时在民宅举行,吴舍人当为"诸乡老"之一、前述八老会成员、曾任中书舍人的吴秉信,可见尊老会更多的是处于一种民间自发状态,主要由乡里士绅推行,而官方只是起着一种倡导作用。参与推行乡饮酒礼的史浩、汪大猷等②,这些人大都属于耆老会成员,以此可见耆老会之影响力。乡饮酒礼和义庄等本应属于官方施行的公益事业,在四明转为由民间士绅倡行,这标志着宋代民间活力的明显增强。

---

① 史浩:《鄮峰真隐漫录》卷四八《寄居为诸乡老庆寿致语》,第 242 页。
② 袁桷:《延祐四明志》卷一四《义庄记》,《宋元方志丛刊》,北京:中华书局,1990 年,第 443 页。

（二）耆老会的敬宗收族功能

四明耆老会还有一个特点，就是其带有较为强烈的宗族色彩。六老会纯由史浩姐弟六人组成并且置酒大会乡间亲友，显然在乡里起着敦邦睦族的示范作用。楼钥在《六老图序》中以艳羡的口吻描述了宴会的场面，并盛赞这种光宗耀祖的行为：

> 于时风日清美，箫鼓振作。长子礼部侍郎某以次对奉祠，次子都官郎官某入制司议幕，率群从子婿皆盛服环侍，行酒授爵，躬子弟职，乐饮终日而罢。昔眉山洛下耆英之集，且有四人同生丙午之歌，然皆合众姓而成之，无出于一家者。若燕山窦氏，称丹桂之芳；襄阳马良，擅白眉之誉，亦未闻以大耋之年，而全对床共被之乐，而又得燎须之爱如今日者，是千载乐事，曾未之有。嘻，兹始可谓备福也……史氏之兴，殆未艾也，何止今兹乎？[①]

六人中史浩与其姐年过八旬，其他诸弟才 60 余岁，这样的年龄组合本不甚奇，但由于史浩贵为丞相，诸子又均登高位，其家族才为众人瞩目，其一家手足之庆才会成为乡里盛会，并被誉为与唐白居易九老会、北宋洛阳耆英会齐肩的"千载乐事"。同时这样的活动又自然而然地起到了一种示范作用，成为乡里艳羡的模范，"乡间亲识叹仰盛事，咸请绘而为图"。

既然这样的活动成为乡里艳羡的盛事，自然就逐渐会有人开始仿效。在宋代开始逐渐推行辟族田、修家谱、建祠堂的大气候下，士绅敬宗收族的意识已大为强化。如前所述，宋代耆老会已逐渐从致仕耆老纯粹追求真率适意发展成为具有多种功能的活动，而巩固家族关系和加强家族影响力便是其中重要部分。前述真率会是一个规模较大的耆老会，而其中汪大猷和楼氏兄弟的舅甥关系特别突出。前

---

① 楼钥：《攻媿集》卷五三《六老图序》，第 465 页。

述《士颖弟作真率会次适斋韵》全文是：

> 何美祖希情好隆，朱陈累世意交通。舅甥巾屦频相接，兄弟樽罍喜更同。
>
> 参坐幸容攻媿子，主盟全赖适斋翁。日来愈得清闲趣，斗酒不妨时一中。①

可知这次真率会的举办者为楼钥堂弟楼士颖，其活动内容虽与其他真率会一样只是饮酒赋诗，但似乎旨趣在于舅甥联谊。全诗通篇只讲舅甥、兄弟而不及他人，可以认为其时的真率会成员只有他们舅甥几人。楼钥另有《少潜兄真率会》诗云："昼锦坊中作真率，群从相过无俗物。"昼锦坊是四明楼氏发展史上关键人物楼钥祖父楼异所建住宅。楼异是楼氏在楼钥之前官品最高之人，官至徽猷阁直学士，他曾在家乡明州任知州期间营造了昼锦坊、昼锦桥、锦照桥、锦照堂、继绣堂等一系列大规模建筑，使得这些建筑成为楼氏光耀乡里的一种象征性标志。故楼钥在昼锦坊年久失修后由堂兄楼少潜重建落成时赋诗云：

> 昼锦门墙再兴起，乌衣巷口倍辉华。虽无崔氏联三载，肯学杨家簇五花。②

表达了其对家族光大的喜悦之情。《少潜兄真率会》诗中虽无关于真率会活动内容的明确描写，但很可能也是和楼士颖所作真率会一样属于家族成员会聚性质的活动。事实上楼氏也的确专门举办过富有特色的族会，其举办地点亦在昼锦坊，名为"咏归会"。楼钥《咏归会讲说》是一篇在这个族会上的讲辞，其云：

> 乾道五年暮春辛巳，昼锦坊楼氏为咏归会，黟县尉曹主之，言志者十三人，冠者十二人，童子二十人。质明谒先圣先师以叙列坐，临安教官讲夫子入孝出弟之言已，钥乃作而言曰……③

根据楼钥描述，可以看出该会形式明显源于《论语·先进》中曾晳言志的著名

---

① 楼钥：《攻媿集》卷一二《士颖弟作真率会次适斋韵》，第 125 页。

② 楼钥：《攻媿集》卷九《少潜兄再立昼锦坊伯中弟有诗次韵》，第 92 页。

③ 楼钥：《攻媿集》卷七九《咏归会讲说》，第 380 页。

篇章,而其聚会内容则是由家族长辈向年轻子弟宣扬儒家的孝悌观念,很可能是为族中成年子弟举行冠礼的一种族会。主讲人为时任临安教官的楼钥堂兄楼铉,主持人黟县尉曹不知何人,或为曾任歙丞的楼钥另一堂兄楼钜①。楼钥的任务则是在楼铉讲完后,向楼氏年轻的后辈们历数家族历史的荣耀及其来之不易,以此勉励子弟积极有为以光耀门墙。敬宗收族的强烈意识在汪大猷身上同样有较为明显的表现,《宋史》汪大猷本传说他"好周施,叙宗族外族为《兴仁录》"②,楼钥为他所作行状介绍《兴仁录》是"叙宗盟及累世外门姻党宗派条列而成"③。之所以号为《兴仁录》,是为了"以遗子孙,使之不替亲好"④。宋代自北宋欧阳修、苏洵始修家谱之后,士绅修谱不绝如缕,但如汪大猷这样将本族与历代通婚家族同修一谱者却属罕见。该谱的独特性在于,它既表明了巩固本族内部关系的意识,又表现出了加强乡里家族通婚网络之间联系的强烈关怀。

四明地区的耆老会与之前影响较大的唐代九老会、北宋洛阳耆英会相比,表现出明显的乡土化特征,它的成员总体功名比不上前两个会社,而且主要以本地士绅为主,并吸收了当地较有声望的布衣和女性成员,成员之间多有联姻,是一种典型的地方性士绅群体。正是由于具备了这种强烈的地域色彩,耆老会才成为一个地域内交游网络的核心,并在当地产生十分强大的影响,从而成为一支在政府和平民之间发挥作用的重要力量,这是宋代社会出现的一种新现象。

(原载《宁波大学学报(人文科学版)》2006 年第 5 期)

---

① 楼钥:《攻媿集》卷一〇九《从兄楼府君墓志铭》,第 1016 页。
② 《宋史》卷四百《汪大猷传》,第 12146 页。
③ 楼钥:《攻媿集》卷八八《敷文阁学士宣奉大夫致仕赠特进汪公行状》,第 775 页。
④ 楼钥:《攻媿集》卷八八《敷文阁学士宣奉大夫致仕赠特进汪公行状》,第 775 页。

士人家族与地方主义:以明州为例

柳立言

近来西方宋史学界有一种倾向,将南宋的士大夫"明清化",强调他们将事业发展的重心由中央转向地方,由朝廷大臣(statesmen)变为社会贤达(gentlemen),他们全力投入地方事务,维护地方利益,甚至连婚姻都故意(策略性地)地方化,[①]简

[①] "地方"与"中央"相对,但中央只有京畿一点地方,自不可能容纳太多的士人家族,故绝大多数的士人家族都在地方发展,这当然不是 Robert Hymes(韩明士)等宾大学人所说的"地方化",它应指一种"故意""选择性"或"策略性"的行为,例如可以到中央发展而选择留在地方,可以跟外地通婚而选择与本地通婚,或在国家与地方的利益不能兼顾时以后者为优先等,其实就是"地方主义"。对婚姻"地方化"大力反驳的,见包伟民:《精英们"地方化"了吗?》,《唐研究》第11卷,北京:北京大学出版社,2005年,第653—670页。又见 Linda Walton(万安玲),"Kinship, Marriage, and Status in Song China: A Study of the Lou Lineage of Ningbo, c. 1050—1250," *Journal of Asian History*, vol. 18, no. 1(1984), pp. 35-77,特别是 pp. 62-64. 陈家秀:《宋代眉州士大夫的婚姻关系》,《第二届宋史学术研讨会论文集》,台北:台湾中国文化大学史学研究所、史学系,1996年,第96—125页。Beverly Bossler(柏文莉),*Powerful Relations: Kinship, Status, and the State in Sung China* (960—1279), Cambridge, MA.: Councilon East Asian Studies, Harvard University, 1998, pp. 78-94. 简杏如:《宋代莆田方氏家族的婚姻》,《台大历史学报》1999年第24期。何晋勋:《宋代鄱阳湖周边士族的居、葬地与婚姻网络》,《台大历史学报》1999年第24期,这是目前最翔实的一篇。陶晋生:《北宋士族:家族·婚姻·生活》,台北:"中研院"历史语言研究所,2001年,第101—135页。Hugh R. Clark(克拉克),*Portrait of a Community: Society, Culture, and the Structures of Kinship in the Mulan River Valley(Fujian) from the Late-Tang through the Song*, Hong Kong: The Chinese University of Hong Kong Press, 2007, pp. 123-167.

言之就是地方主义（localism）在南宋抬头。在一些学人笔下，南宋士人是十足的地方士绅（local gentry），而且是与人为善的士绅，不是劣绅。

不知何故，近来研究宋代家族的台湾学人及学子也有同样的倾向：一方面把士大夫的义行"极大化"，不成比例地膨胀了家族对社会的影响；另一方面把这些义行"地方主义化"，例如把明州几个家族合作推行的乡曲义田称许为树立了地方传统，或是优于其他地区的具有文化特质的乡里意识，总之就是明州特有的地方文化。①其所引发的史学方法问题，是我们对事物（如社会公益、地方传统、乡里意识）的评估能否有较为"客观"的标准，而不是"主观"的认定。

我们首先要问，创办乡曲义田的，真的是家族而不是家庭吗？作为创办人且入先贤祠的沈焕、汪大猷、史浩三人，能说是代表家族吗？沈焕自称"世有礼法，自高、曾以来，未尝析户……阖门数百指，厚薄均适无间言"，的确可以代表一个同居共财（共同拥有、公平分配）的"义居家族"（communalized lineage），他所出之资，的确可称为"族资"（影响族人生计）而非"家资"（只影响沈焕一家生计）。至于史氏和汪氏，就既不是"义居家族"，也不是"聚居家族"（localized lineage），而只是"共祖属

①　研究明州乡曲义田的论著，先后有（1）福沢与九郎：《宋代郷曲（郷人）義田莊小考》，《史学研究》1956 年第 62 期。（2）福田立子：《宋代義莊小考—明州楼氏を中心として》，《史帅》1972 年第 13 期。（3）Linda Walton，"Kinship，Marriage，and Status in Song China：A Study of the Lou Lineage of Ningbo，c. 1050—1250，"*Journal of Asian History*，vol. 18，no. 1（1984），pp. 35-77.（4）Linda Walton，"Charitable Estatesasan Aspect of Statecraftin Southern Sung China，"in Robert P. Hymes and Conrad Schirokauer，eds. ，*Ordering the World：Approaches to Stateand Society in Sung Dynasty China*，Berkeley and Los Angeles，CA. ：University of California Press，1993，pp. 255-279.（5）梁庚尧：《家族合作、社会声望与地方公益：宋元四明乡曲义田的源起与演变》，《中国近世家族与社会学术研讨会论文集》，台北："中研院"历史语言研究所，1998 年，第 213—237 页。（6）黄宽重：《宋代四明士族人际网络与社会文化活动：以楼氏家族为中心的观察》，《"中研院"历史语言研究所集刊》1999 年第 3 期；收入黄宽重、刘增贵主编：《家族与社会》，北京：中国大百科全书出版社，2005 年，第 364—405 页。（7）黄宽重：《人际网络、社会文化活动与领袖地位的建立：以宋代四明汪氏家族为中心的观察》，《台大历史学报》1999 年第 24 期；亦见于《转变与定型：宋代社会文化史学术研讨会论文集》，台北：台湾大学历史系，2000 年，第 325—352 页；收入氏著《宋代的家族与社会》（2006），名为《真率之集：士林砥柱的汪氏家族与乡里文化的塑造》。为节省篇幅，本文不注明出处之引文引述，均出自上述著作。

群"(descent groups)，即父母死后，兄弟各房不再同籍共财，而是不断地别籍异财，各自成为拥有独立户籍和私产的个体家庭，彼此只有"私"的个别性(individual)互助合作，而无"公(族)"的整体性(corporate)互助合作，纵有所谓家族组织或制度(如汪大猷所建用来明清族祭的报本庵)，亦属一房一家之私产而非诸房合族之共产。① 事实上，乡曲义田后来无以为继，未尝不是因为只有"家"的力量而缺乏"族"的支持，导致人亡政息。

其次要问的是，乡曲义田真的可笼统称为"社会公益"(community charity)吗？它的作用究竟是什么？ 又有多大？ 我们可将之粗分为直接和间接两种，直接的作用当然落在受惠者身上，他们是谁？ 所受之惠又是什么？ 他们不是一般百姓，而是当地的贫士和贫宦的后人，换言之就是创办者的"同类"，不是一般的"乡曲"。② 他们所受之惠也非常有限。细读原始史料，便会发现创办者所说的跟所做的不无落差，我们不能全部相信。根据史浩的说法，黄宽重指出乡曲义庄在"消极方面是在帮助穷困的知识分子及官僚；积极方面则是经由集体的力量，建立经济互助体系，以达到崇尚廉耻、培养廉能官僚的目的"。乍听之下，还以为乡曲义田在发放养廉银，其实大不然。根据福田立子和梁庚尧提供的数据，救济的项目主要是"仕族亲丧之不能举者，给三十缗，孤女之不能嫁者，给五十缗……非二者弗与"，似乎只是救急不救贫。黄宽重增加了不少事例，证实了我的猜想，例如史浩"给助乡里贤士大夫之后、贫无以丧葬嫁遣者"，汪大猷"嫁人之孤女，葬贫者之丧"，沈焕感于"乡间有丧不时举，女孤不嫁者，念无以助"，以及宋末元初王应麟所说的"为义田以济婚葬"等，都表明救济的项目始终只针对"亲丧不能举"和"孤女不能嫁"。黄宽重曾评论其他性质的救济措施说，"慈善救济多半只有救燃眉之急的临时性作用，功能显

---

① 详见柳立言：《宋代明州士人家族的形态》，《"中研院"历史语言研究所集刊》2010 年第 2 期。

② 福泽与九郎：《宋代乡曲(乡人)義田莊小考》，《史学研究》1956 年第 62 期。他研究绍兴府、庆元府(明州)和建康府三处乡曲义田的时代背景、成立时间、目的与内容(包括救济的对象、"义"的性质、规模、所有权、管理)，特别指出明州乡曲的阶级性，即限于士人阶级，绝非一般乡人。

然是消极的,有限度的"。这评论似乎也适用于乡曲义田,因为资助"亲丧不能举"和"孤女不能嫁",不也是"救燃眉之急""消极性"和"有限度的"吗? 此间公务人员都有政府的婚葬补助,但实在看不出提高了多少廉耻和廉能。也许乡曲义田的确有更日常性、更积极和更广大的功能,但从目前学人提供的资料,实在看不出来。我们更应注意到,明州本地的贫士和贫宦连亲丧和嫁女都要依靠外人,是否因为士人大都是以"家"为本,没有"族"可以依靠? 我们可以说宋代社会的基本单位是家族吗?

乡曲义田有何间接的作用? 梁庚尧指出,首先,可以增加参与者的社会声望,在经济上减轻他们的社会责任重担,因为以前由他们个别和私下出资(私产)提供随意性(如金额由个人决定)和临时性的救济,对本家的负担既大,又恐怕无以为继,现在则由共同设立的义庄(共产)出资提供制度性和长期性的救济。其次,义庄"先贤祠将地方人士效力于乡曲义田所获得的社会声望,经由图像供奉与祭祀仪式具体地表现出来,已成为当地士人社会的一种精神象征,以精神的力量支持着义田的延续……使得此一义田的维系已成当地的一个传统,地方官府在必要时愿意伸出援手"。黄宽重扩而充之,认为这是"士人家族从密切交往中,触动乡土关怀而创造出优于其他地区的文化特质",及"从推动义田庄、乡饮酒礼的公益及文化活动的过程,则更能显示四明士族对本土的关怀,藉由合作的方式,汇集、激发出集体的力量,创造具有文化特色的乡里意识"。为方便讨论,我们简称之为一种见义勇为、不分彼此的把乡民利益放在第一位的地方文化传统或乡里意识。

无可否认,乡曲义田作为一种象征或理想,或有一定的号召力,但这跟它能否成为地方传统或乡里意识是两回事;即使已经成为了,它的作用有多大亦宜审慎评估,不宜过于乐观。我们固然要高度肯定乡曲义田的价值,但也不能过于夸大它的价值,太超过历史事实,反而会阻碍我们对乡曲义田和乡里意识的进一步探讨。历史研究时常给外界一种"主观"(各吹各的号)的不良印象,且让我们用五个应该比较"客观"的标准来评估乡曲义田对明州社会的影响——持久性、稳定性、普遍性、效用性和独特性。

1.是否长久? 相信大家都同意,一样东西总要传过两至三代才称得上传统。

乡曲义田从绍熙元年(1190)正式建立和发挥功能,①到宝庆元年(1225)似乎还没有改变,但到淳祐十一年(1251)以前,就已从私人手里移转给府学管辖。因此,其准确的寿命不易确定,只能说是 36 年至 60 年之间。

2.是否稳定? 稳定是指它的性质和基本信念是否有变化,变了质就不是旧的传统了。乡曲义田原来的性质是民营和济贫,原来的基本信念是见义勇为、不分彼此,到后来都走了样。梁庚尧认为,它易手的一个原因,是创办者的家族逐渐走下坡路,而且因为政治立场不同而交恶,湮没了见义勇为、不分彼此的基本信念,无法再同心合力。② 易手之后,变为官营(虽仍指派地方家族协助管理),正如王德毅所说,平时的救济如开设贫民塚等,假如由政府出钱,"实失义字之本意"。③ 事实上,乡曲义田由五百亩起始,其中两百亩即来自地方政府的捐助,这也许就是由乡居官户发起的一个好处吧。易手之后,补助的对象也扩大到在府学任职的生员,几乎是以办学为主,义田变为学田,就很难说是济贫了。它能够在官方接手后延续至元朝至正二年(1342)以后,最大的原因,梁庚尧说是"刚好配合了元朝的儒户制度"和让捐田者赢得社会声望,得以进入先贤祠从祀创建者。另一方面,入元之后的士人,"经济上既因政府的儒户制度而可以获得优待,政治上则(因科举的停办)已缺少实践道德理想的空间,士大夫又何必挺身而出,承担解决地方上贫士、贫宦家计困难的领导责任?"换言之,尽管元代贫士(尤其是挤不进儒户的知识分子)面临比宋代更大的困境,但士人家族已放弃领导的责任了(也许忙着去开办有名利可图的书院罢)。一个连创办者都维持不下去的传统,能否成为一个地方性的传统呢? 这固然

---

① 有两个说法,一是淳熙年间,一是绍熙元年,前者应是酝酿的时间,后者是正式成立的时间,见福泽与九郎:《宋代乡曲(乡人)義田莊小考》,《史学研究》1956 年第 62 期。

② 这点是可疑的,学人混家为族,遂以为家人的交恶影响到族人的合作,其实,高氏与楼氏和袁氏既交恶又合作,详见柳立言:《科举、人际关系网络与家族兴衰:以宋代明州为例》,《中国社会历史评论》2010 年第 11 期。李家豪亦曾质疑,见其《没落或再生:论元代四明地区的士人与家族》,台湾大学历史研究所硕士学位论文,1998 年,第 37—38 页注 129。

③ 王德毅:《宋代灾荒的救济政策》,台北:台湾中国学术著作奖助委员会,1970 年,第 100 页。又见福泽与九郎:《宋代乡曲(乡人)義田莊小考》,《史学研究》1956 年第 62 期。

有着不敌大环境的无奈,但我们不得不说,义庄已变为一个缺乏士人家族积极参与和实践理想的官方事务。比起那些怀着"三年图圄空,四野牛羊披"的理想、在元代担任基层吏员、努力维持两宋吏治传统的穷困士人,这些不能挺身而出的士人家族是否应感到惭愧?① 更有甚者,义庄的管理已是百弊丛生。王应麟《义田庄先贤祠记》(约 1293)说:"成画犹存,(而先贤之)初意寝失……慨实惠之未遍。谓职掌之冗员,子孙之继廪,二弊不可不革。"②可见易手之后,受惠者减少,支出却增加,既有少做多吃的冗员,也有吃着义庄长粮的子弟兵。这个情况并无多大改善,薛基《重建义田庄记》(1317)说自己"与闻其事,则弊弛非昔,屋亦如之,虽有粟,且无所容"③。学人所说的地方传统和乡里意识,至此已是名存实亡了。

3.是否得到普遍的认同? 假如我是当地的一介平民,恐怕很难受到乡曲义田的感召,因为与我完全无关。即使我要栽培子弟成为士子,在培养的过程中,也不能从乡曲义田得到任何帮助。对大多数民众来说,一般的救济行为,如赈灾和各种慈善活动,似乎更能受惠,更有吸引力,同样甚至更有资格成为地方传统。假如要排出优先次序,它们应在乡曲义田之上。简言之,乡曲义田只能成为士人社会的传统,不是庶民社会的传统;只是菁英的乡里意识,不是百姓的乡里意识。

4.是否得到认同者的优先选择? 今天的学术界喜谈多元,它们固然不是彼此排斥,但是否仍有轻重先后直接间接的分别? 在士人社会里,也有着相同性质的其他传统,乡曲义田会排在前面吗? 相信不会,因为它的效用太有限了。假如我是一位穷困的士人,我最渴望的,是尽快考取功名,脱离穷困,而不是等着"亲丧不能举,孤女不能嫁"的降临。所以,我会选择"科举会社"作为优先传统,希望它长命百岁,

---

① 洪丽珠:《三年图圄空:蒙元县尉的制度职能与社会角色》,《中国传统文化与元代文献国际学术研讨会会议论文集》,2007 年,第 398—407 页。郑丞良:《"作新士习之机":试论宋元之际四明士人风气与九先生祠的设置》,黄宽重主编:《基调与变奏:七至二十世纪的中国》第 1 册,台北:台湾政治大学历史学系等,2008 年,第 205—232 页。

② 王应麟:《义田庄先贤祠记》,袁桷:《延祐四明志》卷一四《学校考》,北京:中华书局,1990 年,第 5731—5732 页。

③ 薛基:《重建义田庄记》,袁桷:《延祐四明志》卷一四《学校考》,第 5732 页。

因为它能帮助我提高考试的技艺(有如今日之补习社)和补助我赴考的费用,而且有祭祀活动和"贫贱相扶助,富贵不相忘"的理想(中举出仕的社员捐助未中举的社员),最重要的,恐怕是一份"参与感"。① 所以,无论在精神、实质和开放程度上,它都远胜乡曲义田。上文提到义田"实惠之未遍",其中一个原因,难道不就是"士非甚不得已,亦以干请为耻"吗?② 假如是鱼与熊掌,我宁舍乡曲义田而取科举会社。也就是说,评估一种价值或意识,应留意它与其他意识的关系和竞争力。一个人因其角色之多样而可以同时具备多种意识,当它们互相竞争时,例如家族意识和乡里意识竞争、国家意识和地方意识竞争,究竟哪一种意识优先?

5. 是否有着与其他地方不同的独特性? 我们不要求只此一家别无分号,但假如是人有我有,那就很难看出它优于别处或特别令人敬佩了。只计较形式的话,由乡居士大夫来创办乡曲义田也许是明州独有或先有,但它的基本精神,即见义勇为不分彼此,似是儒学理想,并非明州所独有。正如前述,散见于湖南、江东西、福建和岭南的民间科举会社也有着"贫贱相扶助,富贵不相忘"的理想,不见得劣于乡曲义田。事实上,当甲地出身的士大夫到了乙地当官,他亦会推动各种文化和公益活动,正如史浩知绍兴府时,就捐官俸创立了附于府学的义田(1168),23 年后,他以居乡前宰相的身份推动了明州的乡曲义田,两者实无分别,假如后者是一种基于关怀同乡所生出的乡里意识,那前者应称作什么? 宋代士人普遍有"以力田课僮仆,以诗书训子弟,以孝谨保坟墓,以信义服乡闾"的认知,③一向重视乡闾,所谓"贫富相资"不是到了南宋才蔚然成风,更不是明州所独有。④ 乡曲义田究竟替明州建立

---

① 周扬波:《宋代科举会社》,《云南社会科学》2005 年第 5 期。较早提到的,见梁庚尧:《南宋城居官户与士人的经济来源》,台北"中研院"历史语言研究所出版品编辑委员会主编:《中国近世社会文化史论文集》,台北:"中研院"历史语言研究所,1992 年,第 133—188 页。

② 薛基:《重建义田庄记》,袁桷:《延祐四明志》卷一四《学校考》,第 5732—5733 页。

③ 汪藻:《浮溪集》卷一九《为德舆汪氏种德堂作记》,四部丛刊初编,上海:上海书店出版社,1989 年,第 150 页。

④ 郑铭德:《宋代贫富相资的理想与实现之一面》,《传承与创新:九至十四世纪中国史青年学者研讨会》,台北:"中研院"历史语言研究所,2008 年,第 523—535 页。

了什么与其他地区不同的地方精神、地方文化或地方意识,尚待学人提出一些比较客观的标准,才能展开讨论,否则似乎什么都可冠上乡里意识了。

也许明州士人家族还有其他对乡里的贡献,①也许政府已做了许多,乡曲义田只是补政府之不足,但单就乡曲义田一事而言,很难看出它对明州社会有多大的影响或产生了什么特别的地方意识。同样,我们在四明耆老会、真率会和乡饮酒礼等各种以中、上层菁英为主角的活动中,的确可看到它们"有助于联络在乡的官僚与士大夫的情谊",但很难看到可以"培养对地方认同感,除了可以增进乡里团结外,更有利于塑造地方意识"。我们只要用上述五个条件来检验便可,兹不赘述。

这些积极参与地方事务谋求乡里利益的士大夫一定是 gentlemen 吗?与乡曲义田相反的,是破坏乡曲水利,牺牲乡人来成全自己,这是楼氏楼异一房在北宋大富大贵的一个重要原因,也是楼氏和其他家族合作的另一面貌。包伟民一语道破了楼氏起家的最重要因素,是"不可或缺的政治机缘……决定了楼氏家族两百余年的兴旺发达"。② 非常重要的一次机缘,发生在北宋亡国前十年。

楼氏第一位高官是楼郁的孙子楼异,他有没有照顾五位叔父的家庭不得而知,但至少让父亲一房的财富快速增加。他利用一个制度提供的机会,大胆创造一个机缘,然后充分利用这个机缘。这可不是靠道德学问,而是靠投帝王不良之所好,昧着良心,牺牲本地一般百姓的利益来谋取个人和权势之家的利益。

宋代有一个良好的制度,是知州任满后要朝见皇帝述职,出守时也要朝辞,是中层官吏博取皇帝垂青的难得机会(这是我们过去所忽略的。今后应该从官制入手,探究影响中下层士大夫仕进的因素)。③ 楼异就是利用这一机会,迎合大肆挥

① 陆敏珍在《城市功能设施的完善》一节讨论了"医药局的设立""慈善机构的设立及其管理"和"地方官学的兴起"三项,目前只看到汪家和史家在兴建官学一项曾"劝激士类,鸠材效功"。陆敏珍:《唐宋时期明州区域社会经济研究》,上海:上海古籍出版社,2007 年,第 269—275 页。

② 包伟民:《宋代明州楼氏家族研究》,《大陆杂志》1997 年第 5 期。

③ 苗书梅:《朝见与朝辞:宋朝知州与皇帝直接交流的方式初探》,《首都师范大学学报(社会科学版)》2007 年第 5 期。

霍弄得民不聊生的徽宗。他要出守的是随州,却没有谈如何发展随州,而是建议如何将家乡明州的广德湖围湖为田,增收的田租大部分不是纳入国库,而是专供皇帝花费,谓之"应奉"。徽宗大乐,竟违反官员的避籍制度,改派他出知明州。这自然大大增加了楼氏在家乡的声势,却苦了老百姓。①

明州的移民人口快速增长而土地有限,开垦了前所未有的圩田、梯田和涂田等,但由于自然水系和气候均不利于农业生产,故十分依赖灌溉工程。水利虽是农业的命脉,但也时常发生水利重要还是增加田地重要的冲突。自唐代以来,就有多次主张把广德湖围湖为田的提议,朝廷派人实地调查,并征询当地人(包括替楼异祖父楼郁写墓志的得意门生舒亶)的意见,都认为害大于利,即使是助徽宗为虐的蔡京,也不赞成。事实上,经过历次修治,广德湖在神宗年间能灌溉农田 2000 顷,比唐代中期的 400 顷增加了四倍,鄞县西部"七乡秔稻以为命者也",而且湖水被引入明州城内,蓄水为池,提供居民用水。②

围湖为田(1118)的结果,是残民以自肥,新增的湖田约 575 顷 99 亩,上等和中等的大都被权势之家请佃,下等的就强配给一般百姓,而湖泊下游的 2000 顷旧田失去了湖水的灌溉,产量大减,大批田家被逼弃田流徙。那些权势之家大抵包括楼家,因为楼异有财力把家宅扩建为南北直径一百步(一步约五尺)的美不胜收的昼锦坊,不是凭一介知州的官俸便可办到的。政府收取租米是按产量的一定比率,绍兴七年(1137)从佃主处收到的湖田租米约 19000 余硕,知州请耕者将田租直接交

────────────

① 对此事的论述,万安玲与包伟民最为公允,万安玲首先注意到这个问题,并指出化湖为田与楼家财富增加和交结权势之家的关系。包伟民指出湖田的收入"专供应奉之需",而黄宽重(2006)则认为是"专用于接待高丽使者",可减轻民户负担,待外交断线后,收入归于朝廷,增加了国库的收入。个人以为包文较为合情合理,湖田收入主要是用于徽宗个人的挥霍,小部分用于高丽外交。我们可以思考下列几点:(1)黄文说湖田共有 720 顷,岁得谷 36000 石,但究竟有多少是用于高丽外交的?(2)假如楼异是向徽宗建议,将湖田的收入专用于高丽外交,相信绝对不可能打动帝心,不顾避籍,改派他到家乡出任知州。(3)楼异加官晋爵的一个主要原因是"应奉有劳",何谓"应奉"?徽宗先设应奉局,总领花石纲,后设应奉司,也是为了搜括天下珍奇,故"应奉"就是"供应宫廷所需"的代名词。

② 陆敏珍:《唐宋时期明州区域社会经济研究》,第 120—121、126、133—134 页。

给政府,租米一下子增加至 45000 余硕,可见佃主获利之丰厚。楼氏在战火之后能够快速复原,相信是拜湖田复耕之赐。要言之,新田增加与加强了徽宗和楼氏等家族的收入和关系;旧田的废弃却减少了国家的收入,增加了百姓的痛苦。绍兴九年,明州知州上奏说:"政和八年,守臣楼异请废为田……湖未废时,七乡民田每亩收谷六七硕,今所收不及前日之半,以失湖水灌溉之利故也。计七乡之田不下二千顷,所失谷无虑五六十万硕,又不无旱干之患。"地方志甚至说,"西七乡之田,无岁不旱",就是因为缺少湖水灌溉。① 研究明州社会经济的陆敏珍指出,"地方力量在水利建设中的作用及其水利共同体的形成,说明地区的开发过程也是地方社会的整合过程"。② 究竟家族在这过程中扮演了什么角色?明州被金兵屠城和掳掠后,家族在地方重建的过程有何作为?有没有像太平天国之后的乡绅,趁机取得更多的逃田和废田?此外,我们也可追探士人家族的地理分布,它们在唐代集中在少数县,宋代如何?与地方的文化和经济开发有何关系?

无论如何,我们一方面需要指出士大夫在乡曲义田一事中的高义,另一方面还是应客观分析其局限,这无损于他们的高义,但不致让我们高估了家族对地方社会的影响。就目前的研究来看,乡曲义田对明州大社会的作用是极为有限的,对士人小社会的作用也是很有限的,我们需要知道士人家族还做了些什么,才能正确评估它们对明州社会的影响。此外,我们也应指出,本地人为本地父母官,亦会牺牲一般百姓的生活所需,来施惠少数有权有势的新旧朋友和姻亲。毫无疑问,财富是起家的要素,但我们必须追究财富的来源,才能发现起家的真正要素。而家族之间的合作互利,也有污秽不堪的一面。楼异残民自肥,却得到受惠士人的拥戴,建立了生祠,且在孙子楼钥担任参知政事期间,地位得到提升。这种贤良祠跟地方福祉有

① 陆敏珍:《唐宋时期明州区域社会经济研究》,第 156—164 页。徐松辑:《宋会要辑稿》食货七,台北:新文丰出版公司影印本,1976 年,第 45 页。这份奏疏对每亩产谷量的计算是可信的,当时平均一亩田产四石谷折合二石米,上田更超过三石米,见陆敏珍:《唐宋时期明州区域社会经济研究》,第 54—57 页。圩田的纠纷,参见庄华峰、丁雨晴:《宋代长江下游圩田开发与水事纠纷》,《中国农史》2007 年第 3 期。

② 陆敏珍:《唐宋时期明州区域社会经济研究》,第 17 页。

何关系,确立了什么传统,就有赖少数受惠者的美好集体记忆和他们如何扭曲受害者的痛苦集体记忆了。

近来流行研究地方的民俗信仰,提出"南宋士人地方化"的 Robert Hymes(韩明士)研究抚州的士人家族,有一章专门讨论"建庙与宗教生活",认为士人把手伸到国家力量所不及之处。启人疑窦的是,国家自有宗教政策,有些事情要管有些事情不要管,"不管"(not to control)与"管不着"(unable to control)是两回事,我们必须先分清楚,才能正确评估本地士人与国家力量的关系。无论如何,既然乡曲义田之善与破坏水利之恶可以并存,我们一方面要探讨士人家族如何与佛寺合作汲取社会资源(praying for power),另一方面也要探讨它们如何掠夺佛寺的资源(preying for power)。①

学人说楼钥显达后还是很拮据,"奉祠家居,日虞不给,夫人搏节用度,纤微必计,始有余米",但根据黄敏枝的资料,他在嘉定二年(1209)位至参知政事,看中一所寺庙,请朝廷赐给他当功德寺来照顾祖先的祭祀或坟墓,常住寺产有田 342 亩,山 9800 亩。② 黄氏曾说:"宋代达官贵人透过指占有额或无额寺院为坟寺时,原来属于寺院的庄田也一并移到坟刹主人手中,新置一所坟寺犹如添置一所新庄,以一寺养一家。"事实上,从北宋晚期(1109)开始,就禁止指射有额寺院,故臣僚得到寺额后,必须"自造屋宇、自置田产",杨倩描就说:"南宋时期创建坟寺、坟院和功德寺观等,多是采取由朝廷拨赐小型寺观,再由个人出资扩建的折衷方法。"他跟黄敏枝的意见也大致相同,认为"即使是这样,在坟寺、坟院和功德寺观中,原有和新置、公

---

① Robert Hymes(韩明士),*Statesmen and Gentlemen*:*The Elite of Fu-Chou*,*Chiang-Hsi*,*in Northern and Southern Sung*,Cambridge:Cambridge University Press,1986,pp. 177-199. 参见 Timothy Brook,*Praying for Power*:*Buddhism and the Formation of Gentry Society in Late-Ming China*,Cambridge,Mass.:Harvard University Press,1993,pp. 321-325.

② 黄敏枝:《南宋四明史氏家族与佛教的关系》,漆侠主编:《宋史研究论文集》,保定:河北大学出版社,2002 年,第 546—575 页。四明诸家族与佛教的关系,见万安玲:《宗教、社會および日中の文化關連——南宋明州(寧波)における仏教と地域社会》,《東アジア海域交流史現地調査研究》2006 年第 1 期。

有和私有的财产界限还是不容易完全划分清楚的。这就导致了外戚、大臣之家借创建坟寺、坟院和功德寺观而侵吞寺观财产的行为发生"。① 无论如何,假如楼钥曾出资添置寺产,就是家有余财;假如分文不出或象征性付出,就属于无偿取得,迹近恃权屈法,有没有"以一寺养一家"的可能,就请读者自行判断罢。此外,叶烨提出"客观富裕,主观拮据"的说法,十分值得参考,是指士大夫的生活水平是富裕的,但要维持这个水平,又有些不容易,故总是喊穷。②

黄敏枝还有两项发现应该一提:第一,她指出被形容为南宋中晚期权倾一时、无恶不作的史氏(史弥远和史嵩之等),居然不像有些仕宦家族以指射寺院作为功德坟寺来巧取佛寺财产。第二,史氏有 10 所功德坟寺和 3 所坟观,她考出其中 4 所有产业,但田地合计只有 831 亩,山地只有 705 亩。不过杨倩描似乎认为这些是该寺本来就有的寺产,并不包含史氏增置的寺产。③ 无论如何,这些发现部分解开了 Richard Davis(戴仁柱)的迷惑:为何看不到史氏的财富,难道财富对家族的维系不重要吗?④ 也许功德寺产也可算作变相的族产。崇宁新党要把旧党连根拔起,将元祐党人的 19 座功德坟寺全数没官,实际上是断了党人家族的一条财源,并不是禁止党人祭祖。黄敏枝虽有意将史氏家族、区域和佛教合为一谈,并指出"家族对于当地佛教活动的参与,应该是获取社会资源与经济资源的最佳途径",但最后发现相关的史料没有想象中的丰富,只能期待将来把研究范围扩大至楼氏和袁氏等家族了。

最后,地方主义重视地方特色,我们若从地方史的角度来看明州家族,它们跟

① 黄敏枝:《宋代的功德坟寺》,《宋代佛教社会经济史论集》,台北:台湾学生书局,1989年,第 241—300、272 页。杨倩描:《南宋宗教史》,北京:人民出版社,2008 年,第 329—331 页。白文固的看法也大致相同,参见白文固:《宋代的功德寺和坟寺》,《青海社会科学》2000 年第 5 期。

② 叶烨:《北宋文人的经济生活》,南昌:百花洲文艺出版社,2008 年,第 127—128、164 页。

③ 杨倩描:《南宋宗教史》,第 327—333 页。

④ Richard L. Davis(戴仁柱),*Court and Family in Sung China 960—1279: Bureaucratic Success and Kinship Fortunes for the Shih of Ming-chou*,Durham:Duke University Press,1986.

其他地方的家族有何共通和相异之处,亦即明州士大夫家族的地方特色是什么?无论是否正确或能否适用于全国,Robert Hymes(韩明士)、Beverly Bossier(柏文莉)和 Hugh R. Clark(克拉克)至少指出了江西抚州、浙江婺州和福建木兰陂士大夫家族的特色,例如婺州的家族组织不发达而木兰陂有意提倡族谱和祠堂。① 包括克拉克在内的一些学人认为,家族组织之发达有时是一种对外来挑战(如新移民)的响应,这种说法能否适用于明州? 明州在两宋之交涌入大量移民,例如建炎三年(1129),高宗从明州下海逃避金兵,留下大量无法追随的官员及其家属,次年金兵撤退,北方人口大量南迁。事实上,明州和越州等地一向"号为士大夫渊薮,天下贤俊多避地于此"②。根据学人统计,在 713 名明州进士里,非明州籍的共 129人,来自开封的占了 82 人。③ 新移民大都是文化之士,而开课授徒是最好的谋生方法,他们与旧的士大夫家族既分享也竞争各种文化资源。明州的菁英结构是否发生很大的变化? 新移民与旧家族有何合作、竞争或婚姻等关系,对家族组织的发展有无影响? 也许这些问题可让我们看到明州士大夫家族的特色。

总之,当我们评估家族对社会的影响时,首先要确定我们说的是"家"还是"家族";其次应尽可能寻求较为"客观"的标准来评估它们的影响,例如是否塑造了一个地方传统或乡里意识,应从其持久性、稳定性、普遍性、效用性和独特性等多方面来说服读者。本文最大的目的,不是回答明州士人家族究竟有没有塑造了地方传统或乡里意识,而是引起研究方法的讨论。

(原载《历史研究》2009 年第 2 期)

---

① Robert Hymes(韩明士),*Statesmen and Gentlemen*;Beverly Bossler(柏文莉),*Powerful Relations:Kinship,Status,and the State in Sung China*(960—1279),Cambridge,MA.:Councilon East Asian Studies,Harvard University,1998;Hugh R. Clark(克拉克),*Portrait of a Community:Society,Culture,and the Structures of Kinship in the Mulan River Valley(Fujian) from the Late-Tang through the Song*,Hong Kong:The Chinese University of Hong Kong Press,2007.

② 李心传:《建炎以来系年要录》卷二〇"建炎三年二月庚午纪事",文渊阁四库全书本,第26 页。

③ 陆敏珍:《唐宋时期明州区域社会经济研究》,第 37—38、43—44 页。

政治、地域与家族

——宋元时期四明士族的衰替

黄宽重

前　言

唐代以降,科举成为中国国家拔擢人才与士人入仕的重要途径,不仅加强皇帝的权威,改变中古门第社会的传统,更是个人与家族发展与否的重要关键指标;与之相关的教育、经济、婚姻、人际网络等因素,也对个人与家族的兴替造成影响。

到宋代,科举擢才更为公开而且竞争激烈,个人或家族,均难如中古时代常保繁盛。已崛起的家族,为维持原有优势,除积极经营产业、教育子弟外,更借由参与地方公益、慈善活动,以维系地方声望;但即便如此,面对科举社会的现实环境,家道仍会因为经济环境、人际关系的变化而有所改变。谚语"富不过三代"所反映的家道衰败之易,和各家族为维系家业荣景,极力塑造有利家族发展条件的努力,相互交织在自唐迄今的历史发展中,成为一千多年来中国社会的写照,个人于此在《宋代的家族与社会》一书的结论中,已有所阐述,不再赘论。①

---

① 黄宽重:《宋代的家族与社会》,台北:东大图书公司,2006 年,第 251—270 页。

在个人过去的研究中,曾以累代中举仕宦的士人家族为个案,从科举、经济、教育、婚姻、人际网络等角度,分别分析宋代明州地区士人家族的兴衰过程及原因;本文则希望在此研究基础上,掌握长时期地区士族之间的关系与变化,以探讨四明地区"一群"士人家族间的互动及其对个别家族和地域的影响。相对于一般讨论近世士人家族的研究,本文试图从家族衰替的角度探讨社会流动与精英阶层的议题,而非着重于家族延续的面向。

以"衰替"为研究家族的切入点,有两种考量:首先,对衰替过程的研究,一方面从反面显示维持家族的关键因素,另一方面则显示"实际"的发展结果。再者,家族衰替的现象使我们注意到:以统计数字为主的"社会流动",并无法说明精英阶层内部的实际流动情形,以及个案与整体描述间的差异与断裂。由于受到对于精英阶层之定义的影响,目前学界对于宋代的"社会流动"仍未有定论,但即便是以最宽的定义(如 Robert P. Hymes,对于此一定义的检讨,见李弘祺书评),强调精英的延续性,也并不意味精英阶层是静止不动的,而仅是针对科举的快速流动印象加以修正;相对于科举"朝为田舍郎,暮登天子堂"式的剧烈提升,通过精英阶层的上升过程则是较为曲折、缓慢的流动而已。

在宋代,家族的发展有不同的途径,也未必有兴衰之分,但科举既为个人与家族发展的重要关键,中举与仕宦不仅使个人成为地方缙绅,连带也让家族成为地方上具有名望的士族。然而,除家族成员的科举、仕途表现及对地方事务的参与外,士人家族的荣枯尚取决于家族成员兴趣的转变、家风的变化、家族内外人际关系的改变,以及政治的介入等因素。从表面上看,士族成员的不第或无意仕宦,虽然只是淡出政坛,未必影响家族在地方上的角色,但就士人家族的发展而言,这种累代无人中举或退出仕途的现象,不论在族内或乡里间,与昔日的荣景相较,往往都被视为家道不振,正是本文所指的"衰替"。不过,目前学界对造成士族衰替的研究与讨论均嫌不足,以致影响对家族发展的整体性观察,这也是本文将"衰替"作为关注重点的原因。

此外,历史学界讨论中国史问题时,仍受朝代框架的限制。此一现象,或与长期以来历史教育与研究侧重断代,以致难以跳脱朝代的思维框架,从长期发展去掌握历史变化有关。先前我的研究偏重几个重要士族在南宋的勃兴,及经由合作,形成具有地域特色的社会文化的现象,而研究元代四明家族的学者,则看到这些家族在元代被一些新兴的家族取代,借以说明蒙元政权的建立是四明地区家族与社会变化的关键,①这样的研究显然都有朝代的局限性。其实,若能突破断代的限制,同时摆脱个别家族的思考,从更宽广的地域社会的层面探讨,相信会有不同的看法。有鉴于此,本文尝试将研究时段拉长,并透过士人家族子弟回视前代荣景的眼光,对四明地区的士人家族发展进行跨断代的研究。

过去学界对家族的研究,多注重于各家族如何巩固其地方势力,以延续其精英地位;但相对地,也正因士人家族是地方社会的精英阶层,其兴衰同样牵动着地方的发展,而这发展更是地方家族间彼此互动的结果,而非单一家族的表现。因此,研究精英阶层内部的流动情形,不仅是理解社会流动的关键,也是探讨地方社会权力组成并影响地方发展的重要线索。除此之外,更由于四明士族长期在南宋政局中扮演举足轻重的角色,与朝政的关系特别紧密,如果将这些家族与地域社会放在历史发展脉络中去理解,更能将家族的兴衰、精英阶层内部的流动,与地方社会结构三者间的变化密切结合,将更有助于了解地域社会的发展与变化及呈现整体历史的发展面貌。

一、四明士族的兴起与文化形塑

宋代四明家族中,名望甚盛的大家族包括史家、楼家、两袁家、汪家、高家和舒家等六七个家族,这方面的研究,包括本人、Richard L. Davis(戴仁柱)、石田肇、包伟民、伊原弘、Linda A. Walton(万安玲)等人的论文,都有所探讨。综合这些研究,

---

① 李家豪:《没落或再生:论元代四明地区的士人与家族》,台湾大学历史学系硕士学位论文,1998年。

吾人可以对南宋四明家族的崛起,归纳出几个较具一致性的看法,而这一看法和宋代其他地区士人家族崛兴的现象相当一致:科举考试,不仅是改变个人命运的起点,也是一个家族崛起的关键,它像磁铁般,吸引着有意改变命运的家族迈向科举。教育是通往科举考试的必要途径,但需要庞大经费及长期投资。因此,从家族的发展策略而言,一个家族经过几代努力经营,达到小康之境以后,多经由安排,让家中一二名聪慧子弟到家塾、私塾、书院,乃至州县官学接受教育。从地域社会的角度而言,这些教育的场域,让乡里或族人中年龄相近的幼童,因学习而建立了深厚的乡党同学情谊,一旦成为进士,这些曾经共学的士人,很容易因同窗兼乡谊关系形成集体力量,在仕途上互为奥援。而这种个人之间的结合,不仅有助于个别家族的发展,也促进了地方集体的兴盛。就四明而言,家族兴起的同时,也是地方兴起的过程。像北宋中期,楼郁在四明所教的学生舒亶、袁毂、罗适、丰稷等人,即共同为四明士人打开迈向政治发展的途径。南宋四明士子之间的关系,更为明显,像汪大猷与史浩是同乡、同学,又是同科进士,关系十分密切。楼钥说:"(汪大猷)其在行朝,史文惠公有同年之好,钱公知奖最深,魏成公少小相处如兄弟,蒋丞相同为宫僚,王侍御伯庠实为姻家,前后同时。"[1]这种同乡之谊,表现出来的即是提携后进,或在政坛上互相扶持、支援。史浩辞官时,向孝宗推荐了袁燮、杨简等四明士人,全祖望称赞史浩"吾乡史氏,一门五宰执,忠定虽以阻恢复事,为梅溪所纠,然其立朝能力荐贤者。乾淳而后,朱、陆、陈、吕、杨、舒诸公,皆为所罗,而使诸子与杨、舒诸公游,尤可敬"。[2] 此外,汪大猷推荐过钱象祖、史弥大、潘时、沈铢、郑锷等五位四明同乡,[3]楼钥也向宁宗荐举杨简、高似孙、冯端方、楼昉,[4]这是四明士人在宗朝形

---

① 楼钥:《攻媿集》卷八八《敷文阁学士宣奉大夫致仕赠特进汪公行状》,四部丛刊正编,台北:台湾商务印书馆,1979 年,第 18 页。

② 全祖望:《鲒埼亭集外编》卷二八《跋宋史史浩传后》,台北:华世出版社,1977 年,第 1054 页。

③ 楼钥:《攻媿集》卷八八《敷文阁学士宣奉大夫致仕赠特进汪公行状》,第 19 页。

④ 楼钥:《攻媿集》卷三一《举杨简刘仲光状》《除显谟阁直学士举冯端方自代状》《除给事中举高似孙自代状》《举冯端方江畴楼昉状》,第 563—570 页。

成群体,影响朝政,而被视为当时最具实力之地域的主要因素。

登上进士的士人,为稳固家族基业,一面以自己经历举业的经验,透过教育,培育子弟,一面经营产业,厚植经济实力,甚至成立家族义庄,以维持竞争优势,经由任职、官历,建立多元的人际关系,并借由婚姻的缔结,建立坚实的人际网络。经过一、二代的努力,幸运者能开创个人的政治高峰,同时让家族成为地方名门。此后,由于荫补的保障和婚姻、人际关系的扩展,家族发展趋于稳定,如此则能与新兴的挑战者保持一定的竞争距离。这些家族在地方上既已累积丰沛的人脉与社会资源,自然成为当地实至名归的名门望族。[1] 而从地域社会的角度,这些名门望族正是影响地方社会发展的主要骨架。

个别士人或家族的崛起,固然需要靠个人的努力与际遇,但要维持竞争优势,需要与各方合作,援引各种资源,才能成功。因此,参与乡里的文化与公益活动,乃至慈善救济事务,都是培养个人乃至家族声望的重要手段,而乡里公共活动的推动,则让各个家族由重视自身发展的经营策略,走向与邻里共谋发展的社会活动,也因此形成具有地方特色的地域文化。

宋代士人在追求个人事业发展的同时,也活跃于乡里社会。这一点从邓小南教授讨论宋代苏州士人家族交游圈的论文,及本人有关四明、江西的家族个案研究中,都可以看出。[2] 在南宋,由于对金和战及政治路线的经常变动,进士录取名额多而官员员额有限,官员在乡里待阙或辞官归乡者增多,高官也多因政见不同,难以久任高位,而提早告老返乡。四明人中,像高闶、史浩、汪思温、汪大猷、楼钥等人,都是长期居乡。他们乡居期间,不免有因私而干预地方事务的事例,如史弥正奉祠就养后,仍介入明州事务,以致宋廷在制书中谴责史弥正"尔奉祠就养,宜无预于公府。知笃葭莩之好,而忘瓜李之嫌"[3],而罢其祠宫之官,以及钱端礼与民争产

---

[1]　黄宽重:《宋代的家族与社会》,第 251—256 页。

[2]　邓小南:《北宋苏州的士人家族交游圈》,《国学研究》1995 年第 3 期;黄宽重:《宋代的家族与社会》。

[3]　楼钥:《攻媿集》卷三四《直敷文阁史弥正为高夔奏厉雄公事落职罢宫观》,第 20 页。

事。然而更多的是透过个人乃至家族间的合作,推动具有特色的文化与社会活动。如史浩在淳熙八年(1181)告老返乡之后曾延致沈焕居竹溪,杨简讲学于碧沚,袁燮、舒璘和吕祖俭等人也一齐带动讲学辩论之风,让四明成为南宋教育和学术活动中心之一。史浩、汪大猷则先后推动以怡情游赏、赋诗唱和为主的诗社,如五老会、八老会,乃至真率之集等,他们同时透过联谊,达成关怀、推动乡里文化活动,兴复以尊老序齿,具有团结士人及建立集体意识功能的乡饮酒礼。元人程端礼说:"乡饮酒礼……废坠之久,在宋淳化间,四明独能行之,朝廷取布之天下。绍兴以后,贤守相济继,订礼益精,且立恒产,以供经费。风俗之美、文献之盛,遂甲他郡。"①这些活动能行之长远,固然需要地方长官的支持,但要持续举行,形成文化传统,则像王伯庠、汪大猷、何炳、陈卓等四明重要家族的成员长期推动,及乡人的积极参与,更为关键。

四明士族除个别家族参与修建州县学校、造桥铺路,乃至救济慈善活动等地方公共建设外,还进一步组成超越家族义庄、具有地域色彩的"乡曲义庄"。四明士族之间,得利于因同学、同事乃至婚姻关系逐步建立的绵密人际网络,只要有人从中鼓吹发起,就极易从个别士人家族的行动,形成集体。四明的乡曲义庄即是此具有集体意义的社会福利措施。这个构想由史浩先在绍兴府推行,他的同乡好友沈焕赞同此一理念,建议在家乡实行,以砥砺四明士人,建立廉能政治。经由集体,建立超越个别家族的地方经济互助体系,并透过制度化的组织,常态持久地运作,以帮助四明地区穷困的知识分子和官僚子弟,达成崇尚廉耻、培养廉能官僚的目的。乡曲义庄关怀照顾的层面,是从个别家族延伸到整个乡的士人阶层。

史浩的意见得到同辈好友汪大猷、沈焕的积极支持,于是展开劝募、制订规章以及实际执行的工作。乡曲义庄由四明士人如汪大猷、史浩、楼钥、沈焕、袁樞、高

---

① 程端礼:《畏斋集》卷三《庆元乡饮小录序》,《四明丛书》,台北:新文丰出版公司,1989年,第4—5页。参见山口智哉:《宋代郷飲酒禮考——儀禮空間としてみた人の結合の"場"》,《史学研究》2003年第241期。

文善结合当地富人如边氏等共同筹划推动。其以民间为主、官府为辅的运作模式，是四明士人及其家族走出各自的藩篱，经由合作而创下的重要举措。在乡曲义庄的推动过程中，除了史浩领导外，其他参与者也都恰如其分地扮演应有的角色，这显然是其成功的要因。然而，从理念的提出，到规划运作、付诸执行，前后历时十余年，显示在当时的社会环境下，要创造突破个别家族的集体成果，需要费时沟通、捐弃成见，并非一蹴可及。① 从这里，我们看到南宋中期以前，四明家族的兴起与四明地区的发展相为表里、相辅相成，这和地区家族之间的合作及四明政治文化的集体表现是一致的。

因此，我们可以说，四明士人家族在南宋崛起后，经由教育、婚姻乃至乡里情谊等方式，让士人官僚之间相互合作援引，形成集体，这种力量使四明士人不仅在政坛上互相扶持，即便辞官返乡，仍一齐携手，共同关怀乡里。他们从个别人物或家族出发，不论在慈善救济、乡里建设，或诗社、乡饮酒礼，乃至乡曲义庄等地域性的公共事务上，都展现出群体合作的成果。这样的成绩，大约在庆元党禁之前就展现出来，使四明成为全国最富特色的地方。这些名门望族，不论在政治、学术乃至文化思想的表现上，都在此时达于巅峰，形成四明士族群体表现的最佳时期。

从嘉定以后，四明士族中，个别士人或家族，在政治乃至学术上的表现，都有再创高峰之势。特别是史家，在史浩之后，有史弥远、史嵩之叔侄，分别在宁、理二朝任相，垄断朝政，其政治影响胜于史浩之于孝宗。袁燮、袁甫父子在宁、理二代，其政治与学术的表现，也远超过其父祖辈。同样的，高氏家族中，高文虎、高似孙的政治影响也较高闶、高开为重。不过，从整个地域社会的角度来看，四明士族开始走向分化乃至对立，家族内部也因个人兴趣、家风的转变，使整体凝聚和向心有式微的趋势，也不同程度地导致家族的没落。以下，分别从不同的面向，讨论南宋四明

① 梁庚尧：《家族合作、社会声望与地方公益：宋元四明乡曲义田的源起与演变》，《中国近世家族与社会学术研讨会论文集》，台北："中研院"历史语言研究所，1998 年，第 213—237 页；黄宽重：《宋代的家族与社会》，第 124—131 页。

家族内外所面临的挑战、家道转变的因素及其与地域社会的关系。

二、政见歧异衍生对立

从前文的说明显示,南宋四明地区家族得以崛起并形成地方社会的集体繁兴,与意见领袖及各家族之间的通力合作有密切关系。其中史浩更是重要角色。史浩是孝宗的老师,二次任相,在孝宗朝虽因和战问题,与其他朝臣及孝宗意见不同而不能久任,但他能荐贤、能用人、能任事。除推荐四明同乡人之外,也广荐贤能之人,如他于淳熙五年(1178)三月再相后,即急于荐用朱熹、吕祖谦、张栻等人。他有理念又有执行力,虽罢官归乡,但其意见受到朝野的尊重,有一言九鼎之势。他热心参与乡里事务,而其同乡好友汪大猷、楼钥、沈焕、袁燮等人,也都能和衷共济、协力办事。从乡曲义庄的动议到执行的过程中,我们看到在四明领袖人物推动下,家族之间合作无间的气象,这是四明地区文化蓬勃发展的重要因素。

在人际复杂的社会中,要成就众人的事业,除了有可推动合作的议题与人才之外,能化解疑虑,减少彼此的摩擦也很重要。孝宗淳熙年间,执政的王淮与道学家的关系相当紧张,幸赖王淮的女婿姚颖从中调和,才能化解成见。袁燮记其事说:"时士大夫各从其类,有党同伐异之风,君深病之,调和其间,不立畛域。既与叶公定交,又并叶公之友为鲁公(王淮)言之,所以消融植党之私,恢张吾道之公也。"姚颖是四明人,他的祖母则是史浩的姑姑,这样的身份有助于消弭王淮与史浩间的歧见,延迟党争的发生。袁燮认为姚颖长寿,则"天下异同之论,将泯然不见其迹,岂复有后来若是之纷纷哉!"①但在史浩、姚颖这样正面领导或在背后化解疑虑的人物逝世之后,当不同政治风浪来袭,四明地区领袖人物由于政见的歧异,极易由亲转疏,甚而转为对立,遂使个人乃至家族之间的乡党情谊面临挑战。

---

① 袁燮:《絜斋集》卷一五《通判平江府校书姚君行状》,台北:新文丰出版公司,1985,第252页。

第一个浪潮，来自韩侂胄推动的庆元党禁。在庆元党禁的风暴中，四明人分别居于不同立场，形成对立之势，有被列为党人而遭打击的袁燮、袁韶、楼钥等人，也有为韩侂胄打击党人张目的高文虎、高似孙父子。高氏族人一向在政治场上与当政者关系较近，如高闶曾被赵鼎提拔，也被评附秦桧。高闶得罪秦桧，罢官回乡后，仍有仕进之心，曾致书秦桧述其穷困之状，意图"觊复耻名，庶几禄及后人"，以致被朱熹评为"一向苟合取媚"。到高文虎、高似孙父子，攀附权贵的心态更为明显，他们迎合韩侂胄，是推动庆元党禁的要角。文虎于庆元四年（1198）奉命草诏禁伪学，与胡紘合党，攻击道学，贬逐正人，"学校诸生语言小异，辄坐伪罪"。① 高似孙则于庆元元年（1195）六月著《道学之图》，罗织道学之人，亦曾献九锡诗为韩侂胄祝寿，被评为谗佞者，因而不见容于道学家。明人何乔新即批评文虎，说他"不过欲阿时宰，以速富贵耳，岂复顾名义，而知人间有羞耻事哉"②。虽然韩侂胄对庆元党禁执行不严，但高氏父子与四明道学人士，一同卷入这场政治冲突之中，彼此针锋相对，使高氏与四明士族的人际关系日益疏远③，也缩小了四明家族之间协同合作的空间。

与此同时，楼钥和叶适门人王大受的冲突，也将四明楼昉和史弥远卷入争端之中。楼钥和楼昉是四明两个不同房系的宗亲，楼钥曾举楼昉自代，显示二人或二家关系的密切，但后来楼钥兄长楼镛和王大受发生冲突，楼昉似乎支持王大受，使彼此的关系有微妙的变化。而在楼、王互相攻击的背后，也牵扯到前后二任宰相韩侂胄和史弥远。楼钥先前曾期望史弥远"窜大受"，但由于王大受与韩侂胄的女婿顾熹相善而不能如愿，以致楼氏兄弟愤恨难平，最后是在韩侂胄为争取楼钥的归心，以逐大受，返楼镛所削之秩，才结束一场争纷。事情虽小，但多少也牵涉到四明几

---

① 黄宽重：《宋代的家族与社会》，第 180 页。

② 何乔新：《椒邱文集》卷六《削前秘阁修撰朱熹官窜处士蔡元定于道州》，文渊阁四库全书本，台北：台湾商务印书馆，1983 年，第 30 页。

③ 石田肇：《南宋の明州高氏一族について：高闶、高文虎、高似孙のこと》，宋代史研究会编：《宋代の社会と宗教》，東京：汲古書院，1986 年，第 246—250 页。

个士族之间的关系,影响彼此的和谐。

在韩侂胄被杀,史弥远继相之后,不仅南宋政局趋向平稳,对四明士族而言,则有更大的发展空间。史弥远执政初期,积极招揽人才,重振士气,《吹剑四录》即说"学党五十九人,无非端人正士,尽入刘珏一网。侂胄既诛,史卫王当国,一切擢用,悉至显官,无一人遗者。天地闭塞之气,在此一舒,四方愤郁之情,至此一快。其于国脉,岂小补哉"。① 四明士人也在弥远的牵引下大量进入朝中,形成一股新的政治势力。当时相府宴客,唱杂剧的艺人将"满朝朱紫贵,尽是读书人"的诗,改作"满朝朱紫贵,尽是四明人",②就相当清楚地凸显嘉定初期四明人在政坛上独居优势的现象。

嘉定十年之后,不论南宋的外在局势,或四明士族之间的关系,都有极大的转变。蒙古迅速崛起,并发动南侵,不仅敲起金亡的丧钟,也让宋廷陷于纷扰之中。宋与金、蒙之间形成鼎峙之状,如何联盟、抗拒,成为南宋朝廷必须面对的新情势,对金的和战也成为朝臣关注争议的焦点。史弥远杀主战的韩侂胄而秉政,主和持重,成为他执政的主轴,但主和之说却招来主张恢复的清议分子的批评,其中理学家如真德秀、魏了翁,以及袁燮,都属慷慨激昂之辈,相继对当时执行的政策提出批判。③ 嘉定十年起,宋金战火再启,两淮、荆襄乃至四川都先后遭到金兵攻击。双方的战争虽互有胜负,但倡议主和的工部尚书胡榘则批评这些军事行动的背后是"内因廷臣横议,外而边臣邀功",致使"边境久未安"④。这样的言论引起袁燮的反击,也导致四明家族因政见不同而对立的现象的爆发。袁燮提出不同意见,他认为

① 俞文豹:《吹剑四录》,《宋人札记八种》,台北:世界书局,1963 年,第 97 页。

② 张端义:《贵耳集》卷下,台北:木铎出版社,1982 年,第 77 页。

③ 黄宽重:《晚宋朝臣对国是的争议:理宗时代的和战、边防与流民》,台北:台湾大学文学院,1978 年。

④ 刘克庄:《后村先生大全集》卷八二《诗》,台北:台湾商务印书馆,1967 年,第 1393 页;《宋史》卷四〇《宁宗本纪四》,北京:中华书局,1985 年,第 773 页;黄宽重:《贾涉事功述评:以南宋中期淮东防务为中心》,《汉学研究》2002 年第 20 期。

"今日边陲不靖,非朝廷有意用兵,缘被其扰,不得不应"①。两人针锋相对。袁燮在侍讲时,对于四川的紧张情势,向宁宗提备边的建言,并指斥和议之非,此举引起史弥远的不悦。其后,太学生、宗学生及武学生三百余人相继伏阙上疏,斥主和误国,要求杀胡榘以谢罪。袁燮自恃一代老儒,好持论,不满胡榘所言,当廷欲以笏击榘,为众所夺。台谏劾袁燮与胡榘各执偏见,求胜报怨,二人均被罢。太学生三百余人不满宋廷的处理方式,设宴于都门外,向袁燮赋诗饯别,更引起史弥远不快,②此即袁氏与史家关系转变的开始。

继袁燮之后,攻击当政史家最力的,就是他的儿子袁甫。袁甫自嘉定七年(1214)以进士第一入仕,即成为四明地区受瞩目的名人。他承袭其父衣钵,发扬陆学,个性耿直,在朝则秉持所见,评议朝政。端平二年(1235),袁甫任起居舍人兼崇政殿说书兼中书舍人,他在奏论中,对蒙古兵犯四川,百姓受兵祸之苦,有很深刻的批评。他指出四川的处境,正是"和战不决,举措不审,而至召衅纳悔",将肇祸责任归咎于史弥远,认为"故相当国,以言为讳,词臣揣摩意见,多所避忌",使人民感受不到朝廷德意。因此,建议在推动端平更化政策时,更应该彻底矫正史弥远的作风,"庶几远民知上心,亦使军士生其气势"③。袁甫也对理宗为感念史弥远拥立之恩,在史弥远死后,对史家多所回护,如要求中外臣僚的奏章"毋得攟摭,务存大体,以副朕终始元臣之意"的做法,提出严厉的批评。他认为史弥远在理宗一朝秉政十年,使"太祖、太宗之纲理天下者,几至大坏而不可收拾","今保全元勋、禁绝人言之札一颁,天下必又潜疑窃议曰:'是将端平元年以来之化矣。'"因而要求理宗,"欲全史氏一门,则当使之常有忌惮公议之心,如一撤其闲,将以爱之,适所以祸之也。况宅之兄弟,久处富贵,涉历未深,正当左右诗书,遵蹈绳检,不致贻讥清议,乃可植立

① 刘克庄:《后村先生大全集》卷八二《诗》,第 1393 页。

② 徐松:《宋会要辑稿·职官》七三之五二,北京:中华书局,1957 年;俞文豹:《吹剑四录》,第 109 页。

③ 袁甫:《蒙斋集》卷六《乞降招抚论西蜀札子》,文渊阁四库全书本,台北:台湾商务印书馆,1983 年,第 12 页。

门户。故御札未必能福史氏,而公议乃可以全史氏也"。①

此时秉政的丞相郑清之以国用不足,下令"人户有田一亩者,输会一贯,分为六限,三月而足"。袁甫反对郑清之的做法,他指出州县不体朝廷之意,使中下户先受督促之苦,而豪家巨族与胥吏相为表里,不按时缴纳,造成极大的流弊。他也将造成这一景象的责任,归于"故相当轴,士大夫不义而取之者多矣"。为扭转时弊,他建议"乞睿断行下诸监司,专主先督势家之说,过期不纳者必罚无赦。如州县奉行不虔,纵胥吏与势家为地,抵拒拖延慢上之令,则监司定将守令按劾。如监司曲为庇护,不即发觉,许台谏纠察以闻"。②

袁甫对史嵩之的攻击,更甚于史弥远。先是,端平元年赵葵兄弟兴兵入洛,谋收复三京时,史弥远的侄儿即担任江西安抚使的史嵩之,力主与蒙古议和,袁甫曾极反对,③更不书嵩之刑部尚书之诰命,因而出知江州,改知婺州。嘉熙元年(1237),袁甫迁中书舍人,指议和误事,并反对史嵩之出任京湖沿江制置使,说他"轻脱难信"。④ 可以说,袁甫到死前都反对史嵩之或是史家的当权派。理宗虽未全接纳他的意见,却尊重他的想法,全祖望即说:"广微(袁甫)最荷理宗之眷,而所值时相皆乡人,前后无一语阿私者。其于史弥远,言其老当还政;于郑清之,言其履亩害民;于史嵩之,言其不可为相。尝因边遽,条指时务,无不切当。李宗勉荐其可以大用,理宗方欲相之,会以病终。"⑤袁甫向理宗说:"臣与嵩之居同里,未尝相知,而嵩之父弥忠,则与臣有故。嵩之易于主和,弥忠每戒其轻易。"⑥这句话说出了史家内部与史、袁两家之间的矛盾,贴切地反映了理宗以来四明家族关系的疏远。

牵动更大的,则是郑清之、赵葵兄弟与史嵩之三家由友好而交恶,这不仅影响四明士族之间的关系,更是理宗朝政极大纷扰的开始。郑清之与史弥远同为四明

---

① 袁甫:《蒙斋集》卷五《论史宅之奏》,第11—14页。
② 袁甫:《蒙斋集》卷六《再论履亩札子》,第4页。
③ 《宋史》卷四〇五《袁甫传》,第12241页。
④ 《宋史》卷四〇五《袁甫传》,第12241页;黄宽重:《宋代的家族与社会》,第86页。
⑤ 全祖望:《鲒埼亭集》卷二四《宁波府儒学进士题名碑》,第306页。
⑥ 《宋史》卷四〇五《袁甫传》,第12240—12241页。

人，因史弥远的拔擢，以理宗老师的身份，在仕途一路扶摇直上。端平元年(1234)，理宗亲政，郑清之继史弥远为相。为化解史弥远执政时朝野的紧张关系，扭转理宗的形象，郑清之一方面揭示"端平更化"的旗帜，招纳真德秀、魏了翁等理学名家，推动政治改革；一方面则在其弟子赵葵、赵范兄弟的鼓动下，欲趁蒙古军北退，执行恢复汴京、归德、洛阳三京的军事行动。此举与一向主张蒙古和议，而且刚联蒙灭金的史嵩之想法完全相反，也与朝臣期待相违，不仅引起激烈的攻击，也改变三姓四人的关系。史家与湖南横山赵方关系素融洽，史嵩之的父亲史弥忠任咸宁县尉时，与任蒲圻尉的赵方友好，两家先后生嵩之和赵葵，乃持羊酒相贺。赵方任青阳知县时，其直属长官为史弥远，二人曾对论为治之道。由于这样的关系，赵方在史弥远当权后，得以一展长才。① 其后，史嵩之与赵葵先后在襄汉立功，均为理宗早期负有盛名的边将。不过，二赵与史嵩之对北方的政策有歧异，如在对付金朝与蒙古两股势力的意见上，二赵兄弟倾向与金联合，史嵩之则主张与蒙古接触。二赵反对史嵩之联蒙灭金，并想利用蒙军北退、中原空虚的机会，收复三京，据守关河以抗蒙古，而嵩之对端平入洛之举不仅反对，更观望不助，遂致入洛之师败退而回，从此三家交恶，也牵动理宗亲政以后，一连串的政治斗争。②

当然，史氏当权时，四明士人固然有因政见不同而与之疏远，甚至对立的情况，但也有部分乡人仍依附权势尚盛的史家。这种现象在史弥远死后仍然存在。显然与郑清之回护史弥远的后人有关，史宅之主持的"田事所"即是一例。理宗为感念史弥远拥立之功，亲政后除了不准朝臣批评史宅之等故相家属外，也积极地为史氏后人创造维系名望的政绩，好让朝臣折服。当时殿步司所辖有芦荡地，臣僚认为可以辟为良田，增加国库收入。史宅之时为都司，遂创括田之议。宰相郑清之当国，

---

① 方震华：《军务与儒业的矛盾：横山赵氏与晚宋统兵文官家族》，《新史学》2006 年第 17 期。

② 周密：《癸辛杂识》别集下《史嵩之始末》，北京：中华书局，1988 年，第 288—289 页；袁桷：《延祐四明志》卷五《人物考中·先贤史嵩之》，《宋元方志丛刊》，北京：中华书局，1990 年，第 1212 页；方震华：《军务与儒业的矛盾：横山赵氏与晚宋统兵文官家族》，《新史学》2006 年第 2 期。

也想增加收入,遂成立"田事所",将天下沙田、围田、圩田、没官田等,拨隶该所,由宅之任提领官,分派官员到江浙诸地打量围田。四明人汪之垄任检官,赵与膺为参议官,各郡也都差朝臣任其责。然而,由于实施时刻剥太过,以致怨嗟满道,刑罚惨酷,死于非命者甚多,执行甫一年,有扰无补,高衡孙就对史宅之尽括浙西公田的做法深表不满。① 朝廷也知不可行,但不敢遽停,批评者相继被罢罪,一直到宅之逝世,才并归安边所。②

四明士人之间的不和,自然影响人际互动与社会和谐。早期的明显事迹,像楼钥与王大受的争纷,就牵扯当朝几个重要人物。史嵩之的内弟陈埙任处州教授时,与知处州高似孙不合,后来也因批评史弥远的政策而辞官,并为袁燮议谥③。另一个例子,就是晚宋余晦与王惟忠二位四明人,同样由于私人恩怨而反目。余晦以王惟忠弃战逃遁为名,命其党人陈大方、丁大全攻惟忠,兴大狱。最后,以惟忠任知阆州判西安抚府时,丧师庇叛、遣援迟缓等罪处斩惟忠。④ 这显示,到了晚宋,所谓乡里情谊,早已在政治纷扰与个人人事斗争中消磨殆尽。

早期四明社会的凝聚,也表现在由乡里士族组成的社群活动上。四明社会发展的主要因素,是当地家族除无私的合作之外,也能接纳外来的寓居者,营造共容发展的局面。楼钥在《祭赵侍郎》所说"四明尚齿,犹存古风,虽有乡老,亦赖寓公"的话,⑤正说明和谐是四明社会发展的主因。一旦这种族际凝聚消退,甚至转为对抗,许多对立的情势就会发生,最明显的表现体现在诗社上。全祖望对宋元四明诗社的变化,有很详细的描述。他认为宋元祐、绍圣间,是四明诗社兴起之时,建炎以来则有五老会,以孝友倡乡敦厚之俗,而唱酬亦日出。及乾道、淳熙间,史浩、魏杞相继告老归乡,不论乡居或寓居士人均与盛会,篇什极盛。人际关系甚为和谐,乡

---

① 袁桷:《延祐四明志》卷四《人物考上·先贤高闳》,第 44 页。

② 周密:《癸辛杂识》别集下《史宅之》,第 292—293 页

③ 《宋史》卷四二三《陈埙传》,第 12639—12640 页。

④ 周密:《癸辛杂识》别集下《王惟忠》,第 297—298 页。

⑤ 楼钥:《攻媿集》卷八三《祭赵侍郎》,第 7 页。

里凝聚力强,因之能共同经营、组织地方公益活动。但庆元、嘉定以来,一方面有道学家在史家碧沚馆的诗社,及另树一格的楼钥诗坛,高似孙、史友林别有诗坛,另外史宅之兄弟与赵汝楳等人,在湖上又为一社。从全祖望的描述与五老会、八老会乃至真率之集的诗社相较,显示嘉定以后诗的内容趋于多元,诗社也多了,其中固然有学术品味与文风多元发展的现象,但诗社分立与人事关系的复杂化、人际关系的淡薄化相结,则可看出四明家族之间的竞合影响家族的发展与地域社会的谐和。虽然咸淳年间被贾似道废罢的六十多位四明士人,在高衡孙等人的组织下,凝聚成一个每月一集的诗社,这是在当权者的压力下形成的,且只能消极地以咏诗排遣时光,无法也无力再发挥集体的影响力了。况且,这已是赵宋政权步上败亡的最后阶段,随之而来的,则是另一场浩劫了。

虽然,自庆元以来,四明士人在一波波的政治活动中相继被卷入,而影响彼此的关系与地区的和谐。不过,这段时期不和谐的现象,尚属个人或个别家族之间的关系,而且仍不断有人攀登高位,影响的层面尚小。况且,史弥远执政的嘉定初期,积极招揽党人,使四明人在朝廷的影响力与日俱增,所谓"满朝朱紫贵,尽是四明人",固然是唱戏者表面上恭维的话,其实也有讽刺的意味,这对史家而言,自然是一种警讯。史弥远就因为这句话,在此后二十年,宴客时不再用杂剧,[①]史弥远此举,可能也是有感于南宋以来,如饶州人士短暂形成地域性优势政治集团,而招来"得饶人处且饶人"的讥评,而有所顾忌。[②]也可能与绍熙三年(1192),他的兄弟史弥正奉祠家居时,以望族高官的身份干预地方事务,与知州高衮有瓜田李下之嫌,而被罢职的敏感性有关,因此谨慎地处理各项人事。[③]此后的政治发展,四明士族之间虽因政见不同,形成对立,但在外人眼中,自嘉定以来史弥远长期任相,专擅朝政,用人有地域考量,益使四明等地形成优势政治集团,构成其他地区政治群体发

① 张端义:《贵耳集》卷下,第 77 页。
② 陆游:《老学庵笔记》卷一一,北京:中华书局,1979 年,第 5 页。
③ 史弥远与高衮,见《攻媿集》卷三四《直敷文阁史弥正为高衮奏厉雄公事落职罢宫观》,第 20 页。

展的障碍。如从刘克庄在给事中丁柏桂的神道碑中就记道:"宝(庆)绍(定)间,一相擅国,所拔之士,非鄞即婺。其言曰:'闽人难保,尤恶莆士。'如陈宓、郑寅之流,皆扫影灭迹,于是朝无莆人。"①这句话固然显示四明士族的优越地位,但同时也预示四明士族在表象优势之中已潜藏危机。

到理宗淳祐年间,郑清之再相,他年岁已高,政事多由其侄孙赞可否。当时贾似道任京湖制置使,统军对抗蒙古军,为壮大声势,"数张军旅",向朝廷索要费用。贾似道忌恨郑清之及其侄孙,同时迁怒四明人,因此在任相后,即提出浙东唯温、处人士可任事,四明士不宜用的说法,并以强力手段迫使当时在朝任官的四明人,像高衡孙、赵汝楳以户部侍郎,汪之埜以知汀州,陆合以军器少监,章士元以太常少卿,赵孟传以知赣州,从执政官至州县官等,凡六十余人,皆遭罢黜家居。② 这些乡居的四明士人,为避免惹祸上身,虽每月定期聚会,但只讨先哲言行,不敢议论敏感的时事,这才稍却除当政者的疑虑,从此四明人在朝者少,家族与地区性的优势明显消退。全祖望评论此后四明人殉难者少的原因,是"宋之将亡,四明以贾氏摧折之余,鲜豫于军师国邑之寄,故殉难者寥寥"。③ 这句话有两层意涵,一是贾似道对四明士族打击的力道很强,是晚宋四明政治势力与家族没落的重要因素,一是四明士人位居要津,然以其位抗蒙殉节者不多,相对地,蒙元政权建立后,也没有刻意打击四明士族。

三、家族与宗族内部失和

四明同乡士人互相援引、提携的合作关系,在南宋后期日益激烈的政争中不复得见,反之家族之间乃至家族之内部出现歧异,本节将首先观察家族内部的情形及

① 刘克庄:《后村先生大全集》卷一四一《丁给事》,第1页。
② 袁桷:《清容居士集》卷三三《先大夫行述》,四部丛刊初编,第8页。
③ 全祖望:《鲒埼亭集》卷二三《宋忠臣袁公祠堂碑铭》,第289页。

其对家族发展的影响。

枝开叶茂象征家族的兴隆,但在开枝的同时,也具有家族成员意见不一、利益冲突,甚或引发内部不和,使内聚力消退的隐忧。当然,造成家族内部不和,可以是政治或经济的因素,但不论原因为何,其结果都可能使家族成员不能共谋发展,反而因房支分立,造成资源内耗的不良后果。这种家族内部不和的现象,包含同一世代各房支之间,或上下世代之间,以及同宗之间的矛盾等。就四明地区而言,情况最明显的是史家、高家和属于同宗的袁氏家族。

在南宋的四明大家族中,史家无疑是最显赫,但族内的情况也最为复杂的。从史浩开始,三代任相,权倾中外,家族成员任官者最多,而且以史浩的名望,与地方上各个士族都维持密切的关系,是四明地区在政坛上最具影响的望族。不过,自史弥远任相以后,由于和战问题,及因拥立理宗,造成湖州兵变、冤杀济王等事件,不仅引发朝臣攻击其外交政策与专擅朝政的言论,史家内部同样对史弥远推动争议性的政策和压制异议分子的作风有批判声浪。史嵩之任相,再次因对蒙古和议的政策,与朝臣对立,也同样引起家族成员的批评。这二代都是因为政策方向与权力斗争的因素,导致家族内部不和。反对者包括史弥坚、史弥巩、史弥忠、史守之、史弥应等人。史家的例子显示,家族关系的存在并不必然意味政治的连结或力量的扩张,相反的,政治立场与主张可能影响家族的团结与发展。

史弥巩,字南叔,绍熙四年(1193)入太学。在史弥远秉国时,"寄理不获试",淹抑十年始得进士第。任州县官时,刻濂洛诸贤训语,以教邑人。他对史弥远和战政策与杀济王案,相当不满。弥远死后,郑清之继相,招揽被贬名臣如真德秀、魏了翁等人,弥巩亦在列。他面见理宗,剀切论时政,为济王案平反,认为"雪川之变,非济王本心,济邸之死,非陛下本心",直指史弥远之非。及其兄弥忠之子嵩之入相,即引嫌乞祠,返乡后绝口不提时事,自号"独善"。袁桷称他"以儒学致显,当贵盛时,独卑退自持,乡人称为独善先生"①。真德秀说他"三十年不登宗衮之门,未仕则为

---

① 袁桷:《清容居士集》卷二八《静清处士史君墓志铭》,第 24—27 页。

其寄理,已仕则为其排摈,矙然不污有如此"①。

史弥坚,字固叔,为史浩幼子,史弥远幼弟,娶孝宗同母兄崇宪靖王赵伯圭之女为妻,以军器监尹临安。史弥远为相,他以嫌出为知潭州湖南安抚使,与批评史弥远甚力的真德秀关系很好,也曾荐刘宰。弥远久在相位,朝议不满,弥坚劝其归辞,弥远不听,"遂食祠禄于家,凡十六年"。②他敏于判案,案例曾入《清明集》。死时,吴泳挽词有"在熙宁则不党于熙宁,如安国之于安石,在元祐则不趋于元祐,如大临之于大防",说明弥坚与弥远兄弟之间政见不和。③

史弥忠,字良叔,是史嵩之的父亲。他曾为杨简所荐,任郡守有能声,提举福建常平盐茶公事时,荐陈韡平乱有功,名儒真德秀遗书赞美。当时,从弟弥远久在相位,朝臣多所抨击,弥忠劝其归,未果,乞致仕。

史弥应是史浩从子,号自乐翁,嘉定七年(1214)进士。他的个性恬退不求进。陈埙称其诗说:"余外家赫奕宠荣,蝉鼎相望,独舅氏自乐翁,常罢谗退,闭门求志,行吟空山。有诗数卷,宣患难之所志,传逸度于将来。"全祖望称史弥应"亦史氏之君子也"④,将他列为与史氏当权派意见不同的人。

从有限的资料,我们看到史弥远同辈的兄弟中,有四个人对他的执政表示不满。他们除了提早乞祠、不理时事之外,更与史弥远的政敌如真德秀交好;子侄辈中,如其侄史守之,因不满弥远所为,退居湖上,请杨简在家塾中讲学,"终年避势远嫌,退居月湖之阳,著《升闻录》以寓讽谏,与慈湖先生讲肄不倦"。守之受杨简之教,终身不应召命,乃是直接表示对史弥远的抗议。守之积极营建故居真隐观,观中林泉极盛,全祖望说:"湖上之胜,遂尽归史氏,盖史氏自嘉定以后,不为清流所与,而忠宣(史弥坚)、子仁(史守之)则鸡群之鹤,克守忠定(史浩)家法,不以宗衮累

---

① 王元恭:《至正四明续志》卷二《人物补遗》,《宋元方志丛刊》,北京:中华书局,1990年,第23页。

② 全祖望:《鲒埼亭集外编》卷二八《跋宋史史浩传后》,第1055页。

③ 袁桷:《延祐四明志》卷五《人物考·先贤史弥坚》,第22—23页。

④ 全祖望:《鲒埼亭集外编》卷二八《跋宋史史浩传后》,第1055页。

其生平,慈湖(杨简)、絜斋(袁燮)诸公过从不绝,而又重以端宪之精舍,故洞天为之增色。"①

到了史嵩之当政时期,史氏家人公开反对史嵩之,冲突更为严重,如史宅之、史璟卿等人,皆有上书直陈史嵩之之恶,甚至涉及家务丑闻。《癸辛杂识》记史宅之上书攻嵩之起复事,说:"嵩之之从弟宅之,卫王(史弥远)之长子也,与之素不咸,遂入札,声其恶,且云:'先臣弥远晚年有爱妾顾氏,为嵩之强取以去。乞令庆元府押顾氏还本宅,以礼遣嫁,仍乞置嵩之于晋朱挺之典。'"②史嵩之最后在内外反对声浪中,起复不成,只好乞退。史嵩之的致仕,不仅象征着史家三代在南宋秉政的结束,同时家族内部由失和走向没落,也肇始于史弥远、史嵩之执政表面上最显赫的时期。

前述史氏由家族内部的不和以致对立,也同样影响到家族外部的关系。史浩曾延请杨简教其子弟,包括史弥远、史弥坚、史弥忠、史弥巩、史弥林、史守之、史定之等七人。③ 史弥远就是杨简的学生,但杨简并不认同史弥远的做法,他曾向理宗直言:"臣平日所以教弥远者如此,弥远之置其君如奕棋。"④可见师徒关系之紧张。史璟卿上书陈述其叔父史嵩之之恶,更使另一位世家子弟应文炜受到史嵩之的迁怒。应文炜与史璟卿、袁桷的父亲袁洪相友好,史嵩之认为璟卿的上书与文炜的教唆有关,命下属掠治,此举无疑亦加深史家当政的一系与当地士族的冲突。⑤

除了史家之外,高氏家族内部的不和也是一个显例。高氏家族自高閌任国子司业礼部侍郎起,即成为四明士族。高文虎、高似孙父子二代,在宁宗一朝官位更高于高閌,此时是其家族发展的盛世。然而,高文虎、似孙父子不仅为人处事迭遭

① 全祖望:《鲒埼亭集外编》卷一八《真隐观洞天古迹记》,第901页。
② 周密:《癸辛杂识》别集下《史嵩之始末》,第288—289页。
③ 黄宗羲:《宋元学案》卷七四《慈湖学案》,北京:中华书局,1989年,第2459—2465页;全祖望:《鲒埼亭集外编》卷一六《碧沚杨文元公书院记》,第871页。
④ 全祖望:《鲒埼亭集外编》卷一六《碧沚杨文元公书院记》,第871页。
⑤ 袁桷:《清容居士集》卷三三《先君子蚤承师友,晚固艰贞,习益之训,传于过庭,述师友渊源录》,第16页。

批评、仕途多变,父子关系亦不和。史称似孙对其父不孝,父子争财,并曾删改文虎所作《兰亭博议叙》二篇,及改文虎之序等。虽洪业为文为之辩护,但家族内部不和则为事实。① 嘉定以后,衍孙、衡孙虽仍任官,但衍孙一房移居嘉定,枝叶离散,显示至此四明高氏家族已难再现整体的发展了。

另一个同姓不和的例子,则是四明三个同宗的袁氏。鄞县袁氏有三支,一是鉴桥袁氏,又称城南袁氏;一是西门袁氏,又称城西袁氏;南袁氏,则又称南湖袁氏。鉴桥袁氏的代表人物,即是陆学的重要传人袁燮、袁甫父子。自袁毂发迹以来,袁氏从教育着手,打开科举之路,追求仕途发展,并借婚姻稳固人际网络,袁燮父子二代既任高官,又致力于学术,以发扬学术为职志,在乡里声望甚著,是南宋晚期三袁氏中最显赫的家族。② 南袁氏居鄞的确切时间不清楚,但袁毂与袁毂同试进士,则已落籍四明,后迁祥符,靖康之乱后再迁回四明。西门袁氏在唐代,即有任宰相、执政、侍从的显官。宋高宗南渡时,袁子诚自南昌扈驾迁居四明,最晚落籍于鄞县。

南宋四明三袁氏中,鉴桥袁氏与南袁氏的关系较为密切。兴复南袁氏的袁韶,三岁便从袁燮学,他曾摹写袁燮夫人戴氏所摹颜真卿的碑体,两人在韩侂胄推动庆元党禁时,均被贬抑,患难见真情,这是两家关系最密切的时候。③ 元代南袁氏的代表人物袁桷在《先大夫行述》一文中,述说袁燮和袁韶的关系:"祖讳韶,幼学于族父正献公燮,登淳熙丁未(1187)第。嘉泰禁道学,自赵忠定(汝愚)以下皆入党,正献公坐废。越公为吴江丞,得罪苏师旦,俱家居避祸。嘉定改元,褒叙赵忠定公、朱文公,于是相次被召,先后为侍从,缙绅荣之。"④袁韶更透过合谱的方式,加强二个袁氏家族的关系。袁桷即说:"卫公之子越公(袁韶),从正献(袁燮)游,考两家南北之分,使得合谱。……正肃公见越公乡荐,时年始九龄,自是敦叙不绝。"⑤这是两

① 黄宽重:《宋代的家族与社会》,第182页。
② 洪业:《高似孙〈史略〉笺正序之一》,《史学年报》1933年第1期。
③ 袁桷:《清容居士集》卷三《古诗》,第1页。
④ 袁桷:《清容居士集》卷三〇《先大夫行述》,第5—6页。
⑤ 袁桷:《清容居士集》卷五〇《跋正肃公手泽》,第1—2页。

家关系最密切的时候。

不过，到嘉定以后，两家敦叙情谊逐渐转疏。史弥远当权之初，招揽群贤，四明名士尽在其中，袁韶因与史家联姻（袁桷的叔父娶史浩的孙女）之故，[1]关系密切。及史弥远对金蒙和战政策得罪清议，济王案起，又尽贬清议朝臣，这些举动都使清议领袖袁燮不值其作为，起而攻之。但袁韶则转而投靠弥远，得任高官，被讥为"史氏之私人"，[2]两个袁氏家族的关系转为疏淡。

然而到理宗绍定年间，袁韶与史弥远关系又有转变。周密对二人关系的改变，有清楚的说明，他说："袁彦纯同知始以史同叔（弥远）同里之雅，荐以登朝、尹京，既以才猷自结上知，遂繇文昌，跻宥府、寖寖乎炳用矣。适诞辰，客又献诗为寿，此诗既传，史闻恶之，旋即斥去。"[3]显示袁韶受理宗赏识，而得罪史弥远之事实。袁桷对袁韶与史弥远、袁燮关系的变化曾有解释，见于他给袁燮后人袁瑛的诗中。[4] 但全祖望认为袁桷对此事仍多所隐讳，说：

> 袁越公韶为执政，世皆指为史氏（弥远）之私人，而卒以史氏忌其逼己而去。盖尝考其事而不得也。《延祐志》云："李全反山阳，时相欲以静镇。公言扬失守，则京口不可保，淮将如崔福、卞整皆可用……相疑，不悦，卒罢政归。"是传出于越公曾孙清容之手……越公少为絜斋之徒，不能承其师传，呈身史氏，以登二府，其晚节思扼其吭而代之，进退无据，虽所争山阳事，史屈袁申，然以越公之本末言之，要非君子也。史、袁卒为婚姻，故亦共讳其事，清容亦欲为祖讳，故言之不尽。[5]

此后，鉴桥袁氏没落，南袁氏转盛，两家虽仍时相往来，已不像嘉定前热络。

---

① 袁桷：《清容居士集》卷三三《西山阡表》，第1页。
② 全祖望：《鲒埼亭集外编》卷二四《二袁先生文钞》，第981页。
③ 周密：《癸辛杂识》前集《袁彦纯客诗》，第42页。
④ 袁桷：《清容居士集》卷三《再从侄瑛幼孤学道龙虎山，自伤不能鞠携，述祖德以勉之》，第1页。
⑤ 全祖望：《鲒埼亭集外编》卷二八《跋宋史袁韶列传》，第1059页。

　　另一方面,南袁氏与西门袁氏则因对蒙元政权的认同问题而交恶。西门袁氏在南宋的名望不如其他二袁,但宋元之际,袁镛倡议抗蒙不成,最后为国死难;反之,南袁氏的袁洪则是四明主降及与蒙军谈判的要角。一抗元,一降元,这是两个家族入元以后家道兴衰的关键所在。全谢山认为二家交恶之因是袁桷向西门袁氏求通谱不遂,怀恨在心,及为掩饰其父袁洪降元事迹,遂在《延祐四明志》中,遗漏袁镛死难事迹,反而为降人赵孟传、谢昌元及他的父亲袁洪立传。全祖望批评袁桷:"清容文章大家,而《志》颇有是非失实之憾。如谢昌元、赵孟传皆立佳传,而袁镛之忠反见遗,盖清容之父亦降臣也。"[①]

　　元人戴良在《四明袁氏图谱序》中所说:"世之氏族,孰非古帝王盛德之后哉?然历世浸远,支派日分,盛衰、隐显之迹,有不齐矣。死生患难,庆吊收恤之礼,不能以相及矣,同气相视如途人矣。"[②]这番话,虽然是针对氏族在长远发展下,因支派分立而疏远所作的说明,其实从三个同宗的袁氏的关系变化看来,宗谊族情会因为政治立场的歧异而由亲转疏,或由淡而交恶,甚至整个地域社会的和谐互动,均敌不过现实环境的考验,彼此的关系相当脆弱,从史氏、高氏乃至袁氏宗族内部关系的变化,可以得到证明。这种关系虽是个别发生或逐渐变动的,但家族的凝聚力就在逐渐变动中松弛、分解,一旦有外力冲击则迅速崩解。

四、家族与社会风气的转变

　　如果四明士族之间,到南宋中晚期,因政见歧异引发对立,影响家族及地区的整体发展,是一种外在的冲击;那么子弟兴趣的转变以及家族与社会风气的转移,则是影响家族兴衰的内在因素。如前所述,科举考试不仅让朝廷借以拔擢有能力的士人参与朝政,以改变世家大族垄断社会政治资源的现象,更是个人乃至家族兴

---

① 全祖望:《鲒埼亭集外编》卷三五《延祐四明志跋》,第 1169 页。
② 戴良:《九灵山房集》卷二一《四明袁氏谱图序》,文渊阁四库全书本,第 4 页。

替的重要指标。在科举社会,有中举经验的家族,在竞争上具有优势。他们具有经济条件,可以购买图书,延师教子弟,也有考试的经验。同时,透过婚姻、师友关系所开展的人际网络,有利开拓新的事业。高位者,更具荫补条件,可以让子弟免受科考的煎熬即能拥有官位,保有仕宦之家的荣衔与名声,这些都是名门望族的有利条件。不过,科举毕竟是开放的,具有竞争优势的家族,仍需有诸多条件相配合,如子弟足够资质,聪明又肯学,而且志在举业,愿意延续长辈的心愿,更重要的是才质与运气相结,才能确保优势。① 一旦内在的意愿与能力和外在的因素不能搭配,则仍然难以维持家族的荣景。况且,即便具荫补条件者,除少数特殊者外,通常不能任高官。如贾似道的父亲贾涉,以荫补入仕,仍能担任淮东制置使兼京东、河北路节制使,②程邻以父荫官至广南西路经略安抚使,赵葵、赵范兄弟也因父荫而任高官,但这些人多因战功或守边而任官。在承平时期,这样的例子并不多见。③ 因此,举业是家族累代都不能松懈,需要有高昂的斗志和耐力,长期全力以赴,才能持续维系家道。

不过,富盛之家有更多样的生活空间吸引子弟的注意。名门望族的子弟在举业上虽具优势,但身处富贵之家,也拥有教育以外的许多丰厚资源吸引他们,如任官的父兄,为显示身份或休闲养性或为结交名流,培养许多如购书玩物、吟诗唱戏等文艺活动的兴趣与嗜好。这些休闲嗜好,既可调节身心,也是交际的手段。更有甚者,则在功成名就之后营建庭园,借以提升生活品味或夸示荣耀。这些做法,显示官僚有宽广多样的生活空间,置身其中的子弟,也会被这些丰富多样的生活事物所吸引,况且高官子弟又可荫补任官,维持社会声望,未必愿意长期从事孤寂又无把握的举业。这种个人兴趣乃至家风的传承与转变,同样也影响家族的发展。

从四明几个著名士族兴替的过程中,都可以看到家族成员有意或无意地将心

① 梁庚尧:《宋代福州士人与举业》,《东吴历史学报》2004 年第 11 期。
② 《宋史》卷四〇《宁宗本纪四》,第 777 页。
③ 黄宽重:《贾涉事功述评:以南宋中期淮东防务为中心》,第 165—188 页;《宋代浮梁程氏家族的兴替》,《中国近世家族与社会学术研讨会论文集》,第 195—212 页。

力关注在科举之外的其他方面。这种兴趣的转变,乃至家风的转移,经过一二代,就会导致家道的没落;有的经历子弟的回归举业,可以再振家声,有的则一去不回了。这种变化,依每个家族的情况,而有迟速之不同,并非一成不变。鉴桥袁氏在袁埛、袁文二代,家道中衰。袁埛喜诗文,热衷功名,不治产业,笃信佛教,乐善好施,出手大方。他的母亲石氏一臂剧痛,他发愿修补随州城内所有佛像和寺庙,所费不赀,遂使经济状况每况愈下。其子袁文,幼时深受父亲期待,努力举业,却不能如愿,转而致经学研究,"一书精通,始阅他书,历代史、诸子集及丛编、小说,咸采取焉",著有《名贤碎事录》三十卷、《瓮牖闲评》八卷,后者涉及小学、经、史、天文、地理、宋朝时事及诗、词、文章,至今仍流传,是一部具有学术价值的笔记作品。① 除了读书,他的主要兴趣是鉴赏古物,袁燮说他"颇喜古图画器玩,环列左右,前辈诸公遗墨,尤所珍爱,时时展对,想见其人,雅尚清致"。②

袁文的从兄弟袁方是另一个例子,他幼时放荡不学,结婚后受到妻子范氏的鼓励,始刻志向学,精于诗学,但考试不得志,以教授生徒维生。袁方为生计,东奔西忙,"东涉大海,雪浪浩渺;南踰粤岭,风木凄吼",非常艰苦,五十岁时已体弱多病。他的同学楼钥怜悯他贫痛,常送药慰问。③ 这是袁氏第三、四两代族人举业不顺后,兴趣转移而至家道中落的情形。

到第五、六两代,由于袁文一系所出的袁燮、袁甫父子俱中进士,又任高官,且为陆学重要传人,声名显著,此时是鉴桥袁氏家道兴复之时,但其他人官位不高,兴趣偏于教育及著作。袁甫的儿子袁�仅知曾任潭州通判,事迹不明,其孙袁裒曾任安定书院的山长。袁裒虽曾和同宗的袁桷讨论到宦族久当庀,宜蕲为传远计,但不久袁燮旧宅遭火,家藏尽毁,到晚年则"以忧窘困踬"。④ 袁氏另一后人袁瑛,为袁

① 袁文:《瓮牖闲评》,上海:上海古籍出版社,1985 年。
② 袁燮:《絜斋集》卷一六《先公行状(代叔父作)》,第 266 页。
③ 黄宽重:《宋代的家族与社会》,第 75 页。
④ 袁桷:《清容居士集》卷三〇《海盐州儒学教授袁府君墓表》,第 20 页。

衮侄辈，年幼丧父，出为道士，学于龙虎山。① 显然，袁氏不待新政权的政治压迫即已衰落了。

四明楼氏自楼钥以后，家族成员多以文艺活动为重，不再专事举业。楼钥是楼家成为四明重要家族的代表人物，他虽擅长行政，处事圆融，支持理学，但最感兴趣的，殆为追随他的祖父楼异的足迹，在原址重建奎画、锦照等堂，并以东为藏书之所，"集古今群书于其上，累奇石于其前，崭然有二十四峰之状"。② 锦照、东楼是楼钥晚年读书会友之所，他喜欢搜集古董，自称"余每旧物，无不爱玩"，积极搜藏其祖父的旧物，包括从榷场买到其祖父所刻的《嵩岳图碑》。③ 读书、怡情、玩赏、交游，是楼钥晚年兴趣及生活的重心所在。

楼钥的后人，多由荫补入仕，并不热衷仕途，没有争取参与中央朝政的想法，而是谨守家规，在乡从事文艺活动，维持地方声望来延续家风。好比楼钥堂兄楼镗的三子楼洪，曾刊印楼璹的《耕织图》行于世，楼镗的幼子楼深喜欢搜藏书画，大约楼璹所藏的文物都归楼深。④ 楼钥的儿子楼治，也同样喜欢收藏文物典籍，曾搜集楼钥的诗文，刊刻了一部极为精美的具有嘉定时代文物代表性的《攻媿先生文集》，⑤他并不在意经济生活，以至死的时候，家无余金。⑥

宋元之际，更是楼氏衰替的关键时期。楼氏从开庆元年（1259）起，既未见第科记录，也未见族人相关活动的记载。楼家的义庄在至元二十四年（1287）及大德十

① 袁桷：《清容居士集》卷三《再从侄瑛幼孤学道龙虎山，自伤不能鞠携，述祖德以勉之》，第1—3页。
② 袁燮：《絜斋集》卷一一《资政殿大学士赠少师楼公行状》，第184页。
③ 楼钥：《攻媿集》卷七五《跋黄刺史公移》，第2页；《跋先大父嵩岳图》，第18页。
④ 楼钥：《攻媿集》卷七二《跋从子深所藏吴紫溪游丝书》，第5页；卷七四《跋从子深所藏书画》，第3—8页。
⑤ 《攻媿先生文集》原刊共120卷，装印精美，现藏北京大学图书馆。张玉范：《〈攻媿集〉宋本、文渊阁四库全本书、武英殿聚珍本之比较》，《国学研究》2003年第11期。
⑥ 王梓材、马云濠：《宋元学案补遗》卷七九《邱刘诸儒学案补遗》，《四明丛书》，第47页。

年(1306),又两次遭族人盗卖瓜分,乃至为富民侵占,导致昼锦义庄几乎荒废。①楼氏部分族人迁居义乌;留在明州的族人则显然退出士族的行列,以致为楼氏撰写《昼锦楼氏义田庄》的庆元总管府推官况逵,在诉说义庄诉讼过程时,虽指出经此一胜诉后,族人可以"复食于昼锦,筑祠堂以奉先祀",②但这显然也只是假象而已,其实入元后的楼氏家族已是"族窭且弱"了。③

四明高家不像史家一样累世高官,但能成为名门望族,除了善于观望政治风向、向执政者靠拢之外,就是家学传承甚远。观望风向固然让高氏得以一时取得高位,却也得罪了士人,在政治环境变化之后,往往也成为被批判的对象,而因此与乡人疏离。高闶续承洛学,致力礼学研究与发扬春秋学的风格,虽一度为他带来仕途的不遂,却也让他与四明士族更为亲近。高文虎除延续修史的传统外,对文学及搜集各文物都有兴趣。他的著作包括《天官书集注》、《史记注》一百三十卷、《续菜经》、《百菊集谱》、《兰亭考》及《续考》等。④ 高似孙见闻广博,关注事物颇多,勤于搜文物,著作丰富,包括《骚略》《蟹略》《砚笺》《史略》《阴符天机经》《纬略》《删定桑世昌兰亭考》等。似孙的著作以博杂与快速著称,但多属汇理抄撮之功,不是专精之作。其乡人戴表元则认为他的诗可与陆游并列齐观。袁桷即说:"似孙父子皆以文学致清显……衡孙等人为端平正士,修仪伟貌,年八十余,手抄闻及方技诸书。"⑤衍孙更讲究生活情趣,袁桷说:"吾乡嘉定以后,故家诸贤,独高君衍孙,兴寄冠珮,清逸俨整,如晋世图画贤士,宅旁植水竹奇石,号曰竹墅,食必按本草,其居处必顺叙寒燠,铢分脉法,如指诸掌,往时搢绅类能夸诩之。"⑥著有《五音总韵》《脉

---

① 见黄宽重:《宋代的家族与社会》,第 112 页;梁庚尧:《家族合作、社会声望与地方公益:宋元四明乡曲义田的兴起与演变》,第 231 页。

② 王元恭:《至正四明续志》卷八《学校》,第 19—21 页;李家豪:《没落或再生:论元代四明地区的士人与家族》,第 48 页。

③ 王元恭:《至正四明续志》卷八《学校》,第 19—21 页。

④ 黄宽重:《宋代的家族与社会》,第 181 页。

⑤ 袁桷:《清容居士集》卷二一《高一清医书十事序》,第 23 页。

⑥ 袁桷:《清容居士集》卷四八《书高使君脉图后》,第 12—13 页。

图》。显示从高阅以降,高氏族人的著作反映了他们的兴趣,有由经史向诗文、博物、医学转变的倾向,说明高氏家族家境富饶以后,族人追求精神层面的文艺活动,且趋于多元化。

最值得观察和讨论的另一个四明名族,则莫过于三代居相的史家了。史家是南宋四明地区透过科举追求功名的典型家族,史浩、史弥远、史嵩之等人的事迹多在政务上。从史籍上,我们看到的多是他们主持军国大政和政争的一面,鲜少看到他们的生活和兴趣的一面。不过,在庞大家族中,各房各支的情况不同,我们可以在史弥远、史嵩之专政期间,从其他史家的人为避免政敌牵扯,或参与抵制二人的做法中,看到他们避世的一面,及富盛家族族人的兴趣和不同生活样貌。

史浩退休后,以诗社与推动地方公益慈善活动为生活的重心。史弥远曾从杨简习心学,从政之后,做法与道学之士的期待相违,甚至引起杨简的讥评,他亦无暇再理学术。他的同胞兄弟,凡反对他的人均回乡家居,或延师讲学,或分组诗社。[①]史浩曾孙史文卿,字景贤,也相当讲究生活质量。袁桷说他"仪观清朗,超然绮纨之习,聚四方奇石,筑堂曰山泽居,而自号曰石窗山樵……石窗手执乌丝栏书展玩,疑有所构思,屏后一几,设茶器数十,一童伛背运碾,绿尘满巾,一童篝火候汤,蹙唇望鼎,若惧主人将索者,如意麈尾,巾壶砚纸,皆纤悉整具,羽衣乌巾,玉色绚起,望之真飞仙人"。[②] 史浩的从侄史弥应,是史家的特异之士,他虽进士及第,但和积极参政的族人不同,号自乐翁,不喜欢谈论时事,而志在追求行吟空山的恬淡生活。他喜欢作诗,陈埙说他"有诗数卷,宣患难之所志,传逸度于将来。……以为耿介拔俗之语,潇洒出尘之作,世所传《自乐山吟》者也"。[③]

此外,袁桷的祖父袁韶年轻时,家贫不能买书,任官以后则积极买书,"凡二十有五年,乃务置书,以偿宿昔所志,其世所未有,则从中祕书及故家传录以归,于是

---

① 全祖望:《鲒埼亭集外编》卷二五《句余土音序》,第 1008—1009 页。
② 袁桷:《清容居士集》卷七《煮茶图并序》,第 1 页。
③ 全祖望:《鲒埼亭集外编》卷二八《跋宋史史浩传后》,第 1055 页。

书始备矣"。① 至于汪氏家族之为四明名族,除汪思温、汪大猷父子任官之外,更重要的是,他们二代因是地方社会文化的主要推动者而享声名。其家中成员在仕进和其他方面的表现都乏善可陈,兹不赘述。

从文虎、似孙、衍孙,和上述楼钥父子喜好玩物、古董,讲究生活质量,袁韶勤于搜集图书,揭示出嘉定时期四明地区高门大族所追求的,已不是科举功名、有形的事功或经营产业及利润,而是崇尚文艺性的风潮。这在嘉定间,也是江南官宦士族的主要风气所在。袁桷即说:"于时国家承平,四方无兵革之虞,多用文儒为牧守,公私间暇,击鲜享醴会僚属,以校雠刻书为美绩,至于细民,亦皆转相模锓,以取衣食。"②这种社会时尚,姑且称之为"嘉定现象",而其转变与当时的政经环境有密切关系,是值得进一步讨论的课题。总之,四明士族到南宋中晚期,有的卷入政治纷扰的对立环境中;有的则不以举业或仕途为重,淡出政治,转而注重文物搜集,发展文艺,讲究生活质量的提升。士族发展目标既已转变,从家族兴衰的角度看来,在蒙元入主江南之前,四明士族已处于家道不振的阶段。

从四明士族家风的传承与转变中,我们可以看到改变家族最大的因素是内在的,即家族成员能力与意愿,最为重要。能否从事科举靠能力和意愿,即便中举入仕,是否愿意为高位而奔忙,也取决于个人条件。况且,从政也有很高的风险,因此任官者多置产,期能惠及子孙,或致力于文化活动;但这些做法,都影响着子孙的学习方向。因此,即便没有家族内外的变化,或者虽有种种制度化的安排,对家族的发展而言,也不是决定性因素,只有兴衰迟速之别而已。四明各家族对科举进取心的差异,以及追求生活趣味的不同程度,决定了家族兴衰的迟速。

余　论

以南宋的四明而言,文化高度发展、长期的政治优势,是其明显的表征,而这都

---

① 袁桷:《清容居士集》卷二二《袁氏旧书目序》,第 11 页。
② 袁桷:《清容居士集》卷二二《袁氏旧书目序》,第 11 页。

是四明士族共同创造的历史业绩;但到蒙元政权入主江南后,这些名门望族就如土崩瓦解似的消散殆尽,其变化之巨大,让人直以为政权递嬗是家族衰替的主要关键。但实情如何,须突破朝代的藩篱,进行长时期的观察才能理解。本文就是试图以衰替的角度,观察四明士族从南宋到蒙元期间的消长现象。这样的观察就是把四明地区的士族视为一个群体,强调在现实的政治社会环境中,实际的人际关系对个人、家族乃至地方社会发展的重要性,因此特别将家族研究与现实的政治发展结合观察,相信较之以往只对婚姻社会网络作抽象性通则性的观点,更能贴近现实环境,有助于理解历史发展的样貌。

关于入元以后,四明家族新、旧交替的情况,李家豪已有研究。他虽认为四明士族中,有的不待蒙元政权入主,就已有衰弱之势,但仍举出旧家族没落、新家族兴起的具体事例与原因,说明新政权对旧家族的破坏。他提出蒙元军进逼四明时,只有袁镛抵抗殉国,反之知庆元府的宋宗室赵孟传和其部属谢昌元,及士人袁洪、臧梦解等人,则选择降元。说明当地人对新政权没有抱持敌对的态度,他们的选择,既符合四明人的利益,也得到其他四明士人的谅解。因此,四明是在没有太大的抗拒下就归顺元朝的,[①]也避免了一场浩劫。

虽然如此,但四明士人在新政权统治下,仍时时感受到威胁。李家豪指出,四明人即使免去了一场屠杀,新政权对四明士人的疑虑仍是存在的。蒙元将领王世强率兵监视四明士人,并以重赏鼓励告密,于是产生"旧不快意于衣冠者,争相上变入爵"的情事。曾任宋沿海制置使参议的陈允平,便是在仇家诬陷下被疑,而且牵连许多士人。最后,袁洪向张弘范建议"安反策,定新国,当绝告诘罗织",案件才和平收场。陈允平案显示,士人家族在蒙元政权的统治下,不时面临威胁。这点,可以从四明士人陈著给袁洪的信中,看出士人所承受的冲击与压力,他说:"我辈自有所可寒心者,凶狡滔天,名分扫地,关系非小……甚可畏也。"[②]除了元政权的监控

---

① 李家豪:《没落或再生:论元代四明地区的士人与家族》,第10—13页。
② 陈著:《本堂集》卷八〇《与袁竹初(洪)》,文渊阁四库全书本,第10页。

外,四明士人还要面对元将范文虎的掠夺土地,及胥吏的欺压,"里胥蹒跚士族,着片纸叱名,立召庭下"。① 显示在新的政治环境中,以往四明士族独享尊荣的时代过去了。② 更从一个侧面揭示战乱与改朝换代对士人家族的冲击。

从元初文献中,仍能看到许多旧家大族在新政权入主之初、天下未靖时,逃难的艰辛与危险。如戴表元在《王丞公避地编序》中,提到他和王子兼面对乱时的处境,说:"越明年,兵声撼海上,村郊之民往往持橐束缊而立,伺尘起即遁。余与公势不得止,仓皇弃其故业,指山中可舍者为之归。盖其事不能相谋,而流离转徙,困顿百折。"③ 袁桷也说:"咸淳阅十禩,诸县独奉化号多士流,出入太学上南宫亡虑十余人,于时菶声秀颖,旁县皆敛手避让,一时传诵习读,谓清选不岁月可驯致。未几,皇元合一,皆失仕归里,挟策授徒,疎粝自给,俱不能享中寿,子弟不自振饬,复归为农。陈君亦咸淳甲戌进士,不自矜襮,接幼待贱,谦挹愈加,混迹蒿翳,不知其为故官。"④ 则从另一个侧面揭示战乱与改朝换代对家族兴衰的冲击。

不过,如果细审个案,则四明几个重要家族,如楼氏、袁氏、高氏、汪氏在宋末就已势衰,即使是繁盛百年的史家,到宋末虽然枝叶仍茂盛,但其实只是个别房支的荣景犹存,整个家族的衰败之象已露。蒙元政权进入明州,并没有特别运用政治手腕对付这些旧时王谢之家。这些旧时富盛家族,受到的歧视与折磨和一般士人家庭是一样的。只是这一折磨无疑加重了这些家族的沦落,这种现象尤以史家最为明显。因此,新政权并非导致四明旧家族没落的最主要因素。

在我的研究中,显示即使对个别家族而言,科举对家族的兴衰发展仍极为重要。中举入仕是家族兴盛的基础,而追求仕进更属关键;婚姻、地方活动固有利于扩大人际关系,增加发展的资源,但如果自身不具备发展的条件或意愿,婚姻与人

---

① 袁桷:《清容居士集》卷二六《资善大夫资国院使赠资政大夫江浙等处行中书省左丞上护军顺义郡公谥贞惠玉吕伯里公神道碑铭并序》,第 7 页。

② 李家豪:《没落或再生:论元代四明地区的士人与家族》,第 16 页。

③ 戴表元:《剡源戴先生文集》卷一一《王丞公避地编序》,四部丛刊初编,第 1 页。

④ 袁桷:《清容居士集》卷二八《陈县尉墓志铭》,第 24 页。

际关系的助益则不大。参与地方活动,固然有利于声望的累积与提升、人脉的扩展,但这些地方公务的推动,是要在彼此合作、和谐且大家关注共同的议题、彼此愿意付出的情况下,才能成功。如果关心的议题不同、做法不一,更重要的,家族之间如果不能合作,则地方事务很难有具体的成果,地方社会也很难有整体性的发展。四明地区的公益事业,如乡曲义庄、乡饮酒礼等,都是南宋中期当地士人家族在地方领袖倡议下合力促成的,有其特定的时空环境。一旦家族内外都出现紧张或不和,原有的和谐关系难以维系,守成即属不易,甚至在家族内都可能发生侵占、盗卖,而要诉诸官府。宋末元初,四明地区许多地方事务和家产争纷,都和族内或乡里人际关系的改变有密切关系。一旦家族不和或没落、发生社会对立,婚姻关系所能发挥的效果就相当有限。因此,如果不深一层考量人际关系的实际情况,只看表面抽象的"策略"原则,未必能符合现实的发展与变化。

科举是个人争取功名、从政,乃至家族发展的重要基础,世家大族在这场竞逐中虽具有优势,但能否通过考试,仍取决于个人的能力和意愿,并没有绝对的把握。同时,世家子弟身处优渥的环境中,除了有利于读书考试之外,也有许多多元发展空间,如宗教、学术、购买图书、古董文物,乃至习医或追求文学及闲逸的生活情趣等,都会影响子弟对举业的进取心。况且,涉入仕途,仍有许多政治风险,如因政治结盟而酿成党争,既非个人所乐见,对家族发展也未必有利。因此,个人兴趣的发展或家学,乃至社会风气的转变,都会影响个人乃至家族的发展。

从上面几个角度观察南宋四明士族的发展,可以发现影响家族兴衰的诸多因素中,家族成员与科举竞争的能力、意愿等内在因素更为重要,而家族内部和乡里族际的和谐,则是促使家族乃至地区社会共同发展的重要因素,四明地区的大家族有别于其他地区家族发展的,殆为四明士人家族经由团结,所共同塑造出具有特色的地域文化和优越的政治影响。这一优势,给四明士人带来全国性的知名度,但其所形成的政治优势,也让其他地区的人感受到极大的发展压力。因此,贾似道当政时,为巩固自己的权势,他可以用打算法整肃赵葵、向士璧、李曾伯等宿将,而刻意培养自己属意的军事新秀如吕文德等;可以压抑四明人而拉拢温州、处州士人。在政治的压迫下,任官的四明士人只得辞官乡居,讳言时事以避风头。这股政治压力,对原已脆弱衰敝的四明士族而言,其打击之大,相信较之蒙元政权进入江南更为直接而且严重。

此外,四明士人兴趣与家风的改变,也导致家族的衰落。当然,个别家族有不同的情况和发展,但嘉定间,则是家族与社会风气改变的主要时期。诸多的资料显示,嘉定年间,除局部爆发战事或论讨备战之外,仍处承平时期,江南地区更见升平景象,文化活动特别兴盛,士人家族注意购书、买古董,讲究生活质量,甚至医疗的质量也都注意。这方面,南宋中晚期许多重要文集如楼钥的《攻媿集》、周必大的《文忠集》、袁燮的《絜斋集》、袁甫的《蒙斋集》乃至刘克庄、真德秀、魏了翁等人的文集,都透露了这是一个文化活动频繁、文化多面向发展、文风兴盛的时期。由于社会风气的转变,居文化领导地位的四明士人,开风气之先,关注举业以外的事物,各项文艺、文化活动在士族之间开展、流传,形成风潮。此时,举业虽属末流,却仍是影响家族发展的要素,士人不讲求此道,对个别家族或地方社会而言,自属不利。因此,在贾似道当政之前,四明士人多已弃功名而转就文化生活了,只是四明士人的政治势力,对贾似道而言仍是极大的阴影,有如芒刺在背,当然要击之而后安。

因此,从总体来看四明的士族发展,他们所以能在南宋崛起,源于四明教育的发达和经济条件的优厚。个别家族崛起之后,所形成的集体力量,则得力于彼此的提携合作,这方面史浩之功甚大。在他的倡导下,四明地区的士人和士族走出家族,共同关怀乡里、经营地方,不仅为各家族建立在地声望,更为四明地区创造了具有特色的地方文化,形成了四明的优势。不过,到了韩侂胄执政之后,为压制政敌,兴起党禁,四明士人高文虎、高似孙父子投靠韩侂胄,攻击道学家,四明士人遂由合而分。史弥远当政之初,大规模招揽党人,四明士人再次集结,成为真正具有优势的政治团体。故有"满朝朱紫贵,尽是四明人"之说。然而,随着宋与金、蒙关系的转变,史弥远的和战政策不但引起朝廷的争议,也引起袁燮的攻击,从此二家关系由紧张而对立。袁燮父子对史弥远、史嵩之二代的攻击始终严苛,自然影响四明地区的和谐。其后,史弥远拥立理宗、冤杀济王,及史嵩之对蒙主和等,均引发更大的波澜,竟至酿成政争。此时,不仅四明其他士人,连史氏族人也对其严加批评,或求退隐。此外,其他家族内部也纷扰不断,均使地域发展呈现危机。因此,四明家族在南宋时期的发展,可以说是"成也政治,败也政治"。四明的例子显示,家族发展策略中致力巩固的地方基础仍然受到政治风波的穿透,无论婚姻、亲属或师友关系网络,都可能受到动摇,换言之,四明士族人际或婚姻"网络"所凝聚的集体与地域意识,在一波波政治风浪的摧击下,逐渐松动乃至解体。以致先前一体共荣的现象不见了,以诗社所反映的人际关系是由合而分,这和嘉定以来文化多面向发展的风尚相契合。但分立、对立,加上对科举或参与朝政的冷漠,非但对旧有的个别家族的发展不利,对整体四明地区而言更是危机四伏。因此,从长时期变化去观察四明地区个别家族乃至整体发展,都可以说在入元之前,旧家大族已逐渐由"旧时王谢堂前燕,飞入寻常百姓家"了。

(原载《新史学》2009 年第 2 期)

由"鄞县"到"临安"：两宋之际四明史氏的崛起道路

游　彪　龙耀祥

四明是宋代明州的别称，南宋时属两浙东路，府治设在鄞县，后因曾为宋宁宗潜邸所在，故在宁宗即位后的庆元元年（1195）被升为府，以年号为名，至元代又改称庆元路。南宋时期的明州已成为宋朝对高丽、日本等海外诸国进行贸易的重要港口，因其地近行都临安，经济与政治地位都格外重要，加之两宋之际的士人迁徙、教育普及等诸多因素，使得明州成为南宋时期士人活动的中心场所之一。大批四明地区的学者与官僚相继登上了历史舞台，在南宋中后期的政治、文化等诸多领域中产生了重要的影响，甚至在民间流传的杂剧中都有着"满朝朱紫贵，尽是四明人"的说法①。而透过梳理相关史料，不难发现，四明地区的士人之所以能够在南宋得到"满朝朱紫"的成就，无疑离不开其背后自北宋以来奋斗数代的士人家族的支持。

---

① 张端义撰，李保民校点：《贵耳集》卷下《史同叔为相日》，上海：上海古籍出版社，2012年，第139页。

一、北宋时期四明史氏的族源及其早期发展

四明史氏就是南宋时期于四明地区兴起的一个宰相家族。在其家族成员之中,史浩、史弥远、史嵩之祖孙三代先后出仕孝、宁、理三朝,相继为相。清人赵翼在其所著的《廿二史札记》中即特设有"继世为相"一条,认为若单论宋代家门之盛,则四明史氏足可与东莱吕氏及相州韩氏鼎足而三[①]。自美国学者戴仁柱(Richard L. Davis)以来,学界对于四明史氏的探讨已产生了很多研究成果[②],但另一方面,这些成果的分布却呈现出了一种"重南轻北"的倾向。究其原因,主要是四明史氏显达于南宋时期,而在北宋尚未引人注目,因而在文献中反映其早期发展状况的记载较为匮乏。此外,更为明显的是,其后世追记的家族早期历史也带有一些史氏后人重新建构的痕迹。这些都对相关的研究工作造成了极大的困难。

通常而言,这种家族早期历史模糊甚至错谬的现象在中国古代并不罕见,只有一些大家族的分支为了某种讳莫如深的历史渊源,才会铤而走险地采取虚构甚至

①　赵翼撰,王树民校补:《廿二史札记校正》卷二六《继世为相》,北京:中华书局,1984 年,第 557 页。

②　关于四明史氏及其家族成员的研究,夏令伟的《四十年来南宋四明史氏家族研究综述》,发表于《中国宁波市委党校学报》2017 年第 5 期,做了简要的勾勒。美国汉学家戴仁柱(Richard L. Davis)的《丞相世家:四明史氏家族研究》是他于 1980 年完成的博士学位论文,也是最早系统地进行宋代家族史研究的一篇长文。该文整理成书后,出版于 1986 年,2009 年经由刘广丰、惠冬译作中文,在中国大陆出版。本文所用为 2014 年中华书局版。其他研究成果参见:黄敏枝:《南宋四明史氏家族与佛教的关系》,《宋史研究论文集:国际宋史研讨会暨中国宋史研究会第九届年会编刊》,保定:河北大学出版社,2002 年;叶伟华:《南宋四明史氏家族研究》,华南师范大学硕士学位论文,2007 年;郑国画:《南宋四明史氏三相政治活动及其比较研究》,宁波大学硕士学位论文,2009 年。夏令伟:《南宋四明史氏家族及其文学研究》,暨南大学博士学位论文,2009 年;《论南宋宰相史浩对其家族的贡献》,《温州大学学报(社会科学版)》2010 年第 4 期;《论南宋四明史氏家族的史志传记及其争议》《浙江师范大学学报(社会科学版)》2011 年第 2 期;《南宋四明史氏家族研究》,北京:科学出版社,2018 年。乔东山:《北宋时期四明史氏家族史考论》,《宋史研究论丛》2013 年第 14 辑;张显传:《史官、史氏与南宋社会》,北京:北京师范大学出版社,2015 年。此外,另有专文论述史浩、史弥远等历史人物,兹不一一赘述。

是伪造的方式重新书写家族历史。然而,大多数学者却认为四明史氏属于另外一种情况,即他们本身对于自己北宋以前的家世几乎也是一无所知①。这种认识使得部分学者在处理四明史氏早期历史的时候会秉持一种更为谨慎的态度,即更乐于保留史氏家族内部成员的或准确或暧昧的认知,然后再在现有资料的基础上对其中的错误和疏漏作出力所能及的辨证。关于四明史氏的家族源流,生于南宋晚期的史蒙卿(1247—1306)曾有过较为翔实的记述:

> 余家虽四明,原其所自,昔帝高阳氏,有子曰称,称之子曰卷章,卷章之子曰黎,黎为火正,与重氏典司田地。黎之弟曰吴,回绍其职,历夏、商世守之。太史佚,其后也,子孙皆为周史,由是以官氏焉。周氏东迁,鲁人请郊之礼于京师,天王命角往鲁止之,后仕于鲁。克作《駉》《駜》《泮》《閟》,以颂其君。汉之时,恭生三子,曰高、曰曾、曰玄。高为大司马、乐陵侯。高生二子曰术、曰丹,自鲁徙京兆,为左将军、武阳侯。玄之孙均,均之子崇,封溧阳侯,遂为吴人。崇之裔孙环,事宋为乐乡令。环之八世孙曰务滋,有子曰惟肖,为清河令。惟肖之弟惟则,系万寿之子也。宋兴,游宦于东南,遂居于明之鄞邑。明州今升为庆元府。惟则公者,实明州之始祖。②

然而,要判断这份史氏先祖谱系的可靠性,却面临着一个巨大的难题。根据上述所记,四明史氏的"明州之始祖"史惟则是史万寿之子、史惟肖之弟,而史惟肖又是史务滋之子;但史务滋本是唐代武则天当政时的宰相③,天授二年(691)因为被

---

① 戴仁柱著,刘广丰、惠冬译:《丞相世家:南宋四明史氏家族研究》,北京:中华书局,2014年,第41页。

② 史良书等纂修:《余姚史氏宗谱》卷首《宋咸淳年明州史氏谱序》,上海图书馆家谱藏书,民国三年(1914),索号号:902060-73。

③ 此外也存在着另一种可能,即史蒙卿所言之"史务滋"并非唐宰相,而是与其同名的另外一人。但这种可能性较低,事实上,这份史氏先祖谱系源自史浩所作的《葬五世祖衣冠招魂辞》(详见后文),而其中关于这段祖系的描述称"历三国六朝之寂寥兮,庆复钟于仙李。论一相于女主之朝兮,勋烈或疑而弗纪"。据"相于女主"云云,可知史浩所意图攀附的正是武则天时的宰相史务滋。

酷吏来俊臣诬陷而自杀①，那么作为其子侄辈的史惟则如何会于近三百年后"宋兴"方得"游宦于江南"呢？

出于更慎重的态度，多数学者也不愿轻率地否认这份宗谱的真实性。美国汉学家戴仁柱分析认为，这份宗谱的前半部分是依据《元和姓纂》"史氏"条中部分内容杂糅而成，清晰地展示出了其将四明史氏与溧阳史氏加以合谱的意图，从而推测四明史氏的始祖"史惟则"或许是源于溧阳史氏家族中的一支旁支②。而乔东山则通过比对，判断这份宗谱的后半部分是出自史浩所作《葬五世祖衣冠招魂辞》中的"自杜陵而侯溧阳兮，舍溧阳而迁徙。既游宦于东南兮，遂卜荫鄞之桑梓。方躬耕于农亩兮，故韬晦而弗仕"，认为其关于四明史氏近世系由外地迁入的说法仍是可信的③。

而笔者认为，在这份显然是由四明史氏后代子孙为填补家世空白所"创造"的宗谱中，最明显的"破绽"反而可能是未加修改的真实信息，即四明史氏的第一代成员无论其是否名为"史惟则"，其迁入鄞县的时限都是在"宋兴"之后，换言之，四明史氏并非中古世家大族的后裔，而是在宋代之后方才新兴起来的近世家族。

按照史氏宗谱的记载，在第一代成员"史惟则"迁入明州鄞县后，第二代史氏家族的成员名为史成。史成的元配妻子为陈氏，其后他又续弦了一名任姓女子，但更多的生平信息则无从知晓。史成育有三子④，长子无嗣，幼子史瀚偕一子二孙很早就离开了明州，从此杳无音讯，而此后的四明史氏皆是其次子史简的后裔，是为第三代。成书于元代的《延祐四明志》简略地记述了史简的生平。

> 冀公年二十五，为县从事。尉受赇杖平民，冀公独慜之，以杖首杂朱殷以

---

① 司马光：《资治通鉴》卷二〇四《唐纪二十》"则天顺圣皇后之下天授二年春正月"条，北京：中华书局，2011年，第6587页。

② 戴仁柱：《丞相世家：南宋四明史氏家族研究》，第41页。

③ 乔东山：《北宋时期四明史氏家族考论》，《宋史研究论丛》2013年第14辑。

④ 另据乔东山所阅天一阁藏《鄞东上水横街史氏支谱》（史悠清、史济恂著，1947年本），史成似育有四子，笔者未亲见，兹录于此以备参考。

进。初举杖,血流于尻。尉怒,以水拭拭之,诚伪。尉益怒,据按,即以平民所受罪杖之。归数日,死。时夫人年二十有五,有娠。冀公死且嘱曰:"若生女,当嫁良男也。幸谨视之。"夫人泣受其言。后得男曰"诏"。①

据此,史简是当时鄞县县尉麾下的一名从事,因不肯听从收受贿赂的县尉命令杖责受害人而遭到了县尉的打击报复,以致英年早逝。然而,这一记载却并不见于成书更早的《宝庆四明志》,不知袁桷依据从何处得到的资料补入。清代的明州学者全祖望也驳斥了史简是一名普通胥吏的观点,认为他应是明州当地著名学者楼郁的"高第"。这种说法既赋予了史氏先祖读书人的身份,又将其与明州当地的另一家族,即明州楼氏联系了起来。而更值得注意的是,全祖望还提供了关于史简不同于方志记载的另一种死亡说法,"冀公为明州吏,奉其母至孝。尝挥金治具,挽舟游湖中。而大吏,俗人也,闻之,恚其不告,催挫之。冀公坐是,拂郁以夭"。全祖望的这一说法得到了清代大儒黄宗羲的认可,并被其采纳编入了《宋元学案》之中②。

综上所述,凡是目前所见的史氏家族前三代成员的相关记载,在性质上多属后世追记,不仅各种说法之间互相存在抵牾之处,其史源也模糊不清。有鉴于此,笔者兹录取史氏第六代成员史浩所撰的《葬五世祖衣冠招魂辞》中部分内容,以对上述说法的各种矛盾加以梳理。显而易见的是,这也是全祖望说法之源头所在。

> 暨吾五世之祖兮,始著令名于州里。鄙刀笔如萧曹兮,踵于公之业屦。断
> 以法而从恕兮,每哀矜而弗喜。遗高祖以清白兮,立里门而高峙。濬清源于两
> 世兮,盖接夫前修之派委。兹滥觞于涓流兮,遂泓澄而演迤。故我曾祖之擢秀
> 兮,笃孝恭于髫稗。甫弱冠而府辟兮,励廉勤而从事。郡有西湖之胜绝兮,十
> 洲三岛错乎城之趾。卧双虹于澄碧兮,危亭翼然于中沚。纷竞渡于波间兮,游

---

① 袁桷等:《延祐四明志》卷五《冀国夫人叶氏传》,《宋元地方志三十七种》第九册,台北:国泰文化事业有限公司,1980 年,第 5604 页。

② 全祖望:《鲒埼亭集外编》卷一八《真隐观洞天古迹记》,《清代诗文集汇编》,上海:上海古籍出版社,2010 年,第 199 页;黄宗羲著,全祖望补修:《宋元学案》卷六《士刘诸儒学案》,北京:中华书局,1986 年,第 266 页。

舰舳舻相衔尾。挽姻友以出遨兮,彼莫能承亲之志。祖独挥金而治具兮,列琼羞而行桂醑。慈颜悦怿而夷犹兮,不惜兰枻之频叙。大吏恚其不告兮,竟萧条于任使。气怫郁而短折兮,哀痛沦于骨髓。[1]

史浩是四明史氏的第六代,在他的这篇招魂辞中,"五世祖"即是日后宗谱中的第一代"史惟则","高祖"为第二代史成,"曾祖"为第三代史简。史浩透露出的信息是,自史氏迁至明州鄞县后,至五世祖"史惟则""鄙刀笔如萧曹",表明他已开始担任县里的公吏,其子史成继之,而第三代史简的吏职很大程度上是对上两代人的承袭。北宋时期,地方上的州县长官出于方便行政的考虑,习惯于挑选熟谙全县风土人情的当地人充当胥吏。而在上任官员离任后,熟悉县政利弊的胥吏往往被继任的官员留任。他们依靠相互引荐或父子相继,实现了"官无封建,吏有封建",长期把持一方政务的实际运作。[2] 正因为如此,史简的社会地位及其死因原则上要比目前文献所记更为复杂。而另一方面,在祖述史氏第二代向第三代传承时,史浩采用的说法是"濬清源于两世",这或许是在暗示第三代的史简也曾有过读书的经历,但其最终却并没有因此步入仕途,仍是继承了父辈留传下来的吏职。除此之外,史浩从未提及其曾祖与楼氏的任何关系。由此可见,史浩的说辞作为四明史氏祖先渊源的唯一来源,却在后世被增添了许多真假难辨的细节。

事实上,史浩的说法本身也带有一些讳饰的痕迹。大概是出于笃信佛教的缘故,史氏家族的前五代成员都采取了火葬的方式下葬,因而史浩在不同的场合也说过自己几乎无法查找其五代祖先踪迹的话,"此五祖者因兵火之后,未详葬所。遍寻闾里,询诸耆老,无从查察"[3]。据此可知,史浩对其祖先事迹的记述主要是来自

---

① 史浩:《鄮峰真隐漫录》卷四十一《葬五世祖衣冠招魂辞》,《史浩集》,杭州:浙江古籍出版社,2016 年,第 737 页。
② 参见苗书梅:《宋代县级公吏制度初论》,《文史哲》2003 年第 1 期;程念祺:《科举选官与胥吏政治的发展》,《学术月刊》2005 年第 11 期。
③ 史浩:《五祖堂记》,史美露编:《南宋四明史氏》,成都:四川美术出版社,2006 年,第 122 页。

乡里长者的口述,其可信度本身也是令人怀疑的。

但抛开史简的死亡细节,史氏家族的一些重要信息仍然隐约可见。可以肯定的是,史氏先祖曾经担任过吏职,且大多英年早逝。史简在去世前,与夫人叶氏育有一子一女,另有一遗腹子,但长子在其父亲去世后亦随之夭折,遗腹子史诏遂成为四明史氏第四代的唯一传人。值得一提的是,由于史简的意外早逝,四明史氏在很长的一段时期内都是依靠叶氏夫人惨淡经营方能维持全家生计,故叶氏夫人在两宋之际的史氏家族中扮演的角色相当特殊,拥有十分崇高的地位。其孙辈史浩就作了这样的评价,"吾爵崇禄重,得归安老,皆荷祖荫,复赖曾祖妣冀国夫人叶氏之大节遗德所致也"①,可知其在史氏家族兴起过程中起到了举足轻重的作用。

叶氏夫人,名字不详,明州慈溪人(今浙江省慈溪市),《延祐四明志》有其传记。在地方志的记载中,其夫史简去世后,叶氏拒绝了邻里劝其再嫁的建议,潜心抚育孤女幼子,并供史诏读书求学。新出土的《史师仲墓志》基本上确定了史诏的出生年月及其大致的活动时期,"自君祖父讳简蚤丧,祖母叶氏有节行,保遗腹子曰诏,字升之,是为君之父,寿今七十矣"②。因为墓志所记志主的下葬时间为"靖康元年十二月十二日癸酉",则墓志的完成时间应与其相当或稍早,那么史诏的出生时间大约是宋仁宗嘉祐三年(1058),而其读书求学大致在神宗元丰元年(1078)至哲宗元祐三年(1088)之间。从北宋历史的演进可知,作为史诏主要活动区域的鄞县、慈溪等地,在宋仁宗庆历、宋神宗熙宁年间,是两次兴学运动推行的重点区域。这使得官方与民间的学校在这一地区日益普及,也为当地士人子弟读书求学提供了基础条件。而早在宋仁宗时期,这一地区就出现了杨适、杜醇、楼郁、王致与王说五位著名学者,他们以教书育人和学问精湛闻名乡里,合称为"庆历五先生"。学校的兴盛与名师学者的引领作用潜移默化地改造着当地人的教育观念,所谓"必欲门户焕

---

① 史浩:《鄞东上水横街史氏支谱》卷一一《祖训录六世伯忠王家训》,《史浩集》,第 922 页。
② 《宋故史希道(师仲)墓志铭并盖》,章国庆编:《宁波历代碑碣墓志汇编》,上海:上海古籍出版社,2012 年,第 140 页。

发,莫如择良子业儒"①,求学业儒成为鄞县各家族在培养子女时选择的首要途径,而叶氏对于史诏的期待正是这一时空环境的巨大影响所致。

然而,史诏最终却并未通过科举考试获得功名。后世对此的解释是"(史诏)遇大比,辄引避。常曰:'无母之节,已无史矣。'誓终身母子不相离"②。这说明史诏是出于遵循"孝"的理念,为避免母子分离而一直拒绝参与外界事务。大观二年(1108),州县长官有意举荐年过五十的史诏参加以儒家伦理作为考核标准的"八行取士"③,但他也没有答应。从此,史诏便彻底放弃了功名的念想,与母亲和妻子避居东钱湖大田山。

值得深思的是,记述叶氏夫人主要事迹的地方志及墓志都是明显有着浓烈的"褒美"色彩的文献资料,而其所叙述的"贫窭媚妇依靠悉心培养儿子宦业成功,最终获得财富"的情节,正是一个典型的能够体现宋代妇女美德的故事。类似的记述起源自宋代士人对于财富的认识,即将财富的增加与德行的堕落联系起来,而贫穷

---

① 《宋故樊氏夫人墓志铭》,《宁波历代碑碣墓志汇编》,第 116 页。

② 凌迪知:《万姓统谱》卷七四《史姓》,文渊阁四库全书影印本,台北:台湾商务印书馆,1986 年,第 1281 页。

③ "八行取士"是北宋徽宗大观元年(1107)年推行的一种特殊的征辟制度,是通过乡举里选的形式获得进入太学学习的名额。所谓"八行"即是孝、悌、睦、姻、任、恤、忠、和八种标准。其具体内容可参见宋人杨仲良:《皇宋通鉴长编纪事本末》卷一二八"八行取士"条,另参见刘培:《北宋科场改革与律赋沉浮:以熙宁变法为中心》,《北京大学学报(哲学社会科学版)》2015 年第 4 期;王晓晖:《论宋代八行取士》,《历史教学》2017 年第 20 期。史浩描述其祖此段经历云"属在位之推毂兮,升鹗书于当宁。卒辞聘而弗至兮,若阳城之居晋鄙",或可推知史诏是于乡人推荐其至县一级时得到通过,但其拒绝了县学的邀请,并未往县学就读;然据《四明史氏谱序》,宋徽宗曾赐颁御书《宋征聘八行太师敕命》给史诏,以官方形式肯定了史诏"八行先生"的身份,笔者以为此文或许为后人伪造,概其时因参与八行取士而在乡间被称为"八行先生"者还有多人,如"徐中行,字德臣,临海人。……谓与山阳节孝徐绩齐名,称为八行先生"(《宋元学案》卷一《安定学案》,第 47 页)、"崔贡,字廷朔,仁和人……乡人尊曰八行先生"(《两浙名贤录》卷一《儒硕》)、"吴师礼,字安仲,钱塘人……乡人尊曰八行先生",大致推测此一称呼应为民间或友人间的称呼,史诏没有独享此殊荣的理由。另外,在《宋史师仲墓志》中,只言其父史诏"以德行为乡里师表",并未强调"八行取士"的问题,其实际影响或许有限。

反而成为一种标志德行清白的重要表现①。但这种程式化的叙述却掩藏了史氏家族经济状况得到改善的真实情况。可以确定的是,无论是史诏早年的求学经历,还是其晚年作出放弃举业的决定,都需要一定经济基础的支持,而这种强大的经济实力正是来自叶氏夫人经年累月的苦心经营。

综上所述,笔者可对史氏家族前三代的发展作一个阶段性的总结。依据其六世孙史浩的说法,四明史氏自外地迁入鄞县后,遂"躬耕于垄亩",但实际上却是在州县担任吏职。史氏家族第一代的吏职后又为第二代、第三代所继承,俨然已呈现出一个胥吏家族的雏形。另外,这一时期的史氏家族在人丁上似乎并不兴旺,甚至可以说是一直显得比较单薄的,以致在第三代的史简意外早逝后,竟然使该家族面临着差些绝嗣的巨大风险。史简的夫人叶氏联结起了史氏家族的第三代和第四代,是具有纽带性的关键人物。在叶氏夫人的经营下,史氏家族的经济状况得到了很大的改善,家族的男性成员开始接触儒学与科举,并由此开启了该家族"士族化"的缓慢进程。至政和八年(1118)叶氏夫人逝世时,其身后的四明史氏已经是鄞县当地的一个人丁兴旺、衣食有余的家族了。

二、两宋之际四明史氏的继续发展——以两件宋代墓志为中心

从某种程度上说,由于家族核心男性成员的单薄,早期的四明史氏其实是有些名不符实的。以第四代史诏为例,因为父辈单传的缘故,当时所谓的史氏"家族"其实只是一个史诏与他的母亲和妻子同居共财的小家庭。除此之外,第四代以前的史氏家族成员皆为庶民,在宋代社会中尚属于普通人家,长期活动于明州地方的区域特性更使得他们无法深刻地感受全国政治风向的变化。四明史氏的这些早期特点,直到宋神宗元丰元年(1078)史诏与徐氏结为婚姻,并育有四子六女后才出现了

---

① 柏文莉著,刘云军译:《权力关系:宋代中国的家族、地位与国家》,南京:江苏人民出版社,2015年,第21页。

即将产生较大变化的趋势。21世纪后新发现的《宋故徐氏夫人墓志铭》与《宋故史希道(师仲)墓志铭并盖》则为考察这一时期四明史氏的发展提供了一个崭新的视角。

(一)《宋故徐氏夫人墓志铭》

2009年八月,在浙江鄞县东钱湖镇绿野村村民家中发现了该墓志。墓志详细记载了墓主徐氏的家世和早年事迹。

> 夫人徐氏,明州鄞县人也。三代皆不仕,父防,有乡里重望,少许可名知人。夫人鸳慧,常见称赏,每家室疑未决,夫人见辄处可如理。父顾叹曰:"尔曷不为男子,吾何忧异日谁妇汝? 吾意其家庶己乎。"年二十,归里士史升之。升之自龀謇孝爱异常,长以学行闻。慕联姻好者多矣,而母叶夫人少寡,以节行自持家政,肃然度难,其为妇辄不敢。徐公闻之,喜曰:"真吾家偶也。"遂以夫人妻焉。①

然而,恰如章国庆所指出的,此篇墓志的叙述方式同样带有一些程式化的倾向。刘静贞认为,宋人长期秉持着"女正位乎内""妇人无外事"的家庭观念,使得宋代妇女很少参与到家族之外的事务中去。而女性墓志的撰写者为了避免"无事可纪"的尴尬,故而只能将"早慧""善理家政""姑媳和睦""教子成才"等主题作为书写的主要模板进行参考②。譬如同收录于《宁波历代碑碣墓志汇编》中的《宋故樊氏夫人墓志铭》也记载樊氏夫人"自脱褓裸已慧爽""观夫人性行秀出,盖颖然一奇男子趣操,未肯以龌龊等辈婿吾女也"③。这种通过他人所表达的对女性墓主的赞

---

① 《宋故徐氏夫人墓志铭》,《宁波历代碑碣墓志汇编》,第132页。

② 刘静贞:《女无外事?:墓志碑铭中所见北宋士大夫社会秩序理念》,《妇女与两性学刊》1994年第4期。

③ 《宋故樊氏夫人墓志铭》,《宁波历代碑碣墓志汇编》,第116页。

誉,其实不过是宋代士人眼中女性的理想形象而已,未必是真实情况。

但另一方面,作为以记述功德为主要目的的墓志而言,其所记录的事迹也不能完全依靠程式化语言的堆叠或捏造事实。据墓志透露,徐氏的外家有着"乡里重望",这一说法得到史浩所撰写的《建家庙祭祖文》一文的印证。在该文中,史浩称徐氏夫人为"祖妣齐国夫人徐氏廿四娘子"①,这说明徐氏在家族同辈女性成员中排行第四,可见徐氏至少应是出自一个人丁兴旺的大家族。然而,这一说法或许也是为了掩饰后文所提及的家族"三代皆不仕"的尴尬现实。若是徐氏家族上溯三代都无可以记录的官僚或士人的话,那么其祖上至多也不过是一个依靠积累财富而逐渐起家的乡村地主,可以说与出身胥吏而又"世无达官"的史氏家族大体上是门当户对的。

此外,墓志还记载了徐氏与史诏的子嗣及其对待子女的态度,这对日后史氏家族的发展产生了重要影响。

> 生子能言以上,昼抱凤兴,常口授诗书,而时以旨意论之。比长就学,则先生逸而功倍。诸子彬彬克嗣家学,膝下之训为多。中外有贫不自给者,第其亲疎,岁时赒之以为常。而嫁遗女数十人,皆得所归。其赖以立家,而子弟以儒名者甚众……有子十二人,而夫人出者四男六女。男师仲、才、木、禾,皆举贡士,有美名。才登上舍第。女嫁贡士贝必先、姚孚、温州平阳县主簿王敏,一为比丘尼,二蚤亡。孙男十人,孙女六人。②

在这段材料中,最为重要的一点无疑是在宣和五年(1123)徐氏去世之前,徐氏的四个亲生儿子史师仲、史才、史木与史禾都通过了地方科举的发解考试,获取了贡士的功名。戴仁柱分析认为,史氏家族的新一代之所以能在短时间内迅速成为士大夫,主要是由于父亲史诏与母亲徐氏优秀的家庭教育,但同时也得益于自宋哲

① 史浩:《建家庙祭祖文》,《史浩集》,第 918 页。
② 《宋故徐氏夫人墓志铭》,《宁波历代碑碣墓志汇编》,第 132 页。

宗元符二年(1099)以来重新开始推行的三舍法改革①。三舍法的推行扩建了中央太学的设施,增加了太学的录取名额,并允许州、县推举州县学中成绩优异的学生进入太学读书。而北宋政府实行太学取士的政策,乃至于在北宋晚期曾一度取消了科举取士的功能②。另据《宋史·选举志三》所记,"开封始建府学,立贡士额凡五十,而士子不及三百,尽额而取,则涉太优,欲稍裁之。诏曰:'王畿立学,若不优诱使进,何以首善? 其常解五十额勿阙。'"③入太学就读的优越性不仅在于得到名师等教育资源,更在于能够享受到远比其他军、州宽裕的录取名额。史诏的长子史师仲、次子史才都有先后赴太学就读的经历,而史才更是因成绩优异升入了太学上舍,释谒得官,成为史氏家族中的第一位进士。

徐氏夫人墓志即由其次子史才的上司石端中所撰写,墓志所题结衔为"朝奉郎、通判处州军州、同管勾神霄玉清万寿宫兼管内劝农事、借绯鱼袋石端中"。另外,《徐氏墓志》的后半部分也记载了其次子史才的部分事迹,兹录于下文。

> 初,才为遂昌丞也,睦州贼陷衢、婺,犯县境,官吏惊溃。才即日集勇士,举兵复邑。贼平,以省侍告于郡,未报。夫人闻之,贻书曰:"政须安集,遽惶将母邪? 勉就功名,毋为我为怀",才始安职。其达义命,大体如此。④

由于种种原因,作为四明史氏重要成员之一的史才,无论在地方志还是官方的正史中几乎都没有他的传记。然而,经过清代学者全祖望的搜集与整理,史才的部分事迹方得以保留,"参政字德夫,一字闻道。政和八年王嘉榜进士,由遂昌丞改余姚尉。丁父艰。服阕,知余杭县。倅温州,以李庄简公荐除右正言,进右谏议大夫,

---

① 戴仁柱:《丞相世家:南宋四明史氏家族研究》,第 49 页。

② 《宋史》卷一五七《选举志三》有"崇宁元年,……用国子生额解试",北京:中华书局,1985年,第 3657 页;马端临:《文献通考》卷四二《学校三》记"诏取士皆从学校三舍废科举法",北京:中华书局,2011 年,第 1221 页。

③ 《宋史》卷一五七《选举志三》,第 3677 页。

④ 《宋故徐氏夫人墓志铭》,《宁波历代碑碣墓志汇编》,第 132 页。

拜端明殿大学士,签书枢密院事,权参知政事。既罢,以旧职提举临安府洞霄宫"①。若将此两段材料结合起来看,则大致可梳理出徐氏次子史才的早期仕官经历。史才,字德夫,一字闻道。政和八年(1118)中进士第,初授官为遂昌县丞。宣和三年(1121),史才率领乡勇参与了宋军收复为方腊军队攻占的衢、婺两州的军事行动,后迁余姚县尉。建炎四年(1130),史才因丁父忧而离职,复官后历任余杭知县、温州通判,在此与短暂出知温州的李光相识,"参政李庄简公守永嘉,枢密为签幕,待遇极厚"②,时间大致在绍兴六年(1136)。其后史才也得到了李光在政治上的大力帮助,可见他们之间的私人关系也极为特殊。

(二)《宋故史希道(师仲)墓志铭并盖》

史师仲,字希道,是前碑徐氏与史诏的长子、史才的长兄,也是日后南宋名臣史浩的父亲。此墓志于2001年十二月出土于鄞州区东钱湖镇横街村乌竹坪。

据墓志内容,史师仲出生于宋神宗元丰三年(1080),年少时便以文名称于乡里,未冠即凭借州学优异的成绩获得了前往太学的资格。但在太学中,他的学习经历却并不顺利,"久之,试有司数不售,一贡下第,拂袖而归"③,仅取得贡士身份便返回了家乡。而关于史师仲离开太学的原因,史氏宗谱与其子史浩的解释存在明显的差异。据《古藤史氏宗谱》的记载,"(史师仲)未冠,由郡庠陞贡太学,三试补上舍。大观、政和间,'八行'以书招之,即拂袖归"。所谓"三试补上舍"并非指三次具体的考试,而是指由外舍生升入内舍的两次公试成绩与由内舍升上舍的上舍试。根据这一说法,史师仲得以通过州县的选拔进入太学,又通过太学内部的升舍试升

① 《鲒埼亭集外编》卷四五《答万九沙编修问史参政遗事帖子》,《清代诗文集汇编》,第509页。

② 楼钥:《攻媿集》卷一〇五《朝请大夫史君墓志》,四部丛刊初编,上海:上海书店出版社,1989年,第2页。

③ 《宋故史希道(师仲)墓志铭并盖》,《宁波历代碑碣墓志汇编》,第140页。

入上舍，自然谈不上"试有司数不售"，至于其离开太学的原因，则是因为受到了家族的召唤。而史浩在记述他父亲的太学经历时却写道，"当宣和之全盛兮，风俗穷奢而极侈。立州桥而睇岩峣，不觉唏嘘而流涕。乃拂袖而出关兮，归即谋于避地。众方骇其无伦兮，曰盛极乱危之必至"①，明确说明史师仲是因预感到了宣和末年乱世将至而避祸家乡，以求明哲保身。

相较而言，由于身为墓志撰写者的夏承正是史师仲年轻时的友人，他对史师仲在太学的学习情况应该是最为了解的。因而，史氏宗谱上记载的所谓"三试补上舍"的经历恐怕是后人的溢美之词。但若史师仲受其父史诏"以书召之"一事并非捏造，那么或许是史师仲本人因受挫于学业等方面的不利因素，而又适逢家中有事相召，遂顺水推舟地离开了太学，并就此放弃了举业。但当史师仲离开的时候，其二弟史才尚同在太学求学②，因而史浩所谓他父亲预见到了乱世将至而避祸回乡云云，实为后见之明，绝非史师仲本人的意愿。宣和六年（1124）三月，就在徐氏去世后的一年内，史师仲因"居母夫人忧，哀毁过甚，俄感疾不起"，仅留下寡妻洪氏与六子二女③就撒手人寰。

值得一提的是，《宋故史师仲墓志》的撰文、书丹、题盖者的姓名和结衔令墓志本身增色不少，也透露出了早期史氏家族成员社交圈的部分信息。

（A）撰文者夏承，字元茂，鄞县人。《宝庆四明志》卷八有传："以太学上舍免省中崇宁五年第，靖康间任开封少尹。北骑犯阙，散文榜根括皇族，冀以免死。承奋身力争，潜令诸厢毁弃文榜，放散苛留之人。绍兴二年，臣寮疏列其事，国事方殷，

---

① 史浩：《鄮峰真隐漫录》卷四十一《葬五世祖衣冠招魂辞》，《史浩集》，第 738 页。

② 据前文所记，史才得中进士在政和八年（1118），史师仲具体何时离开太学不详，《古藤史氏宗谱》谓"大观、政和间"，而史浩则称是"宣和"。若依前说，则史师仲离开太学之时，史才尚未中进士，当还在太学中求学，而若依后说，则其时史才应已授遂昌丞，逻辑上虽无大错，但史浩之说为尊者讳的可能性仍然更大。另外，考虑到政和八年恰为叶氏夫人去世之时，笔者以为应以前说为是。另据张显传《史官、史氏与南宋社会》（北京师范大学出版社 2015 年版）一书所称，则史氏第五代中的三子史木宣和年间亦在太学中，但不知出处为何，兹不取。

③ 《宋故史希道（师仲）墓志铭并盖》，《宁波历代碑碣墓志汇编》，第 140 页。

未及褒表。隆兴初,有旨:承系忠义之人,送史馆编录姓名,特赠三官。二年,赠左朝议大夫。"①

(B)书写者王庭秀,字颖彦,《宋史》卷三九九有传。又据《宝庆四明志》卷八记载:"先世居鄞,父徙慈溪。庭秀与黄庭坚、杨时之徒游,从其为学,旁搜远绍,不苟趋时好。其造诣崇远,操植坚正,发于文辞,深茂宏达。"徽宗政和二年(1112)上舍及第。历仕徽、钦、高三朝,"迁检正,与宰相议多龃龉,引疾丐闲,除直秘阁、主管江州太平观,归老于乡"。②

(C)题盖者郑毅,字致远,建安人,《宋史》卷三九九有传。《宋元学案》也说:"上蔡高弟。初就学,能知圣人之道在中庸,父镇奇之。既冠,入太学,所为文不尚时好。执父丧,有吁天止火之异。第进士,调御史台主簿。以秘书郎守临江,遂丐祠归。"他是"程门四先生"之一谢良佐的弟子。撰此墓志时,结衔为"从事郎、新太学博士"③。

三人之中,夏承、王庭秀皆为明州当地人,而郑毅也相传有在元符年间于鄞县县学做助教的经历④,这反映出史师仲的社交活动显然是以明州鄞县的乡里关系为基础和依托。另外,三人与史师仲又皆于崇宁、政和年间在京城的太学求学。这些同乡青年一起受教育,共同学习,目标一致的经历培养了彼此之间深厚的友谊。若非史师仲的意外早逝,这层关系也必将成为彼此间互相支持、互为奥援的力量⑤。这也从侧面反映出,以史师仲为代表的四明史氏年轻一代已完全融入了明州当地的士人群体与乡里关系之中,并依托科举制度而逐渐推动着四明史氏由一个地域型的小家族迈向政治权力的中央。

---

① 罗濬:《宝庆四明志》卷八《夏承传》,《宋元地方志三十七种》第八册,台北:国泰文化事业有限公司,1980 年,第 5174 页。
② 罗濬:《宝庆四明志》卷八《王庭秀传》,第 5171 页。
③ 黄宗羲著,全祖望补修:《宋元学案》卷二四《上蔡学案》,北京:中华书局,1986 年,第 937 页。
④ 郑传杰、郑昕:《郑清之评传》,宁波:宁波出版社,2010 年,第 1 页。
⑤ 黄宽重:《宋代的家族与社会》,北京:国家图书馆出版社,2009 年,第 238 页。

在长男史师仲去世后，由于次男史才长期在外地任职，因而实际主持家族事务的三男史木便承担起了赡养年迈的父亲、抚育弟妹和亡兄子女的责任。史浩在纪念其季父的《祭八十叔父文》中，对史木一生的重要事迹作了较为完整的记述。

> ……嗟我季父，孝于父母。入躬定省，出当干蛊。……嗟我季父，友于昆弟。我父云没，实赖以济。……嗟我季父，信于州里。急人之急，奋不谋已。……嗟我季父，耽于典籍。志穷精微，不堕尘迹。……嗟我季父，美于词翰。气飘飘而凌云，自谓所得在于西汉。……呜呼！备此数德，不增贵位。两上礼闱，事左不利。……今岁始春，虏骑破鄞，公奉严亲，奔于海壖。曰姊妹姑，五族以趋。不间疏戚，通其有无。盗将压境，俄有归令。公以一身，活百人命。谓当百岁，福禄是道。胡为一疾，止于四十有四之春秋。方公病亟，祖丧三日。尚未带经，哀号而卒。①

上引文段属于悼念亡者的祭文，难免存在有虚美隐恶之嫌。史浩笔下的季叔史木孝顺父母，接济亡兄子女，并且在经学与文章上都有较高的造诣，尤精于汉赋骈文，这对于日后史浩的文风和学识等方面都产生了很大的影响。史木曾两度通过解试，但在省试中都告失败，以致一生未能出仕。建炎四年（1130）正月，金兵南下攻陷明州，史木负责组织了家族的逃亡和避难，据称保护了数百人的性命②。但在逃亡过程中，父亲史诏与史木本人或许都受到了惊悸与过度劳累的影响，短期内便先后去世。此后四明史氏的家族事务可能由四男史禾主持③。

---

① 史浩：《鄮峰真隐漫录》卷四十三《祭八十叔父文》，《史浩集》，第 759 页。
② 史木事迹另可参见《水心先生集》卷二二《史进翁墓志铭》，其中补充了部分信息，例如史木曾中贡元等，但其中也多有夸大之处，如史木组织家族逃亡一事，即称"依而免踣二千人"。笔者认为叶适与史木并无交流，其所撰墓志信息来源应主要来自史氏后人所提供的行状等，故该文与史浩所言之抵牾之处，仍以史浩为真的可能性更大。
③ 据戴仁柱所绘《四明史氏族系图》，则史氏第五代共有史师仲、史才、史木、史禾、史光五人，此说亦合于史浩称逃难时"五族以趋"的用语。然据上引《徐氏墓志》，"有子十二人，而夫人出者四男六女"，则史光或非徐氏夫人所生，而是庶子。

三、"今日有用之才"：史浩及其家族势力的崛起

在上文中，笔者以尽量客观而公允的语言对四明史氏早期发展的历史作了一番必要的梳理。史氏家族自迁居鄞县后，至叶氏夫人主持家政时期日益富足，为其第五代能在科举上取得"一进三贡"的辉煌成绩奠定了重要的物质基础。而史氏家族成员在科举上取得成绩的同时，也意味着家族形态已完成了"士族化"的转型，从而能够就此享受到制度性的经济、政治等多方面的特权，其家族的部分重要成员由此开始步入仕途。

与此同时，值得注意的一点是，上文所引的两篇新出墓志有助于学界对史氏家族第四代成员的贡献重新进行评估。从过去学者就史氏家族早期历史的研究成果来看，史氏家族第四代成员史诏的重要性没有得到足够的关注，往往只是被当作联结第三代与第五代成员之间的过渡性人物。戴仁柱敏锐地意识到了此段时期史氏家族社会地位的提升，但也只是将这种提升归结为史诏放弃"八行取士"而隐居的抉择，同时也不得不承认尚有诸多问题亟待解释，譬如"史诏的大半生近乎与世隔绝，他的谋生手段是个谜团"、"史诏从没参加过科举，从没出版过文集，也没有在乡里受教；他既不是一位学者，也不是社会领袖，当地官员是以什么标准选定他作为明州的儒家道德典范和最有可为的子弟呢？"①可知史诏本人身上仍存在许多未解之谜。

新出墓志对类似的疑惑作出了适当的诠释。由明州士人夏承为史师仲所作墓志云："祖母叶氏有节行，保遗腹子曰诏，字升之，是为君之父，寿今七十矣。以德行为乡里师表，史氏称望姓自升之始。"②又《宋故徐氏夫人墓志》亦云："升之自龆龀

---

① 戴仁柱：《丞相世家：南宋四明史氏家族研究》，第47—48页。
② 《宋故史希道(师仲)墓志铭并盖》，《宁波历代碑碣墓志汇编》，第140页。

孝爱异常,长以学行闻。慕联姻好者多矣,而母叶夫人少寡,以节行自持家政。"①
这说明,史诏在年轻的时候就以德行和学业闻名鄞县乡里,他在史氏家族中的地位
在生前就得到了明州士人的认可,而不是来自后世子孙的重新书写与再创造。通
过北宋晚期明州士人的墓志书写表现出来的是,这一时期的四明史氏在明州士人
的心目中已经是一个以德行门风著称的、包含"孝子"与"节妇"的名门望族了。据
《文献通考·职役考二》谓:"唐制:…… 孝子、顺孙、义夫、节妇同籍者,皆免课
役。"②宋承唐制。尽管尚无任何材料直接证明四明史氏"节妇""孝子"的道德身份
曾以旌表门闾的形式得到了官方的认可,但我们同样很难想象地方州、县会完全忽
视这种民间声望所产生的或有形或无形的巨大影响。宋代的道德表彰不仅仅象征
着拥有免除课役的经济特权,更重要的是这进一步提升了四明史氏在士人群体中
的声望。作为明州士人心目中的"望姓",四明史氏的家族成员,无论是在乡里宗族
姻亲的缔结,还是在交游对象的选择等诸多方面,都享有明显的优势。

靖康之变后,北宋灭亡,宋高宗遂南渡至杭州建立了新政权,而原本地处江浙
路最东端的明州遂由边区一跃而成为京畿腹地。这种政治空间的变化使得明州地
方士人与中央官僚的交往互动愈发密切,为江南士人被选拔和任用提供了极多的
便利条件,譬如史氏家族第五代最重要的成员史才即是受到李光的举荐方才有机
会进入临安府任职。绍兴十七年(1147),史才任丞郎,擢国子监主簿。二十二年
(1152)又升任御史台检法官,后改任右正言,迁试谏议大夫兼殿中侍御史。次年十
月,自谏议大夫迁至端明殿学士并兼签书枢密院事、权参知政事。然而,史才当政
之际,正是寺地遵所谓的"绍兴十二年体制"下秦桧的专政时期,《宋史·秦桧传》将
史才与孙近、韩肖胄、楼炤、王次翁、范同、万俟卨等人并列,谓其"率拔之冗散,遽跻
政地。既共政,则拱默而已"③,并未有何实绩。但也正如叶伟华所评价的,"史才

① 《宋故徐氏夫人墓志铭》,《宁波历代碑碣墓志汇编》,第 132 页。
② 马端临:《文献通考》卷一三《职役考二》,北京:中华书局,1986 年,第 388 页。
③ 《宋史》卷四七三《秦桧传》,第 13765 页。

虽然做执政的时间不长,而且还是在秦桧手下充当一个类似鹰犬的不光彩角色……但他在朝做官的经历所积累下来的丰富经验及其在家乡的影响,对整个家族的兴起都起到了促进的作用,并会对其后辈,特别是其后进入中央做官的侄子——史浩造成影响的"①。

史浩是四明史氏第五代长房史师仲的嫡长子。当宣和六年(1124)史师仲去世时,史浩只有十九岁。作为家中长子,他不得不早早地承担起照顾母亲与弟妹的责任。而尽管史浩此时已拥有了贡士的身份②,但直至绍兴十五年(1145),他才通过进士考试,得授官职,正式跻身于士大夫行列。史浩初仕余姚县尉,后转为温州州学教授,在任上他得到了知州张九成的赏识,并于绍兴二十五年(1155)受同乡中书舍人吴秉信的举荐赴临安任太学正。令人难以理解的是,自进入中央后,史浩很快就得到了高宗的认可,被派到建王藩邸担任属官而得以际遇孝宗。绍兴三十二年(1162),孝宗受内禅,作为帝师的史浩亦得授中书舍人兼侍读。后又除翰林学士、知制诰。八月,除参知政事。隆兴元年(1163)拜尚书右仆射、同中书门下平章事兼枢密使。楼钥在为其身后所作的《纯诚厚德元老之碑》中云:"自此六年以至相位,近世未有也。"③可知其仕途可谓平步青云。

同时,早已有学者指出,史浩是四明史氏在南宋得以崛起的关键人物④。与他的叔父史才相比,史浩对于家族的发展显然投入了更多的关注与精力。在学术上,史浩本身就颇有造诣,"推究经旨,多先儒所未发"⑤,再加上交游广泛,其在明州士人群体中的声望颇高。宋孝宗淳熙年间,史浩以陆庆童事件辞去宰相职位后,遂返

---

① 叶伟华:《南宋四明史氏家族研究》,华南师范大学硕士学位论文,2007 年。

② 据上引《宋故史师仲墓志铭》记,"生六男,若讷、若愚举进士",若讷即史浩旧名。此墓志作于靖康元年(1127)十二月,然据《纯诚厚德元老之碑》则谓"(史浩)年四十始登进士科",则史浩于绍兴十五年(1145)才获得进士身份。前说所言之"进士"并非为登科进士,而更可能是乡贡进士或同里进士。

③ 楼钥:《攻媿集》卷九三《纯诚厚德元老之碑》,第 926 页。

④ 夏令伟:《论南宋宰相史浩对其家族的贡献》,《温州大学学报(社会科学版)》2010 年第 4 期。

⑤ 楼钥:《攻媿集》卷九三《纯诚厚德元老之碑》,第 926 页。

乡与明州士人魏杞、汪大猷、赵粹中、楼钥、周模等人"作真率集,率以月为期"①,可知他与这些官员之间定期聚会,可以相互结为奥援,这无疑也大大增强了他们在朝廷内外的话语权。而与此同时,他还和明州各大家族合作创办乡曲义田②,以救助经济上遇到困难的士人,大大提升了四明史氏在明州乡里的声望,使得史氏家族得以更深地融入明州士人的乡里关系网络之中。此外,史浩也颇为重视提携后学与明州士人,"荐江、浙之士十五人,有旨令升擢,皆一时选也。如薛叔似、杨简、陆九渊、石宗昭、陈谦、叶适、袁燮、赵静之、张子智,后皆擢用"③,这些都构成了四明史氏重要的人脉资源。曾受过史浩推荐的朱熹也对此做过近乎直白的评价:"史丞相好荐人,极不易,然却有些笼络人,意思不佳。"④这无疑是相当委婉地批评了其笼络人心的本质。

可以肯定的是,随着北宋的灭亡,新生的南宋政权在政治空间格局上发生了较大的变化,这为江南地区的士人步入中央提供了难得的重要机遇。江南士人进入中央后,凭借制度设计的缺陷而彼此之间互相援引推荐,将乡里地域的人际网络与中央的政治权力结合起来。在这张网络之中,史浩则是史氏家族,乃至于整个南宋时期江南士人崛起的关键人物,而通过对史浩仕途履历的分析,不难发现其与孝宗、高宗的际遇实是其政治生涯的转折点。那么,史浩的身上究竟有何特质吸引了高宗的注意?高宗在当时对这名年近五十的士大夫又有何期待呢?

据楼钥《纯诚厚德元老之碑》记载:"高宗皇帝以孝宗君德日就,将属以社稷,妙选天下学行端粹之士以辅导之。绍兴二十有九年,太师、会稽郡王史浩以国子博士奏事殿中,高宗一见契合,属目送之,谕大臣曰:'浩今日有用之才也。'"⑤可知当高

---

① 楼钥:《攻媿集》卷六《适斋约同社往来无事形迹次韵》,第 6 页。

② 乡曲义田的内容可参见梁庚尧:《家族合作、社会声望与地方公益:宋元四明乡曲义田的源起与演变》,《家族与社会》,北京:中国大百科全书出版社,2005 年。

③ 《宋史》卷三九六《史浩传》,第 12068—12069 页。

④ 黎靖德编,王星贤注:《朱子语类》卷一三二《本朝六·中兴至今日人物下》,北京:中华书局,1986 年,第 3173 页。

⑤ 楼钥:《攻媿集》卷九三《纯诚厚德元老之碑》,第 924 页。

宗接见史浩的时候,已经选定了普安郡王赵瑷(引者注:即后来的宋孝宗)作为皇位的继承人,只是对于可靠的辅佐之人一直踌躇未定。而当高宗会见史浩的时候,很快便被史浩的才能与行为举止所打动,认为史浩就是最合适的人选。

但《宝庆四明志》卷九《史浩传》却对这段经历有着不同的记载:"轮对,高宗皇帝器之。温言访问,浩乃言曰:'小臣敢冒死毕愚忠。闻两郡王皆聪明,臣谓宜取其最贤者,寖别异之,以系人望。'上颔首。两王者,普安王孝宗皇帝及恩平王璩也。上方遴选辅翼之人。遂迁秘书郎……浩常力勉二王以孝。"①这段记述说明,高宗与史浩的初次会面最初只是一场按部就班的君臣轮对,并不是什么"妙选天下学行端粹之士"的特殊举动。在绍兴后期,没有子嗣的宋高宗实际上已经放弃了生育的希望,转而遵从臣僚的意见,从宗室中挑选继承人立储。在这次轮对上,史浩就意外地抛出了这个南宋臣僚普遍关心、但又格外敏感的皇位继承人问题,也暴露了高宗在这个问题上的矛盾心境。在两位郡王候选人中,高宗本是更倾向于年长而懂事的赵瑷,但吴皇后则更属意于恩平郡王赵璩,再加上权臣秦桧从侧面加以阻挠,以致皇子的选择始终难以决定下来。但值得注意的是,在两位继承人中,史浩并没有任何偏向,而是建议高宗"宜取其最贤者,寖别异之",这一意见表明史浩在政治上是相当成熟的。

史浩在纷繁复杂的政治环境中向高宗进谏后,很快也获得了回报,被升任为秘书郎,负责王府的教习工作。而在史浩劝诫教导建王赵瑷的过程中,儒家"孝"的道德原则似乎得到了刻意的强调,俨然成为史浩教导皇子的纲领。

> 完颜亮南牧,边廷用兵。建王抗疏请为前驱,誓不与贼俱生。公方以疾移告,闻之,亟往问:"孰为大王计?误矣!国步方艰,父子岂可须臾离!使唐肃宗能随明皇幸蜀,安得有灵武事。"建王大悔,立俾公草奏,请扈跸以供子职,辞意恳到。高宗闻议出于公,叹曰:"真王府官也。"庙堂方议以建王督师,由是不

---

① 罗濬:《宝庆四明志》卷九《史浩传》,第 5177 页。

果。遂从视师之行，而内禅之意决矣。

高宗将过德寿宫，公议嗣皇当乘马扶辇。高宗谕公曰："执鞚前导，不足为法。"公对曰："臣于肃宗何取！父行而子随，万世不易之道也。"孝宗竟用公议。①

所谓"事君以忠，事亲以孝"，对于皇子而言，君、父二重身份恰巧是统一的。史浩反复以唐肃宗"灵武故事"为前车之鉴，促使赵瑗主动放弃出镇外藩与执掌兵柄的机会，其目的正是为了打消高宗对建王赵瑗的防备之心，借以居中调和父子二人之间的复杂关系。在辅弼建王赵瑗的过程中，对于史浩而言，"孝"这一传统的儒家道德理念是一种政治上的润滑剂。他通过强化高宗与建王"父子"身份的认同，进而淡化了彼此之间极为特殊的"君臣"身份，借此以避免出现因父子反目而可能引发的政治上的决裂。

由此可以看出，影响高宗选择的除了来自内廷外朝的反对意见外，更重要的还是其本人对于能否在让出帝位后仍保尊荣的问题始终存在巨大的疑虑。为了避免唐玄宗后半生遭到肃宗软禁的命运在自己身上重演，宋高宗所意图禅位的继承人必须是"一个感恩而易于控制的人"②。换言之，正是出于保障自身安全的考量，宋高宗才会提拔史浩，以使他充当向两位皇子施加影响的重要媒介，进而缓解高宗与两位皇子的矛盾。

考虑到此时宋高宗最忧心的问题及史浩的实际作为，那么宋高宗口中的"今日有用之才"的内涵就不再是泛泛的治国能臣，而是更看重能够协调宋高宗与孝宗之间复杂的利害关系的特殊人才。这一角色不仅要足够机敏，能够及时而充分地理解高宗的意图，并将之传达给皇子，更需要高尚的道德品质，以期对皇权的继承人产生积极影响，借以使得高宗在让渡皇位后仍能不减尊荣。无独有偶，时人楼钥为史浩所撰的神道碑论述了史浩在政治上的重大贡献，他也认为关键之处在于史浩

---

① 楼钥：《攻媿集》卷九三《纯诚厚德元老之碑》，第 926 页。

② 何忠礼：《略论宋高宗的"禅位"》，《宋史研究论丛》2012 年第 13 辑。

能够运用"孝"的品质调和孝宗与高宗之间的关系,并用这种品质感染孝宗,与其相互吸引,"君臣道合,吻然无间"、"盖近古人主躬行通丧自孝宗始,而公又以此事之。其能不胶漆而固,岂无所自哉!"①

四、"积善之家,必有余庆":宋人对四明史氏家族崛起的认知

南宋时期四明史氏的迅速崛起及其家族成员的特殊际遇不仅吸引着后人的注意,即使是对南宋当代的士人而言也是一件稀罕之事,因而在诸多时人为史氏家族成员所作的碑铭圹志中,关于史氏家族崛起原因的探讨成为一个重要话题。

宋光宗绍熙五年(1194)四月,作为史氏家族第六代重要成员的史浩去世,终年八十九岁。为犒赏其在世时的功绩,宋光宗特追封其为会稽郡王。同年七月,新近继位的宋宁宗又为史浩赐谥号曰"文惠",并"亲洒宸翰,书'纯诚厚德元老之碑'以赐焉"②,使得四明史氏一时殊荣备至。

《纯诚厚德元老之碑》又作《太师、保宁军节度使致仕、魏国公、谥文惠、追封会稽郡王史公神道碑》,2002 年被发现于宁波东钱湖度假区横街村的史浩墓道前,然而碑身早已倒塌,字刻大部被毁,仅余碑基残存。通常而言,神道碑是对重要大臣一生功劳的臧否,有着盖棺论定的意味。但与具有类似文本性质的墓志不同,"志铭藏于圹中,宜简,神道碑立于墓上,宜详"。因为放置空间的不同,立于碑主墓前的神道碑能够享受后世祭拜的子孙与过往行人的瞩目,从而具有彰显家族荣耀与政治权威的作用。正是因为御赐神道碑额于人臣而言本身就是一种难得的殊荣,故而南宋历朝的君主在对其的使用上也格外谨慎。《建炎以来朝野杂记》中即列有"渡江后赐墓碑额"条,可知得此殊荣者仅寥寥数人。

> 渡江后,大臣未有赐墓碑额者。绍兴初,上始书韩文定神道曰:"世济盛德

---

① 楼钥:《攻媿集》卷九三《纯诚厚德元老之碑》,第 936 页。
② 楼钥:《攻媿集》卷九三《纯诚厚德元老之碑》,第 925 页。

之碑。"其后得此赐者亦不多,秦丞相父"清德启庆"、秦丞相"决策元功精忠全德"、陈文恭"精忠显德"、杨和王"安民定功佐运兴德"、刘忠显"旌忠襄节"、吴信王"安民保蜀定功同德"、韩蕲王"中兴佐命定国元勋"、史太师"纯诚厚德元老"、周益公"忠文耆德"。①

此篇碑文由宁宗时任中书舍人的楼钥所撰。楼钥,字大防,明州鄞县人,《宋史》有传。撰者楼钥出身于明州地区与史氏齐名的另一大族明州楼氏。楼、史两家素来过从甚密,如果说史氏第三代史简曾向楼钥祖父楼郁求学的经历尚存在疑问的话,那么可以肯定的是,叶氏夫人的墓志确系由楼钥之父楼异所撰写,这是于文献有征的确凿史实②。除此之外,作为晚辈的楼钥与史浩本人的私谊也是一直以来就相当好。而更重要的是,在此碑文撰写之时,作为史氏第七代最重要成员的史弥远官职仅仅是太常寺主簿,无疑是极低级别的官员而已,远未达到日后"独秉国政"的地步。由此可知,这篇碑文的撰写虽然带有一定官方评价的政治宣传意味,但尚不至于为政治权力所胁迫,反而更能展示出史浩去世后不久官方与南宋士人对四明史氏家族的真实看法。

在碑文中,楼钥重点论述了史浩与孝宗之间的君臣关系,"窃伏思自古君臣以遇合为难,而笃眷不替,善始以终,殆千载而不一遇也"③。具体而言,史浩与孝宗之间的关系可分为"公""私"两个层面。于"公"而言,孝宗是对史浩是有知遇之恩的君主,而史浩于孝宗则是"奏陈如龟兆,数计无一不验"的能臣,君臣二人彼此互相成就,善始善终。而从"私"的层面上来看,二人于君臣之外,尚另有一层"师徒"的关系。据王曾瑜先生统计,在孝宗十六岁后先后担任普安郡王府、建王府教授、直讲、赞读等官职者,除史浩之外,尚另有赵卫、钱周材、王墨卿、魏元若、刘章、赵逵、黄中、杨邦弼、陈俊卿、魏志、张阐、王十朋、刘藻等十数人,但他们皆不及史浩与

---

① 李心传撰,徐规点校:《建炎以来朝野杂记》甲集卷九《渡江后赐墓碑额》,北京:中华书局,2000年,第189页。
② 楼钥:《攻媿集》卷七四《跋叶氏夫人墓志》,第13页。
③ 楼钥:《攻媿集》卷九三《纯诚厚德元老之碑》,第925页。

孝宗之间的关系亲密①。故这种"师徒"之谊不仅仅指学问的传授，更重要的是指史浩参与形塑了孝宗的人格与政治性格。从这个层面上而言，史浩之所以被宋代士人所推崇，正是由于其部分实践了儒家理想中"得君行道"的最高目标，可谓"师臣"这一理想身份的具体形象，楼钥亦在碑文中赞其"帝谓圣父教诲之功"。而与之相对的是，孝宗也毫不介怀地探问史浩的家事，将对史浩个人的恩泽惠及整个史氏家族。

> 会洪夫人属疾思归，力丐祠。不允，乃许谒告迎侍。未几，罹内艰。公性至孝，平日奉母甚周，孝宗素知之。在王府时，得上方珍馔，必以分遗。登位之后，间问动静，以正旦赐酒肴使为寿，特于洪夫人生朝拜公为相。又尝以御笔径赐之，曰："丞相今日正谢，赐酒果为太夫人之庆。"其归自帅闱，旌旄行前，公拥版舆于后，人子之荣极矣。②

史浩与孝宗特殊的君臣关系固然是四明史氏得以步入鼎盛的一个关键点，但这毕竟是四明史氏在已成为一个颇具规模的士人家族之后的事情。那么，宋代士人又是如何看待四明史氏早期的起家史呢？关于这一问题，史浩本人亦在晚年作过思考与总结。

> 吾家自汉唐以来，祖宗积德深厚，于是世不乏人。逮今圣朝，枝叶蕃衍，青紫盈门。及至吾爵崇禄重，得归安老，皆荷祖荫，复赖曾祖妣冀国夫人叶氏之大节遗德所致也。昭著传谱，此不复书……况吾家每由儒业以兴，而忠孝世传，毋自懈怠……我曾祖妣冀国夫人嫠居贫窘，以组绩而严教祖考读书业儒，尝诫之曰："纵观圣贤而操笔作语，为士者孰不能？要当慕古人之德行为贵耳。"于是克承母训，八行纯备，乡举于朝，得分大国，乃流庆于今日也。③

---

① 王曾瑜：《宋孝宗时的佞幸政治》，《宋史研究论文集第十辑：中国宋史研究会第十届年会及唐末五代宋初西北史研讨会论文集》，2002 年。

② 楼钥：《攻媿集》卷九三《纯诚厚德元老之碑》，第 931 页。

③ 史浩：《鄞东上水横街史氏支谱》卷一一《祖训录六世伯忠王家训》，《史浩集》，第 923 页。

此文出自史浩于光宗绍熙二年(1191)所作的家训。在这篇家训的开头部分，史浩通过祖述家史得出"吾家每由儒业以兴"的结论，并以叶氏夫人教导史诏读书作为四明史氏发家之始，而以后世子孙的功绩皆为祖先的"遗德""流庆"所致。这种厚古薄今的倾向固然是家训这一文体所必然有的特点，但也并非没有道理。若从家族士族化的角度考虑，则重要家族成员开始读书，借以从事举业，本身确实是一个极富象征意义的现象。但史浩本人却有意回避了这一联想，转而借叶氏之口表达了读书业儒的目的不是"操笔作语"，而是为了习慕德行的观点。

在论及叶氏夫人的事迹时，对四明史氏的掌故颇为熟悉的楼钥也作出了相同的判断，即以德行的积累而非对科举仕途的追求作为四明史氏兴起的重要原因。

> 而求其源流之所自，则出于八行之一人。又溯而上之，则八行之母叶氏夫人流庆也。夫人以子孙赠典凡十七封为冀国夫人。太师文惠王推原本始，追崇极品之外，上及五世之祖，其叙至积庆之由，可谓极其至矣，然犹未能知叶夫人之详也……至其言曰："人皆谓'天之报施善人'在此，而余独以谓曷止是哉。盖本固则叶茂，源深则流长，累行积德厚矣，后必有显者，未易量也。"①

据前文所述，叶氏夫人主持史氏家政之际，四明史氏无论在经济地位抑或社会地位上都有了显著的提升，同时叶氏夫人也从事了一些有益于乡里的善举，"待妯娌和而有礼，御仆妾严而有恩，赒人之急无吝惜，鞠养遗女凡数人，使各得所归"②，使得四明史氏极大地提高了在鄞县士人与民众心目中的声望。然而，如果从后世的视角来看，这种家族声望的作用似乎并不显著。如果史氏子孙想要步入仕途，仍需要同普通的寒门士人一样，努力读书、参加科举后才能够获得进士资格，否则也只能在家族中庸碌一生，史浩的三叔史木与四叔史禾就是这一现象的实例。这种后人的看法有一定的道理，但作为生活在宋代士人家族中、能够切实地感受到家族意义的史浩和楼钥却都有着不同的看法。他们认为，家族成员的个人努力及其在

---

① 楼钥：《攻媿集》卷七四《跋叶氏夫人墓志》，第 13 页。
② 罗濬：《宝庆四明志》卷九《冀国夫人叶氏传》，第 5190 页。

科举上取得的成功只是一种表象,是"短时段"的内容,而家族的经营与家族声望、德行的积累是长时段的事情,后者的作用是更为根本和深层次的原因。正因为秉持着这样一种理念,在宋人关于四明史氏家族史的叙事中,"家族德行的传承"无疑就成为其核心的主题,这也是宋人主要的关心之处。

或许有读者认为这种说法只是宋代时人借以评价四明史氏的一种略带谦逊的褒美之语,并不能反映史氏家族发展的真实情况。但更为重要的是,为何宋人会以"家族德行的传承"作为四明史氏兴盛的核心原因?究此一说法的诞生根源,或是如楼钥所说的是出于一种"天之报施善人"的天道观,又或是有其更为深刻与复杂的社会原因。总而言之,这种叙事本身就是宋代士人的社会观念与其心理预期的一种反映。这种将四明史氏早期成员的美好德行与后来子孙的功业加以联系的观点,使得宋代士人自发地将后者予以正当化的解释,而这种解释本身又进一步地成为四明史氏的后代得以跻身仕途的重要政治资源。

五、结语

鄞县是宋代明州的府治,亦是四明史氏的乡贯所在,临安则是南宋政权的政治中心。所谓由"鄞县"到"临安",即是以这种政治空间上的变化象征四明史氏家族自两宋之际至南宋中期逐渐走出地方乡里,步入政治权力的中心,从而实现自下而上的社会流动的过程。这也是笔者对四明史氏早期家族成员活动进行探讨的初衷,无非是更多地借助了文献记载与碑铭圹志而已。

传统的四明史氏家族史研究多是采用流传后世的宗谱、族谱或家谱材料来搭建基本框架,再以家族成员的文集和地方志等传世文献补充人物事迹。然而,家(宗)谱这种材料通常具有相对封闭、看重宗系渊源而不重视时代环境的特点,其间记叙也难免夹杂夸饰乃至虚构的成分。换而言之,家(宗)谱反映的内容本身并不是研究者追寻的真实过去,而是活在家族子孙心目中的选择性记忆。四明史氏的早期家族历史正反映出这一特点。作为目前新出土的两方四明史氏早期家族成员墓志之一的《史师仲墓志》,在追溯家族世系渊源时称"四明史氏,世无达官,故其世次不可考"。然而,这种家族早期历史的缺环却反而在后世得到了增补,实在难以令人不对它的可靠性产生怀疑。

相对而言,尽管出土墓志也有诸多问题,却能更多地保留一个家族及其成员相关的重要信息。一方面,出土墓志成文时间更早,能够更为真实地记录墓主生活的时代。另一方面,由于墓志长埋于地下,这也减少了其所记载的内容因为社会环境的变迁而被人为修改的可能。通过将新出土的两方四明史氏早期家族成员的墓志与目前的传世文献结合起来分析,可以对其早期家族历史的发展特点得出如下结论。

第一,四明史氏家族自始祖从外地迁入明州后,逐渐展现出了一个胥吏家族的雏形。尽管四明史氏的"明州之始祖"是否如宗谱所记名为"史惟则"已无从查证,但宗谱所保留的信息是,四明史氏是自宋代之后方才迁入明州的一个新兴家族。而据后代子孙史浩的记载,自迁入明州后,四明史氏的早期成员祖孙三代相继出任州县的胥吏,迄至第三代的史简早逝才告中断,这大致反映出了四明史氏的早期积累过程与社会地位的变化。

第二,四明史氏的第三代至第四代是实现家族"士族化"的关键时期。至第四代的史诏开始,四明史氏家族中的重要成员尝试通过读书求学,参加科举,跻身于士大夫行列。尽管史诏本人最后放弃了举业,并未步入仕途,但他掌握的学识却成为他与其他宋代士人共同交游、彼此认同的前提。这也说明,在北宋晚期的明州乡里社会中,"士人"这一概念的界限已经变得模糊,或者说多元化了。由官方予以发放、认可的官职差遣已不再是这一时期士人群体内部互相认可的必要条件。除此之外,尚未诞生过任何进士的史氏家族不仅积累了大量的财富,更依靠部分家族成员的道德品质与善行提升了家族声望,获得了明州乡里的认可,成为明州的"地方精英"。

第三,在南宋中期时人对于四明史氏早期发家史的认识中,"德行传承"是一个重要的主题。在两宋之际政治空间格局发生剧烈变动的条件下,史氏家族的部分核心成员依靠科举考试得以进入南宋政权的核心,并在特定的历史条件下在中央政治权力的演变过程中扮演着重要的角色,使得家族的政治地位也得到了关键性的提升。故从后世的视角来看,四明史氏在南宋的崛起一方面得益于其家族成员的努力,另一方面则得益于高宗、孝宗两朝统治者的赏识与信任。但在南宋时人看来,四明史氏的兴盛却并不是来自政治权力,而是其早期家族成员的"流庆"所致。这种"流庆"不是选举制度层面上的"推举"或者"荫补",而是一种为士人群体所认可的道德品质在家族内部流转的结果。这也说明,四明史氏发展的轨迹符合了南宋士人对于当时士人家族的要求,使得南宋士人对于四明史氏的家族成员有一种积极的预期,这本身也构成了四明史氏进一步发展的动力。

笔者认为,一个家族在政治上的崛起,不仅取决于个别家族成员的奋斗,也离不开时代环境与各种偶然性的因素,但正是在这多重因素的共同作用下,才塑造了史籍中的那个"一门三宰相,四世八公卿"的史氏家族。

(原载《人文杂志》2020 年第 1 期)

拆碎七宝楼台

——谈梦窗词之现代观

叶嘉莹

一、梦窗词的传统评价及其两点现代化的特色

吴梦窗的词,以数量而言,有将近三百五十首之多。在南宋诸词人中,除了首屈一指的大家稼轩以外,几乎没有人可以与之相比。而且即使以北宋之大家周邦彦与之相较,则清真词尚不满两百首,在数量上,也不及梦窗远甚,所以仅以数量言,梦窗的词在两宋词人中也已经应该占有一席相当重要的地位了。更何况如以意境、功力而言,则梦窗意境之深远,功力之精深,更皆有其迥然非常人可及之处。然而不幸的是,梦窗词流传既不及周辛之广,而所得的评价则更是毁誉参半。几乎自南宋以来,梦窗的词就在一直被人误解或甚至不理解。对梦窗词之评语流传得最广也最久的,是张炎《词源》所说的:

梦窗词如七宝楼台眩人眼目,拆碎下来不成片段。

直到近世有些讲文学批评的人,仍往往引用这一段话来訾议诋毁梦窗。如胡

适先生在其所编《词选》一书中,就曾经说:

> 《梦窗四稿》中的词,几乎无一首不是靠古典与套语堆砌起来的,张炎说
> "吴梦窗词如七宝楼台……不成片段"这话真不错。

而胡云翼则更在其《宋词研究》一书中,引申发挥张炎之说云:

> 梦窗词有最大的一个缺点,就是太讲究用事,太讲求字面了。这种缺点本
> 也是宋词人的通病,但以梦窗陷溺最深。唯其专在用事与字面上讲求,不注意
> 词的全部的脉络,纵然字面修饰得很好看,字句运用得很巧妙,也还不过是一
> 些破碎的美丽辞句,决不能成功整个的情绪之流的文艺作品。此所以梦窗受
> 玉田"吴梦窗词如七宝楼台……不成片段"之讥也。

又云:

> 南宋到了吴梦窗,则已经是词的劫运到了。

如果只从他们的这些评语来看,则梦窗词果然竟似一无可取了。所以胡适先生在
其《词选》一书中就仅选了梦窗的两首小令——《玉楼春》与《醉桃源》,而后来胡先
生重新校定时还又删去了一首,仅存《玉楼春》一首小令了。至于胡云翼则在他后
来所编的《唐宋词一百首》中,对于梦窗的词乃竟然一首都没有选。以一位拥有三
百多首作品,在两宋词人中占比重极大的作者,而选者竟然对之一字不录或只选一
首,则梦窗词之不为人所欣赏了解也可以想见了。

当然另一方面对梦窗词备至推崇赞美的人也并非没有,如周济《宋四家词选》
即曾称:

> 梦窗立意高,取径远,皆非余子所及。

又云:

> 梦窗奇思壮采,腾天潜渊,返南宋之清泚,为北宋之秾挚。

其《介存斋论词杂著》更称:

> 梦窗每于空际转身,非具大神力不能。

又云:

> 其佳者,天光云影,摇荡绿波,抚玩无斁,追寻已远。

而戈载《七家词选》亦称梦窗词:

> 以绵丽为尚,运意深远,用笔幽邃,炼字炼句,迥不犹人,貌观之雕缋满眼,而实有灵气行乎其间。细心吟绎,觉味美方回,引人入胜,既不病其晦涩,亦不见其堆垛。……犹之玉溪生之诗,藻采组织,而神韵流转,旨趣永长,未可妄讥其獭祭也。

近人吴梅在其《词学通论》中评梦窗词,曾引戈载之言,又益之曰:

> 其实梦窗才情超逸,何尝沉晦。梦窗长处正在超逸之中见沉郁之思,乌得转以沉郁为晦耶?若叔夏"七宝楼台"之喻,亦所未解。……至梦窗词,合观通篇,固多警策,即分摘数语,亦自入妙,何尝"不成片段"耶?

像这些批评赞美的话,当然都是吟味有得之言,只是可惜这些话都说得过于空泛,只是一些笼统的概念,而并不能给予不了解梦窗词的人以任何帮助或实证,所以不懂梦窗词好处的人,读了这些话,不但依然不懂,而且反而更发出了相反的讥议。如胡云翼在其《宋词研究》一书中,即曾经说:

> 介存评梦窗说:"梦窗词之佳者,天光云影……追寻已远",这是评白石,不是评梦窗。

又说:

> 周济选四家词……列梦窗为四家之一……以领袖一系统,并称"梦窗奇思壮采,……为北宋之秾挚",这真是夸张而又夸张了。梦窗词本缺乏"奇思"更无"壮采",那里能够"腾天潜渊"呢?

而薛砺若在其《宋词通论》一书中亦云:

他的天才并不高旷,故辞华亦不能奔放劲健。他既不能望尘稼轩,亦不能追摹白石。……瞿庵先生谓其"才情超逸"实在是适得其反。

此外,朱彊村先生虽曾经穷二十余年之力,四校梦窗词,并写为《梦窗词集小笺》;而陈洵则更欲抉梦窗词之精微幽隐,写为《海绡说词》。只是可惜朱氏之《小笺》除笺注人名、地名一些出处故实外,对词之意境内容并无解说;而陈氏之说又复既简且奥,对初学读词的人而言,仍然是不易了解和接受。

我在早岁读词的时候就并不能欣赏梦窗词,然而近年来,为了要给学生讲授的缘故,不得不把梦窗词重新取读,如戈载之所云,"细心吟绎"了一番,于是乃于梦窗词中发现一种极高远之致、穷幽艳之美的新境界,而后乃觉前人对梦窗所有赞美之词都为有得之言,而非夸张过誉;而所有前人对梦窗诋毁之词乃不免如樊增祥氏所云:

> 世人无真见解,惑于乐笑翁"七宝楼台"之论,……真瞀谈耳。(见樊评彊村氏稿本)

此外我还更有一个发现,就是梦窗词之运笔修辞,竟然与一些现代文艺作品之所谓现代化的作风颇有暗合之处,于是乃恍然有悟梦窗之所以不能得古人之欣赏与了解者,乃是因其运笔修辞皆大有不合于古人之传统;而其亦复不能为现代人所欣赏了解者,则是因为他所穿着的乃是一件被现代人目为殓衣的古典的衣裳,于是一般现代的人乃远远地就对之望而却步,而不得一睹其山辉川媚之姿,一探其蕴玉藏珠之富了。是梦窗虽兼有古典与现代之美,而却不幸地落入了古典与现代二者的夹缝之中。东隅已失,桑榆又晚,读梦窗词,真不得不令人兴"昔君好武臣好文,君今爱壮臣已老"的悲慨了。

梦窗词之遗弃传统而近于现代化的地方,最重要的乃是他完全摆脱了传统上理性的羁束,因之在他的词作中,就表现了两点特色,其一是他的叙述往往使时间与空间为交错之杂糅;其二是他的修辞往往但凭一己之感性所得,而不依循理性所惯见习知的方法。兹先从梦窗词第一点特色时空之杂糅而论:中国文学之传统中,虽然也重视感性之感受,而其写作之方法,则无论为叙事、抒情、写景,却大多以合于理性之层次与解说为主。长篇叙事之作如蔡琰的《悲愤诗》,乐府的《孔雀东南飞》,以迄于杜甫的《北征》《咏怀》,白居易的《长恨歌》《琵琶行》,其叙述的方法,可以说莫不是有始有终层次分明的;至于抒情之作,如《古诗十九首》之"思君令人老""空床难独守""泣涕零如雨""愁多知夜长""徙倚怀感伤"诸语,也莫不是真挚坦率明白易解的;至于写景之作更是早自《诗品序》就已经说过:

> "思君如流水",既是即目;"高台多悲风",亦惟所见;"清晨登陇首",羌无故实;"明月照积雪",讵出经史;观古今胜语,多非补假,皆由直寻。

而王国维先生《人间词话》亦曾云:

> 词忌用替代字。美成《解语花》之"桂华流瓦"境界极妙,惜以"桂华"二字代月耳。

又云:

> "采菊东篱下,悠然见南山。山气日夕佳,飞鸟相与还。""天似穹庐,笼盖四野。天苍苍,野茫茫,风吹草低见牛羊。"写景如此,方为不隔。

可见中国之诗歌,无论其为叙事、抒情或写景,皆以可在理性上明白直接地理会或解说者为佳作。

然而梦窗之表现,却恰好与此种作风完全相反,所以胡适先生在其《词选》一书中谈到梦窗时,就曾经举其咏玉兰的一首《琐窗寒》[①]为例,而大加讥议说:

> 这一大串的套语与古典堆砌起来,中间又没有什么诗的情绪或诗的意境作个纲领,我们只见他时而说人,时而说花;一会儿说蛮腥和吴苑,一会儿又在

---

① 《琐窗寒·玉兰》:绀缕堆云,清腮润玉,汜人初见。蛮腥未洗,海客一怀凄惋。渺征槎、去乘阆风,占香上国幽心展。□(原缺一字)遗芳掩色,真恣凝澹,返魂骚畹。 一盼。千金换。又笑伴鸥夷,共归吴苑。离烟恨水,梦杳南天秋晚。比来时、瘦肌更销,冷薰沁骨悲乡远。最伤情、送客咸阳,佩结西风怨。(见《彊村遗书》本《梦窗词集》)

咸阳送客了。

而刘大杰的《中国文学发展史》则一方面引用胡先生的话,对梦窗的《琐窗寒》咏玉兰一词也大加讥议说:

> 吴文英的咏物,大半都是词谜。

一方面更举梦窗《高阳台·落梅》①一词为例,批评说:

> 外面真是美丽非凡,真是眩人眼目的七宝楼台,但仔细一读便发现两句一节,三句一节,可以分成六七节,前后的意思不连贯,前后的环境情感也不融合,好像是各自独立的东西,不是一首拆不开的词,他在这里失却了文学的整体性与联系性,这正是张炎所说的,只有外形而无连贯的弊病。

可见梦窗词的这种将时间与空间,现实与假想错综杂糅起来叙述的方法,正是使一般读者对之不能了解、接受的一大原因。如文学批评界之名人胡氏与刘氏尚不免于如此,那么一般初学的青年既对梦窗词外表之古典艰深望而却步于前,又依诸名家对梦窗词讥议之批评而有所凭恃于后,则梦窗词之沈晦日甚,知者日鲜,几乎是命定的趋势了。

而其实对梦窗词如果换一种眼光来看,不以理性去解说,而以感性去体认,就可探触到他蕴蓄的丰美了。就以被胡适先生所讥议的《琐窗寒·玉兰》一词来看,杨铁夫在其《梦窗词选笺释》一书中就曾经说:

> 题标玉兰,实指去姬,诗之比体;上阕映合花,下阕直说人,又诗之兴体。

又云:

> 梦窗一生恨事全见。

---

① 《高阳台·落梅》:宫粉雕痕,仙云堕影,无人野水荒湾。古石埋香,金沙锁骨连环。南楼不恨吹横笛,恨晓风、千里关山。半飘零,庭上黄昏,月冷阑干。　寿阳空理愁鸾。问谁调玉髓,暗补香瘢。细雨归鸿,孤山无限春寒。离魂难倩招清些,梦缟衣、解佩溪边。最愁人,啼鸟晴明,叶底青圆。

而吴梅在其《词学通论》一书中也曾赞美为刘大杰氏所讥议的《高阳台》咏落梅诸作云：

> 俱能超妙入神。

可见如果从比兴之触发联想及其神致之超妙来看，这两首词原都自有其大可吟味玩赏之处。只是在中国文学中之所谓比兴，虽然早自《诗经》时代便已有之，然而数千年来却一直被拘限在一个较狭隘较现实的域限中，而未曾给予感性之触发与联想以更大的驰骋飞跃的机会。如《诗经》之《桃夭》与《关雎》，所谓比兴之作也。然而，一则《桃夭》《关雎》所写的"宜室宜家"与"钟鼓乐之"的感情，都是极为现实的感情（我曾将感情试分为现实的感情与意象化之感情。参看拙作《迦陵谈诗》之《论杜甫七律之演进》与《几首咏花的诗》二文）；再则"桃之夭夭"与"关关雎鸠"，其所取喻的事物，也都是极为现实的事物；三则自"桃之夭夭，灼灼其华"转到"之子于归，宜其室家"，或者自"关关雎鸠，在河之洲"转到"窈窕淑女，君子好逑"，其间也都有一个显明的比兴的段落可见。这种触发及联想实在是较为现实而拘狭的。然而《诗经》乃是大约三千年以前的作品了，《诗经》所叙写的内容以及其所用以叙写的方法，在当时而言，可能是极为新颖而美好的。然而如果千年以后的人，仍把千年以前的人筚路蓝缕所开辟出来的一条径路，竟然认为是通往天下四方的唯一大道，就未免过于自限自封了。更何况《诗经》自被尊为经典以后，说诗者更专以诗序诗教为说，于是中国诗中的比兴，就由《诗经》时代之作者的虽然简单却极自由的联想触发，更套上了一个愈加狭隘的不自由的枷锁，那就是君国忠爱与夫感遇伤时的托意。而梦窗的词，一则在他的身世方面，我们既找不到什么忠爱的事迹或高卓的名节，可以给予人们以解说的资料或尊重的条件；再则梦窗词中的感发联想，又往往丝毫没有理性的层次途径可以作为明确的段落或呼应的线索，于是人们既先从梦窗品节之无足称，抹煞了对他的词探寻的价值；复又因梦窗字句的不易懂，自绝了向他的词探寻的途径，遂不免以为他的词晦涩不通一无可取了。于是胡适先生乃讥其《琐窗寒》一词为"时而说人，时而说花；一会儿说蛮腥和吴苑，一会儿又在咸阳送客了"。

其实就诗人之感发与联想而言,方其对花怀人之际,在其意念中,花之与人原来就是合一而不可分的,则梦窗自然大可以时而说花时而说人了。至于"蛮腥"和"吴苑"乃是暗指江南花所产之地;"咸阳送客"则是用李贺诗"衰兰送客咸阳道"的典故,写花所触引感发的一段哀怨的离思,"咸阳"原不必指陕西之"咸阳",而"吴苑"亦不必指夫差之宫苑,则又何怪乎梦窗"一会儿说蛮腥和吴苑,一会又在咸阳送客"呢?

如此等例证,梦窗尚非将现实之空间与时间混淆,不过全为借喻而已,胡适已以为不可解喻;至如梦窗之另一首《霜叶飞·重九》词①之"彩扇咽寒蝉,倦梦不知蛮素"二句,梦窗乃竟将今日实有之寒蝉,与昔日实有之彩扇作现实的时空的混淆,而将原属于"寒蝉"的动词"咽",移到"彩扇"之下,使时空作无可理喻之结合,而次句之"倦梦"则今日寒蝉声中之所感,"蛮素"则昔日持彩扇之佳人,两句神理融为一片,而全不作理性之说明,而也就在这种无可理喻的结合中,当年蛮素之彩扇遂成为今日之一场倦梦而鸣咽于寒蝉之断续声中矣。

又如梦窗之《齐天乐·与冯深居登禹陵》词"寂寥西窗坐久,故人悭会遇,同剪灯语,积藓残碑,零圭断璧,重拂人间尘土"数句,如果仅从字面来看,则地在西窗,何有残碑?事为剪灯,何缘拂土?此种空间与时间之错综亦非理性可以接受,然而乃竟由于此一错综之结合,而白昼登禹陵时所感到的三千年往事之兴亡悲慨,乃于深宵剪灯共语之际,而一一涌现灯前,且与故人今昔暌隔之人世无常的悲慨,浑然结合而成为一体了。(参看后所附词说)

这种时空错综的叙写方法,在中国旧文学中,当然是极为新异而背弃传统的,然而在今日西方现代化之电影、小说及诗歌中,如法国阿伦·雷乃(Alain Resnais)

---

① 《霜叶飞·重九》:断烟离绪关心事,斜阳红隐霜树。半壶秋水荐黄花,香噀西风雨。纵玉勒轻飞迅羽。凄凉谁吊荒台古。记醉踏南屏,彩扇咽寒蝉,倦梦不知蛮素。 聊对旧节传杯,尘笺蠹管,断阕经岁慵赋。小蟾斜影转东篱,夜冷残蛩语。早白发缘愁万缕。惊飙从卷乌纱去。漫细将茱萸看,但约明年,翠微高处。

所导演的电影《广岛之恋》(*Hiroshima Mon Amour*)及《去年在马里昂巴德》(*L'Année Dernière à Marienbad*);美国威廉·福克纳(William Faulkner)的小说《喧哗与骚动》(*The Sound and the Fury*);艾略特(T. S. Eliot)的诗歌《荒原》(*The Waste Land*),这种时空错综的表现手法,竟然可以说已经是极为习见的了。然则梦窗词昔日所为人讥议的缺点,岂不正成为了这一位词人所独具的超越时代的深思敏悟的创作精神之证明,这是我所说的梦窗词的第一点特色。

至于梦窗词的第二点特色,也就是我前面所说到的,他的修辞乃往往但凭一己之感性所得,而并不一定依循理性所惯见习知的方法,我试简称之为感性的修辞。在中国旧文学之传统中,修辞方面所最为讲求的,就是"用典"与"出处",此二者看似相近,而实在却并不全同。先从含义上讲,"用典"是说某一个辞语中包含有若干故实,而诗人用此一辞语时,其所取义又必多少与其中所蕴含之故实有相关联之处。如义山诗之"贾氏窥帘韩掾少,宓妃留枕魏王才"二句,上一句是用晋贾充的女儿贾午与司空掾韩寿因偷窥而相爱悦的故事,见于《晋书·贾充传》及《世说新语》。下一句是用曹子建与甄后的一段恋爱的传说,见于《文选·洛神赋》注。而义山用这两个典故正是用以写一份相思恋爱的春心,所以接下去便说:"春心莫共花争发,一寸相思一寸灰",这种用法是所谓"用典"。至于"出处",则如杜甫《秋兴》八首之一的"江间波浪兼天涌,塞上风云接地阴"。这两句之中原无任何故实,而仅是杜甫当时在夔州所见江峡中的眼前景物而已。但仇兆鳌注这两句诗时却引了虞炎诗的"三山波浪高",《庄子》的"道兼于天",庾信诗的"秋气风云高",汉武帝谕淮南王书的"际天接地"等许多古书,来作注解。其实杜甫的诗句与这些人的作品可以说毫不相干,不引注这些古书,我们读起来,也许反而更觉得简单容易些;然而仇兆鳌竟然要引的缘故,只是要证明杜甫诗的"无一字无来历",每个字,都有它的"出处",而非杜甫所杜撰妄用。

以上是简单说明"用典"与"出处"二者在含义上的不同。至于如何运用"典故"与"出处",在中国旧文学中,也有一个传统的观念,那就是"用典"要妥帖习见使读者易于接受,而不可过于冷僻生涩;而"出处"则要使每个辞语都有来历,而不可妄自杜撰新辞。如义山诗所用的两个典故,一出于《晋书》与《世说》,一出于《文选》李善注,这些书既都是读书人所必读和习见的书,这些故事更是极其脍炙人口的故事,像这样的用典就不是冷僻生涩了(义山亦往往有用僻典之诗,非今所论,故从略)。至于杜甫的两句诗,则几乎真是"无一字无来历",如此种用字修辞,一则可以见作者之博学,一则可以使读者易于接受,这正是属于中国文学传统上的正统作法。

而梦窗之为词,却往往与这两种情形完全相反,他在用典方面喜用冷僻之典,而在用字方面则更喜欢自创新辞。沈义父《乐府指迷》评梦窗词就曾经说:

> 其失在用事下语太晦处,人不可晓。

郑文焯《梦窗词跋》亦云:

> 词意固宜清空,而举典尤忌冷僻,梦窗词高隽处固足矫一时放浪通脱之弊,而晦涩终不免焉。至其隶事虽亦渊雅可观,然锻炼之工,骤难索解,浅人或以意改窜,转不能通,此近世刻本讹变之甚于诸家,当时流传所为不广也。

胡云翼《词学概论》也引沈义父的话,以为梦窗词"用事下语太晦",而且更加上按语说:

> 他的长调几乎没有一首可读的。

可见梦窗词举典之冷僻,与其用事下语之晦,是早已为人所訾病的了。

我们现在就从梦窗词中举几个例证来看一看。如胡适先生所讥的《琐窗寒·玉兰》一词,开端第三句有"泛人初见"之语,毛本"泛"字作"记"字,胡适《词选》从毛本作"记"。表面看来,好像"记人初见"四字更为清楚明白,然而杜文澜《曼陀罗华阁丛书》本《梦窗词》校此句云:"'记人'疑'泛人'之误。"朱氏《彊村丛书》本从杜校作"泛"而误刻写"氾",当从杜本作"泛"为是。盖"泛人"二字,原有一故实,唐沈亚之《湘中怨解》云:

> 湘中怨者,事本怪媚,为学者未尝有述。……垂拱(武后)年中,……太学

进士郑生晨发铜驼里，乘晓月渡洛桥，闻桥下有哭，甚哀。生下马，寻声索之。见艳女黳然蒙袖曰："我孤，养于兄，嫂恶，常苦我。今欲赴水，故留哀须臾。"生曰："能遂我归之乎？"应曰："婢御无悔。"遂与居，号曰泛人。能诵楚人《九歌》《招魂》《九辩》之书。亦常拟其调，赋为怨句。其词丽绝，世莫有属者。……一居数岁，生游长安，是夕谓生曰："我湘中蛟宫之娣也，谪而从君，今岁满，无以久留君所，欲为诀耳。"即相持涕泣，生留之不能，竟去。后十余年生之兄为岳州刺史，会上巳日与家徒登岳阳楼。望鄂渚，张宴乐酣。生愁吟口："情无垠兮荡洋洋，怀佳期兮属三湘。"声未终，有画舻浮漾而来，中为彩楼，高百余尺，……其中一人起舞，含嚬凄怨，形类泛人……须臾，风涛崩怒，遂迷所往。（四部丛刊《沈下贤集》卷二杂著页十四《湘中怨解》）

梦窗此词，乃藉咏玉兰怀其去姬之作。自以用"泛人"之典为更有深意。"泛人初见"者，意谓我今日之见此如人之花，恍如我当日初见彼如花之人，而彼人者乃如"泛人"之艳美多情，亦如"泛人"之分离暌隔矣。人与花既于此四字中交融为一，而无限缠绵凄怨之情，又更复尽在于言外。毛本误"泛人"为"记人"，变深曲之情，为浅直之语。且"泛人"一词，不直指人，因之乃更可作为花之象征代语。而"记人初见"则但指人事，自无怪胡适先生以为此词"时而说花，时而说人"，而不见其融会贯通之妙了。

此外，又如梦窗《齐天乐·与冯深居登禹陵》一首中有"翠蓱湿空梁，夜深飞去"二句，"蓱"字惟杜校本及彊村校本作"蓱"，他本皆作"萍"，近人编录此词更有误作"屏"字者。盖梦窗此二句词中所包含之当地的许多神话传说，则更加不为一般人士所知（详后所附词说）。是以历代笺注梦窗词者，乃多将此句略去，不加注释。不注，不是因其易解，而正是因其难解。近日我为了要解说此词，检阅《大明一统志》及其所引之《四明图经》，始知禹庙之梁，旧传有"张僧繇画龙于其上，夜或风雨，飞入镜湖"之事（详后所附词说）。而杨铁夫《笺释》因不知此一故实，乃竟欲改"蓱"字为"藩"字，以为乃苔藓之意。然而如果为苔藓，则梁上之苔藓如何能"湿"？又如何能"飞去"？如此等例证,正为郑文焯氏所云"浅人或以意改窜,转不能通,此近世刻本讹变之甚于诸家"者也。

就刻本之与读者之不易了解而言,此固为读梦窗词之一大病,然其责任乃大部在于刻本与读者之荒疏浅薄。至于以作者而言,则未可妄讥其用事下语之晦也。盖以每人读书时所择取之标准及其所接触之范畴各有不同,在此一些人以为是生涩冷僻的典故,安知在彼一些人不竟以为是熟知习见呢？即如前所举之二例:"泛人"之典出于沈亚之《湘中怨解》,此一典故虽然不似前所举义山诗所用之《晋书》《世说》《文选》诸书之典故为一般读书人所熟悉,然而以一位诗人词人而言,则沈亚之的《沈下贤集》也不能算是僻书。而且更何况与梦窗同时代的周草窗,在其集中题赵子固凌波图《国香慢》一词,即亦有"经年泛人再见"之语。则"泛人"一辞,在当时词人作品中之并非僻典,于此可见。至于"翠葑湿空梁",一句,则梦窗四明人,即用四明当地之神话传说,就地取材,当然更不能说是僻典。

而且以诗人之用典而言,我以为即使其所用者真是僻典,也并不能说是诗人之大病。因为诗人之所表现者原当以内容之情意境界为主。如果有一个辞语,诗人以为用之可以有更恰当,或更丰美的含义,那么当然就可以用这一个辞语,而不必为了要适合一般的读者而去削足适履更换一个浅俗而狭隘的辞语来用。即以近世西方著名的诗人艾略特而言,他用英语写诗,然而在他的《荒原》一诗中,他所用的字汇与典故,就竟然不限于英语的文字。其用典与下字不可不谓之生涩冷僻,然而在他的诗中,其气氛感人之浓烈,意境蕴蓄之深广,则凡是具眼的读者,却是莫不众口一辞的加以赞赏和称誉的。

固然我们也决不能说一个诗人的作品,因使用僻典而使读者觉得不易懂是他的长处。但只要在他的作品中,果然有真正的内容和感受;而他的用辞,不论其为生涩或浅易,也确实忠于作品的内容,忠实于作者自己的感受,则虽有晦涩之病,我以为也比一些为取悦于世而自欺欺人的作品要好得多了。更何况每人所生长的身世环境不同,性情资质各异,如中国的李贺,西方的爱伦坡(Edgar Allan Poe),他们作品中所有的一种阴森神秘的气氛,在常人看来,以为怪异难解的,而在他们自己说来，却也许这才正是他们的本色。试想如果要李贺去学白居易，爱伦坡去学弗洛斯特(Robert Frost)，那岂非反而驱使他们去作伪？而且又安见得白居易与弗洛斯特之必贤于李贺与爱伦坡呢？梦窗词善用僻典，这一点我们纵然不能说是他的长处，但至少梦窗之用典，绝非如一般人所云的只是"古典与套语的堆砌"或"破碎的美丽词句"而已；而是其中确有梦窗所特有的一种境界，也确有梦窗一份自我的真实的感受。只是他不大肯遵循一般人理性上所惯见习知的传统而已。

以上是谈梦窗词之用典；其次，我们再谈梦窗词之用字：如其《高阳台·丰乐楼》①一首，其中有"飞红若到西湖底，搅翠澜、总是愁鱼"之句，其"愁鱼"一词就是一个毫无出处的生词。因为在中国文学的传统观念中，游鱼似乎一直是象征着悠游自在的生活的。从《诗经》的"鸢飞鱼跃"，庄子的"濠上鱼乐"，到陶渊明的"临水愧游鱼"，杜工部的"细雨鱼儿出"，以迄苏东坡的"曲港跳鱼"，姜白石的"老鱼吹浪"；无论其为鱼是"跃"，是"乐"，是"游"，是"出"，是"跳"，是"老"，总之鱼所暗示的，乃是一种自得的无忧的情意。而今梦窗竟尔自出新意，创造了"愁鱼"一辞，则其不被读者目以为杜撰凑韵者几希。然而我们试从这首词所写的"东风紧送斜阳下"的无常之哀感，及"灯前敧枕，雨外熏炉"的寂寞之生活，与"临流可奈清臞"的衰病的形容来看，则以如此悲哀、寂寞、衰病的诗人，面对春归的处处飞花，其中心所怀的一份哀愁的情意当然可想而知。昔李贺有诗句云"天若有情天亦老"；义山亦有诗句云"絮乱丝繁天亦迷"。盖自有情之诗人视之，以彼亘古长存之无生命无知觉之"天"，尚可能因有情而不免有衰老之日，迷惘之时；然则当无数飘飞之落红，沉入西湖底的时候，那些在湖水的碧波中，与众生一样扰攘生活着的有生命有知觉的群鱼，岂不亦当有春归花落的无常之哀感乎？故曰："飞红若到西湖底，搅翠澜、总是愁鱼。"此种将无情之物视为有情，无愁之物视为有愁之写法，如长吉、义山、梦窗

①　《高阳台·丰乐楼》：修竹凝妆，垂杨驻马，凭阑浅画成图。山色谁题，楼前有雁斜书。东风紧送斜阳下，弄旧寒、晚酒醒余。自销凝，能几花前，顿老相如。　伤春不在高楼上，在灯前敧枕，雨外熏炉。怕舣游船，临流可奈清臞。飞红若到西湖底，搅翠澜、总是愁鱼。莫重来，吹尽香绵，泪满平芜。

之所为,我以为正是属于此一类型的善感之诗人的特色。何况丰乐楼在杭州,梦窗在杭州有不少悼他的一位亡姜之作,则此一"鱼"字岂非更可能有悼亡的"鲦鱼"之含意,则更不能目之为杜撰凑韵了。

此外又如梦窗《八声甘州·灵岩陪庾幕诸公游》一首,其中有"箭径酸风射眼,腻水染花腥"之句。在这二句中"酸风"一辞虽非梦窗所自创,而是袭用李贺《金铜仙人辞汉歌》中"东关酸风射眸子"之句;然此二字实在仍能予人以极强烈新鲜之感受。盖"风"所予人之感受,原为属于身体上之触觉,如"暖风""寒风";"酸"则为属于口舌之味觉,如"酸梅""酸醋"。然而当吾人尝味酸的食物之时,牙根口舌之间,自会有一种酸软难以支持的感觉;此种感觉亦可发生于身体之各部,如腰、腿、眼、鼻之间。今者寒风扑面,乃使人眼鼻之间有酸而欲泣之感;然则此种之风,岂不正可称之为"酸风"。这种新辞之创造,正由于诗人之一份锐敏的联想与感受。在这一点上,梦窗与李贺同为最善于以感性修辞的诗人。所以郑文焯《梦窗词跋》稿本即曾评梦窗云:

> 其取字多从长吉诗中得来,故造语奇丽。世士罕寻其源,辄疑太晦,过矣!

梦窗之喜用长吉诗句,正因其在以感性修辞脱弃传统的一点上有相似之处的缘故。

在此二句词中,梦窗不仅袭用了长吉诗的"酸风"一辞,而且梦窗自己更是也用这种方法来自创新词。如次句之"花腥"就是梦窗所自创的新词。因为在传统上,诗人谈到花的气味,总是用"芬""芳""馨""香"等字来描写形容,而谈到鱼、肉、虾、蟹等腥臭之物时,才会用"腥"字,而现在梦窗居然用了"花腥"二字;这种用字当然不合于理性上惯见习知的用法。然而试想,梦窗此词所凭吊之地乃是当日之吴宫旧址,想象中此地流水之中固犹有当日美人所弃之脂水也。则此地之花香,固已不为单纯之花香,故于"花腥"二字之上,著以"腻水染"三字。夫为残脂剩粉所污染者,自然别具一种刺鼻之气味,而非单纯之花香矣;故曰"腥"也。再则此吴宫旧址,曾几经战乱兴亡;则今日凭吊之人,闻花香之气,而别具兴亡之感;则在诗人之感觉中,此地之花香亦已不仅为单纯之花香而已;此所以曰"腥"之又一因也。故于花下著一"腥"字,则美人当日之脂腻,诗人今日之深悲,皆于此一字中以强烈而新鲜之感受,向人扑面袭来。这种用字修辞的方法,虽然不尽合于理性上惯见习知之途径,然而其间却确实有作者一份真切的感受与内容,而绝非妄自标新立异。更何况"腥"字在中国传统诗歌中,一方面虽不用于单纯形容花之气味,然而另一方面则又确实可用以形容植物草木之气味,此在南宋诗人尤喜用之。如陆游诗即曾有"雷塘风吹草木腥"之句,汪元量诗亦曾有"西望神州草木腥"之句。是"腥"字不但可用以形容草木之气味,而且言外更别有战乱血腥之悲慨。则梦窗之用"花腥"二字,亦不但非凑韵妄用,其出人意外入人意中之妙,与其感受之鲜明,含意之深远,更直使千古乱亡之血腥与今日水边之花香糅为一体。则读者又岂可以之为晦涩生硬,而将梦窗极富有创造力的锐敏的感受,与丰富的联想,全部抹煞,而妄加訾议。

而且如西方之艾略特在其《普罗弗洛克的情歌》(*Love Song of Alfred Prufock*)一诗的开端就曾用一只慵懒的猫的揉摩腰背的动作来描写慵倦的暮霭。以理性来说,则暮霭何尝会有腰与背?然而透过了描写猫的动作的字样,我们却对暮霭中那一种奄奄然慵倦无奈的感觉,有了更亲切鲜明的感受。可见梦窗这种背弃传统理性,而纯以感性修辞的方法,被昔人所指为"用事下语太晦处,人不可晓"之处,原来却正大有合于现代化之写作途径,这是梦窗词之第二点特色。

关于梦窗之为人及其词作之内容,值得分析研究的地方还有许多。本章只想以现代人的观点标举出梦窗词之两点特色,欲使读梦窗词之读者能于被传统所訾议的堆垛晦涩中,以较新的观点看出其结构组织之神奇精密,及其所包含蕴蓄的幽微精美;然后知梦窗词之七宝楼台拆碎下来,不仅不是"不成片段",而是每一片段与每一片段之间都有着钩连锁接之妙。而且更可赞赏的乃是我们可以窥见,在这座七宝楼台之中,原来还深隐着有一位情盼淑姿的绝世佳人。然后始能不为张炎之说所误,而对梦窗词有更进一步的欣赏和了解。因命题曰:拆碎七宝楼台——谈梦窗词之现代观。

二、梦窗词释例

(一)齐天乐·与冯深居登禹陵

三千年事残鸦外,无言倦凭秋树。逝水移川,高陵变谷,那识当时神禹?幽云怪雨,翠蓱湿空梁,夜深飞去。雁起青天,数行书似旧藏处。

寂寥西窗坐久,故人悭会遇,同剪灯语。积藓残碑,零圭断璧,重拂人间尘土。霜红罢舞,漫山色青青,雾朝烟暮。岸锁春船,画旗喧赛鼓。

此词题为"与冯深居登禹陵"。据朱孝臧《梦窗集小笺》引《宋史》列传云:

冯去非,字可迁,南康都昌人。淳祐元年进士。干办淮东转运司。宝祐元年召为宗学谕。

又引《绝妙好词笺》云:

冯去非,号深居。

按梦窗词中冯氏之名凡两见。一为此词题,又一则为《烛影摇红》词题云:

饯冯深居,翼日其初度。

梦窗在此词中既有"故人"之言,在《烛影摇红》一词中亦有"暗凄凉东风旧事……十载吴宫会"之语。知二人必为多年旧交。而据《宋史·冯去非传》所载云:

冯去非……宝祐四年召为宗学谕。丁大全为左谏议大夫,三学诸生叩阍言不可。帝为下诏禁戒,召立石三学,去非独不肯书名碑之下方。……未几,大全签书枢密院事。……去非以言罢归。

又载其去官后曾有言曰:

> 今归吾庐山,不复仕矣。

夫丁大全于理宗之世,夤缘取宠,谄事内侍,贪纵淫恶之行,具见《宋史》,而冯氏独能介然有以自守,则其人之志节自可想见。梦窗之为人,虽无详细之史实可征,然观夫此词所写,则托意深远,感慨苍茫,固隐然有时世之慨存乎其间者也。

禹陵者,夏禹之陵也。在浙江省绍兴县东南会稽山。《越绝书》云:

> 禹始也,忧民救水,到大越,上茅山,大会计。……更名茅山曰会稽。及其王也,巡狩大越。因病亡死,葬会稽,苇槥桐棺,穿圹七尺,……坛高三尺,土阶三等,延袤一亩

《大明一统志·绍兴府志》载:

> 夏禹王陵在会稽山禹庙侧,宋乾德中尝复会稽县五户,奉禹陵,禁樵采。

此词为登禹陵而作,故一起便云:"三千年事。"盖据史书所载,则夏禹之世约当纪元前 2205 至 2197 年,而梦窗则生当南宋宁宗理宗之世,约当西元 1200 至 1260 年(据夏承焘《吴梦窗系年》之说),是就年数计之则梦窗之时上距夏禹之世固已实有三千三四百年之久。而况"三千"二字所予人之感受,实在又不仅只为一科学上之数字而已。盖在我国传统之意念中,"三"字固原有多数之意,凡一二之所不能尽者,皆可约之以三(参看清汪中《释三九》之说)。故"三"字予人之感受已有极众多之意。而"千"字之为多数之意,则较之"三"字尤为显明真切,如云"千古""千秋""千年""千岁",皆为极久远之意,而不必以"千"之数目为限者也。今此词一起便云"三千年事",则远古荒茫,悠忽辽远,此在时间上固早予读者以一极沉重而悠久之负荷;而全词所蕴含之无穷千古之慨,乃亦大有触绪分来之势。而又继之以"残鸦外"三字,就"残鸦"而言,固当是登临时之所见。昔杜牧《登乐游原》诗有句云:

> 长空澹澹孤鸟没,万古销沉向此中。

此正为"残鸦"二字,所予人之景象与感受。至于"外"字,则欧阳修《踏莎行》有句云:

平芜尽处是春山,行人更在春山外。

就梦窗此词而言,则是残鸦踪影之没固已在长空淡淡之尽头,而三千年往事之销沉,则更在此已消逝之残鸦影外,于是时间与空间,往古与今日乃于七字中结成一片,此无际之荒远寥漠之感,向读者侵逼包笼而来。其所以弥深此无可追寻之荒远之感者,盖因梦窗当日曾抱有无限追怀之一念耳。然则梦窗当日所登临者何地?则禹陵也;所追怀者何人? 则禹王也。盖在我国远古帝王之中,就史书之所载,固以夏禹之功绩最为卓伟,而其用力亦最为勤劳。昔辛弃疾《生查子·题京口郡治尘表亭》词云:

悠悠万世功,矻矻当年苦。鱼自入深渊,人自居平土。 红日又西沉,白浪长东去。不是望金山,我自思量禹。

是禹王固正有其可以引人怀思追念者在也。盖在夏禹当世,人民之所患者,厥惟洪水猛兽而已。而禹王之所致力者,即正在消灭此一人类之大患。"鱼自入深渊",是鸟兽各归其薮,则人得"平土"而居。此在禹王当日之意,固自以为人类之大患既除,则自兹而后千年万世,人类固当可以长享安乐之生活矣。此所以其"功"固足以"悠悠万世",而其致力之"苦"亦正复不辞"矻矻当年"者也。而今则"白浪"之"东去"依然,"红日"之"西沉"如故,而人世之战乱流离,忧患苦难,乃有千百倍于当年之洪水猛兽者。然则今日之世,岂复能更有一人,如当日禹王之具有拯拔人类、消灭大患之宏愿伟力者乎? 此稼轩之所以对金山而思量夏禹,梦窗之所以望残鸦而追怀三千年之往事者也。

然而禹王不复作,前功不可寻,所见者惟残鸦影没,天地苍茫,则何地可为托身之所乎? 故继之则云"无言倦凭秋树"也。语有之云"予欲无言";又曰"夫复何言",其所以"无言"者,正自有无穷"不忍明言""不能尽言"之痛也。然则今日之登临,于追怀感慨之余,其所能为者,亦惟"倦凭秋树"而已。此处著一"倦"字,其疲倦之感,自可由登临之劳倦而来,此杨铁夫《笺释》之所以云"次句落到'登'字"也。然而此句紧承于首句"三千年事"之下,则其所负荷者,固稳然亦正有千古人类于此忧患劳生中所感受之茶然疲役之悲在也。是则于此心身交惫之余,岂不欲得一依倚栖傍之所? 而其所凭倚者,则惟有此一萧瑟凋零之秋树而已。人生至此,更复何言,故曰"无言"也。其下继云"逝水移川,高陵变谷,那识当时神禹",乃与首一句之"三千年事"遥遥相应,故知其"倦凭秋树"之时,必正兼有此三千年之沧桑深慨在也。曰"逝水移川",则东流之逝水其水道固已几经迁移;曰"高陵变谷",则耸拔之高山乃竟沦为深谷。是禹王之宏愿伟力,虽有足以使千百世下仰若神人者,然而其当年孜孜矻矻所疏凿,欲以垂悠悠万世之功者,其往迹乃竟谷变川移一毫而不可识矣,故曰"那识当时神禹"也。一千年事,无限沧桑,而河清难俟,世变如斯,则梦窗之所慨者,又何止逝水高陵而已哉。

以下陡接"幽云怪雨,翠萍湿空梁,夜深飞去"三句,"貌观之",此等句固正不免于"雕绘满眼""堆垛""晦涩"之讥,然而细味之,则知此数句运笔之神奇幻变,乃正有如周济《宋四家词选》之所云:

> 奇思壮采,腾天潜渊。

及其《介存斋论词杂著》之所云:

> 空际转身,非具大神力不能。

在此数句中,最难索解者,厥惟"翠萍湿空梁"一句。夫"梁"者,固当为禹庙之梁。《大明一统志·绍兴府志》载云:

> 禹庙在会稽山禹陵侧。

又云:

> 梅梁,在禹庙。梁时修庙,忽风雨飘一梁至,乃梅梁也。

又按《四明图经》:

> 鄞县大梅山顶有梅木,伐为会稽禹庙之梁。张僧繇画龙于其上,夜或风雨,飞入镜湖与龙斗,后人见梁上水淋漓,始骇异之,以铁索锁于柱。然今所存

乃他木,犹绊以铁索,存故事耳。(嘉莹按《尔雅·释木》:"梅,枏。"郝懿行《义疏》云:"梅或作楳,《诗正义》引孙炎曰:'荆州曰梅,扬州曰枏。'《一切经音义》廿一引樊光曰:'荆州曰梅,扬州曰枏,益州曰赤梗,叶似豫樟,无子。'盖皆以梅枏为大木非酸果之梅。"今所传梅梁或当为枏木之属。)

夫禹庙既在禹陵侧,则梦窗当日登临足迹之所至,或瞻望之所及,必曾及于此庙,所可断言者也。至于禹庙之梅梁及张僧繇画龙于风雨中飞去之说,则以生为四明人之梦窗,必当极熟悉于此种种有关四明之神话及传说。故此词乃有"幽云怪雨,翠葑湿空梁,夜深飞去"之言。至于"翠葑"之"葑"字,前于第一节论梦窗词之特色时已曾论及杨铁夫欲改"葑"字为"葙"字,以为乃指梁上苔藓之说,为不可信。然而此句除杨铁夫之说外,又别无其他注释可资采择。其实"葑"字原与"萍"字相通,然而"萍"乃水中植物,梁上何得有"萍"?是以多年前我初读梦窗此词时,原以为"葑"字乃指梁上所画之藻饰,盖中国古代建筑之天花板与梁柱之间往往多绘有萍藻之花纹,梁间短柱既可称曰"藻梲",屋上承尘亦可曰"藻井",而"翠葑湿空梁"五字,不过写绘有彩藻翠萍之梁柱为雨所湿而已。及见《一统志》及《四明图经》所载,然后乃知此句必非泛指,原来禹庙之梁乃有如许神怪之传闻在也,然则另一最可能之解释则当为梁上果然有水中之萍藻,而此萍藻则为飞入镜湖之梁上之神龙所沾带之镜湖之萍藻,然而此一说法必须有充足之根据始得成立。盖以就中国诗词中一般用事之习惯而言,皆必须谨守本事,不可妄自增改。据《一统志》及《四明图经》所载,则此神话之传闻中并无梁上有萍藻之记,是则梦窗不得于此妄以"葑"字为指梁间有镜湖之萍藻,读者更不得以个人之想象谓禹庙之梁间竟有镜湖之萍藻,此所以我当时虽曾有此一想而不敢妄自依以立说之故。然而近日偶于哈佛燕京图书馆中得一极珍贵之资料,即嘉庆戊辰重刊采鞠轩藏版之陆游序本南宋嘉泰《会稽志》,其卷六禹庙一条竟有禹庙梁上有水草之记载,云:"禹庙在县东南一十二里,……梁时修庙,唯欠一梁,俄风雨大至,湖中得一木,取以为梁,即梅梁也,夜或大雷雨梁辄失去,比复归,水草被其上,人以为神,縻以大铁绳,然犹时一失之。"此条所叙,《大明一统志》、《大清一统志》、康熙《会稽志》并皆不载，然而欲以梁上有水草说此词，则必须得此一根据方为可信。然而嘉泰《会稽志》则又不载张僧繇画龙事，故必须以嘉泰《会稽志》与《四明图经》合看，然后方知梦窗此词之"翠葓湿空梁，夜深飞去"数语乃真可谓无一字无来历矣。是此数句乃正写禹庙梁上神龙于风雨中飞入镜湖与龙斗，比复归，水草被其上之一段神话传闻也。而梦窗之用字造句则极恍惚幽怪之能事。盖"翠葓湿空梁"一句，原当为神梁化龙飞返以后之现象，而次句"夜深飞去"方为此现象发生之原因，是神梁先飞去入镜湖与龙斗，飞返时始有湖中水藻沾带于梁上也，而梦窗却将时间因果颠倒，先置"翠葓湿空梁"一句突兀怪异之现象于前，又用一不常见之"葓"字以代习用之"萍"字，夫"葓"与"萍"二字虽通用，然而一则用险僻之字始更增幽怪之感，再则"葓"字又可使人联想及于《楚辞·天问》之"葓号起雨"一句，乃大有幽云怪雨，一时惊起之意，彊村先生于梦窗词校勘最精，且曾获睹明万历年间太原张廷璋氏旧钞本，其校本之独取"葓"字，自非无见，总之此三句所予人之一片恍惚幽怪之感及渺茫怀古之思固极为真切鲜明，读者正可自此数句中对此充满神话色彩之古庙生无穷之想象。盖梦窗之词所予人者往往但重感受，而不重说明，神理意味极活泼而深切，惟不作明言确指耳。此正诋梦窗者之所以讥之为晦涩，誉梦窗者之所以称其词为"天光云影，摇荡绿波，抚玩无斁，追寻已远"者也（见郑文焯《梦窗词跋》及周济《介存斋论词杂著》）。

后二句，则又就眼前景物寄慨，曰"雁起青天"形象色彩均极鲜明，知此景为白昼而非黑夜所见，然后知前三句"夜深"云云者，全为作者悬空想象凭吊之言，并非实有也。此正前三句之运笔之所以出之以如许幻变神奇之故。而此句"雁起青天"四字，乃又就眼前景物以兴发无限今古苍茫之慨，故继之云"数行书似旧藏处"也。据《大明一统志·绍兴府志》载：

石匮山，在府城东南一十五里，山形如匮。相传禹治水毕，藏书于此。

又《大清一统志·绍兴府志》载：

宛委山，在会稽县东南十五里。上有石匮，壁立千云，升者累梯而上。《十

道志》："石匮山，一名宛委，一名玉笥，一名天柱，昔禹得金简玉字于此。"《遁甲
开山图》云："禹治水，至会稽宿衡岭，宛委之神奏玉匮书十二卷，禹开之得赤珪
如日，碧珪如月，是也。"

是会稽之宛委石匮山，固旧传有藏书之说；虽然所传者有夏禹于此得书或于此藏书
二说之不同，然而要之此地之传有藏书则一也。然而远古荒忽，传闻悠邈，惟于青
天雁起之处，想象其藏书之地耳。而雁行之飞，其排列又正有如书上之文字，此在
梦窗《高阳台·丰乐楼》一词中，即有"山色谁题，楼前有雁斜书"之句可以为证。是
则三千年前当日所传之藏书固已渺不可寻；今日所见者，惟青天外之斜飞雁阵仿佛
犹作当年书中之文字而已。时移世往，辽阔苍茫，无限沧桑之慨，正与开端"三千年
事残鸦外"及"那识当时神禹"诸句遥遥相应，而予读者以无穷怅惘追寻之深痛，以
上前半阕全以登禹陵之所慨为主。

后半阕"寂寥西窗坐久，故人悭会遇，同剪灯语"始写入冯深居，呼应题面"与冯
深居"四字。以章法言，固属用笔周至；而以意境言，则以下数句，乃合三千余年历
史沧桑之感，与个人一己离合今昔之悲，融为一体，错综并举，而与前半阕之登临遥
遥相应，于是而冯深居遂与吴梦窗同在此登临之深慨之中，而三千年往事乃亦倏然
而来至此西窗灯下矣。此三句词，乃用李义山《夜雨寄北》"何当共剪西窗烛，却话
巴山夜雨时"之诗句，自无可疑。夫西窗剪烛共话，原当为何等温馨之人事，而梦窗
乃于开端即著以"寂寥"二字；又接以"坐久"二字，其所以久坐不寐之故，正缘于此
一片寂寥之感耳。昔杜甫《羌村》诗有句云"夜阑更秉烛，相对如梦寐"；其《赠卫八
处士》又有句云"人生不相见，动如参与商。今夕复何夕？共此灯烛光。少壮能几
时？鬓发各已苍"，其"如梦""参商"之感，其"少壮几时"之悲，正皆为足以令人兴寂
寥之感者也。故梦窗于"寂寥西窗坐久"之下，乃接云"故人悭会遇，同剪灯语"；此
情此景，岂非与杜诗所云"人生不相见"及"夜阑更秉烛"之情景，正复相似乎？此三
句，一气贯下，全写寂寥人世今昔离别之悲。

以下陡接"积藓残碑，零圭断璧，重拂人间尘土"三句，初观之，此三句似与前三

句全然不相衔接,然而此种常人以为晦涩不通之处,实正为梦窗词之特色所在。盖梦窗词往往但以感性为其连贯之脉络,而极难以理性为明白之界划及说明。此种特色原为长于触发及联想之一类诗人之所独具。惟是在中国之传统中,于诗歌之评说往往好出之以理性之分解。于其不可解者,则加之以晦涩堆砌之诮。诗人中之义山,词人中之梦窗,皆尝备受此厄。《四库全书提要》论梦窗词,即曾引沈义父《乐府指迷》及张炎《词源》,谓梦窗"太晦""不成片段",而归结之云"词家之有文英,亦如诗家之有李商隐也",而义山与梦窗,则为我国诗人词人中最善于以感性为抒写表现者也。此词"积藓残碑,零圭断璧"诸句一方面固全就感性抒写予人以一片时空错综之感;一方面则又以灵气运转使无数故实翩翩起舞生姿。兹就其所用之故实而言,所谓"积藓残碑"者,杨铁夫《笺释》以为"碑指窆石言",引《金石萃编图经》云:

> 禹葬会稽,取石为窆石,石本无字,高五尺,形如秤锤。盖禹葬时下棺之丰碑。

据《大明一统志·绍兴府志》载:

> 窆石,在禹陵。旧经云:禹葬会稽山,取此石为窆,上有古隶,不可读,今以亭覆之。

知杨氏《笺释》以碑指窆石之说为可信。昔李白《襄阳歌》云:

> 君不见晋朝羊公一片古碑材,龟头剥落生莓苔。

自晋之羊祜迄唐之李白不过四百余年而已,而太白所见羊公碑下之石龟,则固已剥落而生莓苔矣。然则自夏禹以迄于梦窗,其为时既已有三千余年之久,则其窆石之早已莓苔满布,断裂斑剥,固属事之当然者矣。著一"积"字足见苔藓之厚,令人慨历年之久;著一"残"字又足见其圮毁之甚,令人兴览物之悲。而其发人悲慨者,尚不仅此也,因又继之以"零圭断璧"云云。前释"数行书似旧藏处"一句时,已曾引《大清一统志》,知有"宛委之神奏玉匮书十二卷,禹开之得赤珪如日,碧珪如月"之

说;又据《大明一统志》载:

> 宋绍兴间,庙前一夕忽光焰闪烁,即其处劚之,得古珪璧佩环藏于庙。然
> 今所存,非其真矣。

按"珪"古"圭"字。是关于夏禹之陵庙既早有圭璧之传说,而在南宋当时,或者庙藏之中果然亦尚留有圭璧之遗物。夫圭璧者,原为古代侯王朝会祭祀之所用;而今著一"零"字,著一"断"字,则零落断裂,无限荒凉,然则禹王之功绩无寻,英灵何在?徒只古物残存,供人凭吊而已;故继之云"重拂人间尘土"。于是前所举之积藓之残碑,与夫零断之圭璧,乃尽在梦窗亲手摩挲拂拭之凭吊中矣。"拂"字上更著一"重"字,有无限低徊往复多情凭吊之意,其满腹怀思,一腔深慨,固已尽在言外。

然而此句之尤妙者,则在梦窗于"尘土"之上所著之"人间"二字。夫古物之为土网尘封,此原为人所尽知之事,然而何必曰"人间"?若云尘土之为物原存在于"人间",则此亦自然之事,又何必更著此二字,为明白之标举?详味词意,然后知此"人间"二字实具有无穷深意,不可轻忽读过。盖有此二字然后此三句之"积藓残碑"数语,始与前三句之"寂寥西窗坐久"数语,泯然消灭其时空上之隔阂,而融为一体,此正前所云梦窗最善于表现时空错综之感之又一证。兹先就其浅者言之,则前半阕自"三千年事"迄"旧藏处",全写日间登临之所见所感;后半阕开端"寂寥西窗坐久"三句,则全写夜间故人灯下之晤对;然后陡接"积藓残碑"三句,又回至日间之登临。若但视此三句为故人剪灯夜话之内容,固亦原无不可;然而梦窗之妙处,则在其全不作此层次分明之叙述与交代。于是忽而为西窗之剪灯共语,忽而为禹庙之断璧残碑;忽而为黑夜,忽而为白昼;忽而为人事之离合,忽而为历史之今古。而梦窗之所以不为之作明白之划分者,正缘在梦窗之感觉中,此时空之隔阂固早经泯灭而融为一体矣。盖残碑断璧之实物,虽在白昼登临之禹庙之上,而残碑断璧之哀感,则正在深宵共语者之深心之内也。夫以"悭"于"会遇"之故人于"剪灯"夜"语"之际,念及年华之不返,往事之难寻,其心中固已早有此一份类似断璧残碑之哀感在也。故其下乃接云"重拂人间尘土"。"尘土"而曰"人间"者,正以其并不但指物

质上之尘土而已;同时乃兼指人世间之种种尘劳之污染而言者也。夫人之一生,固曾有多少往事,多少旧梦,多少理想与热情,然而年去岁来,尘劳污染,乃渐渐磨损消亡,于今在记忆之中,亦不过一一皆如尘封之断璧残碑而已。而当故人话旧之际,此久经尘埋之种种,乃复依稀重现;然则岂非剪灯共语之际,亦复正即为拂拭尘土之时? 是则"积藓残碑"三句,虽为日间登临之所见,然实亦正为夜语时心中之所感。此正所以梦窗乃以此三句陡接上三句,而全不作划分说明之故。于是而一己之人事乃因此而融会于三千年历史之中,而更加深广;而三千年之历史亦因其融会于一己人事之中,而更加切近。此种时空交糅之写法,正为梦窗特长之所在,未可遽以晦涩目之也。

其后"霜红罢舞,漫山色青青,雾朝烟暮"三句,又以飞扬之笔,另开出一新境界。自情事之中跳出,别从景物着笔,而以"霜红"句,隐隐与开端次句之"秋树"相呼应。然此三句之妙,尚不仅在其承转呼应之陡峻灵活而已,而更在其意境所包笼之深远高妙。昔东坡《赤壁赋》有云:"自其变者而观之,则天地曾不能以一瞬;自其不变者而观之,则物与我皆无尽也。"梦窗此二句之意境实与之大为相似。然而东坡仍只是理性之说明,而梦窗则全为意象之表现:"霜红罢舞"其变者也;"山色青青"其不变者也。彼经霜之叶,其生命固已无多,而竟仍能饰以红之色,弄以舞之姿。而此红而舞者,亦何能更为久长;而瞬临罢舞之时,是则虽有无限留连爱恋之意,而亦终归于空灭无有而已;故曰"霜红罢舞"。此一无常变灭之悲,而梦窗竟写得如此哀艳凄迷。又继之云"山色青青,雾朝烟暮",则其不变者也。是无论其为雾之晨,为烟之夕,而此青青之山色,则亘古不变者也。又于其上著一"漫"字,"漫"字有任随枉自之口气;其意若谓霜红罢舞之后,惟有任随山色之枉自青青于雾朝烟暮之中而已。逝者已矣,而人世长存;其间原已有无穷今古沧桑之感;而此二句,乃又正为禹陵所见之景色;而此景色又并不限于登临时当日之所见而已。霜红有一朝罢舞之时;山色无改其青青之日,其情意之深广,乃有包容千古兴亡之悲,而又跃出于千古兴亡之外之感。梦窗运笔之妙,托意之远,于此可见。

结二句"岸锁春船,画旗喧赛鼓",初观之,亦不免有突兀之感。盖前此所言,如

"秋树",如"霜红",明明皆为秋日之景色;而此句竟然于承接时,突然著一"春"字,若此等处,惟大作者始能不为硁硁琐琐但知拘守之小家态,而后能有此腾跃笼罩之笔。如杜甫之《秋兴》八首,前七首皆从秋景着笔,而于第八首乃突然涌现一"佳人拾翠春相问"之句;翁方纲评杜甫此句曾有"神光离合……一弹三叹"之言(见拙著《杜甫秋兴八首集说》引翁方纲手批钞本杜诗)。梦窗此句之妙,庶几近之。盖开端之"倦凭秋树"乃是当日之实景,至于"霜红罢舞"则已不仅当日之所见而已,而乃包容秋季之全部变化于其中,至于"山色青青",则更于其中透出暮往朝来,时移节替之意。于是而秋去冬来;于是而冬残春至;则年年春日之时,于此山前当可见岸锁舟船,处处有画旗之招展,时时闻赛鼓之喧哗。然则此何事也,据《绍兴府志·祠祀志》载:

> 禹庙之建,起于无余祀禹之日。《吴越春秋》:"无余从民所居,春秋祀禹于会稽。"……宋建隆(太祖)二年,诏先代帝王陵寝令所属州县遣近户守视,其陵墓有堕毁者亦加修葺。乾德(太祖)四年,诏吴越立禹庙于会稽,置守陵五户,长吏春秋奉祀。绍兴(高宗)元年,诏祀禹于越州。绍熙(光宗)三年,十月修大禹陵庙。

又《大清一统志·绍兴府志》大禹庙条载:

> 宋元以来,皆祀禹于此。

然则此词之"画旗""赛鼓"必当指祀禹之祭神赛会也。盖我国旧称祭神之会曰赛会;而于赛会中多有箫鼓杂戏等之表演,故曰"画旗喧赛鼓"。"画旗"当指舟船仪仗之盛。"喧"字当指"赛鼓"之喧哗。然而梦窗乃将原属于"鼓"字之动词"喧"字置于"画旗"字之下,作"画旗"与"赛鼓"中间一联系结合之字面,则画旗招展于喧哗之赛鼓声中,乃弥增其盛美之感;旗之色与鼓之声遂结合而为一矣。

至于必曰"岸锁'春'船"者,虽然据《大清一统志》所载,历代之祀禹多有春秋二次之祠祀,然而一则可能今岁秋祠之期已过,则继之而来者自当为明春之春祠,故曰"春船";此最浅拙之解释也。而且根据嘉泰《会稽志》卷一三节序条,记载云:"三月五日俗传禹生之日，禹庙游人最盛，无贫富贵贱倾城俱出，士民皆乘画舫，丹垩鲜明，酒樽食具甚盛，宾主列坐，前设歌舞，小民尤相矜尚，虽非富饶，亦终岁储蓄以为下湖之行（原注：下湖，盖乡语也）。"是则年年春日禹庙前歌舞赛会之盛，犹可想见。此正所以上一句"岸锁春船"之必著一"春"字也。再则此词通首以秋日为主，其情调全属于寥落凄凉之感，曰"残鸦"，曰"秋树"，曰"寂寥"，曰"霜红"。今于结尾之处突然著一"春"字，而且以"旗""鼓"之美盛喧哗，为全篇寥落凄凉之反衬；余波荡漾，用笔悠闲，一若果然可以春日之美盛移代而忘怀此秋日之凄凉者；然而细味词意，则前所云"雾朝烟暮"一句，已有无限节序推移之意，则春日之美盛岂不仍复有归于秋日凄凉之时；则此处之一"春"字，梦窗固于其中隐有无限盛衰更迭之感也。抑且更有言者，则今年于"秋树""霜红"之时，梦窗固曾来此登临凭吊；然而明年春日之时，纵有旗鼓之盛，而此日登临之梦窗乃或者竟不知何往矣。故尔荡开笔墨遥遥著一"春"字，无限哀感尽寄托于遥想之中，则年去岁来春秋代序，此盛衰今古之悲乃层出而不穷，因之梦窗之所慨乃亦不限于此一日之登临而已矣。夫禹王不作，往迹难寻，而人世之陵夷迁替，乃正复如春秋节序之无常，此二句出语极闲远，一若悠然有忘愁之意，然而含意则极深切，足以包笼历史与人事种种之盛衰成败于其中，昔周济《介存斋论词杂著》称梦窗词云"意思甚感慨，而寄情闲散，使人不易测其中所有"，观夫此词之结尾二句，其信然矣。

（二）八声甘州·陪庾幕诸公游灵岩

渺空烟四远、是何年，青天坠长星。幻苍厓云树，名娃金屋，残霸宫城。箭径酸风射眼，腻水染花腥。时靸双鸳响，廊叶秋声。

宫里吴王沉醉，倩五湖倦客，独钓醒醒。问苍波无语，华发奈山青。水涵空、阑干高处，送乱鸦斜日落渔汀。连呼酒，上琴台去，秋与云平。

此词乃梦窗陪庾幕诸公游灵岩之作。据夏承焘《吴梦窗系年》以为梦窗曾于理宗绍定五年左右，三十余岁时在苏州为仓台幕僚，引梦窗《声声慢》词陪幕中饯孙无怀于郭希道池亭闰重九前一日一首，及《木兰花慢》词虎丘陪仓幕游一首，与《祝英台近》词饯陈少逸被仓台檄行部一首为证。又引《吴郡图经续记》仓务条释仓台及仓幕云：

> 南仓在子城西，北仓在阊门侧，每岁输税于南，和籴于北。

按庾，《说文》云"水漕，仓也"，段注云"谓水转谷至而仓之也"。宋时转运使正司此事，郑因百先生《词选》注此词云"庾幕，盖指转运使之僚属"，所言极是。至于灵岩，则为山名。《吴郡志》载：

> 灵岩山，即古石鼓山，又名砚石山，……按《吴越春秋》及《吴地记》等书云："阊阖城西有山，号砚石山。高三百六十丈，去人烟三里，在吴县西三十里。上有吴馆娃宫、琴台，响屟廊。"

是灵岩山原为吴馆娃宫旧址所在。

梦窗居吴最久，其《惜秋华》词有"十载寄吴苑"之语。然则梦窗之详熟于吴地之古迹旧闻，所可断言者也。夫吴越两国之兴亡史迹，其可供人感慨凭吊者固极多。梦窗生当南宋宁宗理宗之世，据夏承焘《系年》其生年上距北宋之亡约为七十余年，而其卒年下距南宋之亡则尚不及二十年。梦窗在世之数十年中，外则强敌为患，内则权臣误国；以一善感之词人，生当乱亡之衰世，则梦窗纵非以忠义自命之士，而其触目伤怀，抚事兴悲，必油然有不能自已者。观其《木兰花慢》虎丘陪仓幕游一首之"千古兴亡旧恨，半丘残日孤云"，及"开尊重吊吴魂"诸语，知梦窗当日陪幕中诸公游宴之际，固正所谓孤怀独抱别有深慨者也。而况此词乃游灵之作；而灵户则正为馆娃旧址，古迹丛然；故梦窗于此词中所流露之吊古伤今之悲慨，亦较在苏州其他登临之作为独多。而此词之更有异于他作者，则其用笔之幻变与夫设想之神奇也。

此词开端"渺空烟四远、是何年，青天坠长星"二句，真所谓劈空而起，大有奇想自天外飞来之意。"渺空烟四远"五字，已极高远荒忽寥落苍茫之致，令人兴天外茫茫,不知人生何所从来,不知此身何所归往之感,无始无极、无依无托。然后以"是何年"三字之问语,陡然唤起下句之"青天坠长星"五字。夫青天所坠之长星为何物? 则此一灵岩山是也。梦窗之所以面对灵岩生此奇想者,一则盖因此山之形势使然,据《大清一统志·苏州府志》灵岩山条载:

> 登其巅,俛瞰具区洞庭,烟涛浩渺,一目千里。

又前引《吴郡志》亦有"高三百六十丈,去人烟三里"之言,则此山形势之高迥,瞻望之遥远概可想见。然则若非长星之自天陨落,若何而能有此突兀迥绝之高山? 然而此山之真为自青天陨落者,则其陨落又自何年而有乎? 故曰"是何年,青天坠长星"也;此但就其写山势之孤迥而言,其设辞状物固已极神奇工致之妙。再则盖因梦窗面对吴宫之旧址,感古伤今,其胸中原不免别具沧桑之深痛。夫千年兴废,一片残基,则此盛衰无常之人世,其价值何在? 意义何存? 来源何自? 岂但为无知觉无感情之一块陨石之偶然抛坠而已乎? 故曰"是何年,青天坠长星";此二句中固正有梦窗之无穷大惑与深悲在也。

继之云"幻苍厓云树,名娃金屋,残霸宫城",多少繁华成败,全自一"幻"字领下。夫大地既不过为一偶然陨落之长星,而乃竟自此无情无识之陨石之上幻现如许盛衰兴亡之事。其始也,由无而有,于是乎有"苍厓"焉,有"云树"焉,此尚不过但为大自然之景物而已。其后乃有无穷盛衰之人事继之而起,于是而有"名娃"焉,有"金屋"焉,而俨然为一代"霸"主之"宫城"焉。然而梦窗乃于"霸"字之上又轻轻著一"残"字,则此一代之霸业亦已终归于残灭无常。则前所云之"名娃""金屋"之种种繁华乃亦随无常之霸业而尽归于乌有矣。如此由无而有,更复自有而无,则凡此兴灭盛衰之无穷人事,其非此"长星"陨石上之一片幻象而何? 故梦窗乃于"坠长星"一句之下,"名娃""金屋"诸句之上,紧承以一"幻"字,则大地为陨石之飘坠,人生如幻象之销亡,世事无凭,而悲惑难已;梦窗此词一起,便于空烟四远之中,予人以一片莫可究诘之深痛。

所云"金屋"者,自系借汉武帝金屋藏娇之语,以指西施所居之馆娃宫。《吴郡图经续记》卷中研石山条载：

> 《越绝书》云吴人于研石山置馆娃宫。扬雄《方言》谓吴人呼美女为娃，盖
> 以西子得名耳，……山上旧传有琴台。又有响屧廊，以楩梓藉其地，西子行则
> 有声，故以名云。

然则馆娃宫当日之繁华富丽概可想见。吴王当日之歌舞宴乐之盛，亦可想见。而
夫差乃于美人歌舞之余，更颇有图霸之野心。据《史记·吴世家》载：

> 吴王夫差二年，……伐越，败之夫椒。……七年，北伐齐，败齐师于艾陵。
> ……九年，为驺伐鲁。十三年，召鲁卫之君会于橐皋。……十四年春，吴王北
> 会诸侯于黄池，欲霸中国以全周室。

是吴王夫差固隐然亦颇有一代霸主之形势。而梦窗乃称之曰"残霸"者，一则以春
秋时代诸侯之称霸者而言，则前有齐桓、晋文、宋襄、秦穆、楚庄诸人在，夫差之声名
业绩，较之自有弗如；再则夫差称霸之时期较晚，其时已为春秋之末期；三则夫差于
黄池一会之后，未几即为越王勾践所败，身死国灭，为天下笑；霸而若此，其为霸也，
非残霸而何？然而今日登临所见"苍厓""云树"间之馆娃旧址，则正为此一代残霸
之宫城焉。曰"宫城"，令人想见当日兴建之美；曰"残霸"，令人想见其当日败亡之
速，倏兴倏灭，都不过为长星陨石上之一段幻影而已。夫吊古兴悲原为人世之恒
情，而梦窗此词开端之妙，则在其能忽发天外奇想，以疑问之笔从一己深悲之中，写
出一片千古人生之大惑。

其下继曰："箭径酸风射眼，腻水染花腥。时靸双鸳响，廊叶秋声。"此数句接写
山前处处之凄凉古迹，而梦窗更以其特殊用笔之法，曲曲传出其胸中之一片锐感深
悲。箭径者，采香径也。《吴郡志·古迹》云：

> 采香径，在香山之旁小溪也。吴王种香于香山，使美人泛舟于溪以采香。
> 今日灵岩山望之，一水直如矢，故俗又名箭泾。

按《说文》段注："《庄子》'泾流之大'，司马彪云：'泾，通也'，今苏州嘉兴沟渎曰

某泾某泾,亦谓其可径通。"故箭泾亦作箭径。腻水者,指香水溪也。《吴郡志》卷八《古迹》又载云:

> 香水溪在吴故宫中,俗云西施浴处;人呼为脂粉塘,吴王宫人濯妆于此。溪上源至今馨香。

然则是箭径与腻水原皆为吴馆娃宫附近之名胜古迹。

梦窗曰"箭径酸风射眼","酸风"二字出于李贺诗《金铜仙人辞汉歌》"东关酸风射眸子"句。梦窗此处用之,尚不仅如我在"谈梦窗词之现代观"一节中所言,但取其以感性修辞之一份新颖锐敏之感觉而已,此中盖更有无限难言之悲慨在。李贺诗有序云:

> 魏明帝青龙元年八月,诏宫官牵车,西取汉孝武捧露盘仙人,欲立置前殿。宫官既拆盘;仙人临载,乃潸然泪下。

姚文燮《昌谷集注》云:

> 宪宗将浚龙首池,修麟德、承晖二殿。贺盖谓创建甚难,安能保其久而不移易也。

又云:

> 魏官牵车踆踜,悲风东来,惟堪拭目。

是金铜仙人为魏官牵车踆踜之时,道出东关,固曾因悲风之酸鼻而潸然泪下。而其泪下实又不仅因悲风之酸鼻而已,而更复深蕴有无穷兴亡故主之悲。李贺《金铜仙人辞汉歌》原借古喻今,以汉之亡慨唐代守成之不易。而梦窗之用此"酸风射眼"四字,是其当日登灵岩而遥望箭径之时,于秋风拂面刺目酸鼻之中,当亦自有其无穷难言之深慨在也。一则面对此吴宫之蔓草荒烟固已不免有千古盛衰兴废之感;再则将古喻今,哀朝廷之岌危,惧国祚之不永,更不免有满怀抚时伤世之悲。

接云"腻水染花腥",则指香水溪而言;以其为当日吴宫美人濯妆之水,想象中其中当不免曾有昔日美人之粉香脂腻,故曰"腻水"也。而其用"腻"字之妙,亦复不仅写出此水之为濯妆之水而已。梦窗实暗用杜牧之《阿房宫赋》"渭流涨腻,弃脂水也"之句,以兼寓千古兴亡之慨。盖杜牧《阿房宫赋》于极写阿房宫之盛以后,笔锋一转乃陡然跌入"楚人一炬,可怜焦土"之残灭败亡;而更复于结尾之际,深致其"后人哀之而不鉴之,亦使后人而复哀后人也"之悲慨。梦窗用杜牧《阿房宫赋》之"腻"字写水,与其用李贺《金铜仙人辞汉歌》之"酸"字写风同妙;皆于用字新颖工妙之外,别具感慨之深意。昔戈载称梦窗"炼字炼句,迥不犹人",又称其"运意深远,用笔幽邃",此正为梦窗用笔独到之处,读者不可将之轻易放过也。

继之以"染花腥"三字。"腥"字较之"酸"字"腻"字为尤妙:一则"酸"字与"腻"字之使用尚不免有古人在前,而"腥"字之使用则全为梦窗所独创;再则"酸风""腻水"所予人之悲慨尚不免有待于联想及于李贺之诗与杜牧之赋以为之补足,而"腥"字所予人悲慨之强烈深切则全出于诗人之一份锐感直觉。关于用"腥"字以形容花之气味之违背传统,以及"腥"之一字所予人之对古代美人濯妆之联想,以及千古战乱所残留之一片血腥刺激之感,皆已于"谈梦窗词之现代观"一节中言及,兹不具论。而由于梦窗用字之神奇工妙,于是乎箭径之风,溪中之水,与夫水边之花,遂于"酸"字、"腻"字,与"腥"字三字中汇集有无穷古今盛衰之怀想悲慨,而不仅如一般作者对名胜古迹陡然之铺叙描写而已。

其下复继之以"时靸双鸳响,廊叶秋声",则再进一步,不仅抚今怀古而已;而更大有将幻作真之意。"时靸双鸳响"者,谓西施之步履声也。夫"靸"字之为义,据《汉书·司马相如传》引秦二世赋云"汩减靸以永逝兮",注云"靸然,轻举意也",王先谦补注云:"靸,《说文》:'小儿履也',与水流无涉。《史记》'靸'作'噏',下更有'习'字,案《广韵》噏与吸同,此又借靸为吸耳。《吴都赋》'靸霅,警捷'注:'靸霅,走疾貌',借靸以状水流之疾,于义亦通。"据此则"靸"字,原有二义,一为名词,谓"小儿履也";二为副词,"状水流之疾也",或引申为"轻举"之意。今兹梦窗之用此字,窃以为更有一新义,则合前二义而更有动词以步履轻踏之意也。夫名词之可借助为动词,在中国文学中时时可见。即以"履"字而言,即兼有名词"鞋"及动词"着鞋",或动词"以鞋踏践"之意。梦窗此处用"靸"字则既引申名词而为动词,更以其兼有副词"轻举""疾流"之意。故私意以为乃轻踏疾行之意。然而梦窗不用习见之"履"字"踏"字,而用一极生僻之"靸"字者,一则以"履"字"踏"字,不若"靸"字之兼有轻疾之意,为义较狭;再则"履"字"踏"字过于平实拘板,不若"靸"字有恍惚迷离之致。"时靸"者,时时轻轻踏过之意也。

至于"双鸳",则指西施双足所着之步屧也。夫以"双鸳"二字指女人所着之鞋履,此在唐宋诗词中屡屡见之。如梦窗另一首《风入松》词"听风听雨过清明"阕,即有"惆怅双鸳不到,幽阶一夜苔生"之语;"双鸳"正谓女子所着之双履也。又据前引《吴郡图经续记》知馆娃宫旧有响屧廊,"以楩梓藉其地,西子行则有声";而今日梦窗于登临怀古之际,乃竟恍惚真若时时可闻西子双足步履轻疾之声响焉。故曰"时靸双鸳响"也。然而西施之世距梦窗之时则固已有一千六七百年之久,是则今日梦窗所闻西子步履之声,岂非将幻作真者乎?而此幻境何由而生,则由于廊中落叶随风飘转,所作弄之一片秋声耳。故以"廊叶"一句,一笔兜转,于是而万境俱空,惟余落叶声中一片萧瑟寂寥之感而已。此数句全自灵岩山前古迹写来,而或实或虚,时真时幻,有当前之景物,有千年之古史,有言外之深悲,梦窗感性之深锐,用笔之神奇,岂彼辈但知以平实为美者之所可望见。

下半阕"宫里吴王沉醉,倩五湖倦客,独钓醒醒",更凌空以夹叙夹议之史笔,陡然接起。前半阕虽有真幻虚实之变而全以写景为主;后半阕则更杂糅今古时空为一体,而全以慨世为主。陈洵《海绡说词》曾推演此数句,以吴王夫差之亡国与当时南宋之岌危作明白之对比,云:

> 换头三句,不过言山容水态,如吴王范蠡之醉醒耳。"苍波"承"五湖";"山青"承"宫里",独醒无语,沉醉奈何,是此词最沉痛处。今更为推演之,盖惜夫差之受欺越王也。长颈之毒,蠡知之而王不知,则王醉而蠡醒矣。女真之猾,甚于勾践;北狩之辱,奇于甬东;五国城之崩,酷于卑犹位;遗民之凭吊,异于鸱夷之逍遥;而游艮岳幸樊楼者,乃荒于吴宫之沉湎。北宋已矣,南渡宴安,又将岌岌,五湖倦客,今复何人?一"倩"字,有众人皆醉意;不知当时庚幕诸公,何

以对此？

陈氏所说，极有深义。所惜者：一则其所列举之史实似嫌过于比附拘执，使读者一时不能全信；再则其所叙写之用笔又似嫌过于简略含混，使读者一时不能全解。先就其所言"换头三句，不过言山容水态，如吴王范蠡之醉醒"言之：梦窗"宫里吴王"句，"宫"字所指正为眼前灵岩山上苍崖云树间之馆娃宫；"五湖倦客"句，"五湖"之所指则前引《苏州府志》所云"俛瞰具区……烟涛浩渺"之太湖，正陈洵所谓山容水态者也。而梦窗乃以其时空杂糅之健笔，直承以"吴王"与"倦客"，遂使千年之古史，与眼前之山水泯然合而为一。吴王自当指夫差，曰"吴王沉醉"者，则致慨于夫差之溺于西施之歌舞宴乐，不知强邻勾践之可惧，而终致身死国灭之堪悲；倦客则指范蠡，《史记·货殖列传·范蠡传》正义引《国语》曰：

> 勾践灭吴，及至五湖，范蠡辞于王曰："君王勉之！臣不复入国矣。"遂乘轻舟以入于五湖，莫知其所终极。

又《史记·越王勾践世家》云：

> 范蠡遂去。自齐遗大夫种书曰："……越王为人长颈乌喙，可与共患难，不可与共乐。"

曰"独钓醒醒"者，谓当时惟范蠡为清醒之人，了然于一切盛衰安危之理。叠言"醒醒"二字，所以加重语气，极言其清醒也。"独钓"者，以一"钓"字指其泛舟五湖之生活，而又益以一"独"字以加深其众醉独醒之一份寂寞孤独之感。乃今日亦有如范蠡之独醒者乎？然而生于众人皆醉之世，则亦唯有倩其为五湖独钓之倦客而已。倦字极写其疲于人世盛衰之无常，与疲于人世生涯之悲苦。"倩"字则极写生活于醉者之中，此醒者之无奈。更有言者，则宫里沉醉之吴王与五湖独钓之倦客，千余年前虽分属于相对立之二敌国，然而在今日梦窗笔下，则不过为一醉一醒之对比而已；此一对比中自有无限今古盛衰安危之慨。陈洵但言"长颈之毒，蠡知之而王不知"，立说尚不免过狭。

此二句,自眼前山容水态慨及千古兴亡;而次二句之"问苍波无语,华发奈山青",则又自千古兴亡返跌至眼前之山容水态。"苍波"盖承上句"五湖"而言,指眼前所见之"太湖"。以今日寂寞独醒之倦客面对此烟涛浩渺之苍波,虽有无限盛衰安危之极悲深慨,然而湖水无言竟终然不可得一安慰与究诘之所。译本《鲁拜集》载波斯诗人奥马伽音之句云:"海涛悲涌深蓝色,不答凡夫问太玄。"则此古今之大恸与大惑,谁能解之者乎?"山青"则承上句"宫里"而言,指眼前所见馆娃旧址之灵;"华发"则承上句"倦客"而言,而隐然为梦窗之自喻。中间著一"奈"字者,无奈之意也。言我自满头华发,而山色则彼自青青,以有情之人对无情之山;以满怀悲慨之倦客,对青山所阅历之千古兴亡,则人力渺小竟可奈何乎! 梦窗此词,言外确有深慨,是以陈洵氏乃有"女真""北狩""五国城"与夫"游艮岳""幸樊楼"之诸说。

夫以吴之亡慨北宋之亡,则吴亡于勾践而北宋亡于女真,故曰:"女真之猾,甚于勾践。"吴王夫差不肯受辱于勾践,而自刎于甬东;而北宋徽钦二宗,则为人降虏而被胁北上,故曰:"北狩之辱,奇于甬东。""卑犹位"三字为地名,乃夫差所葬之地,其地犹为吴地也;"五国城"三字亦为地名,乃北宋徽宗卒葬之地,其地则女真之地也,故曰:"五国城之崩,酷于卑犹位。""遗民"二字,陈氏盖暗指梦窗而言。夫梦窗既生于南宋偏安之世,又值国势岌危之时,纵然为独醒之士,而对此五湖烟浪,馆娃旧址,竟然丝毫莫可如何,唯有独抱遗民之痛以凭吊之而已。"鸱夷"二字则范蠡之别号也,《史记·越世家》:"范蠡浮海出齐,变姓名,自号鸱夷子皮。"夫范蠡亦为独醒之士,乃竟能功成身退,逍遥以终其身,故曰"遗民之凭吊,异于鸱夷之逍遥"也。"艮岳"者,据宋史载:宋徽宗登极,皇嗣不广;有方士言京城东北陬,地协堪舆;遂于政和七年,大兴土役,培其冈阜,以在禁城之艮方,故曰"艮岳";时游幸之,又称万岁山。"樊楼"者,则京师东华门外景明坊之一酒楼也。徽宗以耽于佚豫之乐,终至亡国为虏;而南宋君臣,乃不知忧危念乱以前车为鉴,而仍以宴安鸩毒为乐,故曰"北宋已矣,南渡宴安,又将岌岌"也。

陈氏所说,具见史册,所惜者陈氏所说一一为明白之确指,反令读者兴当时作者恐未便如此想之疑;实则梦窗当日于伤今吊古之余固当确有无穷历史兴亡之感,触绪纷来;此丛集之百感,原不可为之一一确指。陈氏所说可予读者以一线探索之途径,而梦窗深切沉痛感慨苍茫之处,则不可为任何确指之史实所拘限者也。

以下接言"水涵空、阑干高处,送乱鸦斜日落渔汀。连呼酒,上琴台去,秋与云平"。则又极力自千古兴亡之悲慨中挣扎腾跃而出;以景代情,而融情入景。其怆然寥落之感,岂止令人无以为怀,更复令人无以为说。昔《人间词话》评太白《忆秦娥》词,以为:"'西风残照,汉家陵阙',寥寥八字,遂关千古登临之口。"梦窗此词数句,亦当令千古登临者有搁笔之叹。

曰"水涵空",自此三字想象,已可得其水天相映一片空茫之状。此盖为灵山上之实景,且山上有一高阁,即以眼前之景物命名曰"涵空"。据《大明一统志》卷八《苏州府志》宫室条载云:"涵空阁在灵岩寺(按寺即在山上),吴时建。"又引明高启诗曰:"滚滚波涛漠漠天,曲栏高栋此山巅,置身直在浮云上,纵目长过去鸟前。"梦窗用"涵空"二字,既暗寓阁名,写景又极真切。是则置身此地,目之所及,其景色之寥阔空茫,盖原无底止终极之所,而其下更继之以"阑干高处",则危栏高耸,身之所倚乃亦正在此无所底止之一片空茫之中。然则天地之内,宇宙之大,除此包裹身心之一片空茫之外,更复何有乎?则瞻望之余,但见零乱之残鸦与夫西沉之斜日,并皆逐渐消失沉没于远方烟波隐现之渔汀之外而已。著一"送"字,则瞻望之久,怅惘之深,无可依傍与无可挽留之深悲极痛尽在言外。然则人生至此,岂但更无所有,亦复更无可言,故紧继之以"连呼酒"三字。曰"呼酒"原已有迫不及待之意。更曰"连呼酒",则中心之深悲极痛与夫空漠无依之感,真令人有片刻难以忍受之痛楚在。然则此酒当于何处饮之?梦窗乃又陡然翻起曰:"上琴台去。"昔李义山《夕阳楼》诗有句云"花明柳暗绕天愁,上尽重城更上楼";辛稼轩《满江红》词亦有句云"天远难穷休久望,楼高欲下还重倚";人于无可奈何之悲苦中,则往往欲向更高远之地作最后之挣扎与追求,而亦终成为更深之陷溺与沉没。故梦窗此词乃亦于极悲苦无奈之"连呼酒"三字之下,继之以云:"上琴台去。"

然则琴台之上更复何有更复何见乎?则一结四字"秋与云平"而已。是则茫然充塞于天地之间,蔽裹于人世之外者,乃惟有此一片秋气而已。昔宋玉《九辩》云

"悲哉！秋之为气也"；乃今此悲哉之气，竟至上与云平，弥天盖地，更无一毫间隙，可供人呼吸遁逃之余地。而梦窗之深悲极痛，乃亦真成往而不返矣。而此四字乃更复虚幻空茫，别有闲远之致；于是而名娃也，金屋也，残霸也，宫城也，吴王也，倦客也，乃尽笼罩于此深悲极慨之中，而又尽化出于四远云烟之外。于此而回顾开端"渺空烟四远"数句，真如常山之蛇，首尾相应；而其间真、幻、古、今、虚、实之变，与夫托意之深切，用笔之神奇，乃真有不可尽言者矣。吴梅《词学通论》云："梦窗长处正在超逸之中见沉郁之思。"若梦窗此词，真所谓超逸沉郁兼而有之者也。

三、关于梦窗之为人的几点值得论辩的话题

我在前面第一节曾经分析过，梦窗之所以不为一般读者所了解与接受者，乃是由于梦窗之遣辞与叙事的方法都不合于中国旧有之传统。其实梦窗词之不能获得重视与欣赏，还有一个更大的原因，那就是梦窗这一位作者之人格价值也同样不合于中国旧有传统的衡量标准。因为中国传统上多把对文学的衡量置放于两个重点之上：其一是作品的实用的价值，其二是作者之人格的价值。他们既希望文学的作品都能够有益于"裨补时阙"，也希望文学的作者都能够成为"载道立说"的圣贤君子。在这种衡量下，梦窗的作品既早被目为堆砌晦涩，全无实用价值可言；而梦窗的人格则更是被沾染着难以涮拭的污点，全不合于圣贤的标准。关于这些污点的由来，主要的乃是由于在梦窗词集中有着四首赠当时权相贾似道的小词，而贾似道之欺君误国具见《宋史》，一直被目为南宋亡国之罪魁，是个早被论定了的人物。因之梦窗的人品，也就为了这几首送贾似道的词，而被中国传统的批评标准给同时论定了。胡云翼在其《宋词研究》一书中，就曾经说："梦窗与白石作词绝不同调。白石格调之高，可从他的性情孤傲，耻列身于秦桧当权之下的朝廷，看得出来；梦窗之生平，虽疏缺无闻，而从他那些寿贾似道诸词看来，品格殆远不及白石，词品亦因之斯下矣。"不欣赏梦窗词的人敢于对之肆加讥议诋毁，认为他的人品不高，这是一个很大的借口；而另一方面赏爱梦窗词的人，在中国传统的衡量标准之重压下，乃又

不得不煞费苦心地先为梦窗的人格作一番辩护的工作。刘毓崧的《梦窗词叙》就曾经大力为梦窗辩解说:"与贾似道往还酬答之作,皆在似道未握重权之前,至似道声势熏灼之时,则并无一阕投赠。"又说:"不独灼见似道专擅之迹日彰,是以早自疏远,亦以畴昔受知于吴履斋,……是时履斋已为似道诬谮罢相,将有岭表之行,梦窗义不肯负履斋,故特显绝似道耳。"按履斋乃吴潜之号,为梦窗之友人,与贾似道有嫌,后为似道诬谮罢相,所以刘毓崧乃举吴潜之事以为梦窗辩解。但是这种反面的辩解与正面的谴责实在乃是同出于一源,都是受了中国传统之把文学价值与道德价值混为一谈的影响。好像如果赞美了一个在人品上有污点的作者,就会使批评者的人格也蒙受上污点一样。因此,在中国文学批评史上虽然颇有一些为作者之人格作反面辩解的文章(如李白之依附永王璘的事件,李义山之与令狐之间恩怨的事件)。而却很少有人能像西方文学批评一样,敢于正面承认作者人格上的污点,而从心理的矛盾或病态以及人性之软弱的方面着手分析,而肯定其文学价值的批评。如果梦窗果然如刘毓崧所辩护的那样人格完美,则在中国之传统下,赏爱梦窗词的人当然会皆大欢喜,而诋毁梦窗词的人也将会因之失去了一个有力的借口。然而可惜的是根据编订《吴梦窗系年》的作者夏承焘的考证,刘氏的论据并不完全可信,因之梦窗的人品与词品也就仍然成了一个可资论辩的话题。

为了解答这一话题并明白梦窗与贾似道及吴潜的关系,我们首先要将梦窗的生平作一简单之介绍,而梦窗平生未得一第、《宋史》无传,他的生平我们所知甚少,如今仅能据梦窗词及少许有关之资料,撮举其大要如下:吴文英字君特,号梦窗(见《花庵词选》),又号觉翁(见周密《苹洲渔笛谱》附梦窗《踏莎行》题词),四明人(见本集及《鄞县志》传)。本姓翁氏,与翁元龙、翁逢龙为亲伯仲(见《浩然斋雅谈》及刘毓盘《处静词跋》)。翁逢龙字际可,号石龟,为梦窗之兄(见朱校明钞本《梦窗集》之《探春慢》题题及朱氏《小笺》),为宋宁宗嘉定十年吴潜榜进士(见《浙江通志·选举志》五),理宗嘉熙中曾任平江通判(见《宋诗纪事》),时同榜之吴潜由庆元府改知平江(见《吴县志·职官表》),据此是梦窗之兄翁逢龙与吴潜有交谊之一证;又翁元龙字时可,号处静,为梦窗之弟(见《浩然斋雅谈》,刘毓盘《处静词跋》,朱彊村《梦窗词集小笺》引《乐府指迷》及夏承焘《吴梦窗系年》引《绝妙好词》），亦能词（见刘毓盘之《唐五代宋辽金元名家词集六十种辑》及赵万里之《校辑宋金元名家词》，与吴潜常有唱酬之作。吴潜《履斋诗余》收有《蝶恋花·和处静木香》一阕，《贺新郎·和翁处静桃源洞韵》一阕，《再和》一阕，《三和》一阕，且有"惟处静、解吾志"之言），是梦窗之弟翁元龙亦与吴潜有交谊之一证；又贾似道堂吏有名翁应龙者（见《宋史·贾似道传》，《癸辛杂识》别集下置士籍条及同书前集施行韩震条），曾与贾似道之馆客廖莹中同撰《福华编》，纪颂贾似道治鄂之功（见《宋史·贾似道传》及《西湖游览志余》），自翁应龙之姓字观之，当与翁逢龙、翁元龙同为梦窗之伯仲行（见夏承焘《系年》引刘毓盘之语）。若然，则是梦窗之兄弟亦有与贾似道有交谊者之一证。梦窗二十余岁左右曾游德清，为县令赵善春赋《小垂虹》（见本集及夏氏《系年》），三十余岁时曾在苏州任仓台幕僚（见本集及夏氏《系年》），平生所居之地以苏杭二地为最久（见本集及夏氏《系年》），在苏州曾纳一妾，后遭遣去（见本集及夏氏《系年》）。在杭州亦纳一妾，后则亡殁（见本集及夏氏《系年》），其游纵所及之地不出江、浙二省（见本集及夏氏《系年》），晚年曾为客于度宗之本生父嗣荣王与芮之邸（见夏氏《系年》）。平生交游极众，自其词集观之，有酬赠者达六七十人之多，除文人词客外，多为苏、杭两地僚属。与当时显贵如吴潜、贾以道以及嗣荣王等虽有酬赠之词，而罕干求之语（见夏氏《系年》），晚年困踬以死（见全祖望《答万经宁波府志杂问》及夏氏《系年》）。

至于与梦窗人格评价关系最密切的两个人物吴潜与贾似道，则《宋史》有他们详细的传记，兹不列举，仅略述其彼此间之恩怨如下。原来当开庆元年元兵渡江攻鄂之时，吴潜方任左丞相兼枢密使，曾上书论致祸之原，历指丁大全、沈炎等群小嗸沓，国事日非，乞令大全致仕，炎等与祠，不报，会理宗欲立其同母弟嗣荣王与芮之子忠王孟启为太子，潜密奏云："臣无弥远之材，忠王无陛下之福。"这话颇使理宗恚怒，因为理宗之立也是因为当年宁宗无子，史弥远弄权，乃于宁宗崩后传遗诏立之继位。这事可能颇为理宗所忌讳，而吴潜乃直言若此，当然为理宋所不满。恰巧当时贾似道方督师鄂州，即军中拜右丞相。元兵攻鄂日急，似道密遣使向元人请和，许以称臣纳币,而上表诡以肃清闻。理宗以其有再造之功,乃以少傅右丞相召入朝。初似道在汉阳时,丞相吴潜移之黄州。黄虽下流,实军事要冲。似道以为潜欲杀己,顿足恨之,且闻潜事急时每事先发后奏,乃使令侍御史沈炎劾吴潜,遂将吴潜贬至循州。景定三年使武人刘宗申毒毙之(以上诸史实见《宋史·理宗纪》与吴、贾二人列传,及《南宋书·吴潜传》)。是吴潜之遭贬与被毒乃全出于贾似道之所为。梦窗词集中有赠贾似道之词,这已经足够使人不谅解了,更何况梦窗与吴潜也有着友谊的关系,如果梦窗与吴潜交谊很好,而当吴潜被贾似道使人毒之之后,梦窗仍有赠贾似道的词,那当然就更加使人不能谅解了。

现在我们就试来看一看梦窗赠吴潜与贾似道两人的作品之内容及其写作之年代。梦窗集中收有赠吴潜词四首:一为《金缕曲·陪履斋先生沧浪看梅》一首,约作于嘉熙二年春吴潜知平江府之时(见《吴县志·职官表》。夏氏《系年》作嘉熙三年春,误);一为《浣溪沙·仲冬望后出迓履翁舟中即兴》一首,约作于淳祐九年冬吴潜任浙东安抚使知绍兴府之时(见《宋史·理宗纪》《绍兴府志》及夏氏《系年》);一为《江神子·送桂花吴宪时已有检详之命未赴阙》一首,约作于淳祐九年十二月之后(见夏氏《系年》引杨铁夫《梦窗事迹考》,而杨氏原书中未见此条,不知夏氏所据何本);一为《绛都春·题蓬莱阁灯屏履翁帅越》一首,约作于淳祐十年正月之时(见《宋史·理宗纪》《绍兴府志》及朱氏《小笺》)。至于就词作之内容看来:则《浣溪沙》一首乃是小令,内容较简单,只写江上行舟所见之景色而已;《江神子》一首则为题目所限,不得不既以咏物之笔铺写桂花,再以称颂之辞贺其将赴阙受检详之命。这二首词都不值得仔细讨论,可注意的乃是另外二首词,而尤以《金缕曲》一首为最,此词后半阕有句云:"重唱梅边新度曲,催发寒梢冻蕊。此心与东君同意。后不如今今非昔,两无言、相对沧浪水。怀此恨,寄残醉。"陈洵《海绡说词》评此词云:"'此心与东君同意',能将履斋忠款道出,是时边事日亟,将无韩、岳,国脉微弱,又非昔时,履斋意主和守,而屡疏不省,卒致败亡,则所谓'后不如今今非昔,两无言、相对沧浪水。怀此恨、寄残醉'也,言外寄慨,学者须理会此旨。"按此词所云沧浪亭在江苏吴县城南,高宗时为韩世忠所有,建炎四年时,韩世忠与金兀术战于黄天荡,遭火攻而败,此词前半阕即咏此事。郑骞《词选》说之甚详。梦窗居吴最久,吴县在南宋时属平江府,时吴潜知平江府,而梦窗之兄翁逢龙则当时正在平江府做通判,这应当正是梦窗兄弟与吴潜往来最密切的时候,更何况他们所登临游览的地方又是南宋名将韩世忠韩王园的旧址,此所以梦窗此词乃能写得如此之感慨激越,既淋漓尽致地写出了吴潜对国家的一份忠悃,也毫不隐讳地写出了自己对国事日非的一份悲慨。至于另一首《绛都春》词则虽然因为当时吴潜已受命参知政事,为了身份的不同,不便于再像前一首词那样作露骨的叙述,可是这一首词的下半阕换头之"应记,千秋化鹤,旧华表、认得山川犹是"数句,也隐然仍有着一份山川依旧人事全非的悲感,而其结尾数句之"又上苑、春生一苇,便教接宴莺花,万红镜里",则表面上虽然写的是春回上苑,莺花映于如镜之水中的红紫繁华,而言外所透露的却是一份镜花水月繁华不永的哀伤。这种感慨哀伤不但有合于吴潜之一份忠悃的用心,也有合于梦窗词于铺陈璀璨的描叙中别寓感慨苍凉之托意的一贯作风。因此我们可以推知梦窗给吴潜的词,是既有着一份真正的友谊,也表现了一份真正的自我。

可是梦窗给贾似道的词则与之完全不同了,梦窗给贾似道的词也有四首,一为《宴清都·寿秋壑》一首,一为《木兰花慢·寿秋壑》一首,一为《水龙吟·过秋壑湖上旧居寄赠》一首,一为《金盏子·赋秋壑西湖小筑》一首。在这四首词中,我们几乎看不到一点盛衰兴亡的悲慨和国事日非的影子,只是表现着一派闲雅高华的情调,从表面上歌颂着贾似道的名位声望以及他所伪饰着的苟安的升平,而未曾流露出一点真正属于自我的内心的情感。可是另一方面则梦窗却也并没有一点谄佞干求的言语,这种现象可以使我们看到梦窗与贾似道之间隐然有着一份疏远之感。他与贾似道的来往,似乎只是在某种情势下的一种不能免的酬应,这和他与吴潜之间果然有着一种友谊的感情当然并不相同。只是他给贾似道的四首词究竟是写在吴潜谪死之前还是吴潜谪死之后呢?从词的内容来看,《宴清都》及《木兰花慢》二首寿秋壑的作品,其中所用的地名、古迹皆在荆湖之地,据《宋史·理宗纪》及《贾似道传》,贾似道先后曾有两次任职荆湖之事,第一次是从淳祐六年九月官荆湖制置使,又于淳祐九年三月进荆湖安抚制置大使,迄十年三月改为两淮制置大使始去荆湖;第二次则是自开庆元年正月任荆湖南北宣抚大使,迄次年四月还朝始去荆湖。而贾似道生辰在八月,如果此二首寿词作于开庆元年八月,则正当元人分攻荆湖各地、羽檄交驰之际,而梦窗此二词中皆系承平之语,无一字及于用兵。所以刘毓崧《梦窗词叙》乃以为此二词作于淳祐六年九月迄十年三月贾似道第一次在荆湖任职之时,其言当属可信。夏氏《系年》亦从其说。至于另二首词之写作年代,则说法就颇有不同了。《水龙吟·过秋壑湖上旧居寄赠》一首,朱氏《小笺》引《齐东野语》以为旧居乃指景定三年以后在葛岭赐第所建之后乐园及其附近之水竹院落,然而刘氏叙文则引词中之"黄鹤楼头月午"句为证,以为"亦作于似道制置荆湖之日"。夏氏《系年》亦云"朱氏以后乐园当之,误矣",又引词中"赋情还在,南屏别墅"句为证,云:"知墅在西湖南山之南屏,则与在北山葛岭之后乐园显然无涉。"是此词盖咏似道南屏之旧居,时似道方制置荆湖,则此词当亦为作于淳祐六年九月至十年三月之间者也。而另一首《金盏子·赋秋壑西湖小筑》之作,刘氏叙文以为亦作于淳祐六年九月至十年三月之间,引词中"小队登临"句,以为"亦制置之明征",而夏氏《系年》则引词中"来往载清吟……笑携雨色晴光,入春明朝市"句,以为"当是似道入朝以后之作",又引词中"临酒论深意,流光转、莺花任乱委"及"待西风起"诸句,以为此词"必作于夏间",而驳刘氏之说云:"刘氏据'小队登临'句,谓指似道制置荆湖时,以其用杜诗'元戎小队出郊坰';然执宰游山,何尝必不可用? 以此说文太泥,以作证太弱。"而私意以为夏氏以为此词乃作于似道入朝之后之说虽属可信,而其驳刘氏之说及刘氏之原说则皆有失误,按"小队登临"句,见杜甫诗《严中丞枉驾见过》一首,诗中又有"川合东西瞻使节"之句,盖严武时方任东西两川节度使,所谓"元戎"者也,而南宋制置使之权任与唐之节度使差相当,梦窗用典不苟,此处必指制置使而言,绝不如夏氏《系年》所说,用"元戎"之典以指"宰执",且自夸以为"不泥"也。而刘氏叙文则据此以断为当时贾似道正为元戎制置荆湖,则又不然。观此词前半所写之风光气象,确当为贾似道入朝以后之情事,惟是结尾三句之"专城处,他山小队登临,待西风起",则荡开笔墨从另一时间与空间写起,遥想他日贾似道或当再膺元戎之任,以歌颂其入相出将之功业。若依夏说以"小队登临"不泥于元戎而可泛指宰执，则"专城"二字明明指地方之官长，又何能亦指宰执耶？而刘说便以为实指贾似道当时正为元戎制置荆湖而言，则又何以释"他山"及"待"字等表示另一时空之未然之口吻？按《宋史·理宗纪》及《贾似道传》，似道入朝当在景定元年四月，此词盖正作于其入朝不久之时，方自元戎入为宰执，故梦窗乃于词之结尾故意用一"元戎"之典以为呼应，且正合于贾似道出入将相之身份，故此词当作于景定元年之夏季殆无可疑。作词之年月既明，再回头重新考查一下贾似道与吴潜二人恩怨之关系，则梦窗赠贾似道的前三首词皆作于淳祐六年九月迄十年三月之间，当时吴潜与贾似道尚无明显之嫌隙，盖贾似道之移镇黄州以为吴潜欲杀己而衔怨恨之，乃开庆元年十一月之事（见《宋季三朝政要》三），贾似道之使侍御史沈炎劾吴潜，则为次年景定元年四月之事，而沈炎劾吴潜之表文，即有"请速召贾似道正位鼎轴"之言（见《宋史·理宗纪》），而贾似道之入朝及吴潜之罢相即皆在本年四月，其后七月间吴潜乃谪赴建昌军。此词既作于景定元年夏，则是正当吴潜罢相被谪之前后，虽然吴潜之被毒毙乃是在此后二年景定三年五月之事，夏氏《系年》以为梦窗时已前卒盖不及见。但总之吴潜之罢相乃由于贾似道之谮毁，梦窗既留有一首贾似道入朝吴潜去官以后之作，则前引刘氏叙文所云"显绝似道"及"义不肯负履斋"之说，便已经不能成立了。除此而外，梦窗还有不为人所谅解的又一件事，那就是梦窗词集中还收有寿嗣荣王与芮夫妇的四首词，一为《水龙吟·寿嗣荣王》一首，一为《烛影摇红·寿嗣荣王》一首，一为《宴清都·寿荣王夫人》一首，一为《齐天乐·寿荣王夫人》一首。刘氏叙文云"梦窗尝为荣王府中上客……荣王为理宗之母弟，度宗之本生父，梦窗词中有寿荣王及荣王夫人之作，虽未注明年月，然必在景定元年六月以后。盖理宗命度宗为皇子系宝祐元年正月之事，立度宗为皇太子系景定元年六月之事，……梦窗所用词藻皆系皇太子故实，不但未命度宗为皇子之时万不敢用，即已命为皇子之后未立为太子之前亦万不宜用，然则此四阕之作断不在景定元年五月以前"，而又云"据寿词所言时令节候，荣王生辰当在八月初旬，荣王夫人生辰当亦在于秋月"，然则是此四词之作断不在景定元年七月之前，且寿词有四首之多，则又必不作于一年之内。而吴潜之谪，则正在景定元年七、八月，且吴潜之被贬谪的主要原因，就正是因为反对立嗣荣王与芮之子忠王孟启（即度宗）为太子的缘故，而梦窗乃于吴潜被贬之后有寿嗣荣王夫妇之词达四首之多，所以夏氏《系年》乃云："盖度宗之立反对者潜，建议者似道，由此潜去而似道进，当梦窗年年献寿与芮之时，正吴潜一再远贬之日，若谓梦窗以不忍背潜而绝似道，将何以解于出潜幕而入荣邸耶？"从上面所引的一些词作及有关的史料来看，则梦窗显然并不是一个重视节义的贞士，乃是不可讳言的事实。可是另一方面，从梦窗的作品来看，其所表现的对高远之境界的向往追求；对世事之无常的感慨凭吊；对旧情往事的怀念低徊，则又显然可见梦窗用情之深，寄意之远，也决不是一个鄙下的唯知干禄逢迎的俗子。像这种两相矛盾的性格之表现，在诗人中乃是一个颇可注意的事例。

一般说来，崇高美好的作品，必当产生于崇高美好的心灵，这该是一件不容否认的事。然而如果以外表的形迹来衡量，则具有崇高美好之心灵的光焰的人物，却不一定都具有崇高美好的完整的人格，因为心灵之动向是一件事，而当内在之心灵与外在之环境相接触时，其反应之姿态与持守之能力则是又一件事。何况心灵之本质的纯驳不同，有些人也许可称得上是醇乎醇者的圣贤，而大部分人却都不免于是醇疵参错的凡人，也许他们的心焰虽是向着"醇"的一面，而其真正的本质上却又有着"疵"的病累，然而也就在这两种相反的张力的挣扎矛盾中，其心的向力反而有时会因而闪现出更为耀目的光彩，这在古今中外的作者中都不乏例证。在中国的诗人中，如果以心灵之精醇澄澈、表里如一而言，自当推陶渊明为第一位作者，其次则怀沙自沉而九死不悔的屈原，流离贫病而一心想要致君尧舜的杜甫，就其心灵与外在环境接触时所反映的态度以及持守的能力而言，也都不失为能够择善而固执的贤圣，他们的作品之所以能够辉耀千古，自然都由于他们自有一颗崇高美好的足以辉耀千古的心灵。然而在文学史中却也有着另外一些作者，他们在持守的能力上，因了人性软弱的微疵而不幸地留下了挫跌败辱的纪录，然而也就在其心之向力与疵的病累的张力间，我们却依然看到了其崇高美好之一面的心焰的闪烁。这一类作者颇多，现在我只想举出两个作者来谈一谈，其一是正始时代的诗人阮籍，其二是元嘉时代的诗人谢灵运。阮籍在与他并称的同时的文士竹林七贤中，乃是在心灵上最为矛盾复杂的一位作者,他一方面既不肯如山涛、王戎一辈之在司马氏的利诱下走向变节求荣之路,一方面又不愿如嵇康一辈之在司马氏的威迫下以言行峻切落到贾祸杀身的下场。他内心中虽然并不满意司马氏之所为,而外表上却一直与司马氏维持着相当的交往。而且当他的好友嵇康被杀之后,司马昭欲加九锡以为篡代之先声的时候,阮籍竟然在情势所迫之下,写下了那一篇《为郑冲劝晋王笺》的劝进的文字。虽然有人为他辩护,说这篇文中仍隐约寓有规讽之意。然而要之如果外表的行为而论,则这一篇作品无论如何乃是阮籍品格上的一点白璧的瑕疵。至于元嘉时代的谢灵运则出身于东晋的世家,袭封有康乐公的世爵,而当晋、宋易代之际,始则屈身仕宋,不能保节于前,继则任纵妄为,终致杀身于后,从其外表的行为来看,当然更不是一个没有玷辱的人物。可是我们试从他们一人的作品中去发掘一下他们二人的心灵状态,我们就会发现在他们的作品中,都有着何等高贵美好之心焰的闪烁。阮籍的八十二首《咏怀诗》,忧危念乱,寄托遥深,固然是早有定评,陈沆《诗比兴笺》即曾称之为"仁人志士""发愤之作";谢灵运的诗除去其为世所称的"富艳难纵"之外表的艺术价值外,明朝张溥的《谢康乐集题辞》,也曾对之有过"吐言天拔,政縠素心独绝"的赞美。然而这二位被人从作品中看到"仁人志士"与夫"素心独绝"的心灵之光焰的人物,却都曾在外表的行为上留下了玷辱的痕迹。这种例证足以说明一些虽然在心灵上具有高贵美好之本质的人物,然而却有时会因人性上某种软弱的疵累而使得他们在行为上留下了挫跌玷辱的纪录。我之所以举出阮籍与谢灵运二家为例证的缘故,正因为他们的挫跌玷辱显示出了人性上最软弱的最具代表性的两种根性:其一是属于一般人所共有的求生存安全的本能,其二是属于一些才智之士所特有的不甘于寂寞而冀求表现的欲望。阮籍之不免于玷辱,其原因大半乃由于前者,而谢灵运之不免于玷辱,则其原因大半乃由于后者。李善注阮籍《咏怀诗》尝云:"嗣宗身仕乱朝,常恐罹谤遇祸,因兹发咏,故每有忧生之嗟。"虽然清朝的何焯曾经以为《咏怀诗》之内容有甚于忧生者,然而总之李善的评注确实曾经道中了阮籍人性上的一种求生之本能的忧畏,则是并不错的。至于谢灵运,则从他早年的"车服鲜丽多改旧制"的引人注目的作风,到后来世变之后,在朝廷之内,固然是"构扇异同,非毁执政",即使称疾去职之际也依然过着"寻山陟岭","从者数百"的生活,其不甘寂寞的心情,也是可以想见的。(关于阮、谢二家之为人,此处不暇详论,他日容有机缘,当另为文说之)

梦窗之为人当然与阮、谢二人都迥然不同,只是他之所以在人格上终于蒙受了污点,则正是由于他同时兼有着阮、谢二人性格上的两种弱点。从梦窗的生平来看,他所以与一些权贵们有着交往,大半也是由于求生与不甘寂寞。先从求生的一点来说,梦窗以布衣终,平生未得一第,可见他并不是一个乐于科举仕进的人物。据杨铁夫《梦窗词选笺释》所附《吴梦窗事迹考》云:"《浙江通志》载鄞人之举进士者,嘉定七年一榜有十七人,十年一榜有二十人,至宝庆三年丁亥一榜有三十七人。其时北人不能过江南下,南人又因兵事悾偬不便来杭,应举者大都苏、浙间人,鄞人多文学,宜其拔茅连茹矣。嘉定时,梦窗尚幼,未及考试,宝庆间,则正二十余岁,以其才华,何至不获隽,殆不乐科举也。"杨氏之说,当属可信,是梦窗既不乐于科举仕进,而家人衣食之资则又是每个人生存所必需的条件,渊明说得好:"人生归有道,衣食固其端。"既不能效渊明之躬耕劳苦,归隐田园,那么总要找出一条求生的道路来才可以,梦窗之所以不惜以幕僚的身份出入权贵之门,我想这是一个很重要的原因。再从其不甘寂寞的一点来说,梦窗平生交游极众,据彊村本《梦窗词补》,共收词三百四十首,而其中与友人酬赠的作品,则数目竟达一百五十余首之多,而且据夏氏《系年》载梦窗二十余岁时游德清,就曾经为德清县令赵善春赋过一首《贺新郎》咏小垂虹的词,可见梦窗之好以词章为交游酬赠之作由来颇早。大抵才人往往好弄笔墨,不能自隐,这种想要表现而不甘于寂寞的欲望,正不独梦窗为然。而梦窗之以词章出入权贵之门,则更有一个原因,那就是当时的时代风气使然。刘毓盘《词史》说过一段很精警的话,云"两宋词人,每以奸人为进退",于是例举"周邦彦之以《望江南》词为蔡京所罪;晁端礼之以《汉宫春》词为蔡京所用;……秦桧见朱敦儒之《樵歌》命教其子熺,而官以列卿;见曹冠之《燕喜词》,命教其孙埙,而登之上第;……胡诠则以词编管南海;张元干则以词坐罪除名"。更云:"贾似道当国尤好词人,廖莹中能词,则以司出纳矣;罗椅能词,则以荐登其门矣;翁孟寅能词,则赠以数十万矣;郭应酉能词,则由仁和宰擢官告院矣;张淑芳能词,理宗欲纳妃,则匿以为姜矣;八月八日为其生辰,每岁四方以词为寿者以数千计,复设翘材馆,等其甲乙,首选者必有所酬。吴文英亦与之游,集中有寿贾相《宴清都》《木兰花慢》二词,又过贾相湖上旧居《水龙吟》词,赋贾相西湖小筑《金盏子》词。他家与之为缘而散见集中者,则不一一数。"据此可见当两宋之际,在权贵之附庸风雅好与词人为往来的风气下,尤其像贾似道这样,每年寿词动逾数千的人物,梦窗集中偶然留有给他的几首小词,实在是不足深怪的事。而且如果以梦窗和其他与贾似道往来的词人相较,则梦窗既未曾如廖莹中、翁孟寅辈之以词干禄希宠,而且梦窗之寿词也仍自有其高华闲雅之品格在,而不像周密《齐东野语》所载的当时获首选之作如陈惟善之《合宝鼎》、陆景思之《甘州》、郭应酉之《声声慢》诸作之一味逢迎呓语,夏氏《系年》曾评梦窗云:"交游皆一时显贵,……而竟潦倒终身,……今读其投献贵人诸词,亦但有酬酢而罕干求。"又云:"梦窗以词章曳裾侯门,本当时江湖游士风气固不必诮为无行,亦不能以独行责之。"所评颇为公允。

总之梦窗该只是一个有才情的锐感的词人,在他的心中,圣贤节义的观念与科举仕进的观念同样地并不强烈,如果从其词中所闪烁的心焰来看,我们可将之归纳为几点特色:一是对高远之境界的向往。梦窗词好从高远之处落笔,如前所说《齐天乐》词之"三千年事残鸦外",《八声甘州》之"渺空烟四远",固无论矣,他如《金缕曲》之"乔木生云气",《惜秋华》之"思渺西风",《凄凉犯》之"空江浪阔",《瑞鹤仙》之"乱云生古峤",都可为证。这还是仅就其开端举例而已。至于以高远之笔作结者,则如《八声甘州》之"秋与云平",《霜叶飞》之"翠微高处",《水龙吟》之"棹沧波远",《暗香疏影》之"澹墨晚天云阔",《秋思》之"路隔重云雁北",《丑奴儿慢》之"相扶轻醉,越王台上,更最高层",都是从高远之处作收尾的。昔周济《介存斋论词杂著》评史达祖之词云:"梅溪词中喜用'偷'字足以定其品格。"而《史记·屈原列传》则赞美屈原说"其志洁,故其称物芳",从作者所爱用的笔法和辞语来推断一个作者的品格及心灵之境界,大体上是不错的。梦窗词中,一般说来他所感人的还不仅只是写出了一幅高远的景物而已,而是其中所隐隐透露着的对一份不可知的超远之境界的向往,而这种向往的本身,乃是特别属于一些有理想有境界的作家所共有的特色。至于他们所真正向往的究竟是什么,则又往往不可具言。但总之这种向往绝不会发自一个庸俗鄙下的灵魂则是可以断言的。这是从梦窗词中所看到的其闪烁之心焰的第一点特色。再则梦窗词中充满了对此尘世之无常的盛衰悲慨,如前所说《齐天乐》之"逝水移川,高陵变谷",《八声甘州》之"问苍波无语,华发奈山青",当然都是极明显的吊古兴悲的例证。此外如《水龙吟》之"几番时事重论,座中共惜斜阳下",《齐天乐》之"问几阴晴,霸吴平地漫今古",《西平乐慢》之"歌断宴阑,荣华露草",《瑞龙吟》之"东海青桑生处,劲风吹浅,瀛洲清泚"及"露草啼清泪""今古秋声里",《高阳台》之"青春一梦荒丘。年年古苑西风到,雁怨啼、绿水葓秋",这些尚不过只是一般泛泛的感慨而已,至如《古香慢·赋沧浪看桂》一首所悲慨的"残云剩水",《三姝媚·过都城旧居》一首所悲慨的"紫曲门荒",则更是有着极深切的一份家国之恸,从这些词句,我们都可以看到梦窗从一己之时代扩大而至于对整个人世之盛衰战乱的感慨哀伤。他在《木兰花慢·重游虎丘》一首中曾写有"惊翰。带云去杳,任红尘、一片落人间"之句,带云而去的"惊翰"正像梦窗另一面飞扬高举的向往,然而那真是苍茫杳渺、迥不可得的境界,而落在人间的则只是一片"红尘"而已,而这一片"红尘"便正是吾人所生活在其中的悲苦的污浊人世。对人生有如此悲感的认识,这是从梦窗词中所看到的其心焰所闪烁着的第二点特色。这种特色糅合隐现着对尘世之无常的"悲"的感慨与"智"的觉悟,也决不是属于一个庸俗鄙下的心灵所可能具有的。除此两点特色外,梦窗词中所具体叙述着的情事,其写得最多的乃是他在感情方面所曾经体认到的一份残缺和永逝的创痛。我在前面简单介绍梦窗之生平时,曾经提到过他在苏州曾有一妾,后遭遣去;他在杭州也有一妾,后则亡殁。一个生离,一个死别。关于这两次生离死别的前后详情我们虽已无从确考,然而从梦窗词中,我们却时时可以窥见其心灵中那一份伤损残缺的阴影,如其长调《莺啼序》一首所写的:"别后访六桥无信,事往花萎,瘗玉埋香,几番风雨……伤心千里江南,怨曲重招,断魂在否?"这真是对死亡所造成之离别的何等无奈的哀吟;又如其《六么令·七夕》一首所写的"人世回廊缥缈,谁见金钗擘。今夕何夕。杯残月堕,但耿银河漫天碧",则其所表现的又是何等盟誓无凭的长离永隔的哀伤。死别的固然是瘗玉埋香,离魂莫返,生离的则也有如银河互阻,再见无期。这种生死离别的哀感,在梦窗词中不时地流露着。综计起来,其词中表现有此种哀感之情的作品约有五十首左右之多,则梦窗用情之深挚也可以想见了。以一位有如彼高贵之心焰、有如此深挚之感情的词人,乃竟然因了人性上的某种软弱的根性,既为了求生存而出入于权贵之门做了曳裾的门客,又为了一点不甘寂寞之心而写了过多的酬应之作,更因了两宋权奸与词人之特殊的关系,在一时环境与风气的影响下,写下了四首赠贾似道的小词。昔杜甫《秋雨叹》一诗,咏一株"着叶满枝翠羽盖,开花无数黄金钱"的资质美丽的决明,而悲慨于它将在风雨之中随百草以同时摧伤烂死,结尾曾经为之发出"临风三嗅馨香泣"的叹息。梦窗词馨香不泯,然而竟不幸因一时人性之软弱而留下了予后人以肆加诋毁之口实,则亦当为之三嗅而泣耳。

(原载《南开学报(哲学社会科学版)》1980 年第 1 期)

灵谿词说——论张孝祥词

缪　钺

清旷豪雄两擅场，苏、辛之际此津梁。

酒酣万象为宾客，肯向尘寰较短长。

中原遗老望霓旌，极目长淮恨未平。

激励重臣能罢席，乐歌一曲振天声。

张孝祥是南宋初年著名的文学家，他虽然只活了三十八岁（1132—1169），但是所作的古文、诗、词，都有英姿奇气。他的全集名《于湖居士文集》，其中长短句的词将近二百首；单行本称《于湖词》，在宋词的发展中占有重要地位。张孝祥词的特点是什么呢？宛敏灏先生说："于湖词之风格，在苏、辛之间，盖兼有东坡之清旷与稼轩之雄豪，前者以其才气相似，后者则受时代影响。"（见所著《张于湖评传》第七章《词论》，1949 年贵阳文通书局版）这个论断是很中肯的。

苏东坡作词，开创了豪放的风格（这在全部苏词中仅占一小部分），一新天下耳目，但在当时并未产生多大影响。秦观是当时杰出的词人，也是苏门四学士之一，与苏东坡交谊密切，但是秦观填词仍然是继承花间、南唐之遗风，兼受柳永的影响，而并未走东坡的道路。在北宋末年的词坛上，周邦彦仍以富艳精工之作被推为大宗。南宋初年陈与义的《无住词》，论者谓其"可摩坡仙之垒"，然而他是余事填词，所作甚少,也并非有意要学东坡。我在《论陈与义词》中已有所论述,兹不复赘。直到张孝祥出,才是第一个有意学苏东坡词而又卓有成就的人。

苏东坡天才卓越,襟怀超旷,他从事文艺创作,"每事俱不十分用力,古文、书、画皆尔,词亦尔"(周济语,见《介存斋论词杂著》)。所以苏东坡的文学作品,都是才华发越,自然挥洒,与"闭门觅句陈无己"(黄庭坚诗句)等诗人之惨淡经营不同。因此,如果无有与东坡相近的天才、襟抱,而想勉强学步,是难以成功的。

张孝祥恰好有与苏东坡相近的天才、襟抱,所以他的作品也就很容易与苏相近,而张孝祥本人也是有意要学苏东坡的。关于这一点,张孝祥的门下士谢尧仁所作《张于湖先生集序》中说得很清楚。此序开头即说"文章有以天才胜,有以人力胜",而张孝祥的文章"如大海之起涛澜,泰山之腾云气……是亦以天才胜者也"。又说:"先生气吞百代,而中犹未慊,盖尚有凌轹坡仙之意。"下边叙述张孝祥帅长沙时曾将自己的《水车》诗问谢尧仁:"此诗可及何人?"谢尧仁直言说,此诗虽很像东坡,然相去却尚有一二分之劣尔。文中最后又说:"是时先生诗文与东坡相先后者已十之六七,而乐府之作,虽但得于一时燕笑咳唾之顷,而先生之胸次笔力皆在焉。今人皆以为胜东坡,但先生当时意尚未能自肯。"这一篇序,对于了解张孝祥文学创作的特点,是很重要的资料。它说明张孝祥天才极高,在文学创作上有意要直追苏东坡,但只能得其十之六七。至于乐府词作,虽是"得于一时燕笑咳唾之顷,而先生之胸次笔力皆在焉",当时人"皆以为胜东坡"。

我们再证以其他文献资料,可见谢尧仁序中之言确是实录。陆世良是张孝祥的晚辈,与孝祥熟识,他所作《宣城张氏信谱传》中说,张孝祥"文章俊逸,顷刻千言,出人意表"。张孝祥的从弟张孝伯所撰《于湖集序》说:"每见于诗、于文、于四六,未尝属稿,和铅舒纸,一笔写就,心手相得,势若风雨。……良由天才超绝,得之游戏,意若不欲专以文字为事业者。"汤衡所撰张孝祥《紫微雅词序》说张孝祥:"平昔为词,未尝著稿,笔酣兴健,顷刻即成,无一字无来处,如'歌头''凯歌'诸曲,骏发蹈厉,寓以诗人句法者也。"(黄昇《中兴以来绝妙词选》卷二"张安国"条下引)叶绍翁《四朝闻见录》乙集"张于湖"条说张孝祥:"尝慕东坡,每作诗文,必问门人曰:'比东坡何如?'门人以过东坡称之。虽失太过,然亦天下奇男子也。"

下边,我们先看张孝祥的一首最著名的《念奴娇·过洞庭》词:

> 洞庭青草,近中秋、更无一点风色。玉鉴琼田三万顷,著我扁舟一叶。素
> 月分辉,明河共影,表里俱澄澈。悠然心会,妙处难与君说。
>
> 应念岭海经年,孤光自照,肝胆皆冰雪。短发萧骚襟袖冷,稳泛沧浪空阔。
> 尽吸西江,细斟北斗,万象为宾客。扣舷独笑,不知今夕何夕。

张孝祥于孝宗乾道元年(1165)为广南西路经略安抚使(治所在桂林),次年六月,罢官北归(据宛敏灏《张于湖评传》第五章《年谱》)。据其所作《书怀》诗(《于湖集》卷五)自述本年行踪,是"七夕在衡阳,九日在蕲州",则过洞庭湖,正是近中秋之时。此词盖是时所作,因新从广南西路罢任归,故有"应念岭海经年"之语也。

词中上半阕叙写在中秋前夕泛舟洞庭,月色湖光,辉映澄澈,于是"悠然心会,妙处难与君说",与陶渊明诗"此中有真意,欲辨已忘言"之意相似,但是其所寄寓之感慨则又有所不同。陶渊明是超旷的玄思,而张孝祥则是政治的感愤。南宋孝宗初年,在对金和与战的问题上,朝廷议论纷纭。宰相中汤思退主和,张浚主战。张孝祥登第,出汤思退之门,思退也颇提拔他;张浚志在恢复,孝祥赞同,张浚也推荐他。张孝祥在孝宗召对时,痛陈国家萎靡之弊,并且说:"靖康以来,惟和、战两言,遗无穷祸,要先立自治之策以应之。"又陈二相当同心协力,以副陛下恢复之志。于是论者遂谓孝祥出入二相之门,两持其说(陆世良《宣城张氏信谱传》)。孝祥词中这两句,可能是慨叹他顾全大局的苦衷不为世人所理解。

下半阕换头三句,是发抒感愤。张孝祥的政治见解既不为世人所理解,而又牵涉于汤思退与张浚两人的矛盾之间,所以仕途也是坎坷不平的。孝宗隆兴二年(1164),他以张浚之荐入对,除中书舍人,迁直学士院,兼都督府参赞军事,任建康留守,不久即被劾落职。乾道元年(1165),复集英殿修撰,知静江府、广南西路经略安抚使,"治有声绩",但是次年又被劾罢官。张孝祥对此不免有所愤慨,所以说:"应念岭海经年,孤光自照,肝胆皆冰雪。"但是张孝祥是能够排遣的,在月夜泛舟洞

庭时，"尽吸西江，细斟北斗，万象为宾客"，胸怀开朗，将自己融合于广阔的宇宙之中，小小的仕途间的升沉得失，又何必介意呢？这种襟怀也是与东坡相似的。

魏了翁跋此词真迹说："张于湖有英姿奇气，著之湖湘间，未为不遇，洞庭所赋，在集中最为杰特。方其吸江斟斗、宾客万象时，讵知世间有紫微青琐哉？"（《鹤山大全集》卷六十）王闿运称赞此词说："飘飘有凌云之气，觉东坡《水调》，犹有尘心。"（《湘绮楼词选》）这些都是中肯之论。至于陈应行《于湖雅词序》说张孝祥："托物寄情，弄翰戏墨，融取乐府之遗意，铸为毫端之妙词，……读之泠然洒然，真非烟火食人语。予虽不及识荆，然其潇洒出尘之姿，自在如神之笔，迈往凌云之气，犹可想见也。"则是就张孝祥超旷之词而想见其为人者。

此外，张孝祥所作超旷之词有《水调歌头·泛湘江》《水调歌头·金山观月》《水龙吟·望九华山作》《西江月·问讯湖边春色》《菩萨蛮·夜坐清心阁》《菩萨蛮·舣舟采石》等。其中佳句，如："买得扁舟归去，此事天公付我，六月下沧浪。蝉蜕尘埃外，蝶梦水云乡。"又如："回首三山何处，闻道群仙笑我，要我欲俱还。挥手从此去，翳凤更骖鸾。"又如："夜航人不渡，白鹭双飞去。待得月华生，携筇独自行。"都是有凌云之气的。

张孝祥是主张抗击金兵、恢复中原的。当时有人认为他出入于主和派汤思退及主战派张浚之门而"两持其说"，这实在是一种误解。他的《于湖词》中有不少发抒壮怀、悲愤激昂的作品，下开辛稼轩。这类词中最脍炙人口的一首即是《六州歌头》：

长淮望断，关塞莽然平。征尘暗，霜风劲，悄边声。黯销凝。追想当年事，殆天数，非人力；洙泗上，弦歌地，亦膻腥。隔水毡乡，落日牛羊下，区脱纵横。看名王宵猎，骑火一川明。笳鼓悲鸣，遣人惊。

念腰间箭、匣中剑，空埃蠹，竟何成？时易失，心徒壮，岁将零。渺神京。干羽方怀远，静烽燧，且休兵。冠盖使，纷驰骛，若为情？闻道中原遗老，常南望、翠葆霓旌。使行人到此，忠愤气填膺，有泪如倾。

这首词大概是张孝祥在隆兴二年为建康留守时所作。宋孝宗即位之初,有志恢复,隆兴元年,用张浚之议,出兵攻金,初虽获胜,其后大败于符离。于是朝廷之中和议又起。八月,遣卢仲贤赴金议和,继复遣王之望。主战派张浚等虽抗疏反对,然宰相汤思退力主和议,孝宗犹豫不决,而趋向于和。张孝祥对此盖极为愤慨,故作此词。词中上半阕伤中原沦陷,胡骑纵横;下半阕说自己虽有恢复之壮志,而岁月蹉跎,朝廷软弱,屡遣使议和,使中原遗民失望,忠愤之士,当此际唯有痛哭而已。这首词的情感极为悲壮激昂,而词中许多三字句连接而下,亦增加了紧锣密鼓的激烈声情。《历代诗余》卷一一七引《朝野遗记》说,张孝祥"在建康留守席上作《六州歌头》,张魏公(按,即是张浚)读之,罢席而入",可见其感人之深。刘熙载亦说:"张孝祥安国于建康留守席上赋《六州歌头》,致感重臣罢席。然则词之兴、观、群、怨,岂下于诗哉!"(《艺概》卷四)这首词确实表现了南宋人民抗战杀敌、恢复中原的"心声"。

当宋高宗绍兴三十一年(1161),金主完颜亮大举南侵,连攻淮南诸州,进据扬州,欲从采石矶渡江,吞并宋朝,虞允文率师败金兵于采石,阻其南渡。这一战役,关系到南宋的安危存亡。张孝祥听到这一胜利消息之后,非常兴奋,作《水调歌头·和庞佑父》以志喜。这首词上半阕叙写闻采石大捷后的兴奋心情:"湖海平生豪气,关塞如今风景,剪烛看吴钩。剩喜燃犀处,骇浪与天浮。"下半阕则宕开去说,借用周瑜在赤壁击败曹操、谢玄在淝水打退苻坚的英勇战迹以比况虞允文而加以称赞,篇末归结到自己恢复中原之壮志。其词是:

> 忆当年,周与谢,富春秋。小乔初嫁,香囊未解,勋业故优游。赤壁矶头落照,淝水桥边衰草,渺渺唤人愁。我欲乘风去,击楫誓中流。

全词笔势顿宕,韵味深永,忽而说今,忽而说古,又都联系到自己,在忠愤激壮之中表现出风流倜傥的气概,这是张孝祥词的特长。词体是有其特质的,即便是作壮词,也需要能保持词的韵味与意境,率直粗犷,不足取也。

孝宗乾道四年(1168),张孝祥为荆南湖北路安抚使(治所荆州,今湖北江陵),

"内修外攘,百废俱兴,虽羽檄旁午,民得休息,筑寸金堤以免水患,置万盈仓以储漕运"(《宣城张氏信谱传》),这时他作了一首《浣溪沙·荆州约马举先登城楼观塞》:

> 霜日明霄水蘸空,鸣鞘声里绣旗红。澹烟衰草有无中。
>
> 万里中原烽火北,一尊浊酒戍楼东。酒阑挥泪向悲风。

张孝祥在这首小令中发抒其登荆州城楼,北望中原,临风洒泪的豪情壮志。在《浣溪沙》调中,亦是大声镗鞳之作。

总之,张孝祥在南宋初期词坛中,所作兼有清旷与豪雄两种长处,上承东坡,下开稼轩,在词的发展史中有相当重要的地位。

(原载《四川大学学报(哲学社会科学版)》1984 年第 1 期)

论黄震理学思想的时代特色及其历史地位

张　伟

　　黄震(1213—1281),字东发,浙江慈溪人,南宋末年浙东最著名的理学家之一,他一方面师承程朱之学,另一方面由于受到民族危亡的刺激,其理学思想具有比程朱更为积极的东西,对后来产生了较大影响。本文试就黄震理学思想的基本内容、时代特色和对四明地区朱子学的传播等问题,作些探讨。

一、黄震理学思想的基本内容

　　黄震一生力主躬行,反对空言,故传世著作并不多,除《古今纪要》及其《逸编》、《戊辰修史传》外,只有《黄氏日抄》。《日抄》成书于晚年,其内容又皆"反复发明,务求其是"而成,因此,该书堪称其代表作,也是我们研究黄震理学思想的主要依据。下面,笔者试就理学的基本范围,对黄震的思想作些阐述。

　　本体观。黄震认为:"理固无所不在。"[①]"理虽历万世而无变。"[②]"流行天地间,

---

① 黄震:《黄氏日抄》卷八二《临汝书堂癸酉岁旦讲义》。
② 黄震:《黄氏日抄》卷四〇《读东莱先生文集》。

贯彻古今而无不同者,理也。"①这与朱熹"此理之流行,无所适而不在"②,"理为不生不灭"③的主张并无丝毫差别。

黄震也十分强调"道在事中"这一命题,认为"道即理"。他解释说:"粲然于天地间者皆理也。不谓之理而谓之道者,道者,大路之名,人之无有不由于理,亦犹人之无有不由于路。谓理为道者,正以人所常行,欲人之晓然易见,而非超出人事之外,他有所谓高深之道也。"因此,"大之为三纲五常,细之为万事万物,无非此道"。④

由此可见,黄震与程、朱等理学家一样。把"理"或"天理"视为绝对观念实体,自然界万事万物之源,作为无始无终、不生不灭的永恒存在。这就不可避免地陷入客观唯心主义的泥坑。他的"道在事中"这一命题,归宿总点仍然落在封建道德伦常上,这与程、朱的理非虚而实、理在日用之间的看法是完全相吻合的。其目的无非是使现实的专制政治"天理"化,把封建伦理纲常神圣化,体现了一个理学家的当行本色。

人性论。黄震继承了程、朱客观唯心主义的性理观。他说:"性本指人物之所禀赋,然不得不推所赋之实理为说,故曰:'性即理也。'"⑤他赞同由张载提出,尔后为程、朱所沿用的关于天地之性与气质之性的观点,并盛誉这一观点为"尤自昔圣贤之所未发,警教后学。最为切至者也"⑥。在他看来,孔子性论已包举大端,完整无瑕。他对朱学后辈热衷于谈性甚为不满,"学者亦学夫子而已。夫子未尝言性,言性止此一语,何今世学者言性之多也。无亦知其性之相近而戒其习之相远可乎?"并要求那些侈谈性与天道者"退而自省"。⑦

---

① 黄震:《黄氏日抄》卷五《读尚书》。
② 朱熹:《朱文公文集》卷七〇《读大纪》。
③ 黎靖德:《朱子语类》卷一二六《释氏》,北京:中华书局,1986年,第3007页。
④ 黄震:《黄氏日抄》卷八二《临汝书堂癸酉岁旦讲义》。
⑤ 黄震:《黄氏日抄》卷二五《读礼记》。
⑥ 黄震:《黄氏日抄》卷三三《读横渠语录》。
⑦ 黄震:《黄氏日抄》卷二《读论语》。

性命之说是理学思想体系中的一个重要环节,黄震自然无法回避。他称赞程、朱等人对人性的阐发,其间又提出了自己的看法,体现了其理学思想中的时代特色。

认识论。黄震赞同程、朱的"格物致知"论。在认识主体的涵养功夫上,黄震极力维护程、朱的居敬说,他说:"礼不先于克己,礼将何自而复?学不先于敬,己私又何自而克!"①他视"敬"为克"己私"的先决条件,认为只有"敬"才能克"己私",终而达到"复礼"之目的。同时,黄震又把"敬"与"忠恕"、"礼"与"理"相等同,认为"忠恕既尽,己私乃克,此理所在,斯能贯通"②。这就使居敬说与孔子的"克己复礼"结合在一起,为宋儒的天理观找到了理论依据。不仅如此,黄震还认为,"敬也者,尧、舜、禹、汤、文、武、周公、孔子以来相传之说,非程子自为之说也"③,从而为程、朱的居敬说编造了历史根据。

黄震在继承程、朱认识论的同时,也提出了自己的观点。首先,他力反"静坐养心"说。黄震认为"心者,吾身之主宰,……所以治事而非治于事,惟随时谨省,则心自存正,不待治之而后齐一也"。即作为认识主体的"心",是治事而非役于事。那种"瞑目株坐,日夜仇视其心而禁治之"的做法,只能是"治之愈急,而心愈乱"④。他进一步指出,那完全是佛氏"绝意念"和庄子"死灰其心"的佛、道修养功夫⑤。在这里,黄震批评的直接对象是程、朱后学,而非程、朱本人。

其次,黄震强调学而知,反对程、朱的"生知"论。在为圣的过程中,程、朱都反复论述了"学"的重要性,然而,他们不约而同地视孔子为生而知之者。黄震认为,上述议论"皆因待圣人过高,谓圣人不待学故也"。从而明确提出:"圣人亦与人同耳。"⑥言下之意,"圣人"同众人一样,也是由学而知,也有积累之渐的过程。由此,

---

① 黄震:《黄氏日抄》卷六八《读叶水心文集》。
② 黄震:《黄氏日抄》卷八二《临汝书堂癸酉岁旦讲义》。
③ 黄震:《黄氏日抄》卷六八《读叶水心文集》。
④ 黄震:《黄氏日抄》卷八六《省斋记》。
⑤ 黄震:《黄氏日抄》卷二《读论语》。
⑥ 黄震:《黄氏日抄》卷二《读论语》。

他对石介"孔子固学于人而后为孔子"①的观点表示赞同,这就彻底否定了程、朱等人关于圣人生而知之的谬论。

再者,在知行关系上,黄震提出了"言之非艰,行之为艰"的躬行主张。程、朱在论述知行关系时,都强调知先行后,然在知行何者为重的问题上,由于其侧重点不同而有所差别。二程出于建筑理学的"高深"理论体系需要,提出:"君子以识为本,行次之。"②朱熹从践履封建伦理纲常的重要性角度考虑,提出:"行重知轻。"但同时朱熹认为,知行之间起着"互相发"的功能。故"致知、力行,用功不可偏唯"③。黄震曾把朱子的知行观归结为知行并进,可谓得朱熹意旨。他认为:"理有自然,本不待言。四时行,百物生,天不待言而有自然之运化,大之为三纲五常,微之为薄物细故,人亦不待言而各有自然之准则。"因此,他坚决反对空言。但黄震多少意识到"知"在一定条件下的指导意义;故又说:"必使先明义理,别白是非,然后见之躬行,可免陷入异端之弊。"④正因如此,他对陆九渊把讲学穷理皆视为异端邪说提出质疑,认为"讲学本孔子之事,而穷理又《大易》之言也"⑤。由此,我们可以窥见黄震的知行观:他与程、朱一样,在知行关系上,也是知先论者,这是由他们共同的格物致知的认识论所决定的;而在知行何为重的问题上,黄震认为知的终极在行,行重于知。不难发现,黄震的行重于知思想远比朱熹要来得强烈,这是由他们所处时代不同而造成的。这一差异,恰恰是黄震在新的历史条件下对朱熹知行观的发展,而非修正。

义利观。义利观实即伦理道德观。黄震于义利自有一番见解,他说:"《集注》惟载程氏之言,曰:计利则害义,命之理,微仁之道大,故皆罕言。愚按:自孟子不言利,世以利为不美字。而此章以利与命、仁并言,故世疑之。惟《或问》中晦庵言:

---

① 黄震:《黄氏日抄》卷四五《读石徂莱文集》。
② 程颢、程颐:《二程遗书》卷二五《畅潜道本》。
③ 朱熹:《朱子语类》卷九《论知行》。
④ 黄震:《黄氏日抄》卷八二《余姚县学讲义》。
⑤ 黄震:《黄氏日抄》卷四二《读陆象山文集》。

'利者,义之和,全于义则利自至;若多言利,则人不知义,而反害于利矣。……三者皆理之正,不可以不言,而忧深虑远,又不可以多言也。'此言似合入《集注》,可免世俗分轻重美恶之疑。"①在这里,黄震借引朱熹语以表达自己的义利观:第一,利非不美字,利与命、仁无轻重美恶之分;第二,义与利非惟不对立,且相兼容;第三,义与利两者不可偏废。很明显,黄震对程氏的义利论是不满的。其实,在义利问题上,黄震与朱熹的观点颇存差异,在朱熹义利观中,往往把利与欲相等同,而视之为"利欲之私"。② 我们不能不说,黄震的义利观是对程朱理学的一个重大修正,在"世以利为不美字"的气氛下,这一观点也是相当大胆的。

与义利观相联系,黄震的理欲观也颇有己见。理即天理,黄震与程、朱的论述是一致的,毋须赘言。而于人欲,二程曾云:"不是天理,便是私欲。……无人欲即皆天理。"③朱熹也云:"圣人千言万语,只是教人明天理,灭人欲。"④总而言之,为存天理,人欲该灭,黄震则借用张栻之言以阐述自己的观点。张栻曾言:"君子亦岂无欲乎?而莫非天命之流行不可以人欲言!常人亦岂无一事之善哉?然其所谓善者未必非人欲也。"黄震对此大为赞叹,以为这是"本原上精明之言"。⑤ 很清楚,在黄震的理欲观中,为明天理,"己私"当克,而人欲乃君子与常人皆有,未必尽不善,故天理与人欲不一定对立。这就在某种程度上肯定了人欲的客观性和合理性。这与程、朱的理欲观还是有很大差别。

道统论。为了与佛、道世系相抗衡,唐代韩愈曾炮制了一条所谓"尧、舜、禹、汤、文、武、周公、孔、孟"次第相承的儒家道统,这一道统,为以后的儒学家们所公认。黄震也是道统论者,而且,他视程、朱为道统的当然承继者,他称二程"发明孔、孟正学于千四百年无传之后"⑥,盛誉朱熹"精究圣贤之传,排辟异说,所力任者在

---

① 黄震:《黄氏日抄》卷二《读论语》。
② 朱熹:《朱文公文集》卷三六《答陈同甫》。
③ 程颢、程颐:《二程遗书》卷一五《入关语录》。
④ 朱熹:《朱子语类》卷一二《读书法下》。
⑤ 黄震:《黄氏日抄》卷三九《读南轩先生文集》。
⑥ 黄震:《黄氏日抄》卷三三《读程氏遗书》。

万世之道统"①。然而,他对道统具体内容的理解,又不同于程、朱。程颐曾对韩愈"柯之死,不得其传焉"一语猜测说:"似此言语,非是蹈袭前人,又非凿空撰得出,必有所见。若无所见,不知言所传者何事?"②朱熹则直截了当指出:"所谓'人心惟危,道心惟微,惟精惟一,允执厥中'者,尧、舜、禹、相传之密旨也。"③他们都把道统的内容理解为一种神秘的授受。黄震却深以为不然,他说:"所谓'传'者,前后相承之名也。所谓'道'者,即《原道》之书所谓其位君臣、父子,其教礼、乐、刑政,其文《诗》《书》《易》《春秋》,以至丝麻、宫室、粟米、蔬果、鱼肉,皆道之实也。"④如此,附在道统上的神秘光环就消失了。他进而指出,那种面相授受秘诀的观点,完全是受佛氏衣钵传世说影响所致。

我们认为,所谓儒家道统,完全是唯心主义的产物。黄震对道统的解释虽未能摆脱唯心主义的藩篱,但他在当时敢于对程、朱道统思想提出异议,还是有一定进步意义的。

总之,就黄震理学思想的基本框架而言,明显未摆脱程、朱的理论思想体系。我们有理由说,他是程朱理学的继承者。然而,在某些观点上,黄震的认识确也有别于程、朱。因此,他又是以程朱理学的修正者姿态出现。但这仅是同中之异,而绝非异中之同。

二、黄震理学思想的时代特色

黄震所处的时代毕竟有异于程、朱,南宋后期,民族矛盾和阶级矛盾交替上升,内忧外患极度严重,整个封建政权已处于风雨飘摇之中。作为一个有远见的政治家,黄震已清醒地意识到这一点,他以救国救民为己任,力图扶大厦于将倾。这一

---

① 黄震:《黄氏日抄》卷三九《读南轩先生文集》。
② 程颢、程颐:《二程遗书》卷一八《刘元承手编》。
③ 朱熹:《朱文公文集》卷三六《答陈同甫》。
④ 黄震:《黄氏日抄》卷五九《读韩文》。

强烈的忧患意识和爱国之情,同样贯穿于他的学术思想体系之中,从而使其理学思想具有鲜明的时代特色。

学宗朱子而不持门户,黄震为朱子传人,这已为学术界所公认,然究竟为几传,则颇存争议。清人章学诚认为,黄震为朱子再传。朱子之学,"一传为勉斋(黄榦)、九峰(蔡沈),再传而为西山(真德秀)、鹤山(魏了翁)、东发、厚斋(王应麟)"①。黄宗羲则视黄震为"晦翁四传"②。近人钱穆认定"黄震东发、王应麟伯厚,乃朱门三传"③。笔者倾向于黄宗羲的说法,即黄震为朱子四传。黄震师事王文贯,他曾自云:"震自幼蒙先父之教,常读晦庵《论语》,长师宗谕王贯道先生。"④据方志载:"王文贯,字贯道,鄞县人。早嗜学,与乡先生余端臣游。"⑤而余端臣"精毛氏诗。学宗庆源辅氏(广)以溯朱子之传。入太学,归,教授于乡。从游者常数十百人。若王文贯其最著者"⑥。可见,王文贯师事余端臣,而余端臣师事辅广。至于辅广,他曾"始从吕成公游,已问学于朱文公……与魏文靖公善,每相过,必出文公言语文字,雒诵移晷而去"⑦。可以断定,辅广先后师事吕祖谦和朱熹,但最终趋同于朱熹。这样,便形成了朱熹—辅广—余端臣—王文贯—黄震的师传体系。

作为朱子传人,黄震的学术思想自然倾向于程、朱,他称赞程、朱有功于孔子,有功于天下万世,并不遗余力地维护他们在儒家道统上的地位。然而,他并不囿于门户之见。他称颂张载"精思力践,毅然以圣人之事为己任,凡所议论。率多超卓"⑧;对在利欲观等诸问题上有独到见解的张栻,黄震也十分敬佩,称其"先生将命君父之间,誓诛仇敌,所历任者在万世之纲常"⑨。在对待心学大师陆九渊的态

---

① 章学诚:《文史通义》内篇三《朱陆》。
② 黄宗羲:《宋元学案》卷八六《东发学案》。
③ 钱穆:《朱子新学案·朱子提纲》,成都:巴蜀书社,1986 年,第 150 页。
④ 黄震:《黄氏日抄》卷二《读论语》。
⑤ 王元恭:《至正四明续志》卷二《人物》。
⑥ 徐时栋:《四明六志校勘记》卷四《佚文四·卷二·人物》。
⑦ 黄宗羲:《宋元学案》卷六四《潜庵学案》。
⑧ 黄震:《黄氏日抄》卷三三《读横渠语录》。
⑨ 黄震:《黄氏日抄》卷三九《读南轩先生文集》。

度上,更能体现黄震这一思想倾向。对自诩"独会孔孟之传"的陆九渊,黄震不乏贬讥之词;然而,对陆氏在讲解《论语·里仁》"君子喻于义,小人喻于利"章时提出的"以义利判别君子小人"的观点,黄震却赞叹不已,说"象山此时讲'君子喻于义,小人喻于利'。分别明白,至今读之,令人竦动"。甚至说"使象山更加之寿,则极高明,而道《中庸》,未必不与晦翁一也"①。我们知道,自鹅湖之会以后,朱、陆后学相互攻讦,渐成水火,于是"宗朱者低陆为狂禅,宗陆者以朱为俗学,两家之争各成门户,几如冰炭矣"②。黄震对此深表遗憾,他认为,鹅湖之会不过是诸儒切磋学术而已,其间出现争论,是由于陆氏一时意气用事,然"象山心平气定时,所言未尝不与诸儒同也"③,故"近世乃误以为朱、陆会争之地,甚者至立学以主陆,可叹也已"④。黄震注意到了朱、陆本质上的相同之处,因此,他想会同朱、陆,他虽没有也不愿看到朱、陆在方法论上的分歧,却反映了他对当时门户之争是极为反感的。黄震这一不持门户的学风,清人早已有所认识,四库馆臣指出,其解说经义,"或引请家以典朱子,或舍朱子而取诸家,亦不恃门户之见"。正由于黄震能博采众长而不守门户,其为学颇有所得,"盖震之学朱一如朱之学程,反复发明,务求其是,非中无所得而徒假声价者也"。⑤

卫正道,辟异端。所谓正道,即孔孟之道、儒家之道。作为一个醇儒,黄震坚信孔子之说可垂世而无弊,因此,他要求学者当以孔子为师,以孔子为准的。他对当时"诸儒翻倒得一新说,一方便归之为宗师"⑥的自立门庭之风极为不满,认为这是置孔子于不顾,名虽尊之,实则违之。由此可见,黄震之所以力反门户之见,与其卫道思想是紧密相关的,可以说,卫正道是黄震反门户之见的思想根源之所在。为恢弘儒家之道,黄震以排辟异端为己任。何谓异端?笼统地说,不合儒家之道者,均

---

① 黄震:《黄氏日抄》卷三五《读晦庵先生文集》。
② 黄宗羲:《宋元学案》卷五八《象山学案》。
③ 黄震:《黄氏日抄》卷四二《读陆象山文集》。
④ 黄震:《黄氏日抄》卷三四《读晦庵先生文集》。
⑤ 《四库全书总目》卷九二《子部·儒家类二》。
⑥ 黄震:《黄氏日抄》卷八五《回陈总领》。

可视其为异端。自唐朝韩愈以来,至两宋诸儒,皆视佛、道为异端。黄震继承了这一传统,认为就佛、道产生的根源来说,纯属无稽之谈,其说均为"邪伪者架空也"。他从维护封建政治伦理出发,猛烈抨击佛、道,认为只有予以彻底禁绝,才能"正纲常""富百姓""富军国"。① 同时,他更反对儒者借儒谈禅,认为:"以异端而谈禅,世犹知禅学自为禅学,及其以儒者而谈禅,世因误认儒学自为禅学,以伪易真,是非贸乱。"②"其说愈高,其术愈精,人见其儒也,习之不知已陷于禅,此其弊则又甚矣。"由于儒者谈禅具有极大的迷惑性和欺骗性,故其为祸更烈,为害更大。为此,黄震对那些"染于禅"者的批判更是不遗余力。他指责程门高弟谢良佐"自谓得伊川一语之救不入禅学,而终身常以禅之说证儒,未见其不入也"③,指责杨时"溺于老子之说","溺于方外之说","以禅学阴移正论",以致"间流于异端",④批评张九成文游僧徒某老,"借儒谈禅",企图"浸淫佛学于孔门正学"⑤。他也认为陆九渊"杂禅"。故四库馆臣总结说:"(黄震)大旨于学问排佛、老,由陆九渊、张九成以上溯杨时、谢良佐,皆议其杂禅。"⑥事实上,以正统自居的理学家,虽然视佛、道为异端邪说,但在建筑各自的理学思想体系时,都在不同程度上或多或少地吸收了佛、道丰富的思想资料和精深的思辨结构。宋儒在这种既排斥又吸收的过程中,难免出现一些"染于禅",甚至溺于佛、道的情况,他们或以儒证禅,或以儒说禅,把儒学与佛、道相混同,以致动摇儒学的正学地位,这正是以卫道自期的黄震所无法容忍的。

主践履,反空谈。黄震如此拳拳于卫道,其出发点和着落点便在践履。黄震认为,孔子《论语》二十摘,皆为学者"躬行而发"⑦,同时,他根据《论语·里仁》中的"君子欲讷于言而敏于行","古者言之不出,耻躬之不逮也"数语,得出结论:孔子之

---

① 黄震:《黄氏日抄》卷六九《戊辰轮对第二札》。
② 黄震:《黄氏日抄》卷八二《余姚县学讲义》。
③ 黄震:《黄氏日抄》卷四一《读上蔡语录》。
④ 黄震:《黄氏日抄》卷四一《读龟山先生文集》。
⑤ 黄震:《黄氏日抄》卷四二《读横浦日新》。
⑥ 《四库全书总目》卷九二《子部·儒家类二》。
⑦ 黄震:《黄氏日抄》卷八二《余姚县学讲义》。

教人在躬行。这就为他的躬行主张找到了理论根据。那么，对于程、朱等理学大家穷极性命义理又作何解释呢？这显然是一个棘手的问题。黄震认为，首先，探讨性理与躬行并不矛盾，因为"孝弟实行正从性与天道中来"，"凡言性之妙者。正为孝弟之实也"。不但不矛盾，且相辅相成，"正躬行者必精性理，精性理为正躬行设也"①。其次，程、朱言性与天道是出于不得已，因为自孔子殁后，异端之说横议，荡空之学肆行，此时不辟，必"误天下后世之躬行"，其患极大。为卫正道和救时弊，正本清源实属必要。然在先儒讲贯已精、析理已明的情况下，学者当"正其身之所行"。可是，某些朱子后学"掇拾绪余，增衍浮说，徒有终身之议论，竟无一日之躬行，甚至借以文奸，转以欺世"，以致造成社会"风俗大坏"。② 为此，黄震大声疾呼："今日之所少者，不在讲说，而在躬行。"③他甚至引用了张栻的观点，把言行相顾与否作为区别君子与小人的标准之所在，告诫后学辈要"日加警省"，而勿以"多言为能"。④ 他把宋初三先生编入读诸儒书之末卷，目的也是强调躬行，用心可谓良苦！

黄震所主张的躬行或践履到底是指什么？他说："躬行以孝弟为先。"⑤很清楚，所谓的躬行，实际上就是要求人们身体力行封建伦理纲常，自觉维护封建统治。黄震全力强调躬行，这固然有其阶级局限性，但有更深刻的社会背景。自度宗继位后，南宋政局江河日下，封建政权已濒临灭亡之缘。而统治集团仍文恬武嬉，陶醉于歌舞升平之中。黄震对此深感忧虑，他悲痛地指出："方今风俗潦倒，士大夫真有心于民命国脉者几人？"⑥他力劝度宗变革弊端，不要为表面的太平所迷惑，遂至于忘天下万世之虑；希冀士大夫能磨砺士节，重振纲常，挽南宋政权于将亡。这使其主践履思想具有积极的时代意义。

在两宋理学阵营中，虽不乏主践履的观点，然而，像黄震那样的强烈，那样的执

---

① 黄震：《黄氏日抄》卷八二《抚州辛未冬至讲义》。
② 黄震：《黄氏日抄》卷八二《余姚县学讲义》。
③ 黄震：《黄氏日抄》卷八二《抚州辛未冬至讲义》。
④ 黄震：《黄氏日抄》卷八二《余姚县学讲义》。
⑤ 黄震：《黄氏日抄》卷八二《抚州辛未冬至讲义》。
⑥ 黄震：《黄氏日抄》卷九五《祭江西提举省斋糜先生》。

着,却是绝无仅有的。可以说,主践履的思想充分反映了黄震理学的时代特色。

三、黄震与浙东四明朱子学

宋室南渡后,政治、文化重心随之南移。又由于宋金对峙局面的形成,南宋政权亦趋稳定。这对业已发展的南方学风无疑起了推波助澜的作用。至孝宗乾道、淳熙间,鸿儒辈出,一时学风大盛,两宋理学的发展,遂进入了鼎盛时期。

对当时学术之盛况,黄震作了比较全面的概述:"乾、淳间,正国家一昌明之会,诸儒彬彬辈出而说各不同。晦翁本《大学》致知格物以极于治国平天下,工夫细密;而象山斥其支离,直谓即心是道。陈同甫修皇帝王霸之学,欲前承后续,力柱乾坤,成事业而不问纯驳。至陈傅良则又精史学,欲专修汉唐制度、吏治之功。其余亦各纷纷。而大要不出此四者,不归朱则归陆,不陆则又二陈之归。虽精粗高下难一律齐,而皆能自白其说,皆足以使人易知。"①然究其影响,当以朱学和陆学为显。而在当时的浙东,尤其四明地区,陆学则占统治地位。元人方回曾说:"王尚书应麟伯厚曾语予曰:'朱文公之学行于天下,而不行于四明,陆象山之学行于四明,而不行于天下。'"②说陆学"不行于天下"是言过其实,事实上,陆学和朱学在当时已并行于天下,"晦庵先生以义理之学阐于闽,象山先生以义理之学行于江西。……一时学士大夫雷动风从,如在洙泗,天下并称之曰朱陆"。③故时人有"临川陆学传四方"④之语。即便杨简,其文也在北境广为传诵,并被誉为"江南杨夫子"⑤。陆学影响之广,由此可见一斑。但说朱学"不行于四明",则客观地反映了浙东四明地区的学风。叶适曾说:"越人为其学(陆学)尤众。"⑥可以作为佐证。笔者认为,陆学所

---

① 黄震:《黄氏日抄》卷六八《读叶水心文集》。
② 方回:《桐江续集》卷三一《送家自昭晋孙自庵慈湖山长序》。
③ 刘壎:《隐居通议》卷一《朱陆》。
④ 袁桷:《延祐四明志》卷五《人物考中》。
⑤ 袁桷:《延祐四明志》卷四《人物考上》。
⑥ 刘壎:《隐居通议》卷一《水心论朱陆》。

以能盛行于四明,主要原因在于陆氏后学杨简、袁燮等人的积极倡导。王应麟曾说:"淳熙之舒(璘)、沈(焕)、杨(简)、袁(燮)诸公,以尊德性、求放心为根本,阐绎经训,躬行实践,学者知操存持养以入圣贤之域,四先生之功也。"①的确,对陆学在四明地区的流行,四先生传播之功可谓不小。其次,杨简、袁燮等均为朝廷达官,特别是杨简,曾为宰相史弥远师,其地位也足以羽翼其教。故一时士人闻风而起,"翕然而归之"②。这样,四明一带的士人,自然也就"祖陆氏而宗杨、袁,朱氏之学弗道也"③。朱熹弟子陈淳曾言:"浙间年来象山之学甚旺,由其门人有杨、袁贵显,据要津而唱之。"④此论可谓一语中的。

但到了南宋末年,四明学风发生了戏剧性的变化。原本无甚地位的朱学异军突起,开始流行于四明。而一度占主导地位的陆学,反倒隐而不显,以至"泯然无闻"⑤。这一根本性的变化,与当时的政治气候有关。理宗上台后,褒扬朱熹,崇尚朱学,甚至连科举考试也以朱熹对儒家经典的注释为准。上有所好,下必行焉,既然朱学可以成为猎取功名利禄的阶梯,士子们自然趋之若鹜。对此,陆学的忠实信徒刘壎看得十分清楚,他说:"晦庵殁,其徒大盛,其学大明,士大夫皆宗其说,片言只字,苟合时好,则可以掇科取士,而象山之学反郁而不彰。"⑥此论颇有见地。朱学的崛起,标志着陆学开始走向衰落。然而,朱学能够在四明地区最终取代陆学的统治地位,亦与黄震、史蒙卿、王应麟等人的传播有关。特别是黄震,在当时拥有很高的名望,陆学盛行之时,他不为时尚所动,"独崇朱氏学,其为文悉本之"⑦。他的倡导,对朱学在四明地区的流传起了极为重要的作用,明人谢肃曾说:"宋季,朱子理学既行于天下,而明士犹守杨文元、沈正献二公之说。及文洁先生慈溪黄公稽经

---

① 袁桷:《延祐四明志》卷十三《王应麟九先生祠堂记》。
② 黄震:《黄氏日抄》卷八五《回董瑞州》。
③ 王袆:《王文忠公集》卷三《送乐仲本序》。
④ 陈淳:《北溪大全集》卷二三《与陈寺丞师复书一》。
⑤ 黄震:《黄氏日抄》卷四二《读陆象山文集》。
⑥ 刘壎:《隐居通议》卷一《朱陆》。
⑦ 袁桷:《延祐四明志》卷五《人物考中》。

考史,一折衷于朱子。著书满家,于是士方翕然向风,尽变其所学。始知朱子有以继周、程而接孔、孟,实文洁有以倡之。"①黄震死后,其子孙绍承家学,继续传播朱子之学。其子儒雅、儒英和曾孙黄玠,恪守家训,授徒于明、越间,颇有名望,士而受业其门者,多有所为。私淑弟子陈径、杨维桢,均能得黄震学术思想之要旨,而尤长于史学,使师业得以光大。同时,黄震对程朱理学的修正,其思想价值也为明清之际的进步思想家们所重视,故今人以为:"就思想发展的流变来看,……黄震对程朱理学的修正,是与明清之际批判理学的思潮脉络相通的。"②

总之,朱子学能在浙东得以传播,黄震有着特殊的贡献,全祖望曾云:"四明之专宗朱氏者,东发为最。"③这实际上也充分肯定了黄震对浙东四明朱学的传播之功。与此同时,我们也可看到,在整个理学发展史上,黄震理学思想,无论在当时还是在以后,都有着不可低估的影响。

(原载《杭州大学学报(哲学社会科学版)》1996 年第 1 期)

---

① 谢肃:《密庵集》壬卷《黄菊东先生墓志铭》。
② 樊克政:《黄震对程朱理学的继承与修正》,《中国史研究》1984 年第 1 期。
③ 黄宗羲:《宋元学案》卷八六《东发学案》。

"甬上四先生"对象山心学的继承和张大

——以"心本论"为中心的考察

范立舟

方回曾言:"盖四明四先生沈端宪公(焕),早师事陆文达公(陆九龄),宜倅舒公(璘)。南轩(张轼)开端,象山(陆九渊)洗涤,而融会于东莱(吕祖谦),不专一家,为前辈。袁正献公(燮)后出,始专尚象山,而慈湖(杨简)又尝为史弥远师,故一时崇长昌炽,其说大行。"①这里讲的是,沈焕(1139—1191)师事陆九龄(1132—1180)和曾任宜州通判的舒璘,习得"提撕省察,悟得本心"的功夫,做到"临利害得失无忧惧心,平时胸中泰然无计较心"②。沈焕为学持宽容兼蓄态度,多次与婺学吕祖谦、吕祖俭讨论切磋,相互增益。全祖望称"相与极辩古今,以求周览博考之益。凡世变之推移,治道之体统,圣君贤相之经纶事业,孜孜讲论,日益深广,期于开物成务而后已"③。所以,"沈氏之学,实兼得明招(吕氏)一派"④。袁燮(1144—1224),"初入太学,陆九龄为学录,同里沈焕、杨简、舒璘亦皆在学,以道义相切磨。后见九龄弟

---

① 方回:《送家自昭晋孙自庵慈湖山长序》,《全元文》第 7 册,南京:江苏古籍出版社,1999 年,第 46 页。是处《全元文》校点者句读有误,笔者以己意正之。

② 黄震:《黄氏日抄》卷四二《陆复斋文集·与刘淳叟》,文渊阁四库全书本。

③ 全祖望:《鲒埼亭集外编》卷一六《竹洲三先生书院记》,《全祖望集汇校集注》,上海:上海古籍出版社,2000 年,第 1042 页。

④ 全祖望:《鲒埼亭集外编》卷一六《竹洲三先生书院记》,第 1043 页。

九渊发明本心之指,乃师事焉"①。杨简(1141—1225),"乾道五年(1169)举进士,授富阳主簿。会陆九渊道过富阳,问答有所契,遂定师弟子之礼"②。从学术渊源上看,沈焕与舒璘关系较为密切。全祖望曰:"杨、袁之年辈后于舒、沈,而其传反盛,岂以舒、沈之名位下之欤?"③同时他指出:"舒(璘)、沈(焕)之平实,又过于杨(简)、袁(燮)。"④舒璘青年时游太学,受业于张栻,后又从学陆九渊,兼综朱熹、吕祖谦。

"甬上四先生"有一个共同的特点,就是学术上转益多师,兼收并蓄;但作为学术核心观念的"心",则源自陆九渊及其兄弟。舒璘"尝自言渊源所自,曰:'南轩开端,象山洗涤,老杨先生(谓文元公父廷显)琢磨。'"⑤沈焕"试入太学,始与临川陆九龄为友,从而学焉"⑥。袁燮也是一样,"乾道初,入太学,时陆复斋九龄为学录,先生望其德容肃然,亟亲炙之。同里沈叔晦(焕)、杨敬仲(简)、舒元质(璘)皆聚于学,朝夕相切磨"⑦。杨简与陆九渊的学术渊源自不待言,清四库馆臣即说过:"宋儒之学,至陆九渊始以超悟为宗,诸弟子中,最号得传者,莫如杨简。"⑧"金溪之学,以简为大宗,所为文章,大抵敷畅其师说,其讲学纯入于禅。"⑨明代归有光的总结精辟而深刻,他说:"子静之门人,则杨简笃学力行,为治设施,皆可为后世法,清明高远,人所不及。而袁燮端粹专精,每言'人心与天地一本,能精思慎守,则与天地相似'。舒璘刻苦磨砺,改过迁善。沈焕人品高明,不苟自恕。朱子尝言,与子静学

---

① 《宋史》卷四百《袁燮传》,北京:中华书局,1977 年,第 12147 页。

② 《宋史》卷四百七《杨简传》,第 12289 页。

③ 黄宗羲著,全祖望补修:《宋元学案》卷七六《广平定川学案》,北京:中华书局,1986 年,第 2543 页。

④ 黄宗羲著,全祖望补修:《宋元学案》卷七六《广平定川学案》,第 2543 页。

⑤ 罗濬:《宝庆四明志》卷九《先贤事迹下》,《宋元方志丛刊》,北京:中华书局,1990 年,第 5106 页。

⑥ 《宋史》卷四百一十《沈焕传》,第 12338 页。

⑦ 黄宗羲著,全祖望补修:《宋元学案》卷七五《絜斋学案》,第 2525 页,

⑧ 永瑢:《四库全书总目》卷九六《子部六·儒家类存目二·杨子折衷》,北京:中华书局,1965 年,第 810 页。

⑨ 永瑢:《四库全书总目》卷一六〇《集部十三·别集类十三·慈湖遗书》,第 1377 页。

者游,往往令人自得。盖浙中尤尊陆氏之学,而慈湖其倡也。"①这里既讲到了"甬上四先生"对陆九渊的继承和张大,也特别提示了杨简在陆氏后学中的中坚地位。

一

在"甬上四先生"这里,"心"这一概念与陆九渊有什么相同与不同之处呢?

关于人心的本质,"甬上四先生"与陆九渊一样,继承了自孟子以来的性善论。陆学中人对于"本心"这一概念,经常提到的便是孟子的"四端说",如陆九渊在以"扇讼"启发杨简之前便说:"恻隐,仁之端也,羞恶,义之端也,辞让,礼之端也,是非,智之端也。此即是本心。"②袁燮也说:"人之本心,万善咸具,乍见孺子将入井,皆有怵惕恻隐之心,嗟来之食,宁死不受,是之谓本心。"③舒璘也称"此心之良,人所具有"④,"人之良心,本自明白"⑤。杨简则说:"经礼三百,曲礼三千,皆吾心所自有。于父母自然孝,于兄弟自然友恭,于夫妇自亲敬,于朋友自信。出而事君自竭忠,与宾客交际自然敬,其在乡党自谦恭,其在宗庙朝廷自敬。复者复吾所自有之礼,非外取也。"⑥在他们的眼里,此心既存,一切是非、善恶便不辩自明,一切事物的认识也是水到渠成之事:

> 苟此心之存,则此理自明,当恻隐处自恻隐,当羞恶,当辞逊,是非在前,自能辨之。⑦

> 此心常存善,则行之如履康庄;不善,则避之如避坑谷。⑧

---

① 归有光:《震川集》别集卷二下《应制策·浙省策问对二道》,文渊阁四库全书本。
② 陆九渊著,钟哲点校:《陆九渊集》卷三六《年谱》,北京:中华书局,1980 年,第 487 页。
③ 袁燮:《絜斋集》卷八《跋八箴》,文渊阁四库全书本。
④ 舒璘:《舒文靖集》卷上《竺硕夫妻舒氏圹志》,文渊阁四库全书本。
⑤ 舒璘:《舒文靖集》卷上《与楼大防(又)》。
⑥ 杨简:《慈湖遗书》卷二《复礼斋记》,文渊阁四库全书本。
⑦ 陆九渊著,钟哲点校:《陆九渊集》卷三四《语录上》,第 396 页。
⑧ 袁燮:《絜斋集》卷一〇《建宁府重修学记》。

夫人心至灵,是非善恶,靡不如之。①

这种"本心"从古至今,从圣贤到庶民,无不如此。所以陆九渊有诗云:"墟墓兴衰宗庙钦,斯人千古不磨心。"②杨简也说"某知人人本心,皆与尧、舜、禹、汤、文、武、周公、孔子同"③。舒璘也认为"圣贤之心同我心"④。袁燮更进一步加以发挥,将圣上之心与祖宗之心联系在一起:

> 夫崇宽大而本忠厚,此祖宗之心,圣上之心也。而奉承于下者,未必不失之严刻。裕州县以宽民力,此祖宗之心,圣上之心也。而奉承于下者,未必不厚于取民。其余庶事,惧或皆然,则大有戾于祖宗之训,是岂吾君之心哉!⑤

陆九渊认为,"心"不但具有千古相传、自足自善的特点,而且还是万事万物的本源,故而他提出了"心即理"这一重要的哲学命题。但陆氏同时又说:"此理充塞宇宙,天地鬼神,且不能违异,况于人乎?"⑥似乎"理"又是独立于"心"之外了。对此,杨简则不以为然,他认为正心则理见,顺理则事行,"理"虽然重要,却不具有本体性的意义,故而指出:

> 近世学者沉溺乎义理之意说,胸中常存一理不能忘舍,舍是则豁焉无所依凭,故必置理字于其中,不知圣人胸中初无如许意度,此曰"博文约礼",正谓三百、三千之礼,岂不易简,岂不中庸,岂非天下之至理?若必舍礼而言理,乃不知理。⑦

杨简将"心"理解为"明鉴",认为万事万物万理都是"鉴中象",而非独立于"心"之外:

---

① 袁燮:《絜斋集》卷八《跋陈宜州诗》。
② 陆九渊著,钟哲点校:《陆九渊集》卷二五《鹅湖和教授兄韵》,第301页。
③ 杨简:《慈湖遗书》卷三《学者请书》。
④ 舒璘:《舒文靖集》卷下《通太守张伯垓启》。
⑤ 袁燮:《絜斋集》卷二《代武冈林守进治要札子》。
⑥ 陆九渊著,钟哲点校:《陆九渊集》卷一一《与吴子嗣八》,第147页。
⑦ 杨简:《慈湖遗书》卷一一《家记五·论论语下》。

此心无体，虚明洞照，如鉴万象，毕见其中，而无所藏。①

人心至灵至神，虚明无体，如日如鉴，万物毕照，故日用平常，不假思为，靡不中节，是谓大道。②

杨简这种"心"如"明鉴"，无思无为，寂然不动的思想显然受到佛教的影响，但不可否认，杨简把"心"比作"鉴"，使得在"心"之外不再存在任何独立的"理"或"道"，避免了陆九渊思想上的一些内在矛盾。在此基础上，杨简将天地乃至一切事物归于同一"我"，不再有本质上的区别：

天地，我之天地；变化，我之变化，非他物也。

天者，吾性中之象；地者，吾性中之形。故曰："在天成象，在地成形。"皆我之所为也。

举天地万物万化万理皆一而已矣，举天地万物万化万理皆乾而已矣。坤者乾之两，非乾之外复有坤也。震、巽、坎、离、艮、兑，又乾之交错散殊，非乾之外复有此六物也，皆吾之变化也。③

杨简心学中最具代表意义的便是"心之精神是谓圣"一语，他借此表明了"心"的那种无思无为、寂然不动的状态，同时强调了"心"的至善至圣特性：

孔子曰："心之精神是谓圣。"人皆有是心，心未尝不圣，虚明无所不照，如日月之光，无思无为，而万物毕照。④

孔子又曰："心之精神是谓圣。"某知人人本心皆与尧、舜、禹、汤、文、武、周公、孔子同，得圣贤之言为证，以告学子，谓"吾心即道，不可更求"。⑤

赵灿鹏认为，"在慈湖的心学里，'心''神''精神'，名称不同，意谓则一，并与'易'

---

① 杨简：《慈湖遗书》卷二《昭融记》。
② 杨简：《慈湖遗书》卷三《学者请书（一）》。
③ 杨简：《慈湖遗书》卷七《家记一·己易》。
④ 杨简：《慈湖遗书》卷二《安止记》。
⑤ 杨简：《慈湖遗书》卷三《学者请书（一）》。

（易体）相等，具有本体的地位"，"心之精神是谓圣"是慈湖心学宗旨的基本内容。①

由"心之精神是谓圣"出发，杨简提出：

> 物有大小，道无大小；德有优劣，道无优劣。其心通者，洞见天地人物，尽在吾性量之中，而天地人物之变化，皆吾性之变化，尚何本末、精粗、大小之间？②

> 斯心即天之所以清明也，即地之所以博厚也，即日月之所以明、四时之所以行、万物之所以生也，即古今圣贤之所以同也。③

对此，岛田虔次总结说，杨简将陆九渊的"主观唯心论"极端化了，他实际上把陆九渊具体而生动的"心"变成了概念性的、静止的实体，而且将"心"铸造成带有宇宙原理式的、万物一体式的特征。④ 岛田认为，万物一体说有两种完全不同的类型，第一种类型以庄子、僧肇为其典型，将大小与有无的万物都看作是无差别的，这可以称作"万物齐一"；第二种类型主张以天地万物为自己的肢体，以天地万物的感受为自己的感受，程颢的理念可为代表，张载的"民胞物与"论最为精到。杨简所论，属于第一种类型，更具有形而上学的表现，与其说是儒家思想，还不如说是老庄或佛道思想式的。⑤ 事实上，不少宋人当时就认为陆九渊学说近乎佛学或禅宗，后人或直以为"象山之学，实流为禅，专以觉悟训学者。以我之觉，期子之觉，而诋斥濂溪周子，伊洛程子之学，有禅家呵佛骂祖意"⑥。四库馆臣也指出陆象山和杨简"引《易》以归心学，引心学以归禅学，务屏弃象数，离绝事物，遁于恍惚窅冥，以为不传之秘也"⑦。"陆学惟陆能为之，杨简以下，一传而为禅矣。朱学数传以后，尚有典

---

① 赵灿鹏：《"心之精神是谓圣"：杨慈湖心学宗旨疏解》，《孔子研究》2013 年第 2 期。

② 杨简：《杨氏易传》卷一《乾》，四明丛书本。

③ 杨简：《慈湖遗书》卷二《达庵记》。

④ 参见岛田虔次著，邓红译：《中国思想史研究》，上海：上海古籍出版社，2009 年，第 291—292 页。

⑤ 参见岛田虔次著，邓红译：《中国思想史研究》，第 290—291 页。

⑥ 陈栎：《定宇集》卷八《随录》，文渊阁四库全书本。

⑦ 永瑢：《四库全书总目》卷五《经部五·易类五·周易易简说》，第 31 页。

型。则虚悟实修之别也。"①

自陆九渊起,心学就强调主观性原理的高度自觉,表现出"本心"的特质。杨简"心之精神是谓圣",将"本心"的立场佛教化,"心""性""天"合而为一,突出了心的地位。事实上,杨简所说"曰心,曰精神,虽有其名,初无其体,故曰,神无方,易无体。非神自神,易自易,心自心也。是三名,皆有名而无体,莫究厥始,莫执厥中,莫穷厥终。天,吾之高。地,吾之厚。日月,吾之明。四时,吾之序。鬼神,吾之吉凶。其谓之合也,固宜。其谓之弗违也,又何疑?故大传亦曰:范围天地之化而不过,曲成万物而不遗"②,以及"物物皆吾体,心心是我思。四时非代谢,万说不支离"③,与禅宗标揭的"不识本心,学法无益。识心见性,即悟大意"④从内涵到形式都很切合,故而马端临即不以为然地说:"慈湖之学,专主乎心之精神,是谓圣。一语其诲人,惟欲发明本心,而有所觉。然称学者之觉,亦颇轻于印可。盖其用功偏于上达,受人之欺而不疑。"⑤

杨简弟子袁甫(蒙斋)对他的老师有过中肯的评价:"慈湖先生平生履践无一瑕玷,处闺门如对大宾,在暗室如临上帝。年登耄耋,兢兢敬谨,未尝须臾放逸。学先生者,学此而已。若夫掇拾遗论,依放近似,而实未有得,乃先生之所深戒也。差之毫厘,谬以千里,敬之哉!"⑥就此而论,将慈湖学说一概以禅学涵括之,的确有失公允。他的思想,既受到当时崇佛氛围的熏染,但也保留着儒家的底色。他接续和光

---

① 永瑢:《四库全书总目》卷一七三《集部二十六·别集类二十六·学余堂文集》,第 1521页。

② 杨简:《杨氏易传》卷一《乾》。

③ 杨简:《慈湖遗书》卷六《丁丑偶书》。

④ 慧能著,郭朋校释:《坛经校释》,北京:中华书局,1983 年,第 15 页。

⑤ 马端临:《文献通考》卷二一〇《经籍考三十七·慈湖遗书》,北京:中华书局,1986 年,第1728 页。然今人蔡仁厚对慈湖之学却多有回护之意。在征引慈湖《己易》后,其云:"慈湖此处所说,皆不失儒门义理之矩矱,而实亦发挥象山'宇宙即是吾心,吾心即是宇宙''此心同,此理同''人与天地不限隔''能尽此心,便与天同'之义。天道不外人道而立,易道易理亦不外吾心而别有所在。生生之谓易,易道生生,仁道亦生生。己之仁,己之本心,即是易也。故曰'己易'。"参见蔡仁厚:《宋明理学·南宋篇》,长春:吉林出版集团有限责任公司,2009 年,第 188 页。

⑥ 黄宗羲:《宋元学案》卷七四《慈湖学案》,第 2479 页。

大了象山心学,彻底消解了程朱理学的"理本论",使之与"心"之本体概念圆融,进而确立了心学体系的一元化,建立起真正意义上的心本体学说。

冯友兰曾说:"在陆九渊看来,实在只有一个世界,它就是心(个人的心)或'心'(宇宙的心)。"①尽管如冯氏所说:"在朱熹的系统中,认为心是理的具体化,也是气的具体化,所以心与抽象的理不是一回事。于是朱熹就只能说性即理,而不能说心即理。但是在陆九渊的系统中,刚好相反,认为心即理。"②但是,在陆九渊那里,"理"范畴在其理论体系中与"心"范畴很多时候又具有同等重要的价值与地位,如以为理是宇宙的根本法则,这就意味着也是吾心之根本原则,宇宙与吾心同属理的表现形态。"吾所明之理,乃天下之正理、实理、常理、公理,所谓'本诸身,证诸庶民,考诸三王而不谬,建诸天地而不悖,质诸鬼神而无疑,百世以俟圣人而不惑,者也。学者正要穷此理,明此理。"③"理"作为自然、社会的公理与法则,具有普遍性、贯通性的特质,它彻上彻下,以纲常伦理为主体的道德形上实存注入自然与历史的各个层面,成为一种权威主义的思想范型。陆九渊为现实的伦理道德规范寻找到了一种本体依据,他将伦理规范从社会推广至自然,又反过来以它来证明纲常伦理的天然合理性,使那种在特定的历史条件下形成的纲常伦理具有某种信仰的力量。陆九渊把本来仅属于伦理主体的道德规范提升为宇宙万物的终极实存,从而成为认识当下世界的精神参照和改造现实世界的最高权威。

陆九渊与闽洛之学的区别在于他融"理"于"心",一方面承认"理"充塞宇宙,具有外"吾心"而存在的特性;另一方面又认为"吾心"与"理"通融为一。陆九渊所理解的"心"即是一种伦理性的存在,道德行为即为这个实际存在的本质表现。心与理合,则此心与理一样,同是宇宙万物的终极本体;心与理等,则充塞宇宙的万物之理就在于心中。心即理,则道德实践的最后依据便植根于主观内在的心灵世界,心

---

① 冯友兰:《中国哲学简史》,北京:北京大学出版社,1996 年,第 264 页。
② 冯友兰:《中国哲学简史》,第 263—264 页。
③ 陆九渊著,钟哲点校:《陆九渊集》卷一五《与陶赞仲二》,第 194 页。

世界就是理世界。因此,陈钟凡甚至以为,陆九渊思想的本质可以以"惟理一元论"或"宇宙惟理说"涵括之。① 杨简对"心"的理解,贯穿着本体之心的内在理蕴。心作为宇宙之本根,内在于个体生命之中,"人皆有至灵至神至明之妙,即舜之所谓道心,而人不自知也"②。"此心人所自有也,不学而能也,不虑而知也,心之精神是谓圣,果如吾圣人之言也。"③心,不但具有普遍性,而且先天地具有超越性,"此心非物,无形,无限量,无终始,无古今,无时不然。"④"寂然无所有,忽焉而出,如思念外物外事,则远出直至于千万里之外,或穷九霄之上,或深及九地之下,又忽焉而入,如在乎吾身之中。"⑤最可贵的特性是,心自神自明,具备着先验的道德灵明,"道心发用,寂然不动,虽无思无为,而万物毕照,万理洞见,如日月之光,虽无心而毕照,天下岂一无所用其心力哉?"⑥"正吾此心,万理毕见,顺理而出,万事自行。不假调停,了无滞碍。"⑦"性即心,心即道,道即圣,圣即睿。言其本谓之性,言其精神思虑谓之心,言其天下莫不共由于是谓之道,皆是物也。孩提皆知爱亲,及长皆知敬兄,不学而能,不虑而知,非圣乎?"⑧杨简所理解的"心"睿智而明慧,洞彻而高明,且是天然生就的道德灵明,它的存在形式与乃师及前贤所描述的大不一样,"此心虚明无体象,广大无际量,日用云为,虚灵变化。实不曾动,不曾静,不曾生,不曾死。而人谓之动,谓之静,谓之生,谓之死,昼夜常光明,起意则昏、则非"⑨。这是一种"无实体"的存在,说明心虽虚明,但并非空无一物,"人心诚实无他,本体清明,本用神明,刚健中正,纯粹精一,乾元在斯,坤元在斯,有感有应,无不通矣"⑩。形而上的

---

① 陈钟凡:《两宋思想述评》,上海:东方出版社,1996年,第259—260页。
② 杨简:《慈湖遗书》卷二《贤觉斋记》。
③ 杨简:《慈湖遗书》卷二《申义堂记》。
④ 杨简:《慈湖遗书》卷一〇《家记四·论论语上》。
⑤ 杨简:《慈湖遗书》卷一四《家记八·论孟子》。
⑥ 杨简:《杨氏易传》卷一九《未济》。
⑦ 杨简:《慈湖遗书》卷五《邹德祥尊人墓铭》。
⑧ 杨简:《慈湖遗书》卷八《家记二·论书、诗歌》。
⑨ 杨简:《慈湖遗书》卷三《日本国僧俊芿求书》。
⑩ 杨简:《慈湖遗书》卷二《乐平县重修社坛记》。

本体之心展现于宇宙万物之中,开拓出活泼泼的自然世界和人文价值的世界。虚明无体的本心精深而圆融,"范围天地,发育万物",是这个有形世界的创造者。因此,陈钟凡认为,杨简"倡绝对自我说,以我之一心,为万法之根源,与释氏'万法惟心,心外无法'之说合"①。又说:"九渊援儒入释,说犹涵混,至(杨)简发挥透辟,足补其说之所未备。"②确为精辟之论。

杨简发挥了陆九渊心学思想的核心要义,使陆学成为与朱熹学说分庭抗礼的一个学派,延续至明代,经陈献章、王阳明等人的接续和发展,陆王心学方形成支配一代学术趋向的思潮洪流。通过对杨简易学的心学宗旨及学术价值的分析,我们也可以把握慈湖心学的本质及其对象山心学的发挥。

二

杨简也继承了陆九渊的易学思想,著有《杨氏易传》20 卷,《己易》1 卷。四库馆臣指出:"(杨)简之学出于陆九渊,故其解易,惟以人心为主,而象数事物,皆在所略。"③可谓切中肯綮。从易学学术史之视角审视,陆九渊完成了对易学的心学建构,以心释理,直认易、理、心三者同构,遂开杨简以心解易学说之先河,而杨简的心学易学说,亦最终建立起心学派的易学思想体系,并下启王阳明与近代熊十力的以自我意识为主轴的易学理论体系。四库馆臣也隐约地觉察出这一点:"考自汉以来,以老庄说易,始魏王弼。以心性说易,始王宗传及简。宗传淳熙中进士,简乾道中进士,皆孝宗时人也。顾宗传人微言轻,其书仅存,不甚为学者所诵习。简则为象山弟子之冠,如朱门之有黄榦。又历官中外,政绩可观,在南宋为名臣,尤足以笼

---

① 陈钟凡:《两宋思想述评》,第 273 页。
② 陈钟凡:《两宋思想述评》,第 274 页。
③ 永瑢:《四库全书总目》卷三《经部三·易类三·杨氏易传》,第 13 页。

罩一世,故至明季,其说大行。"①杨简在以邵雍、朱震为代表的象数派和以程颐、朱熹为代表的义理派之外,独树一帜。他不言义理,也不谈象数,而是专言"人心":"天地之心即道,即易之道,即人,即人之心,即天地,即万物,即万事,即万理,言之不尽,究之不穷,视听言动,仁义礼智,变化云为,何始何终,一思既往,再思复生,思自何而来,思归于何处,莫究其所,莫知其自。非天地之心乎?非道心乎?万物、万事、万理,一乎三乎?此尚不可以一名,而可以二名乎?通乎此,则变化万殊,皆此妙也。"②"易道不在远,在乎人心不放逸而已矣。"③杨简正是通过易道的阐发来揭明其心学思想主旨的。

在陆九渊的思想体系中,"本心"是最为核心的、基础的范畴,一切客体外物的形式和性质均不过是主体心理上的某种功能和意义,任何客体外物都不可能游离于主体意识而独立存在。同时,这个"本心"的实质内容不外是人们道德行为的价值自觉,"本心"作为一种具有伦理性的精神实体,它通过人的知觉作用、道德行为而把主观精神向外扩充,达于宇宙自然,因而具有了万物根源和世界本体的意义。所以陆九渊有"心即理"的结论。杨简则认为,"本心"的作用不限于此,它不仅具有伦理的实质内涵,而且,宇宙间的一切存在与一切变化及其变化之法则均为一心之产物:

> 心何思何虑。虚明无体,广大无际,天地范围于其中,四时运行于其中,风霆雨露霜雪动散于其中,万物发育于其中,辞生于其中,事生于其中。④

> 人皆有是心,是心皆虚明无体,无体则无际畔,天地万物尽在吾虚明无体之中。变化万状而吾虚明无体者常一也。……此虚明无体者,动如此,静如

---

① 《四库全书总目》卷三《经部三·易类三·杨氏易传》,第 13 页。王宗传著有《童溪易传》,视其与杨简出于一系,恐未必确切,其学说较杂,思想来源决非陆象山一家,故其说后亦湮没无闻。参见朱伯崑:《易学哲学史(中册)》,北京:北京大学出版社,1988 年,第 544 页。

② 杨简:《杨氏易传》卷九《复》。

③ 杨简:《杨氏易传》卷四《需》。

④ 杨简:《慈湖遗书》卷二《著庭记》。

此,昼如此,夜如此,生如此,死如此。①

这样,自然生命和世界万物已不可能是一种物质形态的存在,而只能是一种精神的折射,而作为主体精神的"心",则超越时空的界限,君临于天地万物之上:

> 《易》者,己也,非有他也。以《易》为书,不以《易》为己,不可也。以《易》为天地之变化,不以《易》为己之变化,不可也。天地,我之天地;变化,我之变化,非他物也。……夫所以为我者,毋曰血气形貌而已也。吾性澄然清明而非物,吾性洞然无际而非量。天者,吾性中之象;地者,吾性中之形。故曰:在天成象,在地成形。皆我之所为也。混融无内外,贯通无异殊。……吾未见夫天与地与人之有三也。三者,形也;一者,性也,亦曰道也,又曰《易》也,名言之不同,而其实一体也。……循吾本心以往,则能飞能潜,能疑能惕,能用天下之九,亦能用天下之六;能尽通天下之故,仕止久速,一合其宜,周旋曲折,各当其可,非勤劳而为之也,吾心中自有如是十百千万散殊之正义也。礼仪三百,威仪三千,非吾心外物也。②

这一表述,与陆象山"心即理"说显然不同,杨简的"心"已成为一个无所不包的最高实体,《杨氏易传》卷一《乾》释《文言》"大人与天地合其德"说:"天,吾之高;地,吾之厚;日月,吾之明;四时,吾之序;鬼神,吾之吉凶。"纷繁芜杂的客体世界本质上不过是千姿百态、变化无常的心境的折射,这样,到杨简这里,乃师"本心"说已被发展成"唯心"或"唯我"之论。③ 依据这种论调,杨简在《杨氏易传》中解释了许多卦爻辞的涵义,如其释"乾"卦初九爻辞"潜龙勿用"云:"人之所以不能安于下而多有进用之意者,动于意而失其本心也。"④人才所以有"潜龙勿用"之处境,乃是因为"阳气

---

① 杨简:《慈湖遗书》卷二《永堂记》。

② 黄宗羲:《宋元学案》卷七四《慈湖学案》,第 2467—2468 页。

③ 崔大华《南宋陆学》曾简约叙述这种思路历程,北京:中国社会科学出版社,1984 年,第142—148 页。

④ 杨简:《杨氏易传》卷一《乾》。

在下",此时应"寂然安于下",耐心地等待时机,"不能安于潜而有欲用之意者,必获咎厉,必凶,是谓失易之道"。① 如前所述,"易之道"就是"人之心",就是"本心",离失"本心",后果可想而知。杨简在释"坤"卦六二爻辞"直方大,不习,无不利"说:"曰直,曰方,皆所以形容道心之言,非有二理也。此道甚大,故曰直方大。此道乃人心之所自有,不假修习而得。"②"道心"或曰"本心"浑然天成,犹如孟子所云之良知良能,不假后天的修为,自然是善之根、仁之端。人心既然是善,何以有恶? 陆九渊以"气有所蒙,物有所蔽,势有所迁,习有所移。往而不返,迷而不解,于是为愚为不肖"③,也就是本心常为私欲与偏见所遮蔽来解释恶的来源,这等于是将恶的来源排除在主观意识之外;而杨简从其"唯心"("唯我")的视角出发,则认为这实际上是承认了物我对立的观点,并未将"本心"说贯彻到底。他甚至认为陆九渊的"发明本心"就是一种"造意"的做法,"清心、洗心、正心之说行,则揠苗非徒无益,而又害之"。④ 杨简在修养论上持"反观"之论,据说这种修养工夫论是其父所传:

> 某之行年二十有八也,居太学之循理斋。时首秋,入夜斋,仆以灯至。某坐于床,思先大夫尝有训曰:时复反观。某方反观,忽觉空洞无内外,无际畔。三才、万物、万化、万事、幽明、有无通为一体,略无缝罅。畴昔意谓万象森罗、一理贯通而已,有象与理之分,有一与万之异。及反观后所见,元来某心体如此广大,天地有象、有形、有际畔,乃在某无际畔之中。⑤

这种神秘主义的精神体验超越了孟子"万物皆备于我"和陆九渊"宇宙即是吾心,吾心即是宇宙"的以人生伦理为基本依归的本体体验,近似佛教禅宗的说教。"反观"工夫的要旨在于"勿意",即不起意念。其释"无妄"卦之"象"文"无妄之往,何之矣"说:"言其本止而不动,意动则往矣。往则为妄矣。动则离无妄而之妄矣。故曰无

---

① 杨简:《杨氏易传》卷一《乾》。
② 杨简:《杨氏易传》卷二《坤》。
③ 陆九渊著,钟哲点校:《陆九渊集》卷一九《武陵县学记》,第238页。
④ 杨简:《慈湖遗书》卷二《永嘉郡治更堂亭名记》。
⑤ 杨简:《慈湖遗书》卷一八《炳师讲求训》。

妄之往，何之矣。离无妄而之妄，离天命而之人欲，天不佑也，何以能行，非天不佑，自取之也。"①本心并非不动，而是不起"邪欲"，"邪欲"就是意念，克己之动当做在"勿意"上，除去一切与本心至灵至明的状态不相协调的意识活动，乃臻于至善之境的不二法门。杨简不在主观以外来寻找恶的来源，从其唯我主义的角度来看，物我一体，恶生于意，意生失心，失心失道，所以要保持本如明镜的人心，唯有"勿意"一途。其释"益"卦"彖"文"益，损上益下，民说无疆。自上下下，其道大光"：

> 道心无体，因物有迁，迁则有所倚，有所倚则入于邪。不动于意，本无所倚，本无邪偏，何思何虑？自至自中，自神自明，自无所不通。人之所以动而巽者，此也，何思何虑？天之所以施者，此也，何思何虑？地之所以生者，此也，何思何虑？唯无思，故无所不明；唯无为，故无所不应，凡易之道，皆此道也，皆大易之道也。②

朱伯崑认为："道心无体，不动于意念，无所偏倚，故不入于邪，因而无需思虑。此心自然合乎道，所以无所不通。"③当然，"毋意"并不是绝对的无思无为、绝对的不作为，而是指顺应伦常规范的自然、无做作的所思所为，"爱亲敬亲，此心诚然而非意也；先意承志，晨省昏定，冬温夏清，出告反面，此心诚然而非意也；事君事长，此心诚然而非意也；忠信笃敬，此心诚然而非意也；应物临事，此心诚然而非意也"④。若循此理而思虑云为，便能进入"反观"宇宙一己，宇宙一性，万物一体，天人合一的境界。因为心体甚大，无所不包，所以"反观"也就是"复心"："此心之清明，神用变化，不可度思，始信此心之即道，深念人多外驰，不一反观，一反观忽识此心，即道在我矣。"⑤如此，道心合一，无需外求，自性自足，自求圆满。

四库馆臣曾指出："(王)弼易祖尚元虚，以阐发义理，汉学至是而始变。宋儒扫

① 杨简:《杨氏易传》卷九《无妄》。
② 杨简:《杨氏易传》卷一四《益》。
③ 朱伯崑:《易学哲学史(中册)》，第548页。
④ 杨简:《杨氏易传》卷一一《咸》。
⑤ 杨简:《杨氏易传》卷五《履》。

除古法,实从是萌芽。然胡(瑗)、程(颐)祖其义理,而归诸人事,故似浅近而醇实。(王)宗传及(杨)简祖其元虚,而索诸性天,故似高深而幻窅。"①三国魏王弼作《周易注》《周易略例》,尽扫汉人说象数过于繁琐的习气,一归简净,而以文辞为主。北宋程颐专注于义理阐论,以为王弼多玄言。在两宋理学家看来,程颐《伊川易传》与王弼《周易注》《周易略例》的不同处乃是前者是"实理",而后者则为"玄言"。魏晋的玄学,系承老、庄而来,而两宋的理学,则本孔、孟儒家之说,一玄一实。四库馆臣以为杨简易学舍"实理"而归"元虚",是亦未知慈湖者也。

三

对于袁燮来说,义理只是社会伦理道德规范一类的东西,并没有过多的形而上的意义:

> 有是理则有是事,即有是官,设官分职,惟理所在,则虽繁而甚简,何者?理尽而止,不容有赘焉者也。三代而上,公卿百执事之职一定,而不可增损,达此理而已矣。②
>
> 革天下之弊者,必循天下之理。③

袁燮服膺并推崇杨简,他说:"学以自得为贵,学不自得,犹不学也。……自象山既殁之后,而自得之学始大兴于慈湖,其初虽有得于象山,而日用其力,超然独见,开明人心,大有功于后学,可不谓自得乎?虽然,慈湖之学,慈湖所自有也。学于慈湖者,当如之何?蚤夜以思,求所以心通默识者,改过迁善,日进不止,必将大有所发挥。"④一方面充分肯认陆九渊的思想业绩,"天有北辰而众星拱焉,地有泰岳而众

---

① 永瑢:《四库全书总目》卷三《经部三·易类三·童溪易传》,第16页。
② 袁燮:《絜斋集》卷二《代武冈林守进治要札子》。
③ 袁燮:《絜斋集》卷六《革弊》。
④ 袁燮:《絜斋集》卷七《书赠傅正夫》。

山宗焉,人有师表而后学归焉。象山先生,其学之北辰、泰岳钦!"①"先生之言,悉由中出,上而起沃君心,下而切磨同志,又下而开晓黎庶,及其他杂然著述,皆此心也。"②承认自己的学说渊源肇自陆九渊"一见即指本心,洞彻通贯,警策之言,字字切己。公神悟心服,遂师事焉。研精覃思,有所未合,不敢自信,居一日,豁然大明,因笔于书曰:以心求道,万别千差,通体吾道,道不在他。此公自得之实也"③;另一方面又特别强调杨简对象山先生的继承与发挥,以至于有"自得之学始大兴于慈湖"的特别赞许。其第三子袁甫从学于杨简,高中嘉定七年(1214)状元,也是杨简学说的重要传人。袁甫曾说:"学者当师圣人,以自得为贵。"④但面对杨简的魅力,袁甫情不自禁地发出"不见慈湖二十年,忧心如醉复如颠。我来忽见慈云阁,恍若慈湖现我前"⑤的感叹。

清人全祖望说:"慈湖之与絜斋,不可连类而语。慈湖泛滥夹杂,而絜斋之言有绳矩。"⑥且不说杨简的学说是否"泛滥夹杂",袁燮的思想倒是表现出他一直渲染的一贯性与彻底性,南宋时黄震就发现:"絜斋谓吾以一道贯之,却后学未能晓孔子云:吾道,一以贯之。此句先挈道字在上为一句之主,则下面云一以贯之者,指道而言也,贯此道也。"⑦那么,袁燮的思想是怎样一种一以贯之的情形呢?

"心"在袁燮的思想体系中,显然是最高的哲学范畴,他说:

> 大哉心乎! 天地同本,精思以得之,兢业以守之。⑧
>
> 天下无心外之道,安有不根于心,而可以言道者乎?⑨

---

① 袁燮:《絜斋集》卷八《象山先生文集序》。
② 袁燮:《絜斋集》卷八《象山先生文集序》。
③ 真德秀:《西山文集》卷四七《显谟阁学士致仕赠龙图阁学士开府袁公行状》,文渊阁四库全书本。
④ 黄宗羲:《宋元学案》卷七五《絜斋学案》。
⑤ 黄宗羲:《宋元学案》卷七五《絜斋学案》。
⑥ 黄宗羲:《宋元学案》卷七五《絜斋学案》。
⑦ 黄震:《黄氏日抄》卷八五《回楼新恩》。
⑧ 袁燮:《絜斋集》卷九《丰清敏公祠记》。
⑨ 袁燮:《絜斋集》卷一〇《韶州重修学记》。

人之一心，至贵至灵，超然异于群物，天之高明，地之博厚，同此心尔。①

夫人生天地间，所以自别于禽兽者，惟此心之灵，知有义理而已。②

何谓道？曰：吾心是也。无偏无党，王道荡荡，无党无偏，王道平平。去其不善，而善自存。不假他求，是之为道。③

牟宗三在说到陆九渊心学特质时曾明确而直接地指出：象山认为"实事实理皆一心出，所谓'溥博渊泉而时出之'，出此理（理由中出）即有此事，有此事（事以行成）即见此理。故'满心而发，充塞宇宙，无非此理'。此是本心直贯之平铺也（创造的平铺）"④。而袁燮论"心""理"等概念时，更多的是将其与现实的政治状况、社会氛围及经济环境联系在一起，这自然是因为他长期在朝，对现实政治的关注远远超过了对抽象概念的思考。崔大华就认为，袁燮与杨简不同，没有将"唯心"推向"唯我"，而是沿着政治伦理的方向，将象山心学运用于社会，得出政治的哲学结论。⑤ 所以全祖望评价"絜斋之言有绳矩"，确非虚语。袁燮自己也常说："当通知古今。学者但慕高远，不览古今，最为害事。"⑥在陆象山的体系里，"心"已经是伦理性实存与根源性实存的复合体，杨简则较多地渲染了心的知觉功能，他对佛学的吸纳，使得他过分地将"心"当作无思无虑、寂然不动的精神实体来看待。而袁燮在继承陆象山伦理性实存与根源性实存的复合体的心的概念的同时，更多地将心视同一种最高的伦理标准：

惟此心之灵，知有义理而已。义理之在人也，甚于饥渴。饥渴之害，不过伤其生尔；义理之忘，将无以为人，害孰大于此乎？⑦

---

① 袁燮：《絜斋集》卷一〇《建宁府重修学记》。
② 袁燮：《絜斋集》卷一〇《盱眙军新学记》。
③ 袁燮：《絜斋集》卷一〇《东湖书院记》。
④ 牟宗三：《从陆象山到刘蕺山》，上海：上海古籍出版社，2001年，第68页。
⑤ 参见崔大华：《南宋陆学》，北京：中国社会科学出版社，1984年，第166—167页。
⑥ 黄宗羲著，全祖望补修：《宋元学案》卷七五《絜斋学案》，第2529页。
⑦ 袁燮：《絜斋集》卷一〇《盱眙军新学记》。

此道此心，相与为一，如水之寒，如火之热，天性则然，非由外假，造次颠沛，未尝不静，此则吾之本心，与天无间者乎？①

"孔子之谓集大成"，言此心此道，无一毫之差，至中至正，至大至精，万世学者之准的也。有志于此，则日进日新，莫之能御矣。②

夫人心至灵，是非善恶靡不知之。……士君子平居讲学，果为何事？一言以蔽之曰：不没其本心而已。万善之原，皆由是出。③

尽管袁燮承认"心之精神洞彻无间，九州四海靡所不烛"④，但心的知觉功能较之其伦理功能毕竟是第二位的："吾心即道，不假外求。忠信笃实，是为道本。"⑤"此心存，则虽贱而可贵；不存，则虽贵而可贱。大哉心乎！与天地一本，精思以得之，兢业以守之，则与天地相似。"⑥"道不远人，本心即道。知其道之如是，循而行之，可谓不差矣。"⑦袁燮赋予了"心"以普遍存在的涵盖万物和超越万物的实存与特性，确立了"心"至高无上的本体地位。他对心的道德准则的概念，有着清晰的表白："聪明不是寻常小小智慧。此心虚明洞达，无一毫人欲之私，这是聪明。"⑧在这里，袁燮将"聪明"也从知觉能力中提炼出来了，他把"聪明"解读为一种本源性的实际存在，"圣人此心之聪明，固非止于耳目之聪明"⑨。所以，袁燮的"心"附着浓郁的价值色彩，将人世间的伦理观念和价值准则都视为"心"的华美展现，连人的聪明也被理解为道德的本能。

袁燮为儒家学说找到了一个形而上的本体层面的根据，它既是自然界的最高

---

① 袁燮：《絜斋集》卷一〇《静斋记》。
② 袁燮：《絜斋集》卷七《张鲁川字说》。
③ 袁燮：《絜斋集》卷八《跋陈宜州诗》。
④ 袁燮：《絜斋集》卷一《都官郎官上殿札子》。
⑤ 马泽修，袁桷纂：《延祐四明志》卷四《絜斋袁先生》，《宋元方志丛刊》，北京：中华书局，1990 年，第 6187 页。
⑥ 马泽修，袁桷纂：《延祐四明志》卷四《絜斋袁先生》，第 6187 页。
⑦ 真德秀：《西山文集》卷四七《显谟阁学士致仕赠龙图阁学士开府袁公行状》。
⑧ 袁燮：《絜斋家塾书钞》卷一《虞书·尧典》。
⑨ 袁燮：《絜斋家塾书钞》卷一《虞书·尧典》。

准则,又是人类社会的最高准则,它总摄世界的一切,是一种能动的实体。这便是
"心"与"理"的复合体。在袁燮那里,"心"与"理"本无间隔,都是内在于人性深处的
精神实体,是道德的人的终极依据。强调"心"与"理"的同一,是陆九渊及其象山学
派一个十分重要的观点,"心"与"理"一样同是宇宙万物的终极本体,同是一种形而
上的伦理性的实存,伦理实践的最后依据也植根于主观内有的心灵世界。每个人
的"心"均包含着宇宙法则的天理,均能够提供仁义礼智的道德法则。那么,这个
"心",显然不是一种个人的主观意识,而是指每个人的主观意识中所体现出来的一
种普遍性的伦理精神。陆九渊"心即理"命题的特点就在于总是强调对主观意识的
扩充,通过这种扩充,以实现其内在的普遍性的伦理精神。

　　顺着这一思路,袁燮的人性论基本沿袭了孟子以来的儒家性善论,同时又吸收
了张载和陆九渊的理念,他肯定人性本善,"性情皆善":

　　　　夫寂然不动之谓性,有感而发之谓情。性无不善,则情亦无不善,厥名虽
　　殊,其本则一。故孟子道性善,而又曰:乃若其情,则可以为善矣。《礼运》一
　　篇,孔子之遗言也,谓:喜、怒、哀、乐、爱、恶、欲,是七情者,弗学而能,人之良能
　　也,岂有不善者哉?《大序》之作,所以发挥诗人之蕴奥,既曰:吟咏情性,又曰:
　　发乎情,民之性也。合二者而一之,毫发无差,岂非至粹至精,同此一源,不容
　　以异观耶?①

人性本善,由此"发之为情",同样是"人之良能",也是归属于纯粹至善的领域,这
样,袁燮的人性论有着一种异乎寻常的驱动力,仿佛要将孟子的性善论进行到底。
袁燮并不排斥"情感"的属性,他说:"好逸恶劳,人之常情也;男女相悦,亦人之情
也。"②"夫人情至于相安,则有和顺而无乖戾,有欢娱而无怨谤,岂不甚可贵哉。"③
政治的终极目的也在于和合人情:"顺理而行政,坚如金石,信如四时,卓卓乎帝王

---

① 袁燮:《絜斋毛诗经筵讲义》卷一《诗序一》。
② 袁燮:《絜斋毛诗经筵讲义》卷二《殷其靁篇》。
③ 袁燮:《絜斋毛诗经筵讲义》卷一《桃夭篇》。

之盛举,酌于至当,谁敢不服?"①"网罗天下正直之士,鳞集于朝,人情翕然,以为治本可立,太平可致。"②

诺齐克在讲到情感时说:"当我们在情感层面上对价值做出反应,而不仅仅在心理层面上对它进行判断或评价时,我们的反应更为充实,因为我们的感觉和生理机能都参与进来了。情感是对价值的一种恰当、相称的反应。情感与价值的关系恰如信念与事实的关系。"③作为价值的"心"(含有着"理")和作为情感的"人情",不应该是相分离的,伤害价值的不是情感本身,而是受到私利、私欲的熏染,这类熏染使得人欲逸出义理的藩篱,"天下之患,莫大于有己,有己之心胜,则待物之意薄。设藩篱,分畛域,截然判而为二,朝思夕虑,求足其欲,而自一身之外,莫之或恤矣"④。"人情"不能是自己的专利品,为自己的情感的满足和发展负责任的态度在于要努力使他人的情感也获得充裕的满足和发展,"为仁之道,本于克己。盖惟能克去己私,则物我浑融。他人之利害休戚,犹己之利害休戚也,是谓之仁。仁者,人心也。人之本心,岂有此疆尔界之别哉?己欲立而立人,己欲达而达人,至公至平,本无间隔"⑤。这样,自身伦理自觉的践履以及政治实践的旨归就在于履行"己欲立而立人,己欲达而达人",让人情回归天理,让两者获得先天的合理价值。

四

与杨简、袁燮不同,舒璘对"理"极为重视,他认为与个人的生命相比,"理"乃是千古不变的,任何人包括帝王在内的本性,在"理义"上来说是一样的:

---

① 袁燮:《絜斋集》卷六《革弊》。

② 黄淮、杨士奇:《历代名臣奏议》卷一四八《用人》,上海:上海古籍出版社,1989 年,第1936 页。

③ 罗伯特·诺齐克著,严忠志、欧阳亚丽译:《经过省察的人生:哲学沉思录》,北京:商务印书馆,2007 年,第 79 页。

④ 袁燮:《絜斋毛诗经筵讲义》卷一《樛木篇》。

⑤ 袁燮:《絜斋毛诗经筵讲义》卷一《樛木篇》。

吾辈此身不过天地间数十年之物,而昭然理义盖千古不磨耳,平时要著明处,断不可以数十年之物而失其所谓不磨者,但欲酌义理之中,处之安然耳。①

虽圣性所禀与常人殊,至理义同然,初无少间。②

孝宗时,宰相史浩曾力荐舒璘担任要职,称他"性资诚意悫,好学不倦,而练达世故,材实有用"③。同学者也对舒璘的为人称道有加:"袁燮谓璘笃实不欺,无毫发矫伪。杨简谓璘孝友忠实,道心融明。楼钥谓璘之于人,如熙然之阳春。"④而对于舒璘的为学,众人则交口称赞他的"平实",犹如全祖望在《宋元学案》中所说的:"舒、沈之平实,又过于杨、袁。"⑤舒璘的这种"平实"学风,体现在他能够自觉并且有效地将"心即理"的说教成功地运用到日常生活中去,自觉地践履心学理论。因此,舒璘对外在的规范性的"理"的肯认,要重于陆象山作为本源意义的"心",他将陆学作为本体意义的"心"按捺在"理"之下,使"心"成为道德践履的出发点,而不是包容"理"的本原:

学问本无穷已,日知不足,所到殆未易量。《诗》曰:上帝临汝,毋贰尔心。《书》曰:德惟一动,罔不吉纯。一是心,乃克主善。善为吾主,动静皆应,虽酬酢万事,罔有他适,则向之所谓杂者,自无所容立矣。不然,则随物变迁,虽外境,若相宜而失己。已甚欲,其日新,难矣!⑥

本原既明,是处流出。以是裕身则寡过,以是读书则蓄德,以是齐家则和,以是处事则当,笔端因是而加之文耳。我心无累,此道甚明。⑦

日与之处,导其良心,俾知与圣贤不异,就日用间,简易明白处与之讲究,

---

① 舒璘:《舒文靖集》卷上《与吕寺丞子约(又)》。
② 舒璘:《舒文靖集》卷上《与楼大防(又)》。
③ 史浩:《鄮峰真隐漫录》卷九《陆辞荐薛叔似等札子》,文渊阁四库全书本。
④ 《宋史》卷四百一十《舒璘传》,第 12340 页。
⑤ 黄宗羲:《宋元学案》卷七六《广平定川学案》,第 2543 页。
⑥ 舒璘:《舒文靖集》卷上《答赵通判公父》。
⑦ 舒璘:《舒文靖集》卷上《答袁恭安》。

规模虽整,未尝加察,亦不敢起一毫忿疾心。①

　　持敬之说,某素所不取。我心不安,强自体认,强自束缚,如蒐箍桶,如藤束薪,一旦断决,散漫不可收拾,理所宜然。夫子教人何尝如是? 其曰:入则孝,出则弟,言忠信,行笃敬,与夫出门如见宾,使民如承祭,如此等处,在孩提便可致力,从事无斁,则此心不放,此理自明,圣贤事业,岂在他处耶?②

在舒璘这里,"心"不再具有作为万物本原的价值,它被安排在一个伦理发端的地位,象山心学中"能尽我之心,便与天同"的说法被消融了,"心"成为道德修养的基点。我们甚至发现,舒璘的"理"似乎比"心"更有本体的意义:

　　然后知天之付予于我者,其良心之粹,无好乐、无贪美,扩然大公,惟理之顺,圣贤先获我心之同然,故穷达用舍,安于理义之常,在上而与天地同流。③

尽管这里将"心"上升到了与天地同流的高度,却仍要顺"理"而行,而不是"理"从"心"中流出。舒璘虽然也同意"心"具有本体的意义,但更多还是从伦理修养的层面上来理解和使用这一概念:

　　所示太极说,谓易之极即心之极,甚善。人皆有此极而不自明,无他,私念障之也。某致力于兹三十年矣,日用甚觉得力。④

方东美说过:"宇宙的普遍生命迁化不已,流衍无穷,挟其善性以贯注于人类,使之渐渍感应,继承不隔。人类的灵明心性虚受不满,存养无害,修其德业以辅相天与之善,使之恢宏扩大,生化成纯。天与人和谐,人与人感应,人与物均调,处处都是以体仁继善,集义生善为枢纽。"⑤在中国思想谱系中,"《易》之无妄,《中庸》之至诚,《大学》之藏心以恕,正心以诚,无所不用其极,也是透彻发挥忠恕一贯之道。体

---

① 舒璘:《舒文靖集》卷上《答袁恭安》。
② 舒璘:《舒文靖集》卷上《答叶养源(又)》。
③ 舒璘:《舒文靖集》卷下《谢傅漕荐举札子》。
④ 舒璘:《舒文靖集》卷上《答沈季父》。
⑤ 方东美:《中国人生哲学》,北京:中华书局,2012 年,第 43—44 页。

忠恕以直透生命之原,合外内以存养生命之本,善由是生,仁由此成。这是儒家道德观念的最胜义"①。舒璘的致思路径,与方东美所论大为重合,表现出一种大宇宙关怀意识。从"心"出发,心心相通,超越一己之私,形成下起群人、上达天人的道德关怀,构建起天人一体的宇宙观念。于是,舒璘的思想必然呈现出下学而上达的格局与规模,从充盈着道德感知的"心"出发,落实于对社会与现实生活的关怀:

> 时世故纷糅,灾沴沓臻,国病于需,民艰于食。元质纬不暇恤,忧常在公。于是议常平、商盐政、经荒策、论保长,凡为书若干章,上之刺史、守、尉,其采而试者,效辄响应,当道廉而贤之曰:文学、政事两擅其优,是为天下第一教官。②

仅就伦理践履而言,舒璘的态度与方法也是"平实"的:

> 吾非能一蹴而入其域也,吾惟朝夕于斯,刻苦磨砺,改过迁善,日有新功,亦可以弗畔云尔。③

舒璘这一心得,是从艰苦的磨砺中得到的,"敝床疏席,总是佳趣;栉风沐雨,反为美境"④。对此,南宋有识之士指出:"嘉定中,朝廷革文敝,选前辈程文,以范后学,(舒)璘文实冠编首。"⑤全祖望认为:"当文靖时,巨公元夫甚多,乃以其文冠者,盖其心气和平,而议论质实,足以消诡诞之习俗。"⑥黄宗羲在编辑舒璘作品时也赞许其"所论常平、茶盐、保长、义仓、荒政,皆凿凿可见之行事"⑦。

舒璘的思想还表现出调和朱陆的倾向,他说自己的学术渊源是"南轩开端,象山洗涤,老杨先生(谓文元公父廷显)琢磨"⑧。杨简则说舒璘"于书无所不贯,尤精

---

① 方东美:《中国人生哲学》,第 47 页。
② 杨简撰,冯可镛辑补:《慈湖遗书》补编《宜州通判舒元质墓志铭》,扬州:广陵书社,2006年,第 1 页。
③ 袁燮:《絜斋集》卷九《舒元质祠堂记》。
④ 《宋史》卷四百一十《舒璘传》,第 12339 页。
⑤ 罗濬:《宝庆四明志》卷九《先贤事迹下》,第 5106—5107 页。
⑥ 黄宗羲:《宋元学案》卷七六《广平定川学案》,第 2550 页。
⑦ 黄宗羲:《宋元学案》卷七六《广平定川学案》,第 2548 页。
⑧ 罗濬:《宝庆四明志》卷九《先贤事迹下》,第 5106 页。

于毛郑诗,早游上庠,为南轩识荆,……愈自磨励,其于晦翁(朱熹)、东莱(吕祖谦)、南轩(张栻)及我象山之学,一以贯之"①。后世论"甬上四先生"与朱熹学说的关系时说:"陆天分独高,自能超悟,非拘守绳墨者所及。朱则笃实操修,由积学而渐进。然陆学惟陆能为之,杨简以下,一传而为禅矣。朱学数传以后,尚有典型,则虚悟实修之别也。"②此说况之杨简,诚有所中,较之舒璘,则大为不然。舒璘对朱熹不仅是尊重,而且也极为服膺:"晦翁当世人杰,地步非吾侪所及,其有不合者,姑置之。向在新安,未尝与诸友及此。后有发明者,能自知之。后生未闻道,吾侪之论一出,便生轻薄心,未能成人,反以误人。"③

如何看待朱熹与陆九渊的思想分歧,成为判明朱、陆后学学术与思想倾向的试金石。总的来说,首先,朱、陆的分歧是方法论的分歧。朱熹继承了北宋二程"性即理"的人性理论,认为内涵是纲常伦理的"天理"表现于人身的,即"性",人的内在的道德本性是"天理"落实贯彻到每一个人的,而陆九渊所认同的作为宇宙终极本体的"理",却是与"吾心"通融为一的。"心"与"理"一样,同是宇宙的终极本体,同是一种形而上的伦理性本体。朱熹与陆九渊对"理"的这种不同理解,导致了他们方法论上的分歧:朱熹主张"穷理",陆九渊主张"明心"。在认识和接近天理的过程中,经典研究与道德自觉的关系何如?以及孰轻孰重?朱熹主张通过向外探索的格物致知和知行合一来达到对天理的认知与把握。陆九渊则强调"发明本心"的重要性,认为如果没有独立的自我价值归属,知识的学习和经典的研究就不能增进道德。这两种为学工夫的分歧,就是《中庸》所讲的"道问学"与"尊德性"的差异。朱、陆之间有关"道问学"与"尊德性"之争,只能看作是"成圣"方法和途径的辩论。其次,朱、陆对周敦颐《太极图说》中的"无极""太极"概念有根本性的分歧。朱熹认为"无极"与"太极"的关系是比较微妙的,"不言无极,则太极同于一物,而不足以为万

---

① 杨简撰,冯可镛辑补:《慈湖遗书》补编《宜州通判舒元质墓志铭》,第1页。
② 永瑢:《四库全书总目》卷一七三《集部二十六·别集二十六·学余堂文集》,第1521页。
③ 舒璘:《舒文靖集》卷上《答孙子方》。

化之根;不言太极,则无极沦于空寂,而不能为万化之根"①。在朱熹看来,"无极"而"太极",意思等同于说无形而有理。"太极",是理的总汇。陆九渊认为,"太极"无需以"无极"为源泉。"太极"之理即是实理,不言"无极","太极"也不会因之而等同于一物。更为重要的是,陆九渊认为,"无极"二字出自《老子》,"无极而太极"是老子的宗旨,不是儒学正宗。

对此,舒璘并没有单向度地维护师说,而是对朱、陆两端进行了些许的折中,他说:"《象山行状》洞见表里,其间载有子、伊川事甚当,然鄙意谓此等处未易轻以告人。人情蔽欺,道心不著,不知者徒生矛盾;既知之,彼自能辨。此间尊晦翁学甚笃,某不暇与议,暨良心既明,往往不告而知,用是益知自反,不敢尤人。"②所以,舒璘一方面示人,自己"幼不知学,及壮游太学,藉师友发明,始知良心之粹,昭若日月,无怠惰卤莽之念,则圣贤可策而到"③。这里说的是"尊德性"的功效,犹如陆象山反复告诫的"先立乎其大"的自信。另一方面,舒璘又表示:"日闻正言,见正事,心志所向,时勿有间。"④"道问学"的工夫也不可偏废,因为,"此心之良,人所具有,先生能开吾善,不能予吾以善"⑤,在自信的基础上,还需要做不停断的努力。在舒璘看来,自信与自得是一个连续的过程,"尊德性"与"道问学"应该是一个整体。

五

沈焕年轻时游学太学,与袁燮、舒璘等同学,四库馆臣说:"乾道、绍熙之间,陆九渊以心学倡一世,燮初与同里沈焕、杨简、舒璘同师事之,均号金溪高弟,犹程门

---

① 朱熹:《晦庵先生朱文公文集》卷三六《答陆子美》,四部丛刊初编本。
② 舒璘:《舒文靖集》卷上《答杨国博敬仲》。
③ 舒璘:《舒文靖集》卷上《与汪清卿》。
④ 舒璘:《舒文靖集》卷上《答徐子方》。
⑤ 舒璘:《舒文靖集》卷上《竺硕夫妻舒氏圹志》。

之称游、杨、吕、谢也。"①他与象山及同门同里的甬上诸公有着大体一致的思想特质及致思路径。明代归有光对沈焕的评价是："人品高明,不苟自恕。"②"不苟自恕"四字,揭示出沈焕刻自磨砺的为己之学。需要指出的是,沈焕有着一段从学于陆九龄的经历,"始与临川陆九龄为友,从而学焉"③。"与临川陆公子寿为友,一日尽舍所学,以师礼事焉。陆公极称君志气挺然,有任道之质。君益自信,昼夜鞭策,有进无退。"④而陆九龄学术的特点就在于倡行"人人自得"⑤。在象山学说的创立过程中,陆九龄有着重要的贡献,全祖望就指出:"三陆子之学,梭山启之,复斋昌之,象山成之。"⑥南宋人黄震就发现:"(陆九龄)其学大抵与象山相上下,象山之学,务以自己之精神为主宰;复斋之学,就于天赋之形色为躬行,皆以讲不传之学为己任。皆谓当今之世,舍我其谁,掀动一时,听者多靡。所不同者,象山多怒骂,复斋觉和平尔。"⑦

沈焕接过了陆氏兄弟的思想要旨,他努力践履"为己之学",在"存心养性"方面用力甚深。⑧ 陆九渊主张"先立乎其大",沈焕也指出:"余观人之一心,精诚所达,虽天高地厚、豚鱼细微、金石无情,有感必通,况数椽之兴废乎? 是心苟存,鬼神其相之矣,虽然,天下之事其将兴也,责于己、求于心;其将坏也,听诸神、归诸天,古今一轨。"⑨这里,沈焕所理解的"心"似乎相当高妙,但实际上也就是落实于贯彻"先立乎其大"的根本宗旨。"吾儒急务,立大本、明大义耳。本不立,义不明,虽讨论时务条目何为?"正因为学者之重点在于识得"心即理"的道理与工夫,所以他认为:

---

① 永瑢:《四库全书总目》卷一六○《集部十三·别集类十三·絜斋集》,第 1377 页。

② 归有光:《震川集》别集卷二下《应制策·浙省策问对二道》,文渊阁四库全书本。

③ 《宋史》卷四百一十《沈焕传》,第 12338 页。

④ 袁燮:《絜斋集》卷一四《通判沈公行状》。

⑤ 《宋史》卷四百三十四《陆九龄传》,第 12879 页。

⑥ 黄宗羲:《宋元学案》卷五七《梭山复斋学案》,第 1862 页。

⑦ 黄震:《黄氏日抄》卷四二《策问》。

⑧ 罗濬:《宝庆四明志》卷九《先贤事迹下》,第 5104—5105 页。

⑨ 沈焕:《定川遗书》卷一《净慈寺记》,四明丛书本。

"吾儒之学,在植根本,无妄敝其精神。"①沈焕这一简洁的为学作风及高洁的品行,在当时就为众人所许,以为其"天资高迈,语劲而气充,足以祛人鄙吝之习,养人正大之气"②。

沈焕同舒璘一样,在思想上展现出一种"平实"的特点,在为学工夫上则折中朱、陆,他曾说:"吾侪生长偏方,闻见狭陋,不得明师畏友,切磋以究之,安能自知不足?"③甚至说:"学者工夫,当自闺门始,其余皆末也。今人骤得美名,随即湮没者,由其学无本,不于闺房用力焉。故曰:工夫不实,自谓见道,祇是自欺。"④在沈焕看来,"道问学"与"尊德性"并不矛盾,"此心常存,可以为孝矣"⑤。"心"与"行"不是两个独立完成的阶段,而是必须在相互依存、相互作用中发展。"本心"充塞着仁义之理,其义至大至广,为学之目的在于明吾之"本心",并在人伦日用的践履中,使人的精神与宇宙之理相应,从而使平凡的人生获得崇高的意义。因此,他认为:"君子居其位必行其道,道之不行,吾实耻之。"⑥

把握真理的途径并不仅仅存在于一家一派的论说中,所以沈焕对当时的各家各派学说持开放的态度。全祖望曾说:"定川与东莱兄弟极辩古今,闳览博考。晚年,虽病中不废观书。"⑦从沈焕对朱熹的态度也可以看出他对朱学的尊重,"晦翁是进退用舍关时轻重者,且愿此老无恙"⑧。他曾与朱熹论《无极图》与《太极图》的渊源真伪,《朱文公文集》中尚存有朱熹给沈焕的书信五通。在五封信函中,朱熹曾说道:"近年学者求道太迫,立论太高,往往嗜简易而惮精详,乐浑全而畏剖析,以此不见天理之本然,各堕一偏之私见,别立门庭,互分彼我,使道体分裂,不合不公,此

---

① 黄宗羲:《宋元学案》卷七六《广平定川学案》,第 2555 页。
② 袁燮:《袁正献公遗文钞》卷下《沈叔晦言行编》,四明丛书本。
③ 黄宗羲:《宋元学案》卷七六《广平定川学案》,第 2554 页。
④ 黄宗羲:《宋元学案》卷七六《广平定川学案》,第 2554 页。
⑤ 袁燮:《袁正献公遗文钞》卷下《沈叔晦言行编》。
⑥ 袁燮:《袁正献公遗文钞》卷下《沈叔晦言行编》。
⑦ 黄宗羲:《宋元学案》卷七六《广平定川学案》,第 2555 页。
⑧ 沈焕:《定川遗书》卷二《训语一》。

今日之大患也。"这是对象山学的间接诋毁。但朱熹还是肯定沈焕本人"省身求善，不自满足之意"①，表明朱熹起码对沈焕的学识与立身处世有着一定的肯定，同时也折射出沈焕调和朱、陆的学术倾向。

---

① 朱熹:《晦庵先生朱文公文集》卷五三《答沈叔晦（三）》。

试论王应麟的学术思想与文学成就

钱志熙

王应麟,号深宁居士,是南宋后期浙东学派的代表性人物之一。他生长于南宋乾道、淳熙诸家学术并起的背景中,耳濡目染于陆氏心学而尤其推崇朱氏,平生论学评文多宗朱氏。其本人又由博学宏词科出身,以博学善属文见长,形成以征文考献、纂引前论、述而不作为特点的学术风格,这又与当时浙东吕祖谦一派的学术风格相接近。至其注重致用、考证经史以明制度,又与永嘉学派有相近的表现。以上几点决定了他生平学术文章的趋向与格局,也是我们在论述他文学成就时的基本依据。

一

王应麟在学术上具有兼综各派、述而不作的特点,可以说是南宋乾道、淳熙间诸家学术的综合继承者,但他并不像朱、陆那样开出宗派,也不像真德秀、杨简那样悟道入微、独具心得。他对理学与心学各派理论,自然是耳熟能详,但却不一定有独到的、新的发明。如果从理学尤其是心学自身的范畴运动来讲,这意味着思想史在发展过程中的一种停顿。其整体的学术风格更像吕祖谦,以兼综文献、绍述旧闻见长,其著作如《困学纪闻》《词学指南》都有这个特点。这里面,考订精微、精通古学固然是他的特长,但对于有宋一代学术的绍述,尤其是对南宋诸家学术、文章的绍述,恐怕是他平生在学术上最大的贡献。

南宋后期,经过朱、陆的辩论,学术界对于学问的问题,都能明确地集中到"尊德性""道问学"这一对范畴上来。朱氏将尊德性与道问学视为两端,陆氏则认为尊德性即道问学,言下之意是没有贯穿德性宗旨的问学并非真正的问学。其实这是开出两种不同的学术路径,是对于知识的两种不同的理解。王应麟对这个问题也发表了看法,其《跋袁絜斋答舒和仲书》说:

> 如昔子朱子有言,子思教人之法,以尊德性、道问学两事为用力之要。陆子静所言,专是尊德性。絜斋先生之学,陆子之学也。观其尺牍皆勉学之要言,盖尊德性实根本于学问,未尝失于一偏,是亦朱子之意也。①

陆氏本着心即理、理即心、吾心即是宇宙的看法,力言尊德性即道问学,从逻辑上说是圆满的。但是在学术的实践上,出现了袁燮(号絜斋)所说的"但慕高远,不览古今,务为高论,不在书册"的一种学术流弊,尤其是一部分学者脱离实践理性空谈心性,实际上将心学变成新的教条。所以作为陆学传人的袁氏,重新提倡读书的重要性,主张要学"古人多识前言往行,日课一经一史"的做法,深得王应麟的赞同:"斯言也,学者当书绅铭几,昼诵夜思,尊所闻,行所知。"②我们说,这才是王应麟最真实的学术思想。他原本传承自陆学,对于尊德性之义、心学之理,是身体力行的。但他不同于高谈心性、束书不观、援禅入儒的心学一派,主要不在于专悟心性之理、做纯粹理性的思辨工作,而是以整理文献、博学属文为业,其中当然也包括对于心学、理学的绍述与整理。上述这些话中,"尊所闻,行所知",也是最能概括其治学特点的。在思想方面,他主要是一个实行者,而非创造者。他是一个哲学史家,而非哲学家。王氏的这种表现,反映了乾道、淳熙之后学术界的一种现象,在思想创造的高峰过去之后,紧接着是对这种创造业绩的继承与整理,但还谈不上对其进行反

---

① 王应麟著,张骁飞点校:《四明文献集(外二种)》,北京:中华书局,2010 年,第 47 页。

② 王应麟著,张骁飞点校:《四明文献集(外二种)》,第 47 页。

思。王应麟就是处在这样的节点的一位学者。当然,要探讨王应麟直接的学术传承,其家族与地域的学术思想背景也不可忽略,他自己在为甬上四先生所作传记及《庆元路重建儒学记》等文献中多有交代。今人有关王应麟的论著,如钱茂伟的《王应麟学术评传》也已有比较详细的论述。

也许一些学者会认为,既然王氏的学术主要是属于吕祖谦一派的文献学,其在理学上,也推崇朱熹既讲尊德性、又讲道问学的观点,则其对于心学,恐怕并非真正的服膺。但是我们通过对他的文章的学习,发现在基本思想方面,王应麟还是属于心学范畴的人物。其文章多阐发心学之义,如《庆元路重建儒学记》:

> 某耄不能文,惟诸侯之学载于《礼》详矣。在《易·临》之象曰:"君子以教思无穷。"泽上有地,犹君子之近民也。近民,则礼达而教行,建其牧、立其监、有师保之义,凡以存天理正人心而已。矧是邦为诗书之乡,逸民之黄,纯孝之董,文士之任,自汉以来为美谈。庆历诸老,模范后进;淳熙大儒,阐明正学。惟圣贤是式,惟德性是尊。少而洒扫应对,大而格物致知,耳濡目染,充然有得。①

又如《先贤祠堂记》云:

> 淳熙大儒,疏涧、濂之源而达之洙、泗,是邦诸老之学,始得江西之传,而考德问业于朱、吕、张子之门,以尊德性、求放心为根本,以颜、曾"四勿""三省"为准的,阐绎经训,躬行践履,致严于进退行藏之际,致察于善利理欲之几,明诚笃恭,俯仰无所愧怍。学者知操存持养以入圣贤之域,四先生之功也。②

可见王应麟生平行为是以尊德性为持养根本的,其平常为文也经常发挥心学之义。甚至在他的词科应试文《周山川图记》中也阐述了心学的思想。这篇论文以太极立

---

① 王应麟著,张骁飞点校:《四明文献集(外二种)》,第25页。
② 王应麟著,张骁飞点校:《四明文献集(外二种)》,第36页。

说,"太极肇分,有浮而清,有沈而奥"①。当时陆九思、九渊与朱熹辨太极,朱氏用邵雍太极而无极之义,以为太极之上还有一个无极,陆氏兄弟则持太极即本体的说法。王应麟述天地山川,由太极始,用的正是陆氏的说法。更突出的是这篇文章的最后,援引了圣人以万物为一体的思想,这种观点来自宇宙即吾身的思想:

> 是图之陈左右也,顾岐阳、丰水而念王业之孔艰,瞻洞庭、孟门而监地险之难恃。江、汉想广极之德,南山思疆理之功。清明在躬,与山川出云同一运化,然后能灵承于旅,惟典神天。巢峨潆鸿,洋洋如在,玉帛云乎哉!兹图外之眇指,敢正列其义,以诏万世。②

所谓"清明在躬,与山川出云同一运化,然后能灵承于旅,惟典神天",正是圣人能体认万物为一体的思想,是陆氏心学在政治上的基本宗旨。王应麟通过《周山川图记》阐述这一思想,并且称为能够昭示万世的"图外之眇指",完全是心学的口吻。此外,像《广平书院记》《广平舒先生传》《定川沈先生传》等,都是讲明甬上四先生承传陆学的治学宗旨,是研究心学传承历史的重要文献。四先生都是于陆学之外兼重朱学,王应麟在学术思想上的基本倾向也是这样的。上述文章中阐述的四先生等人的思想,当然也可以直接视为王应麟的思想。王应麟在学术上的基本特点是述而不作,其心学方面的表现也是这样的。但在心学方面,我们也不能不看到,王应麟将其在相当程度上义理化了,甚至可以说又让心学回归到伊洛学术的本来状态中,陆氏、杨氏等力辨心学本体、专绍孟子良知的学术宗旨,至此不能不说有所模糊了。

从学术发展的理路来看,早年即濡染甬上四先生心学,并由四先生而进入陆子、朱子之学的王应麟,如何最终所成就的是一个以文献考证见长的学术格局?这当然有主客观多方面的原因。从学术的训练来讲,最重要的原因可能是王氏兄弟早年即在其父的指导下修习博学宏词一科,由此进入博涉强记之途。其主要做法

---

① 王应麟著,张骁飞点校:《四明文献集(外二种)》,第 9 页。

② 王应麟著,张骁飞点校:《四明文献集(外二种)》,第 11 页。

是使词科之学系统化,在知识储备即造成博学宏词的博的一方面,形成编题之法,最终造成一种使文史知识系统化、谱系化的学术新方法,其《玉海》编纂即是这样一种学术实践。① 其学术的深化,则是由博学而进求笃问、慎思、明辨之功,《困学纪闻》即是其在学术上这种自觉追求的结晶。王氏一生的学术格局,大体如此,这也是他超越一般词科人物的地方。但是从学术背景来讲,是对空谈心性的、不究实学的风气的纠正。此前已有永嘉学派提倡经制之学于前,王应麟文献之学的一个出发点,也在于纠正空疏学风。这一点其学生袁桷于元泰定二年刊刻的《困学纪闻》所作的序中说得很明白。他首先究明为学之宗旨在于理,强调理学对学术的重要性:"世之为学,非止于辞章而已也,不明乎理,曷能以穷乎道德性命之蕴;理至而辞不达,兹其为害也大矣。"②这也应该是王应麟的基本学术思想。接着又说:"夫事不烛不足以尽天下之智,物不穷不足以推天下之用,考于史册,求其精粗得失之要,非卓然有识者不能也。若是,其殆得之矣! 在《易》之居业,则曰修辞立诚,而畜德懿德,必在夫闻见之广,旁曲通譬。是则经史之外,立凡举例,屈指不能以遽尽也。扬雄氏作《法言》,其意亦有取乎是。"③这就已经阐述了王氏的治学宗旨与方法,即由性理、义理之学出发,进而尊经、证史、博文。这也可以说是包括袁氏自己在内的深宁学派的基本方法。后来清代乾嘉学派中戴震、凌廷堪、钱大昕等人,也是沿着这个方向发展的。在阐述了上述深宁学术的宗旨后,袁桷进一步指出,王氏的这种治学方法,是有意于纠正当时的流弊:

> 后千余年,礼部尚书王先生出,知濂、洛之学,淑于吾徒至薄,然简便日趋,偷薄固陋,瞠目拱手,面墙背立,滔滔相承,恬不为耻,于是为《困学纪闻》二十卷,具训以警,原其旨要,扬雄氏之志也。先生年未五十,诸经皆有说,晚岁悉

---

① 关于王应麟的文献学方法及其在学术史的意义,可参考钱茂伟《王应麟学术评传》第四章《王应麟的学术风格》的有关论述。
② 袁桷著,王颋点校:《清容居士集》卷二一,杭州:浙江古籍出版社,2015年,第664页。
③ 袁桷:《清容居士集》卷二一,第664页。

焚弃而独成是书,其语渊奥精实,非紬绎玩味不能解。①

可见,王应麟从事于文献搜讨,一是为纠正理学的空疏学风,二是为经世致用。《宋史·儒林列传》王应麟本传记载:"初,应麟登第,言曰:'今之事举子业者,沽名誉,得则一切委弃,制度典故漫不省,非国家所望于通儒。'于是闭门发愤,誓以博学宏词科自见,假馆阁书读之。"②博学宏词科原是入仕成名之途,王氏在其中实践着经世思想。乾道、淳熙之际的永嘉学派,提倡经制之学,以经学为致用之途,也是王氏的学术渊源之一。上引王氏与汤汉朝夕论道,就提到了"永嘉制度"。叶适《温州新修学记》对永嘉制度之学有一个很简核的概括:

> 薛士隆愤发昭旷,独究体统,兴王远大之制,叔末寡陋之术,不随毁誉,必摭故实,如有用我,疗复之方安在。至陈君举尤号精密,民病某政,国厌某法,铢称镒数,各到根穴。而后知古人之治,可措于今人之治矣。③

王氏《困学纪闻》中《天道》《历数》《地理》《汉河渠考》《历代田制考》《历代漕引考》等篇,正是制度之学,其治学目的与方法,与永嘉学派十分接近。《困学纪闻》于永嘉学术常有征引,如《诗》引叶氏云:"汉世文章,未有引《诗序》者。魏黄初四年铭云:'《曹诗》刺远君子,近小人。'盖《诗序》至此始行。"④《春秋》引薛士隆《春秋旨要序》⑤。《考史》引:"止斋谓:'本朝名节,自范文正公。议论文章,自欧阳子。道学,自周子。三君子皆萃于东南,殆有天意。'"⑥从理学与心学的理路来看,王氏从圣人以万物为一体的思想出发,认为"天典民彝,万古一心",其征文考献也是与其心学思想不违背的。⑦ 陆氏究明心即理,吾身即万物;王氏侧重于理与万物,但又将

---

① 袁桷:《清容居士集》卷二一,第 664 页。
② 《宋史》卷四三八《儒林列传八》,北京:中华书局,1985 年,第 12987—12988 页。
③ 叶适:《水心先生文集》第 3 册,上海涵芬楼借乌程刘氏嘉业堂藏明黎谅刊黑口本影印本,第 18 页。
④ 王应麟:《困学纪闻》,沈阳:辽宁教育出版社,1998 年,第 72 页。
⑤ 王应麟:《困学纪闻》,第 126 页。
⑥ 王应麟:《困学纪闻》,第 292 页。
⑦ 王应麟:《四明文献集(外二种)》,附录第 637 页。

理与万物归结为一身一心，为其博学宏词、经世致用、征文考献的学术找到了一个德性的根本。这也可以说是深宁学术解决尊德性与道问学矛盾的方法。总之，深宁学术与陆氏心学的关系，与明清之际浙东史学与阳明心学的关系颇为相似。其中显示出来的学术发展上相似的理路，是很值得玩味的。

二

决定王应麟平生治学、仕宦、文学评论与创作的另一重要因素，是他作为南宋后期的词学大家的身份。词学源于六朝博学属辞的文学传统，某种意义上说是汉魏抒情言志文学传统的一种变质，是文学士族化进而王权化的一种表现。至唐代科举、制科多试诗赋之体、辞章之艺，可以说是官方文学的基本形式。南宋专设博学宏词科，形成以朝廷应用文体为专门修习、考试及应用对象的词科之学，简称词学。① 王应麟"以词科起家，文学为两宋大家之殿"，其文学方面的成就，主要体现在词科文体方面。② 但他力求让词科文体返回以经史为根本、以古文为典范的唐宋文章传统，可以说是词科文体的革新者。

王氏关于词科文体的写作理论，比较集中地体现在其《词学指南》一书中。《词学指南》是南宋博学宏词科考试的应试指导书，同时也是词科文体写作的指南。王氏治学以述为作，多择前贤奥论，佐以己见，《词学指南》一书也采用了这种体例。但正因为这样，王氏在词科文体的写作方面，建立了系统的理论。全书除序之外，正文分两部分，卷一《编题》《作文法》《语忌》《诵书》《合诵》《编文》六篇，是讲修习词学的基本方法。其中《作文法》征引唐宋诸家关于文章写作的观点，最具文章学的理论价值。《语忌》一篇讲的是词科这种特殊文体在语言使用上的规范，也涉及文学创作上一般的修辞原则，其中引用了《文心雕龙》论"风骨""镕裁"的一些重要观

---

① 钱志熙：《唐宋"词学"考论》，《中华国学研究》（创刊号）2008 年第 1 期。
② 王应麟：《四明文献集（外二种）》，序第 5 页。

点,反映了王应麟在文章写作上的修辞理想。全书第二至第四卷是制、诰、诏、表、露布、檄、箴、铭、记、赞、颂、序等十二种词科文体的介绍,是追溯文体源流、阐述文体规范、征引各体文章的典范之作。最后还记载南宋词科试卷的具体格式。可以说,此书对于我们了解南宋盛极一时的词科之学,具有重要的价值。其在写作的体例上,明显地受到了刘勰的影响,是以体系化为宗旨的。所以,《词学指南》与同期严羽的《沧浪诗话》一样,都反映了南宋后期文学研究上的一种进步,具体的表现是理论化、体系化程度的加强。

《词学指南》的一大贡献是考述南宋词科的渊源。根据王应麟的叙述,博学宏词科原为唐制,为进士考试之外的补充性选人制度,唐制主要试赋、论、诗三篇,所以韩愈认为“所试文章,亦礼部之类”,也就是说其考试的内容与进士科差不多。[1]除博学宏词外,还有“文辞清丽”“藻思清华”“文经邦国”等多种名目。北宋绍圣初,议者征引唐代词学诸科制度立宏词科。这是因为北宋文坛主要盛行古文,朝廷应用文体写作的人才培养处于不规范的状态,所以有宏词科之设。绍圣宏词科所立试格十条,所试文体有章、表、赋、颂、箴、铭、诫论、露布、檄书、序记。从中可以看出其所试文体与唐代博学宏词科有很大的不同,与北宋的进士科也不一样。其中除赋、颂之外,都是应用性的文体。但词科真正发达,在选举上占有重要位置的还是在南宋时期。据王应麟《词学指南序》,绍兴三年,以博学宏词为名,试文凡十二体,制、诰、诏书、表、露布、檄、箴、铭、记、赞、颂、序。[2]

唐代的词学诸制科与进士科实际上没有很大的差别,主要是诗、赋、论等文体。其对文学创作的影响与进士科也没有多大的不同,只是更加突出词藻的因素,以六朝骈俪为文学之旨归,与唐人一般的文学创作重视情性的宗旨不同,对唐代诗赋骈文的藻丽风气有一定的影响。北宋绍圣的宏词科考试,则已是应用性文体,已不试诗。其中只有赋、颂两体还算是纯文学文体,但主要的功能也是歌功颂德、润饰鸿

---

① 韩愈著,马其昶校注:《韩昌黎文集校注》,上海:上海古籍出版社,1986年,第166页。
② 王应麟:《四明文献集(外二种)》,第384页。

业。南宋博学宏词科完全是朝廷应用文体的考试,连赋都不试了,与进士科的侧重纯文学文体的考试迥为两途。这种不同,可能是造成南宋文学与北宋文学不同的重要原因。南宋文章中四六之风更加盛行而古文相对衰落,应用性文体发达而纯文学性散文写作衰落的这种情况,从王应麟等一批词科文人的写作也可以看得很清楚。

词科实为南宋文科考试的最高级别,应试者基本上都为进士科中试后在仕途上有阅历的人员。如王应麟十九岁中进士,三十四岁中博学宏词科。词科录取的人员少,中试者可以直接进入朝廷的馆阁,如王应麟在考中博学宏词科后,即召为太学博士,不久擢秘书郎,迁起居舍人、中书舍人,为宋末掌制诏诰的主要人物。由此可见词科中试者在南宋士林中的地位。名相周必大,名儒吕祖谦、真德秀,著名的文学家三洪兄弟(洪遵、洪适、洪迈),都是词科出身。词科以博学善属文为主要内容,属于士林荣选。久而久之,修习词科成为南宋时代比进士考试更高级的一种学习科目,而应试词学也成了一部分士人修学的项目。王应麟出身词科世家,其父王㧑曾应博学宏词科,落选后发誓培养其二子应试,亲为教授,并且借用周必大、傅内翰、鄱阳三洪等词科名家的藏书。王应麟后又在婺州"从王埜受学,习宏词科"。王埜与真德秀都是当时的词科大家,"初,真文忠从傅伯寿为词科,埜与文忠相后先,源绪精密"①。其间,他又得到曾经从真德秀、吕祖谦受词科的徐凤的指点。从这里可以看出,南宋时期,词科已成学者间传承有序的一门学问。这一现象,治南宋文学者似未予充分的注意。我们可以说,词科是南宋学术文章重要进修之途,其对当时学风、文风的影响,实非鲜少。王应麟之以擅长词科文体,而被称当时的文学大家,被推为"两宋大家之殿",正可见词科写作在南宋文学中的地位。

王应麟的《词学指南》是一本练习与写作词科文体的指导手册,涉及的都是具体的写作问题。词科文体都是应用性的,不同于个体的言志抒情,也不以写景状物见长,不强调个性化的风格。文学的本质在于个体的情志与独特的审美体验的表

---

① 王应麟:《四明文献集(外二种)》,附录张大昌:《王深宁先生年谱》,第 581—582 页。

达,所谓"文章者,盖情性之风标,神明之律吕也"①。文学艺术的成功,往往在于上述个体情志与审美体验表现上的不断创新,在于陌生化效果,所以诸如想象之奇特、构思之新颖、题材之开拓、思想之深刻等,都是文学作品成功的条件。词科文体则首先在内容上是有限制的,并且在思想上服从一种意识形态。更重要的是,文学以真实为生命,而词科之类的代替王言、揄扬王命、润饰鸿业的文章,则不能不使用古今不变、千篇一律的雅颂词汇,这也是词科文体与文学精神的根本矛盾之处。在这种情况下,我们不可能要求王应麟在论述词科文体时表现多么深刻的、独特的文学思想。

《词学指南》基本上是一个文章学的著作,着重于写作上具体的文体规范与语言表达这两个层面。但王氏通过追溯词科渊源,征引古今文章理论,表达了他对词科文体存在的弊病的反思。在《词学指南序》的最后,王应麟援用朱熹的话,指出了词科写作上的问题,表达了对词科文体写作的基本看法:

> 盖是科之设,绍圣颛取华藻,大观侔尚淹该,爰暨中兴,程式始备,科目虽袭唐旧,而所试文则异矣。朱文公谓是科习谄谀夸大之辞,竞骈俪刻雕之巧,当稍更文体,以深厚简严为主。然则学者必涵咏六经之文,以培其本。②

唐宋词学本沿六朝博学属文之统,大弘骈俪之风,所以藻饰雕刻是其基本特点,朱熹所批评的谄谀夸大、骈俪雕刻的弊端是这种文体在写作中不可避免的。当时人对词科文体的批评也多来自这方面。所谓"稍更文体,以深厚简严为主",并非取消词科文体与生俱来的那些功能以让它服从于纯文学的精神,而是在文学的真实性与词科的虚夸作风之间略作折中,让词科作者在写作上尽量保持一种政治上的良知与理性。在这种情况下,词科的写作,显然是对一个人的政治品格与道德理性的考验。这的确是改革词科文体的根本之途,也可以说是来自理学家对词科的干预。深受理学、心学影响的王应麟,就代表了词科写作的这种倾向,他的词科文体之所

---

① 《南齐书》卷五二《贾渊传》,北京:中华书局,1972 年,第 907 页。
② 王应麟:《四明文献集(外二种)》,第 384 页。

以在当代获得名声,被视为两宋文学的正宗,除了博学与鸿词两方面的超人造诣外,发挥理学家的政治良知,也是使其获得文学价值的原因之一。

王应麟改革词科文本写作困境的另一个重要观点,就是"涵咏六经之文,以培其本"。这里所继承的当然是传统的宗经思想。王氏在文学评论中,对刘勰《文心雕龙》引述最多,其宗经思想当然也是直接来自刘勰。同时宗经也是古文家的基本思想,甚至诗人如黄庭坚也具有经学根本的诗学思想。但对词科文体的写作来讲,宗经又有其特殊的意义。"以培其本"之所谓"本",在词科写作中有两层,一是德性之本,亦即理学一派的干预,尤其是像真德秀这样以理学家而兼词学大家的人物的引导,要求词学家在词科写作中表现出政治良知与道德理性;另一层则是文章之本,即从经典中汲取文章的材料,即古人常说的"融经铸典"。准备应试博学宏词科,必须熟读经、史、子、集方面的经典,其中经书尤为重要。《词学指南》的《编题》《编文》两篇,都是以经、史为主要的取材对象。经典不仅是写作的词源,同时也是文章的典范,可供取法。《词学指南·语忌》引赵茂实、王景文诸家之说,具体地展示了以六经为本的观点:

> 赵茂实曰:南塘谓自六经、《左氏》、《国语》外至西汉而止。又说某料子不曾杂晋、唐而下草料。

> 王景文曰:"文章根本皆在六经,非惟义理也。而机杼、物采、规模、制度无不具备者。"张安国出《考古图》,其品目百二十有八,曰:"是当为记,于经乎何取?"景文曰:"宜用《顾命》。"游庐山讫事,将衮所历序之,曰:"何以?"景文曰:"当用《禹贡》。"①

宋代经学发达,文章家对于经典,不仅重视其思想,同时借鉴其艺术,包括修辞、章句之法以及审美风格等。苏轼常举《檀弓》为写作之典范,即是一例。《困学纪闻》卷一七《评文》:"东坡得文法于《檀弓》,后山得文法于《伯夷传》。"②王应麟精通经

---

① 王应麟:《四明文献集(外二种)》,第399页。
② 王应麟:《困学纪闻》,第328页。

学,识其理而明其文,在这方面有更多的体会。他强调深厚简严的风格,主张涵咏六经以培其本,在词科文体的创作方面具有革新的性质。

词科是南宋当代的应用文体,学者们熟悉体制与一般的写作技巧,并且有当代作家的文章为典范。王应麟编著《词学指南》,是为了革除其弊,提高写作的质量。除了提出六经为本的观点外,该著还用大量的篇幅追溯词科文体的源流演变,在学术方法上,显然受到《文心雕龙》的启发。而王氏在学术上征文考献的功力,也在这里起到了作用。所以《词学指南》的一大学术价值,就是考察各种相关文体的源流。如其对"制""箴"类文体的渊源的追溯:

> 唐虞至周皆曰"命",秦改"命"为制,汉因之,下书有四,而制书次之。颜师古谓为制度之命。唐王言有七,其二曰"制书",大除授用之。学士初入院,试制书批答,有三篇。①

> 箴者,谏诲之辞,若箴之疗疾,故名箴。《盘庚》:"无伏小人之攸箴。"庭燎:"因以箴之。"……唐进士亦或试箴。显庆四年试《贡士箴》、开元十四年《考功箴》、广德三年《辕门箴》、建中三年《学官箴》。②

王氏追溯文体渊源,其功用不仅在学术的考证,更是为了提高词科文体的地位,带有复古的性质。王应麟晚年作《浚仪遗民自志》时,自叙撰写词科文章的经历说:"再入翰苑,三入掖垣,制稿凡四十五卷,才弱,文不逮古也。"③这说明他并不将翰苑、掖垣的文章视为一种应用之文,而是追求它的文学价值。而复古思想,正是其造成这种文学价值的一个因素。

王应麟的词科文章,以博学宏词为体、深厚简严为法,不徒逞博闻辞藻。其代皇帝所拟《科举诏》中说:

> 爰自以文设科,视古寝异,然经术词章,所以觇济时之蕴,徒文乎哉!学问

---

① 王应麟:《四明文献集(外二种)》,第 407 页。
② 王应麟:《四明文献集(外二种)》,第 483 页。
③ 王应麟:《四明文献集(外二种)》,附录第 635 页。

粹而器识宏,其文浑厚雅正,实用于是乎见。①

他的文章中最能体现博学宏词之体、深厚简严之法的,当推《周山川图记》《汉百官朝会殿记》《唐七学记》《天禧编御集序》等篇。其铺叙形容,善用赋法,如《周山川图记》:

> 太极肇分,有浮而清,有沈而奥。卷石之积,结为巍巍,云蒸雨霭,万物育焉。勺水之积,融为浩浩,源迤流衍,万物润焉。
>
> 圣人有作,迺封迺濬,迺刊迺涤,肇称明祀,为民祈禳。若封禅于黄,望秩于虞,旅祭于禹,维见可观。然风后受图,九州始布,山海有《经》,为篇十三,图牒犹未详也。苍姬开统,宪章稽古。以地图知山川之数,职于司书;以地图辨山川之名物,职于大司徒;以九州图知山川之阻,职于司险。天下之图,职方迺掌。其山镇曰会稽、衡、华,曰沂、岱岳及医无闾、霍、常。其大川曰三江、江、汉,曰荥、雒、淮、泗,曰河、沛、泾、汭,及漳、潭池、呕夷。又有山师、川师掌其名,山虞、川衡掌其守。艮兼兑丽,目击掌运,抑犹以为略也。②

就其铺叙形容之处,可见词笔之宏丽,而征文考献能见博雅简严,辞章明而能融。开出后来清儒考据一派的文体,如孙星衍、凌廷堪、孙诒让等人的考据文章,正属于这一派。其基本的特点是融考据与辞章为一道。

还有一点值得肯定的是,作者执掌王言,身当末劫,忧国深衷,俶焉如捣,全祖望云:"试观先生在两制时晨夕所草词命,犹思挽既涣之人心,读之令人泪下。"③如《赐文天祥诏》:

> 卿倡义旅以卫王室,秉忠忱以济时艰。爰咨常伯之英,趣膺制阃之寄。将士用命,遂汛扫于虏氛,精神折冲,益振扬于胜气。孔嘉体国之志,亟奏攘夷之

---

① 王应麟:《四明文献集(外二种)》,第57页。
② 王应麟:《四明文献集(外二种)》,第10页。
③ 王应麟:《四明文献集(外二种)》,附录第574页。

勋。元戎先行,周邦咸喜,载加锡赉,式示眷怀。①

又如《勉谕陈宜中诏》:

> 吾惟艰难之时,卿以忠义之忱,扶持宗社,一日去位,吾如失左右手。惠然肯来,再登右揆,用景祐明相茂典,以遂谦冲之美。国事日棘,人心易摇,非卿谁与镇安?羽书狎至,诸将出师,非卿谁与指授?岂可以辞避之小节,忽安危之大计?俟边境肃清,国势底定,然后从容就养志之乐可也。今何如时,而欲辞位?趣承涣命,以副具瞻。②

两文虽代王言,但推诚置腹之处未必不是王应麟自己的心声吐露。读后确实能起到感发人心的作用。至于修辞之简严有法,措辞得当,用事有章,见出其在语言表达上的深厚的功力。

三

王应麟虽然从小修习词学,以词科出身,但他并没有满足于做一个执掌王言的词臣。他之所以在宋元之际的学术领域开出"深宁学派",自有更高远的学术追求,在学术上形成渊综广博、慎思明辨的特点。其治学的范围,则是贯通四部。在文学方面,他虽以词科特长,但对古今文学的源流演变也多所究明。《困学纪闻》于诗、骚及历代文章涉及甚多,除他自己的论学之言外,对唐宋两代学者的文论征引丰富,采择甚精,某种意义上也可以说是研究唐宋文论的渊薮。其中有不少有价值的观点,如《诗》类中:

> 鹤林吴氏《论诗》曰:"兴之体足以感发人之善心。毛氏自《关雎》而下,总百十六篇,首系之兴:《风》七十,《小雅》四十,《大雅》四,《颂》二。注曰:'兴

---

① 王应麟:《四明文献集(外二种)》,第 79 页。
② 王应麟:《四明文献集(外二种)》,第 80 页。

也。'而比、赋不称焉，盖谓赋直而兴微，比显而兴隐也。朱氏又于其间增补十九篇，而摘其不合于兴者四十八条，且曰：'《关雎》，兴诗也，而兼于比；《绿衣》，比诗也，而兼于兴；《頍弁》一诗，而兴、比、赋兼之。'则析议愈精矣。"李仲蒙曰："叙物以言情谓之赋，情物尽也。索物以托情谓之比，情附物也。触物以起情谓之兴，物动情也。"《文心雕龙》曰："毛公述传，独标兴体，以比显而兴隐。"鹤林之言，本于此。①

此条是关于《诗经》赋、比、兴问题的重要资料。又如卷一七《评文》："汪彦章曰：'左氏、屈原，始以文章自为一家，而稍与经分。'"②此条也涉及文学史上的重要内容，即文章之义的自觉化，文与经分。又如关于杨万里诗学渊源的论述："诚斋始学江西，既而学五字律于后山，学七字绝句于半山，最后学绝句于唐人。"③此条实据杨万里《诚斋荆溪集序》："予之诗始学江西诸君子，既又学后山五字律，既又学半山老人七字绝句，晚乃学绝句于唐人。"④王氏采于《困学纪闻》，有助于其流传。

王氏自己对文学史的一些重要现象也有过研究，如对两晋玄言诗流变的看法：

> 《文心雕龙》谓："江左篇制，溺乎玄风。"《续晋阳秋》曰："正始中，王、何好庄、老；至过江，佛理尤盛。郭璞五言，始会合道家之言而韵之，许询、孙绰转相祖尚，而诗、骚之体尽矣。"愚谓：东晋玄虚之习，诗体一变，观兰亭所赋可见矣。⑤

玄言入诗，虽滥觞于正始，成形于永嘉之末，但玄言诗风成为诗坛之主流，则在东晋。王氏先引《文心雕龙》之说，又引《续晋阳秋》之说，从其按语来看，是认可刘勰的观点的。王氏论文，于《文心雕龙》征引最多，在《文心雕龙》的研究史上，应该有

① 王应麟：《困学纪闻》，第 55 页。
② 王应麟：《困学纪闻》，第 321 页。
③ 王应麟：《困学纪闻》，第 343 页。
④ 杨万里著，辛更儒笺校：《杨万里集笺校》第 6 册，北京：中华书局，2007 年，第 3260 页。
⑤ 王应麟：《困学纪闻》，第 274 页。

独特的地位,这一点值得专门研究。① 再如其对唐以诗取士的记载:

> 唐以诗取士,钱起之《鼓瑟》、李肱之《霓裳》是也。故诗人多。韩文公荐刘
> 述古,谓举于礼部者,其诗无与为比。②

稍早于王氏的严羽在《沧浪诗话·诗评》中已说:"唐以诗取士,故多专门之学,我朝之诗所以不及也。"③王氏此论似受严氏影响,但确举试律诗代表作并引韩愈关于礼部试诗的叙述,显示其熟于典制的学术功力。今人关于唐代科举试诗与诗歌创作繁荣的关系研究最多,而严、王之论,实启其绪也。又如其对北宋《文选》学之兴废的记述,也是有关于选学史的一条重要资料:

> 李善精于《文选》,为注解,因以讲授,谓之文选学。少陵有诗云:"续儿诵
> 《文选》。"又训其子熟精《文选》理,盖选学自成一家。江南进士试《天鸡弄和风
> 诗》,以《尔雅》天鸡有二,问之主司。其精如此,故曰:"《文选》烂,秀才半。"熙、
> 丰之后,士以穿凿谈经,而选学废矣!④

据王应麟的看法,《文选》一书是唐代作家精读的文学典籍,甚至形成专门的选学,五代南唐仍盛,其风沿至北宋,到熙、丰年间才因王安石新学而废。陆游《老学庵笔记》也有关于北宋选学兴废的记载,与王氏之说略异:"国初尚《文选》,当时文人专意此书,故草必称王孙,梅必称驿使,月必称望舒,山水必称清晖。至庆历后,恶其陈腐,诸作者始一洗之。方其盛时,士子至为之语曰:'文选烂,秀才半。'"⑤陆氏于选学之衰不表同情。而王氏则颇为推崇选学,这也反映了他在文学方面的倾向,与邃于词学有关。《文选》本来就是唐宋词学最重要的经典。《文选》学的盛衰,是关系北宋文学演变的重要问题。陆、王的记述,也应该是研究这个问题最重要的

---

① 关于王应麟与《文心雕龙》的关系,可参阅汪春泓:《王应麟与〈文心雕龙〉》,《中国典籍与文化》2002 年第 2 期。

② 王应麟:《困学纪闻》,第 337 页。

③ 严羽著,郭绍虞校释:《沧浪诗话校释》,北京:人民文学出版社,1983 年,第 147 页。

④ 王应麟:《困学纪闻》,第 325 页。

⑤ 陆游:《老学庵笔记》,北京:中华书局,1979 年,第 100 页。

文献。

王氏论学论文,多祖述两宋前哲。唐宋诸大家之外,对理学家的诗文多有关注,而于朱熹尤为推崇。其《兰皋集跋》称朱诗为"中兴冠冕":

> 晦翁言诗以三百五篇为根本,翁诗为中兴冠冕,岂刿目鉥心有意于诗哉!本深而末茂,实大而华荣。竹洲亦然,节行事业之外,诗文超逸绝尘,宜凤毛之世美也。①

以道德事业为根本,文章为枝叶,是两宋古文家流的基本看法,而所谓"超逸绝尘"则是黄庭坚的常语,从这些地方可以看出王氏论文常沿两宋诸大家之绪论。《阆风集序》一文比较集中地表达了他的诗学思想:

> 读《虞书》赓歌,可以见诗之雅正,读《夏书》五子之歌,可以见诗之变风变雅,世道隆污不同,而诗之正变亦异。然天典民彝之正,万古一心也。士生斯世,岂不欲以和平之声鸣国家之盛? 时不虞氏也,遇合不皋陶也。于是《离骚》兴焉,偯诗作焉。曰指九天以为正,曰弟子勉学,天不忘也。不求人知而求天知,一心之唐、虞,岂与世变俱化哉? 此陶靖节、杜少陵所以卓然为诗人之冠冕,而谢灵运、王维之流不足数也。论诗者观其大节而已。②

王氏这番话,论其渊源,出于《毛诗·大序》以王道盛衰论诗风正变之论,可以说是宋儒论诗的一般见解。但他说"天典民彝之正,万古一心",是带有心学色彩的。朱熹论屈原作品的伦理价值时,也说它于"彼此之间,天性民彝之善,岂不足以交有所发,而增夫三纲五典之重"③。可见这是理学家的一种文学价值论。但王氏的说法更多体现心学家的文学本体论。他的基本理论是认为存在着一个能够体现天典民彝的万世相同的人心,这与陆九渊思想是一致的。他在为心学家杨简所作的《慈湖

---

① 王应麟:《四明文献集(外二种)》,附录第 641 页。
② 王应麟:《四明文献集(外二种)》,附录第 637 页。
③ 朱熹:《楚辞集注》,上海:上海古籍出版社,1979 年,目录第 2 页。

书院记》中有这样一段话：

> 尝谓儒以道得民，师以贤得民，师言贤不言道，身即道也。万古一道，万化一心，仁人心也，人者天地之心也。天有四时，风雨霜露，地载神气，风霆流形，无一物非仁，则清明虚静，天地万物为一体。①

王应麟引述的杨简的思想，正是"天典民彝，万古一心"的具体阐释。王应麟将之与儒家风雅正变的诗学思想结合在一起，是心学思想影响文艺观的一个例子。另外，由于身当宋室沦亡的遭乱之世，他对变风与《离骚》、俭诗有不同的认识。不同于宋儒普遍贬抑《离骚》，认为其愤世嫉俗、扬才露己，他肯定《离骚》、俭诗以及杜甫、陶渊明的诗歌，与《大序》之肯定国士变风、变雅之作的看法是接近的；同时他又用"天典民彝之正，万古一心"来阐释诗道，并且将之概括为"大节"，并以此评价古代诗人的高下，认为谢灵运、王维但写山水之美，唯重个人情性之放逸，不如陶、杜虽处变风、变雅之世，但其中体现天典民彝。他的诗作，据张骁飞新编点校的《四明文献集》，仅存七首。其五古《悼袁进士镛诗》写袁镛抗敌死节，家人投山下溺水而死的忠节之事。另一五古《东山诗》写上虞东山，不作泛泛游览之词，称美谢安，寄托作者感慨时事、期望拯济时艰之才的用意。七古《九里庙》则写唐大历中吴刺史为民开陂，民报以世世箫鼓祭祀。总的来看，都是以风教为旨的。这与他在《阆风集序》中强调诗与世道的关系，论诗人重其大节的观点，基本上是一致的。从《阆风集》中我们可以看出，王应麟论诗，是以陶、杜为标准的，其《困学纪闻·评诗》一篇中，除宋代诗人外，古代诗人中涉及最多的就是陶与杜。这与黄庭坚推崇陶、杜是一脉相承的。其于北宋诗则对黄诗最为推崇，《困学纪闻·诗评》评曰：

> 山谷诗，晚岁所得尤深。鹤山称其"以草木文章，发帝杼机；以花竹和气，验人安乐"。②

---

① 王应麟：《四明文献集（外二种）》，第 29 页。
② 王应麟：《困学纪闻》，第 341 页。

他引魏了翁的评论,认为黄诗能深入天理人心。这种观点,理学家论文的色彩还是很明显的,可见王氏在文艺思想上,基本属于理学一派。南宋理学家一派,不仅传承关洛之学,对于曾在北宋末被禁抑的以苏、黄为代表的元祐文学,也一直视其为正学的。所以王应麟的文学思想,与元祐诸家也可以说是一脉相承。

自黄庭坚作诗重视以故为新、以俗为雅,提倡多用经史语,后来江西诗派传承其宗旨,宋代诗文在熔经铸典、崇尚使事艺术方面比唐人有进一步的发展,由此促成了宋代注释本朝人诗文集的风气。其中任渊的《山谷内集注》《后山诗注》更是专以搜寻词语出处为务,并引孙莘老评黄、陈诗“无两字无来历”的看法。① 王氏《困学纪闻·评诗》中着重提到的李璧《王荆公诗注》,也是宋人诗注中的代表性著作。甚至以阐发独得的诗学宗旨为内容的严羽《沧浪诗话》,于“诗辨”“诗体”“诗法”“诗评”之外,专列“考证”一篇,多考古诗修辞之出处与文字之讹异。王应麟也是宋代文学研究中这种风气的代表人物,其《困学纪闻》《〈汉书·艺文志〉考证》及《玉海》《词学指南》等书,可以说是两宋文学考证的集成者,对后来文学研究上的考据方法有直接的推激作用。但他承宋代义理之学传统,其征引考据中寓有宗旨。其《困学纪闻》中《评诗》《评文》两卷的主要内容,就是为前人诗文的章句搜寻出处,并点评其用事、修辞之工,而在内容与风格等方面则较少涉及。其中的一个宗旨就强调以经史为文学作品的根本:

《新安吏》“仆射如父兄”,《汝坟》之诗曰:“虽则如燬,父母孔迩。”此诗近之。山谷所谓“论诗未觉《国风》远”。②

韩文公诗“离家已五千”,注引沈休文《安陆王碑》“平涂不过七百”,而不知“弼成五服,至于五千”,本《书》语也。奚以泛引为?③

《夏小正》:“九月荣鞠。”东坡诗云:“黄花候秋节,远自《夏小正》。”注止引

---

① 黄庭坚著,任渊注:《黄山谷诗集》,上海:世界书局,1936年,第1页。
② 王应麟:《困学纪闻》,第330—331页。
③ 王应麟:《困学纪闻》,第337页。

《月令》,非也。司马公《春帖子》:"候雁来归北,寒鱼陟负冰。"亦用《夏小正》。①

  山谷诗:"金石在波中,仰看万物流。"出《孟子注》:"万物皆流,而金石独止。"②

以上诸条,为杜、韩、苏、黄诸家诗句指出经史方面的出处,包括纠正前注之误。既显示王氏的博闻,体现其根柢经史的治学思想,同时也是以诸大家为证据,强调诗文须多用经史之语的创作观点的体现。

王氏诗评有时候也涉及艺术鉴赏,如:

  王俭四言,颇有子建、渊明余风。其《侍太子九日玄圃宴》云:"秋日在房,鸿雁来翔。寥寥清景,蔼蔼微霜。草木摇落,幽兰独芳。眷言淄苑,尚想濠梁。既畅旨酒,亦饱徽猷。有来斯悦,无远不柔。"③

  后山《挽司马公》云:"辍耕扶日月,起废极吹嘘。"与老杜"桑麻深雨露,燕雀半生成"相似。"生成""吹嘘",字若轻而实重。④

都见精到之处。但是王氏论艺主要还是以文献家、词科家的眼光,注重修辞悦泽、用事精工等因素。前面说过,王应麟的诗作贯穿着教化的思想,其中一些在艺术上也达到了较高的境界:

  十里青松接翠微,梵王宫殿白云飞。钟声出岫客初到,月色满庭僧未归。偶有闲情依净土,竟无尘虑渎天机。明朝尚有登高兴,千仞岗头一振衣。(《天童寺》)⑤

  湖草青青湖水平,酒航西渡入空明。月波夜静银浮镜,霞屿春深锦作屏。

---

① 王应麟:《困学纪闻》,第341页。
② 王应麟:《困学纪闻》,第346页。
③ 王应麟:《困学纪闻》,第338页。
④ 王应麟:《困学纪闻》,第341页。
⑤ 王应麟:《四明文献集(外二种)》,附录第633页。

丞相祠前惟古柏，读书台上但啼莺。年年谢豹花开日，犹有游人作伴行。(《东钱湖》)①

两诗风格清新雅润，修辞悦泽，注重炼境之美。就格调来看，与中晚唐的作风接近，受到南宋末流行的理学诗风、江湖派诗风的影响，但不似理学之枯淡，也不似江湖之野逸，具有清腴之美。后来元代诗风多宗法唐风，王氏有限的几首古近体诗，似乎也透露了宋元之际诗风转变的消息。

本文对王应麟的学术思想与文学方面的成就略作窥论，未免挂一漏万。但通过这一番探讨，我们对深宁学术与乾道、淳熙之间学术的渊源关系有所明晰。王氏在尊德性与道问学的问题上融洽陆氏心学、朱氏理学与永嘉事功经制之学以及东莱吕氏的文献之学数端之间的矛盾，形成渊综广博、尊闻、慎思、明辨的风格。论文同时对其由心学的德性之学发展出文史考证之学的理路，也做了一些考察，进一步明确了王氏学术作为浙东学术的特点。在文学方面，王氏以德性之学、经世之学来济当代词科之学卑弱、阿谀的文体，使其词科文章具有博学宏词、深厚简严的风格，对清代考据家的文体产生一定的影响。在诗文评方面，其基本的文学思想，是沿承唐宋古文家一统，其在古人方面，于刘勰征引最多；于当代文家，则多宗述朱氏。其文学思想受到陆氏心学的影响，尤其值得注意。整体看来，王氏在文学方面的主要成就还是在文学文献方面，这里还包括本文未曾论及的《〈汉书·艺文志〉考证》。限于学力，本文所依据的文献局限于王氏著述，未能揽其全部，对于王氏与宋元之际及明清时代浙东学术的整体关系，尚未做全面的探讨。

(原载《求是学刊》2014年第1期)

---

① 王应麟：《四明文献集(外二种)》，附录第634页。

楼钥《北行日录》的文体、空间与记忆

李 贵

宋代笔记在文学研究领域长期处于背景和佐证地位,通常只被作为文学史料而提及,直接作为研究对象本身者并不多见。这种状况近年已有大改观,特别是宋代行记类笔记,愈益引起学界重视,但精细的个案和文体分析仍较缺乏。在众多宋代笔记中,南宋楼钥的《北行日录》是特殊而重要的一种。此书既是使金行记,又是私人日记,文体特殊;在宋臣的使金文献中,此书记述最为丰富翔实、细腻深入,内容重要。清代目录学大家周中孚评价:"南宋人使北诸记,当以是录称观止焉。"[①]当代科技史家也认为此书"地理参考价值很高"。[②] 故史学界一向重视《北行日录》,陈学霖、万安玲(Linda Walton)等学者对书中所载北方城镇及居民生活情况、

① 周中孚:《郑堂读书记》卷二四《传记类三》,《国家图书馆藏古籍题跋丛刊》第 12 册,北京:北京图书馆出版社,2002 年,第 7 页。
② 卢嘉锡、路甬祥主编:《中国古代科学史纲》,郑州:河北科学技术出版社,1998 年,第 727 页。另参见周藤吉之著,向旭译:《宋代乡村店的分布与发展》,《中国历史地理论丛》1997 年第 1 期;张劲:《楼钥、范成大使金过开封城内路线考证:兼论北宋末年开封城内宫苑分布》,《中国历史地理论丛》2004 年第 4 期。

外交礼节、历史地理、金国食品等均有专题探讨。① 专门的文学解读则鲜见，奚如谷（Stephen H. West）以《北行日录》对中原的记述为中心，分析历史记忆与地域的关系②，仍留措手余地。更重要者，已有成果据以立论的都是被清代四库馆臣任意删改之版本，故分析不尽可靠。本文拟从文体角度，依据影印宋刻原本，探讨《北行日录》的文体风格及其体现出的空间和记忆诸问题，从中透视宋代外交出使行记的普遍价值。

一、《北行日录》的版本和文体

《北行日录》初未单行，而是收入文集。楼钥别集《攻媿先生文集》初刻本乃其季子楼治编刻，共 120 卷，今存 103 卷，藏北京大学图书馆，《北行日录》收在最后两卷，即卷一一九和一二〇，首尾完整。《攻媿集》自南宋家刻以后，似未再重刊。清修《四库全书》，将"两淮盐政采进本"《攻媿集》删削重编，成钞本 121 卷，脱漏讹误甚多。武英殿聚珍版据此四库本摹印，《四部丛刊初编》本又据武英殿聚珍版影印，《丛书集成初编》本则据武英殿本排印，底本均为四库馆臣删改之本；此外尚有明清钞本数种，均有残阙，个别钞本讹脱严重；诸本比较，以宋刻本为最原始、最完整、最可靠③。宋刻本已影印收入《中华再造善本》唐宋编集部（北京图书馆出版社 2005 年版，全 48 册，以下简称宋刻本），其中的《北行日录》亦为传世之最善本，其他各本

---

① 参见陈学霖：《楼钥使金所见之华北城镇：〈北行日录〉史料举隅》，《金宋史论丛》，香港：香港中文大学出版社，2003 年，第 199—240 页；Linda Walton, "'Diary of a Journey to the North': Lou Yue's 'Beixing Rilu'", *Journal of Sung-Yuan Studies*, 32(2002), pp. 1-38；中村乔：《『北行日録』に見る金國賜宴の食品》，《学林》2010 年第 51 期。

② Stephen H. West, "Discarded Treasure: The Wondrous Rocks of Lingbi"，王瑗玲主编：《空间与文化场域：空间移动之文化诠释》，台北：台北汉学研究中心，2009 年，第 187—249 页。

③ 参见《四库全书总目》卷一五九《攻媿集》提要，北京：中华书局，1965 年，第 1373 页；祝尚书：《宋人别集叙录》卷二一《攻媿先生文集》，北京：中华书局，2019 年，第 1073—1074 页；张玉范：《〈攻媿集〉宋本、文渊阁四库全书本、武英殿聚珍本之比较》，《国学研究辑刊》2003 年第 11 期。

皆多有脱讹删改。

试以涉及民族问题的文字为例。据宋刻本《攻媿先生文集》所收《北行日录》，从进入金国境内，楼钥就频频使用"虏"字指称金国或女真，"虏人"指金人，"虏酋"指金国国主，"虏亮"指金海陵王完颜亮，"虏"字触目皆是；清修《四库全书》本《攻媿集》所收《北行日录》，已将这些违碍字眼全部删改。这些歧视性用语也是宋代行记文类的惯用语，符合书写传统，虽然今天看来完全错误。现将改动前后文字简列如表1：

表 1 《北行日录》四库本文字改动

宋刻本	四库本	宋刻本	四库本
北虏	北人	又闻虏中	又闻彼中
虏法	金法	夷俗	俗
虏手	敌手	探闻虏酋	闻国主
虏改日	金改日	虏主	金主
虏人	金人	虏中典章	国中典章
虏曰南京	改曰南京	虏亮	炀王

除此之外，四库本还有两处重要删削。一是宋刻本《北行日录》卷上十二月廿四日，楼钥在听到遗民关于"北人"的判别标准后评论："此曹虽久沦左衽，犹知自别于夷虏如此，尤可叹也。"二是卷下正月初十记："又承应人指其首曰：'几时得这些发长起去。'"四库馆臣将这些贬抑女真、向往宋朝的句子完全删去。出自四库本系统的武英殿聚珍版、《四部丛刊初编》影印本、《丛书集成初编》排印本，诸本删削皆同。《知不足斋丛书》第 23 集所收《北行日录》，实同四库本，上述文字亦了无踪影①。前引万安玲论文径据《知不足斋丛书》本立论，从而觉得楼钥几乎不用"虏"

① 清鲍廷博辑《知不足斋丛书》第 23 集"靡"字号将《北行日录》《放翁家训》合刻（上海古书流通处 1921 年影印初刻本），而未言所本；经比对，文字全同《四库全书》本。朱易安、傅璇琮等主编《全宋笔记》第六编第四册（大象出版社 2013 年版）对《北行日录》的标点整理，以《知不足斋丛书》本为底本，参校《四部丛刊》影武英殿聚珍版《攻媿集》，故文字亦与四库本同。

字,由是致误。奚如谷论文以《丛书集成初编》排印本立论,认为楼钥虽然是一个积极的对金主战者,但其日记毫无范成大《揽辔录》那样的责骂语言,这也是误信删改本所致。众所周知,清修《四库全书》,将政治违碍文字一律删改,四库本《北行日录》即为一重要案例。

可见通行本《北行日录》是不可靠的,宋刻本才是善本、足本,学界长期误用误信此四库系统的版本,当予纠正。故研究宋代出使行记,须先明辨版本源流,尽量依据作品原貌立论阐释。本文所引《北行日录》及楼钥其他文字,均据此宋刻本,此本残缺或不通者,参校他本改正补足。

版本既定,再判文体。关于宋人使北行程录,傅乐焕和刘浦江先后作过详细的文献学考察,传统目录学著作或入伪史类、杂史类,或入传记类,或入地理类,或入本朝故事类、本朝杂史类,或入朝聘类。① 可见出使行程记录在传统的目录学体系里难以定于一类,对《北行日录》也先需辨体。

此书卷上起首题注:"时待次温州教授,随侍充公守括苍,受仲舅汪尚书大猷之辟。"正文开头即载:"乾道五年己丑。十月九日辛卯。邸报仲舅侍郎充贺正使,曾总管(小字注:觌)副之。十日壬辰。蔡兴以仲舅书来,辟充书状官。二亲许一行。"案楼钥(1137—1213)出生于明州(今浙江宁波)楼氏大家族,孝宗隆兴元年(1163)登进士第,后试中教官选,调温州教授。等待赴任期间,在知处州(今浙江丽水)的父亲楼璩身边随侍。② 乾道五年(1169),当金世宗大定九年,十月,楼钥得仲舅汪大猷辟举,充任书状官,随同贺正使汪大猷、副使曾觌出使金国祝贺翌年正旦。书

---

① 傅乐焕:《宋人使辽语录行程考》,《辽史丛考》,北京:中华书局,1984年,第1—28页;刘浦江:《宋代使臣语录考》,张希清等主编:《10—13世纪中国文化的碰撞与融合》,上海:上海人民出版社,2006年,第253—296页。

② 楼钥进士及第后随侍父亲的经历,参见包伟民:《宋代明州楼氏家族研究》,《传统国家与社会:960—1279年》,北京:商务印书馆,2009年,第262—281页;辛更儒:《楼钥传》,傅璇琮总主编:《宋才子传笺证》南宋前期卷,沈阳:辽海出版社,2011年,第573—577页。

状官是外交使团里使、副使的亲吏，掌管使、副的私信。① 《北行日录》就是楼钥记载此次使北行程的日记，分上下两卷。

就著作内容的类别即文类而言，有必要区分行程录和语录两类内容。前引傅乐焕文总结，语录乃由聘使的从人随时将使人的言行记录下来，以备政府查考，须以使臣的名义奏上，包括远赴外国的使臣和在本国的接送伴使，这是正确的。但又指出："所谓'某某《上契丹事》''某某《行程录》''某某《上契丹风俗》'等等名目，全是在'语录'一名没有成立以前，后人引用各该记载时所代加的。因为'语录'应用的时期最长，在这里我们即用它来概括一切同类的记载。"把语录等同于行程录，这不合实际。按宋代语录体裁有二，一为儒家学者讲学和佛教僧徒传道之记录，与本文无涉；二为出访使臣或接送伴使完成任务后给朝廷奏进的外交记录报告，与本文有关。事实上，早在宋代以前，外交使臣撰写行程记录和语言摘录便已形成传统。西汉初期陆贾使南越所作《南越行纪》（又称《南中行记》）是最早的出使行记作品，南齐刘绘接对魏使，撰有《语辞》，王融也曾上呈《接虏使语辞》②。南北朝时期这些"语辞"亦即两宋的外交"语录"。可见出使"行记"和出使"语录"是内容有别的两种不同文类，前者记程，后者记言，其名目均古已有之，不待到两宋始得成立。此其一。其二，据前揭刘浦江文分析，宋人出使辽金的语录是每位使臣完成使命归朝后均须向国信所递交的一份例行的出使、接送报告（但刘文称"严格意义上的语录亦即行程录"，亦混淆了记言的语录与记程的行程录）。依照刘文标准，《北行日录》就不能说是使金"语录"，楼钥作为使北书状官，只是外交活动的记录人员，没有资格以个人名义给朝廷进呈语录；而且《北行日录》十二月二十一日条，记真定府赐宴东馆一事，说到"押宴下人李泉争执礼数"时，明确写道"语具《语录》"，可见楼钥一行另有写呈国信所备案的语录，绝非《北行日录》可以充任。傅、刘二文多所创获，奠

---

① 徐松：《宋会要辑稿》职官三六之六〇，北京：中华书局，1957年，第3101页下。参见龚延明：《宋代官制辞典》，北京：中华书局，1997年，第67页。

② 参见李德辉：《晋唐两宋行记辑校》，沈阳：辽海出版社，2009年；王皓：《宋代外交行记与语录研究》，四川师范大学博士学位论文，2012年，第7、17—19页。

基引路之功至今不稍减,他们将语录和行程录视为同一类著作的提法影响深远①,但不得不指出,行程录与语录毕竟是两种不同的内容类别,《北行日录》不是出使语录,而是行程录著作,是私人撰作的外交行记。宋人陈振孙《直斋书录解题》卷七将《北行日录》归入史部传记类,称此书是楼钥"使金纪行"②,颇切其要。《北行日录》在内容上就是一部出使外国的行记,或称外交行记。

《北行日录》在文类上属于外交行记,在文体上则属于日记。以日记形式书写出使行记,这一文章体制盛行于南宋。私人日记起源甚早,但文体定式是一个追认的过程,从后世日记定式追溯可知,现存第一部成熟、定型的私人日记是北宋黄庭坚的《宜州乙酉家乘》,此书"先书时日,次记阴晴,后写事实,始终如一,固定不变","这种体式,成为后世日记的通式"③。《北行日录》全书记事,起乾道五年十月初九,终次年三月初六,总计 147 天。每一天皆详载时日、干支和天气情况,继承了《宜州乙酉家乘》的体式,是标准、完整的日记文。

在现存宋代的日记体外交行记中,《北行日录》是体例最严整、内容最完备、保存最完整的一部。楼钥有意识地完整记载天气情况,即使某日无事可记(或不欲人知而不记),也随笔记下当天天气,如卷上十月十二、十三、十七日的日记,分别只记了天气情况:阴、雨、晴。此外,他还非常留心一日之中的天气变化,并详细笔录下来。如卷上十月、十一月和卷下二月、三月的日记,都有相当多的篇幅记述当天天气的变化。这些日记里的天气既非叙事必要,亦非烘托之需。每日天气的细微变化都被楼钥仔细观察并记录在案,全书因此具有 147 天完整的气象记录,可以首先作为一手气象观测资料使用,对中国气候环境史研究有重要价值。据《攻媿先生文集》卷七四《跋黄子迈所藏山谷乙酉家乘》,楼钥对《宜州乙酉家乘》相当熟悉,赞赏书中所体现的翛然自适,见到友朋临摹的黄书摹本,不禁爱而题跋。他在《北行日

---

① 参见赵永春:《宋人出使辽金"语录"研究》,《史学史研究》1996 年第 3 期。

② 陈振孙:《直斋书录解题》卷七《史部传记类》,上海:上海古籍出版社,1987 年,第 205 页。

③ 王水照主编:《宋代文学通论》,郑州:河南大学出版社,1997 年,第 457—458 页。

录》里始终坚持时日、天气、事实的固定体式,显然受到《宜州乙酉家乘》的直接影响,是在向黄庭坚致敬,有强烈的尊体意识,自觉踵武前贤,为后世法。《北行日录》堪称现存篇幅最长的宋代日记体外交行记,以记日的方式代替了记程的方式,首尾完整,叙述详赡,保证了时间上的连续性、空间上的立体性、气象上的全面性和记事上的完整性。

二、空间等级:家园、本国、故国和敌国

楼钥北行时三十三岁,进士及第已七年,正在候任官职。使金之行,他从处州出发,中经本朝新京临安、旧都汴京,抵达金国中都燕京,而后返回,在家园、本国、故国和敌国之间往返移动,乃其平生难得之经历,沿途见闻极大地促进了他的精神成长。《北行日录》以日记体写行程录,通过使用这种时空交融的文体,塑造出不同的空间等级。

是书乃一部出国外交日记,却呈现出一种家/国结构。全书记事起自乾道五年十月初九,次日即记"二亲许一行":十八日,"别二亲,径出城"。翌年三月初六,记下该书最后的文字:"先行还家,拜二亲灯下,上下无恙,欢声相闻,喜可知也。"以家庭、双亲始,以家庭、双亲终。北行途中,楼钥的记述也时时指向家。十月十八日离家出发,二十一日就"发家书第一封",二十六、二十九日发第二、三封,十一月四日甚至"两发家书",十一、十八、十九、二十四日发第六、七、八、九封,一月二十八日有人来收"家问"(家信),二月十三日、二十二日发"家书"。到家前一日,即三月初六,仍强调"至李溪,遇承局持家书来接"。与移动的空间相比,家园无疑是相对持久的空间所在。家庭,或者家宅是我们在世界中的一角,"它是我们最初的宇宙。它确实是个宇宙。它包含了宇宙这个词的全部意义"①。"家"这条线索或明或暗地贯穿着《北行日录》全书,读者能从中感受到家的温情和对回家的渴望。

---

① 巴什拉著,张逸婧译:《空间的诗学》,上海:上海译文出版社,2013 年,第 3 页。

楼钥对本国风景关注较多。出使行记一般从启程离国写起,楼钥却多写在国内的移动历程。他离开处州不久,经过浙江缙云时有一次游览,记于十月二十日的日记中,共 617 字,是现存宋代出使日记中最长的单篇写景文字,描写放生潭的怪石奇岩,仙都独峰的高削耸立,忘归洞、石空洞和仙水洞的清奇幽古。楼钥对此皆感新奇美丽,叹为"生所未见",以致痛饮放纵,"傍若无人"。日记原以简括为主,此处却出以长篇,极尽模刻赋形之能事。楼钥另有《仙都独峰》和《游白石岩》两首长诗描写是日所见风光,只是一般的写景抒情,反不若此篇日记详尽细腻,所记言行的豪迈逸致更能见出风景的吸引力和行者的忘情投入。

同样是前所未见的土地,本国土地令楼钥惊奇忘情,被详尽刻画成一个美丽新世界,风景无限好;异国土地则用语简略,往往一笔带过,难见对风光的描画。十二月九日入宋朝故都东京城,"虏曰南京。新宋门旧曰朝阳,虏曰弘仁。城楼雄伟,楼橹壕堑壮且整,夹濠植柳,如引绳然"。昔日的繁华胜景未见书写。十二月十七日,抵达北宋故地邢州(今河北邢台),"北门外陂塘,冰厚尺余,裔叠岸上,如柱础然,青莹如菜石"。只是寥寥数语。"三里至柳溪,唐柳公权遗迹,亭榭数所,引溪水载之高岸,流觞曲水,为邢台游观之地。东北有邢山,出邢沙,碾玉所用也。"既是游观之地,又存人文胜迹,正是楼钥喜爱并描画的对象,却也只是简单陈述。二十七日,赶到金国都城燕山城,龙津桥"雄壮特甚",华表柱"镌镂精巧,如图画然",笔墨亦甚简。也许楼钥不塑造异国风景是由于任务在身赶路忙,但在本国途中忙碌时也不忘动情勾勒,如十月二十一日,他急于赶路,觉得没有好风景的地方却也加一笔"它无胜概","脚力既倦"却仍然一瞥山川,"出门相羊峰下,绝溪而西,数里间山川犹竞秀未已",用语相当讲究。顺利完成贺正旦使命后,轻松归国,"都缘人意乐,便觉马蹄轻"[1],回程日记亦不见描写异国风景的文字。《北行日录》构建出来的多重空间中,本国处处多风景,异国风景不足多,让读者不禁兴起《世说新语·言语》所载东

---

[1] 楼钥:《攻媿集》卷七《初出燕山》,景印文渊阁四库全书本,上海:上海古籍出版社,1987年,第 353 页上。

晋人"风景不殊,正自有山河之异"①的感叹。对本国,楼钥关注的是风景;对故国和敌国,关注的则是其他人情物事。

作者笔下的故国显得颓败荒凉。"淮北荒凉特甚"。谷熟县外有跨越汴河的虹桥,政和中造,如今"弊损不可行"。入故南京城(北宋应天府,今河南商丘),时已被金国改名归德府,"制作雄古"的睢阳楼"倾圮已甚",过去北宋达官贵人的大宅现在多被金朝官府所占。故都东京变化尤大,早已被金国改称南京,"城外人物极稀疏","城里亦凋残",北宋盛世的标志性宗教建筑开宝寺二塔并七宝阁寺、上清储祥宫皆"颓毁已甚",更见栾将军庙"颓垣满目"。故宫在海陵王完颜亮统治时期曾发生大火,"以遗火殆尽,新造一如旧制,而基址并州桥稍移"。都亭驿"犹是故屋,但西偏已废为瓦子矣"。通往北郊方坛的三座城门"皆荒墟也"。楼钥此前虽从未踏足北方,但他出身世家大族,家族收藏书籍文物甚富,自幼即师从著名学者兼教育家郑锷、宿儒李若讷,人际网络广阔而严密②,如传记所记于"中原师友传授,悉穷其渊奥"③,自然会从书籍文物和师长亲朋处了解诸多北宋旧事、故国繁华;其时,一味渲染开封繁盛喜乐的《东京梦华录》早已问世,更会强化这种想象。记忆与想象累加层叠,等到身临其境,耳闻目睹却尽是荒凉凋残之物,巨大的落差对楼钥的故国向往造成极大冲击。

故国当然也有可观者,楼钥选择记载各种消极面也许是为了突出金国统治对故国土地和人民的摧残。自然界的陵谷变迁被反复提及,记录各种河水断流、河道堙塞、河岸冲决及荒墓古冢之语频现书中。作为北宋太平盛世象征的奇石也被随意遗弃:"西去两岸皆奇石,近灵壁东岸尤多,皆宣政花石纲所遗也";开封城外,"河中有乱石,万岁山所弃也"。也许这些都是使北途中必经之地、必见之物,但经过楼钥的汰择书写,呈现在读者面前的故国是荒凉凋残的,故国之行几乎成为凭吊

---

① 余嘉锡:《世说新语笺疏》上册,上海:上海古籍出版社,1993年,第92页。
② 黄宽重:《宋代的家族与社会》,东京:东大图书股份有限公司,2006年,第103—136页。
③ 袁桷:《延祐四明志》卷五《人物考中》,《宋元方志丛刊》,北京:中华书局,1990年,第6205页上。

之行。

诚然，楼钥也向往恢复。十二月十八日的日记详细叙述了河北赵州汉光武庙的塑像、形制、壁画、题刻及光武帝征伐途中的故事；次日过滹沱河，复引述当地有关光武帝渡河的传说；正月十二日，返程途中宿柏乡县，又专门骑马前行，"再读《光武碑》"。对光武中兴的反复记述充分流露出楼钥的恢复热望，但河南故地的荒芜凋敝却让他深感恢复无望："中原思汉之心虽切，然河南之地极目荒芜，荡然无可守之地，得之亦难于坚凝也。"故国昔日的富庶土地已沦为荒原废墟，充满荒凉颓败的气息。楼钥随着空间的移动而为故国招魂。

敌国实情是楼钥的记载重点和外交贡献。"觇国"是外交人员的传统职责，宋代也将观察记录异国实情作为行人的任务，南宋大量的使金诗文多侧面反映了金国的地理、人民和物产①。前引对《北行日录》的史学专题研究，已证实此书是了解金国不可多得的珍贵文献。从空间移动的视角看，其中的饮食、礼仪、服饰、制度等书写最具意味。

饮食具有社会文化内涵。金国饮食独具女真特色，令楼钥倍感新奇。十二月十一日，金人在开封宴请南宋使节。先是"就座点汤"，正式进食时，"初盏燥子粉，次肉油饼，次腰子羹，次茶食"，复有大茶饭。按宋人进食，先茶后汤，此地所见则是先汤后茶，汤在吃正食之前饮用，待客"先汤后茶"是契丹人特有的民俗②，女真人沿袭下来。此其一。其二，女真人也沿袭了契丹人将茶饮用于典礼宴会的习惯，是为"茶食"，楼钥在开封首次亲尝，后来在中都等地多次享用。另外，食物多得"不能悉记"，上菜"源源而来"，这样的用语反映出异邦饮食文化冲击了南方人楼钥对北方的想象。

礼仪关乎华夷之辨，外交礼仪还涉及国族尊严。十二月廿一，楼钥一行在真定府，金国赐宴时，"使副下食人趋进尤肃，押宴下人李泉争执礼数"，结果金国李泉及

---

① 刘珺珺：《从"觇国"视角探析南宋使金诗文》，《殷都学刊》2011年第3期。
② 张舜民：《画墁录》卷一《北梦琐言》，《全宋笔记》，郑州：大象出版社，2019年，第200页。

其手下皆受严厉鞭挞,"夷俗虽好胜,要可以理屈也"。礼仪关系到南宋政权的正当性和正统性,楼钥觉得与金争执虽不能以武胜之,尚可以礼数屈之,这是一种聊以自慰的心理。此下紧接记金国开州刺史安德"以治行闻,道中颇读《庄子》,故临事间有可观",读《庄子》与处事得体之间何以有因果关系?楼钥的推论只不过体现其中央文明化及天下的优越感。这样的优越感不仅见于《北行日录》,也见于南宋其他使金文献。此外,正月初一贺正旦,是此行的直接使命,在记述各种朝拜仪式和酒宴礼节后,楼钥说"进御酒时却不起立,余皆如本朝之仪","余皆如本朝之仪"的评论亦隐然有本朝礼乐泽被夷狄之得意。至于说司仪给金主奉上食物,"礼文不伦","乐人大率学本朝,唯……装束甚异,乐声焦急,歌曲几如哀挽,应和者尤可怪笑",更是直接批评金国礼乐不伦不类、奇怪可笑。

衣冠服饰也是礼仪的一部分,最能体现故国文物和敌国风情,楼钥于此特别留心。如十二月初八,在雍丘,承应人杜从自言"此间只是旧时风范,但改变衣装耳"。初九,在故都东京,"都人列观,间有耆婆,服饰甚异,戴白之老多叹息掩泣,或指副使曰:'此必宣和中官员也。'"廿四日,至安肃军(今河北徐水),过白沟河之后,宿固城镇,"人物衣装,又非河北比,男子多露头,妇人多耆婆,把车人云:'只过白沟,都是北人,人便别也。'"楼钥接着评论道:"此曹虽久沦左衽,犹知自别于夷虏如此,尤可叹也。"同样是在金国领土,楼钥对北宋故国和燕云敌区有完全不同的感受,主要是因为直观的异族服饰直接刺激其神经。故国人民已变衣装,而金国女真人的服饰是髡发左衽,剃去头部顶端的头发,脑后之发编成发辫垂落[1],不戴冠帽的男子直接露头,女真妇女的装束在楼钥看来亦甚怪异[2],强烈的华夏汉文化身份意识使

---

① 关于金代女真人发饰,古代文献所记和近世学者所论多语焉不详,今人结合传世图像和出土文物,所得结论更为全面真实。参见邓荣臻:《女真发辫式样管窥》,《北方文物》1987 年第 4 期;景李虎等:《金代乐舞杂剧石刻的新发现》,《文物》1991 年第 12 期。

② 宋代文献中"耆婆"的具体涵义难以确定,结合上下文,这两处用例似指番婆、胡地妇女。冯梦龙《古今小说》卷二四《杨思温燕山逢故人》,写金代燕山元宵节市井奇观,有"小番鬐边挑大蒜,岐婆头上带生葱"之语,"岐婆"或即"耆婆"。参见《古本小说集成》中册,上海:上海古籍出版社,1994 年,第 953 页。

他无法接受这样的民族融合①。由于楼钥十分在意故国衣冠能否存续,因此对沦陷区的把车人能以衣冠分华夷便大加赞赏。他对敌国的衣冠服饰显然是鄙视的。

楼钥一路移动,通过选择性的观察和记录,营造了四个空间:家园、本国、故国和敌国。四种空间形态的内容各有侧重:家园温情、本国美景、故国颓败和敌国蛮夷。身为使臣,楼钥对金国的记录偏重地理人事本属正常,但这四种侧重还是透露出其内心的偏好和主观选择。研究表明,各种行记呈现的空间并非纯然客观。"像翻译一样,旅行书写传统长期被忠实客观(旅行者是目击证人)的迷思所笼罩,然而,它实际上是依据特定的意识形态和等级体系来进行阐释和再现现实的。"②楼钥着意建构了家园、本国、故国和敌国这四个空间形态,形成等级体系,反映出个体的立场、知识和信念。面对同一片华夏土地,无论是本国风景,还是异国风物,都是他本人的选择和塑造。正如研究风景艺术史的学者所说,所谓风景,"无论是刻意雕饰还是野生自然,在成为艺术品主题之前,其实已经是人工制品了。即便仅仅是看看,我们已经开始塑造和解读它了","于是,'风景'就成了观察者从'土地'中选择出一部分,是他们按照构造'美好景象'的惯有概念进行一定的编辑和修改,从而形成的产物"。③ 人所看到的都是他本人所想看到的,视觉具有主观选择性,《北行日录》所呈现的移动空间也透露出作者的意识形态,从中能感受到不同的空间等级和个体情怀。

三、私人日记文体与代际文化记忆

通过撰写日记体出使行记,楼钥将旅程所见私人化、私有化,转化为个人记忆。

---

① 参见刘浦江:《说"汉人":辽金时代民族融合的一个侧面》,《辽金史论》,沈阳:辽宁大学出版社,1999 年;胡传志:《论南宋使金文人的创作》,《文学遗产》2003 年第 5 期。

② Loredana Polezzi, "Rewriting Tibet: Italian Travellers in English Translation", The Translator, V4. No. 2(1998), pp. 321-342.

③ 安德鲁斯著,张翔译:《风景与西方艺术》,上海:上海人民出版社,2014 年,第 1、11 页。

书写旅行的过程就是将所经大地私有化的过程,他人无法占有。日记书写是一种最私人化的话语,"日记文体存储着时间的历史,刻录下'时间箭头'的运行轨迹,从而使抗拒遗忘、恢复记忆和回味过去成为可能"①。《北行日录》首先强化了楼钥的个人记忆。

楼钥通过写私人日记强化个人记忆,同时也给集体留下历史记载。朱光潜指出:"就体裁说,日记脱胎于编年纪事史。"②《北行日录》继承黄庭坚《宜州乙酉家乘》的体例,而"家乘"题名即取《孟子》"晋之乘"之义③,有个人修史、修个人史之意。楼钥史学修养深厚,后来曾给宋宁宗讲解《资治通鉴》,称他有意识地通过个人日记留下历史记录,有如下根据。

首先,修史是为了经世致用,通过记忆激励世人的恢复之志,楼钥写日记首辨华夷之别,昌明南宋正统,亦具此作用。葛兆光正确地指出,"中国"意识在宋代真正凸显,"夷狄犯中国"的焦虑使宋人特别是南宋人总在试图证明"中国(宋王国)"的正统性和"文明(汉族文化)"的合理性。④ 这种意识也体现在《北行日录》中,前引书中对金国衣冠文物的记载和评论就表明了尊王(宋)攘夷(金)的态度。此外,如前所述,书中也反复使用了当时对金国的歧视性惯用词语。

其次,立场虽鲜明,修史要实录,楼钥站在夷夏之辨的立场对金国使用一些歧视性惯用词语,但没有完全采用第一人称的主观视角,不是一味斥责敌国,而是常常使用第三人称的客观叙事。如记过安阳河,"至更衣亭,有脊记'大金正隆三年八月二十九日,光禄大夫、彰德军节度使、开国公郑建元移建"。尽管奉宋为正,视金作伪,楼钥仍如实记录亭台题刻,并不删改"大金"二字。比较楼钥的使金诗与《北

---

① 赵宪章:《日记的私语言说与解构》,《文艺理论研究》2005 年第 3 期。
② 朱光潜:《日记:小品文略谈之一》,《朱光潜全集》第 9 卷,合肥:安徽教育出版社,1993 年,第 358 页。
③ 罗大经云:"山谷晚年作日录,题曰《家乘》,取《孟子》'晋之《乘》'之义。"参见罗大经著,王瑞来点校:《鹤林玉露》乙编卷四"家乘"条,北京:中华书局,1983 年,第 181 页。
④ 葛兆光:《宅兹中国:重建有关"中国"的历史论述》,北京:中华书局,2011 年,第 41—65 页。

行日录》，在叙述视角和话语上差别很大。例如，《泗州道中》诗感叹"中原陆沉久，任责岂无人"，经行泗州的日记却不记任何感想。七古《灵壁道傍怪石》在简单描叙灵壁怪石的外形和历史后全是直抒胸臆和深沉哀叹，五律《灵壁道中》也是通篇感伤，十二月初二的灵壁日记却只是客观陈述奇石并古迹。七律《腊月二十五日大人生朝》祝贺父亲寿辰、想象家里热闹快乐的场景，当天日记却对父亲生日一事只字不提，只是如常记录当日所见所闻，不见私人情感。五律《初出燕山》写完成任务开始归国①，轻松愉快的心情跃然纸上，但正月初六离开燕京启程返国的日记里全无类似文字和感受。盖诗文各有体，诗以言志抒情，记以述事存史，楼钥尊体，用修史态度和笔法对待日记，故在金国境内尽量摈弃私人情事，只在出宋界前、入宋界后涉及家事私意（如回程快到家时提及表弟汪去伪的生日）。要之，《北行日录》尽量采取观察者、旁观者的立场，比较平和地记录旅行见闻，既为朝廷提供详细情报，也为南宋和金国保存多面历史。

复次，《北行日录》虽是日记体出使行记，正文却出现大量考证性文字，这也是楼钥写史存史意识的体现。北宋张礼《游城南记》一卷，记元祐元年春末与友人同游长安城南经过，通篇自注，详考有关名胜古迹（《全宋笔记》第三编第一册）。《北行日录》全书则完全在正文中进行考证，常在载记后紧接以考证辨析。如十二月初五日记，在简记到达水城县早餐后即转入对该县历史地理的源流考辨，记程为辅，考证为主。短短 76 字，包含时日天气、里程行役、沿革人物等诸多内容。又如次日记抵达北宋南京：

> 承应人有自言姓赵者，不欲穷问之，云："城中犹有徐太宰、路枢密、郑宣徽等大宅，多为官中所占，亦有子孙居者。"按此地即高辛氏子阏伯所居商丘也；武王封微子启，是为宋国；后唐以为归德军节度；本朝以王业所基，景德四年升应天府，祥符七年升南京。虏改日归德府。汉梁孝王所都，兔园、平台、雁鹜

---

① 宋刻本《攻媿先生文集》目录卷六有《泗州道中》《灵壁道中》《腊月二十五日大人生朝》《初出燕山》诸诗，但正文卷六全缺，此据四库本卷七补足。

池、蓼堤皆在此。《春秋》陨石五犹存。

这段文字意味深长,充满怀旧之感。由赵姓承应人引起,考证此南京城的历史沿革。商丘是宋太祖赵匡胤的发迹之地、宋朝国号的来源、北宋的陪都,其故城自然令楼钥感慨万千。此处的考证用历史记忆对照沦陷现实,末尾特意强调《春秋》所载鲁僖公十六年(公元前644)春坠落此地的陨石犹存,体现出历史传承的悠久和永恒。

如前所述,观察记录异国实情是外交人员的使命,但历史考证不在其内,《北行日录》的详细考证乃是南宋地方志注重考证这一潮流的产物。南宋人将州郡志看作修史之备,或径将地方志看作州郡之史,修撰时多注重事实之网罗与考据①。比楼钥小四岁的袁说友(1140—1204)为《成都志》作序云:"凡山川、地域、生齿、贡赋、古今人物,上下千百载间,其因革废兴,皆聚此书矣。"②《北行日录》亦多此类内容,可见楼钥在日记中重考证与当时修地方史志的方法有相通处。清人李鹤俦跋程卓《使金录》论曰:"宋人行役多为日录,以记其经历之详。其间道里之迤迤、郡邑之更革有可概见。而举山川、考古迹、传时事,在博洽者不为无助焉。"(《全宋笔记》第六编第5册,第128页)《北行日录》在某种程度上亦可看作地方史志,作用重大。

最后,楼钥写史存史的意识还体现在对遗民的观察记录。全书记载的遗民种类多样,按年纪则有男女老幼,按身份则承应人、驾车人、士兵、普通百姓等均有涉及。内容分两类,一是中老年遗民的北宋记忆,二是遗民对故国同胞的善意和对恢复的期盼。其中,十二月初十记老年和青年遗民故国记忆之差异云:

> 承应人有及见承平者,多能言旧事。后生者亦云,见父母备说,有言其父嘱之曰:"我已矣,汝辈当见快活时。"岂知檐阁三四十年,犹未得见。多是市中

---

① 潘晟:《宋代地理学的观念、体系与知识兴趣》,北京:商务印书馆,2014年,第170—175页。

② 袁说友:《东塘集》卷一八《成都志序》,《宋集珍本丛刊》第64册,北京:线装书局,2004年,第450页下。

提瓶人言。

沦陷区的年轻人不曾经历过北宋时代，全凭遗老口耳相传，三四十年过去，时间之流会渐渐销蚀记忆之石，老人越来越少，记忆越来越淡，故国遗民对南宋的情感会否越来越淡？而南宋子民对故国的情感也会越来越淡。金国汉民衣冠文物的胡化令楼钥担忧，年轻一代能存续故国之思则是他的期盼。如何才能维系双方的记忆从而推动恢复大业？楼钥的遗民书写保存了多面的历史，传递了民族的记忆。

文学的功能之一是传承文化记忆，楼钥《北行日录》即书写了一代人的文化记忆。现代社会学对记忆的研究表明，记忆具有社会性，产生于集体，是社会文化的建构；通过仪式和文本的流传，社会的文化记忆得以代代延续①。楼钥借助日记体形式的出使行记，保存了行程实录，其个人记忆得以永存。作者和南宋皆成历史以后，书中所写就成为中国人的历史记忆。书中所呈现的空间等级如今均已不复存在，但楼钥的记忆通过进入文本及传播而得以永恒。研读宋代日记体外交行记，先需定其原本、足本，次辨时空交融之文体特质，而后关注其跨境移动的多重空间，其中的空间呈现和遗民书写具有别样的文化记忆功用。

（原载《文学遗产》2016 年第 4 期）

---

① 关于集体记忆，参见哈布瓦赫著，毕然等译：《论集体记忆》，上海：上海人民出版社，2002年；关于文化记忆，参见阿斯曼著，金寿福等译：《文化记忆：早期高级文化中的文字、回忆和政治身份》，北京：北京大学出版社，2015 年。

王安石的鄞县施政与熙宁变法之异同

张邦炜

王安石的鄞县施政乃熙宁变法之前奏或序曲,熙宁变法无非是王安石鄞县施政的扩展版、升级版而已。[①] 学界大多作如是观。本文拟稍加比较,以期表明两者同中有异,异大于同,并进而粗略探究其因由。从中或可获取某些可资借鉴的点滴历史感悟。

一、反响迥异

人们常说:成者为王败者寇,历史是由胜利者书写的。其实更应当相信:人民是历史的主人,历史终归会由人民说了算。庆历七年(1047),王安石出任明州鄞县(今浙江省宁波市鄞州区)知县,时年 27 岁,"年甚小,气甚锐,而学甚富"[②]。这个

---

① 有关论著较多,请参看邓广铭:《北宋政治改革家王安石》第一章第二节之三《在鄞县任上》,《邓广铭全集》第一卷,石家庄:河北教育出版社,2005 年,第 23—25 页;漆侠:《王安石新法的渊源》,《漆侠全集》第十一卷,保定:河北大学出版社,2008 年,第 37—46 页;杨渭生:《王安石在鄞县的事迹考略》,《杭州大学学报》1980 年第 1 期;倪士毅、宋佩芳:《王安石治鄞政绩述略》,《浙江学刊》1987 年第 3 期。

② 徐度:《重建经纶阁记》,袁桷等:《延祐四明志》卷一九《集古考上·文》,《宋元方志丛刊》第 6 册,北京:中华书局,1990 年,第 6416—6417 页。

小小"七品芝麻官"究竟干得如何？史称："邑人便之"①，"鄞人德之"②。鄞县老百姓夸奖他干得对、干得好。王安石离任后，民众"常相与传诵其事，指其迹而怀思之"，去世后，"邑人思之愈久，而愈不忘也"。③ 为其立祠，以祭祀之。据记载，鄞县"经纶阁及广利寺、崇法寺皆有（其）祠堂"。④ 这些祠堂的兴建出于民众自愿，"凡材甓、砖坯、苇竹之费，土木、工人之直，一出于民之愿输，而官无所预焉"。⑤ 至今在宁波市鄞州区的大地上，依然存留着民众纪念他的祠庙（如忠应庙之类）、怀念他的地名（如王公塘等），他的不朽名篇《鄞县经游记》由鄞县籍名家书写，刻在石碑上。

皇祐二年（1050），王安石任满离开鄞县。20 年后，在熙宁年间，他两度官至宰相（1070—1074，1075—1076）。仰仗宋神宗的信赖和支持，王安石将其在鄞县的所作所为扩展到全国。宋人说：王安石"熙宁初为执政，所行之法皆本于此"；"熙宁遇主，千载一时，尽以所行于鄞者推广之"。⑥ 然而对于这位"一人之下，众人之上"的顶级高官及其所推行的熙宁变法，当时人则毁誉不一。既有"民便之，无不喜者"一说，又有"言新法不便者"。⑦ 甚至有言岂止"不便"而已，咒骂"（王）安石乱天下"⑧。连其弟弟王安国也"力谏安石，以天下汹汹，不乐新法"。"青苗、免役两妨农，天下嗷嗷怨相公"⑨，这类不满激忿之词据说来自社会底层。时至当代，熙宁变法仍然

---

① 邵伯温著，李剑雄等点校：《邵氏闻见录》卷一一，北京：中华书局，1987 年，第 118 页。

② 李日华：《六研斋笔记》卷一，景印文渊阁四库全书本，第 1 页。

③ 徐度：《重建经纶阁记》，《延祐四明志》卷一九《集古考上·文》，《宋元方志丛刊》第 6 册，第 6416—6417 页。

④ 罗濬：《宝庆四明志》卷一二《鄞县志一·叙县·县令》，《宋元方志丛刊》第 5 册，第 5141—5142 页。

⑤ 徐度：《重建经纶阁记》，《延祐四明志》卷一九《集古考上·文》，《宋元方志丛刊》第 6 册，第 6416—6417 页。

⑥ 邵伯温著，李剑雄等点校：《邵氏闻见录》卷一一，第 118 页。

⑦ 《宋史》卷三二九《李定传》，北京：中华书局，1977 年，第 10601 页。

⑧ 《宋史》卷三二七《王安石传》，第 10548 页。

⑨ 李焘：《续资治通鉴长编》卷二二七"熙宁四年十月壬申"，北京：中华书局，1993 年，第 5532 页。

是宋史研究中的一大悬案。称赞王安石为"杰出的政治改革家"一说或许是主流，但反对的声音也不小。如蒙文通便直呼熙丰新法为"聚敛之法"，认为："免役、青苗多是刻薄贫民，维护地主官僚利益，是最反动的。"①更有甚者，将王安石变法贬斥为一次"增税浪潮"、一块"加深（民众）苦难的里程碑"。②

还有两点，应当指出。第一，熙宁变法的否定者对王安石的鄞县施政往往赞赏有加。最早见于记载的公开肯定鄞县施政的恰恰是反对熙宁变法甚力的北宋人邵伯温，他认为："荆公之法行于一邑（指鄞县）则可。"③南宋鄞县人楼钥一面称熙宁变法"天下虽病之"，一面颂扬王安石的鄞县施政，"公之于鄞厚矣"，"吾邑人之于公不敢忘也"。他称赞为王安石修建祠堂"一举而三善具"，既"表先正仁民之效"，又"慰父老甘棠之思"，还可"示后日循吏之劝"。④ 元代文豪袁桷又是一例，其《咏王文公祠》诗云："半山执政偏，惠独施鄞土。斗门东谷间，利泽沾尤普。"⑤可见对王安石鄞县施政的肯定与称颂可谓众口一词，极少异议。

第二，王安石倒霉背时之日，正是其鄞县祠堂香火正旺之时。如"经纶阁，在鄞县县斋，王安石尝为令，邑人思之，即其燕休之地作此阁"。⑥ 据《宝庆四明志》卷12记载，其始建时间恰恰是在推倒熙宁变法的元祐年间。南宋时期，经纶阁因战火或天灾等因素而屡废屡兴，分别重建于绍兴二十五年（1155）、乾道四年（1168）、淳熙四年（1177）、绍熙五年（1194）、嘉定十七年（1224）、宝庆二年（1226）。如所周知，经

---

① 蒙文通：《蒙文通文集》第 5 卷《古史甄微》，成都：巴蜀书社，1999 年，第 455、289 页。

② 王曾瑜：《王安石变法简论》，《中国社会科学》1980 年第 3 期。

③ 邵伯温著，李剑雄等点校：《邵氏闻见录》卷一一，第 118 页。

④ 楼钥：《鄞县经纶阁记》，《全宋文》，上海：上海古籍出版社、合肥：安徽教育出版社，2006 年，第 3—4 页。

⑤ 王荣商等：《(民国)东钱湖志》卷二《名胜祠庙·王文公祠》，宁波市鄞州区地方志办公室编：《鄞州山水志选辑》，宁波：宁波出版社，2009 年，第 52 页。王安石晚年号半山老人。

⑥ 王象之：《舆地纪胜》卷一一《两浙东路·庆元府·景物下》，北京：中华书局，1992 年，第 618 页。

宋高宗定调,王安石被指斥为导致北宋亡国的罪魁祸首①。宋理宗更将王安石定性为"万世罪人"②。但南宋人王象之所著《舆地纪胜》仍然给予王安石鄞县施政以正面的积极评介:"王安石知鄞县,行青苗法,有祠堂。"③整个南宋时期,举国一片声讨王安石祸国殃民之声,而在鄞县则颂扬之声不绝于耳,两者形成极大反差。

二、因由何在

为什么王安石的鄞县施政相当成功,而作为其扩展版的熙宁变法最终失败?确实是个值得深长思之的问题。当时人的回答主要有二:一是"易其地,执其法,亦不可行也"。④ 他们认为,王安石新法"行于一邑则可","行于天下不可也"⑤。明人李日华进而以青苗法为例,称:"于鄞实善政,及为相,必欲推而遍于天下,则非矣。"⑥此说不无一定道理。南北"风俗"大不相同,各地社情千差万别,商品经济较发达的地区有之,自然经济仍浓重的地方亦有之。某些新法往往宜于南而不宜北,宜于此而不宜彼,不应一刀切。何况一县易于管理,全国难于掌控。

二是"非其人,不能行"。⑦ 楼钥感叹道:"呜呼!使一时奉行者,皆能如公(指王安石)之在鄞,则天下岂以为病哉!"⑧确实,仅以熙宁初年的宰执班子为例,当时人形象地称之为:"生、老、病、死、苦。""盖言安石生,公亮老,富弼病,唐介死,赵抃

---

① 李心传:《建炎以来系年要录》卷八七"绍兴五年三月庚子"载:宋高宗称:"今日之祸,人徒知蔡京、王黼之罪,而未知天下之乱,生于(王)安石。"北京:中华书局,1988年,第1449页。

② 《宋史》卷四二《理宗本纪二》,第822页。

③ 王象之:《舆地纪胜》卷一一《两浙东路·庆元府·官吏》,第630页。

④ 罗濬:《宝庆四明志》卷一二《鄞县志一·叙县·县令》,《宋元方志丛刊》第5册,第5141—5142页。

⑤ 邵伯温著,李剑雄等点校:《邵氏闻见录》卷一一,第118页

⑥ 李日华:《六研斋笔记》卷一,第13页。

⑦ 罗濬:《宝庆四明志》卷一二《鄞县志一·叙县·县令》,《宋元方志丛刊》第5册,第5141—5142页。

⑧ 楼钥:《鄞县经纶阁记》,《全宋文》第265册,第3—4页。

苦也。""曾公亮屡请老。富弼称疾不出,寻俱引去。赵抃力不胜,但终日叹息,遇一事更改,称苦者数十。""(唐)介不胜愤懑,疽发背而死。"王安石虽然生龙活虎,但孤立少助。"自宰执同列无一人议论稍合,而台谏章疏攻击者无虚日。"①高层状态竟如此之差,且不协同一致,变法固然难以顺利推进。

然而愚意以为,以上两说均未击中要害,民众的满意度才是问题的关键。当年鄞县老百姓充满获得感,熙宁年间的民众则满意度极低,而其根源在于王安石的鄞县施政和后来的熙宁变法相同之中多有不同。

王安石的熙宁变法与此前的鄞县施政之间的传承因袭关系是显而易见的。楼钥说:"此相业之权舆也。"②所谓"权舆"者,起始也,萌芽也。大凡青苗法、保甲法、农田水利法乃至免役法、方田均税法等熙宁新法均可从鄞县施政中找到其雏形。如青苗法,"民得指田为质,以贷豪右之金。豪右得乘急,重息之。介甫特出官钱,轻息以贷,至秋则田亩之入,安然足偿,所谓青苗法也"③。熙宁变法的重要指导思想之一是:"因天下之力,以生天下之财,取天下之财,以供天下之费。"④这一思想王安石在鄞县时已大体形成,他在《与马运判书》中主张将合理开发利用资源、促进社会生产发展作为富家、富国、富天下的"生财之道",即所谓"富其家者资之国,富其国者资之天下,欲富天下则资之天地"⑤。王安石的鄞县施政与后来的熙宁变法之间的差异尤其不应当被忽视。如熙宁保甲新法与王安石在鄞县"严保伍"的不同之处就较为明显。"严保伍"固然可以视为保甲法的开端,但其意图仅仅在于维护社会治安,加强社会控制,防范民众造反。保甲法则不止于此,其最终目的是在全国范围内逐步以府兵制代替募兵制,不免有开历史倒车之嫌。苏轼认为:募兵制取代府兵制是社会分工发达的必然趋势。他高度评价这一历史性进步:"自尔以来,

---

① 徐自明撰,王瑞来校补:《宋宰辅编年录校补》卷七熙宁元年正月丙申"唐介参知政事",北京:中华书局,1986年,第377页。

② 楼钥:《鄞县经纶阁记》,《全宋文》第265册,第3—4页。

③ 李日华:《六砚斋笔记》卷一,第13页。

④ 李焘:《续资治通鉴长编》卷一八八"嘉祐三年十月甲子"条,第4531页。

⑤ 王安石:《临川先生文集》卷七五《与马运判书》,上海:中华书局,1959年,第795页。

民不知兵,兵不知农,农出谷帛以养兵,兵出性命以卫农,天下便之,虽圣人复起,不能易也。"①尤其值得注意的是,与此后的熙宁变法相比,王安石的鄞县施政具有两大长处。正是这两大长处让民众充满获得感。

其一,一切围绕改善民生。王安石诗云:"一民之生重天下,君子忍与争秋毫。"②历代统治者说的骗人假话太多,往往口惠而实不至。但王安石在鄞县说到做到,他总是想民之所想,急民之所急,"旧夜惟以为民兴利除害为事"③。当时鄞县"旱辄连年',"邑民最独畏旱"④。王安石把抗旱作为第一要务,他在全县范围内组织民众掀起水利建设热潮。疏浚东钱湖等工程竣工后,"旱则滴水如油,涝则民居漂没"的问题大大缓减。鉴于鄞县无官学,王安石在这里创建了当地历史上第一所官办学校——鄞县县学,并聘请名师主办。为了改变这里"信巫而不信医"的状况,王安石将朝廷颁布的医书《(庆历)善救方》"刻石,树之县门外左",并称:"此可谓不忍人之政矣。"⑤所谓"不忍人",或可解释为不忍心坐视百姓遭受贫病无救之苦。当时两浙转运使司厉行损害百姓利益、逼民揭竿而起的"收盐"即禁盐之政,"岛夷之民不煎海,何从得食而官又禁之,其为盗固宜。"⑥王安石拒不施行,并上书转运使为民请命,指出:盐禁一旦施行,"州县之狱必蕃,而民之陷刑者将众"。南宋学者黄震对于王安石抵制苛政并敢于教训上司的胆识,十分佩服。他说:"此仁人之言也。公时为令而敢以此谏切其部使者,仁者之勇也。"⑦王安石这时推行的青苗法,更是解民燃眉之急的惠民善政。清人蔡上翔称赞道:"其爱民恻隐之心,筹画

---

① 苏轼著,孔凡礼点校:《苏轼文集》卷二七《辩试馆职策问札子二首》,北京:中华书局,1986 年,第 791 页。
② 王安石:《临川先生文集》卷一二《收盐》,上海:复旦大学出版社,2016 年,第 177 页。
③ 徐度:《重建经纶阁记》,《延祐四明志》卷一九《集古考上·文》,《宋元方志丛刊》第 6 册,第 6416—6417 页。
④ 王安石:《临川先生文集》卷七五《上杜学士言开河书》,第 795 页。
⑤ 王安石:《临川先生文集》卷八四《善救方后序》,第 883 页。
⑥ 李壁注:《王荆公诗注》卷一七《收盐》,影印文渊阁四库全书本。
⑦ 黄震:《黄氏日抄》卷六四《读文集六·王荆公》,影印文渊阁四库全书本。

利害之明,虽复老成谋国者弗如。"①

其二,始终注重廉政建设。王安石有"非常人"之称,是超凡脱俗的清正廉洁之士。他生活俭朴,不修边幅,以至被误认为衙门里跑腿的厮役。特别是他不好声色不蓄妾,在旧时代的官员中是很难得的。他在鄞县拒收贿品,并惩处那些行贿、受贿、索贿的官吏。② 鄞县是个水利资源十分丰富的鱼米之乡,居然连年遭遇旱灾,其缘故固然在于水利工程年久失修。王安石进而发现,其深层原因则是"吏者因循","人力不至"。③ 这些官吏岂止不作为而已,他们甚至与豪强勾结,侵占、破坏水利资源。有鉴于此,他深感加强廉政建设,极为重要。其办法是奖惩结合,提拔廉吏。汪元吉即是其例。史载:"元吉为县从事,为范文正公(即范仲淹)所知,王安石宰鄞,以廉平吏荐于转运使孙沔。"④王安石既关注民生,又清正廉洁,他深受得到实惠的鄞县百姓爱戴,自在情理之中。

对于熙宁变法,一概予以否定,未免失之偏颇。然而不必讳言,熙宁变法从顶层设计到实施过程,确实败笔不少。尽力为王安石辩诬洗冤的家乡人蔡上翔也不能不指出:王安石"后来变行新法","不若治鄞时悉著成效"⑤。熙宁变法的以下两大缺陷就相当明显。

其一,没有把富国与富民很好地结合起来。如果说王安石的鄞县施政是以民生为中心,那么熙宁变法则以理财即增加财政收入、摆脱财政危机为目标。王安石以"善理财者"自诩,声称:"国用不足,由不得善理财者耳!"他不注重节支,只强调

---

① 蔡上翔著,裴汝成点校:《王荆公年谱考略》卷三《王安石年谱三种》,北京:中华书局,1994 年,第 257 页。

② 参看王维友:《王安石与鄞县》,《今日浙江》2005 年第 10 期。

③ 王安石:《临川先生文集》卷七五《上杜学士言开河书》,第 795 页。

④ 袁桷:《延祐四明志》卷四《人物考上·先贤·汪思温》,《宋元方志丛刊》第 6 册,第 6195 页。

⑤ 蔡上翔:《王荆公年谱考略》卷三《王安石年谱三种》,上海:上海人民出版社,1973 年,第 255 页。

增收。羊毛出在羊身上，势必增加民众负担。王安石"民不加赋而国用饶"①的许诺并未兑现。如助役钱便分明是一项不折不扣的新税，乡村下户"本来无役者，亦一概输钱，谓之助役钱"。② 如果说王安石在鄞县不与百姓"争秋毫"，那么这时则大有与民争利之嫌。北宋人孙傅有句名言："祖宗法惠民，熙丰法惠国，崇观法惠奸。"③其实，所谓"祖宗旧法"未必"惠民"，而熙宁新法则仅"惠国"而不"惠民"。于是熙宁年间，民变不断发生，具有一定规模并见于记载者即达 30 余次之多。用当时统治者的语言来说，即是："自行法以来二十余年，不闻盗贼衰止，但闻其愈多耳!"④民众的不满情绪被王安石的政敌加以利用，火上浇油，以至熙宁变法以失败而告终。

其二，没有把推行变法与整顿吏治很好地结合起来。与鄞县时期不同，王安石在熙宁年间提拔官员，往往不以是否清廉正直为标准，仅以是否拥护新法为依据，不少投机钻营者受到重用。新法由这些贪官污吏推行，只能是"歪嘴和尚念经"，某些便民惠民之政沦为扰民害民之举，结果新法声誉扫地，变法阻力增大。王安石也曾试图整顿吏治，他的设想是"饶之以财，约之以礼，裁之以法"，可谓周密。但他将"饶之以财"放在首位，并片面加以强调。所谓"饶之以财"，换而言之，即高薪养廉。王安石曾反复述说其理由："人之情，不足于财，则贪鄙苟得，无所不至。"⑤"方今士大夫所以鲜廉寡耻，其原亦多出于禄赐不足。""饶之以财，然后可责之以廉耻。"⑥王安石为此采取了两条措施。一是增加公使钱，又称公用钱。其性质既是官府的特别办公费，又是官员个人的特殊津贴。二是实行重禄法，即所谓"尽禄天下之吏"，将重禄与重罚相结合。其初衷不错："吏禄既厚则人知自重，不敢冒法，可以省

---

① 陈均编，许沛藻等点校：《皇朝编年纲目备要》卷一八"熙宁元年冬十一月丁亥，郊"，北京：中华书局，2006 年，第 413 页。

② 《宋史》卷三二七《王安石传》，第 10544—1054 页。

③ 《宋史》卷三五三《孙傅传》，第 11137 页。

④ 李焘：《续资治通鉴长编》卷四六八"元祐六年十二月乙卯"，第 11180 页。

⑤ 王安石：《临川先生文集》卷三九《上仁宗皇帝言事书》，第 412 页。

⑥ 王安石：《临川先生文集》卷六二《看详杂议》，第 663 页。

刑。"可是一施行就走样，结果南其辕而北其辙，并无任何实效，依然是"良吏实寡，赋取如故"。① 官吏贪腐之风愈演愈烈，民众岂止满意度低，而且失落感重。理有固然，势有必至。熙宁变法最终归于失败，不足为奇。

三、点滴感悟

历史是最好的教科书。回顾王安石一生中的两段为官经历，从鄞县到汴京，从施政到反响，差异竟如此之大，不免叫人感触良多。

我的第一感受是：真理并不一定总是在高官手里，绝非"大官大有理，小官小有理，官员常有理，百姓没有理"。作为小官的王安石头脑相当清醒，一旦紫袍玉带，反而有些犯糊涂。我从总体上赞赏勇于变法的宰相王安石，我更景仰先前鄞县那位年轻有为、一身正气、为民请命的"七品芝麻官"。孙中山说得好：不要立志做大官，而要立志做大事。

更为要紧的感悟在于：变法理当让老百姓尝到甜头、得到实惠，有更多的获得感。民众并不保守，他们是天然的改革弊政派。民众心中自有一杆秤，他们辨别真假、判断是非的能力不容低估，是不容易受蒙蔽的。着力改善民生、倡行廉洁清正的改革，百姓一定拥护。王安石的鄞县施政就是一个具有典范意义的实例。变着法子折腾百姓乃至坑民害民的变法，势必遭到民众抵制。如崇观新法，虽有"蔡京变法"②之称，实有以"变法"之名，盘剥百姓之嫌。"崇观法惠奸"这句宋代名言，只怕很难一概否认。

较好的政治生态是推行变法的前提。王安石是幸运的，一个小小县官竟敢顶撞转运使，居然脱颖而出，直至执政拜相。他的福分在于遇到不少"伯乐"，包括欧

---

① 《宋史》卷一七九《食货志下一·会计》，第 4355 页。
② 这个词并非我所生造，既见于陈傅良《止斋集》卷二〇《湖南提举荐士状》（四部丛刊初编本），又见于李幼武《宋名臣言行录·续集》卷二《许份》（影印文渊阁四库全书本）。

阳修、文彦博、富弼、韩琦等一大批元老重臣。欧阳修《赠王介甫》诗云："翰林风月三千首,吏部文章二百年。"①将他与李白、韩愈相提并论。并向朝廷一再推荐:"王安石学问文章,知名当世,守道不苟,自重其身,论议通明,兼有时才之用,所谓无施不可者。"②文彦博"荐安石恬退,乞不次进用"。于是"安石未贵时,名震京师","世多称其贤",宋神宗"想见其人"③,以致熙宁年间,君臣"如一人"④。很清楚,没有欧阳修等"伯乐",就没有王安石的熙宁变法。"世有伯乐,然后有千里马"(韩愈语)。如今伯乐相马这一选贤任能的传统模式或许已经过时,然而要实现"四个全面"的战略布局,营造让优秀人才涌现成长的良好政治生态环境只怕尤其重要。一切皆动,一切皆变。让人不解的是,王安石一旦推行变法,欧阳修等"伯乐"即刻站在其对立面。究竟谁变了?是"伯乐",是"千里马",还是两者都变了?元老重臣盛年生气勃勃、老来暮气沉沉是个带规律性的现象,永葆创新活力太难。然而当时更为流行的说法是:王安石"志在近功,忘其旧学","急于功利,遂忘素守"⑤。此说出自其政敌之口,旨在攻击,不可轻信。但时隔百年之后,得到朱熹局部认同:王安石"后来尽背了初意,所以诸贤尽不从"。⑥ 从前文看,王安石自身前后确有某些变化。其专注点由民生转向财政,由富民转向富国,便是个不小的演变。行文至此,不禁想起一句老生常谈:"一个人做点好事并不难,难的是一辈子做好事,不做坏事。"离题远矣,就此打住。

（原载《首都师范大学学报(社会科学版)》2016 年第 1 期）

---

① 欧阳修著,李逸安点校:《欧阳修全集》卷五七《居士外集七·赠王介甫》,北京:中华书局,2001 年,第 813 页。

② 欧阳修:《欧阳修全集》卷一一〇《奏议十四·再论水灾状》,第 1663 页。

③ 《宋史》卷三二七《王安石传》,第 10541、10550、10543 页。

④ 《宋史》卷三一二《曾公亮传》,第 10234 页。

⑤ 邵伯温著,李剑雄等点校:《邵氏闻见求》卷一三,第 141—142 页。

⑥ 黎靖德编,王星贤点校:《朱子语类》卷一三〇《本朝四·自熙宁至靖康用人》,北京:中华书局,1986 年,第 3097 页。

宋代两浙的海外贸易

徐　规　周梦江

　　唐代以前,我国对外贸易主要是通过西北的陆路,这就是历史上驰名中外的"丝绸之路"。到了宋代,由于我国东南地区农业、手工业的发展与海上交通的进步,而西北的陆路交通又先后遭受辽、西夏和金的阻挠,所以宋政府特别重视海路贸易。从此,海外贸易之盛远超前代。本文试图对宋代两浙的海外贸易情况进行一些探索。①

一

　　唐代后期,我国南方经济有了很大的发展。五代十国时,吴越和南唐的境内比较稳定,两浙的经济更加繁荣。特别是吴越,它和北方各地以及日本、高丽(朝鲜)、

---

　　①　宋代的两浙,辖境相当于今浙江全省以及上海市和江苏省镇江、金坛、宜兴以东地区。北宋时称两浙路,南宋时分为两浙西路与两浙东路。见《宋史·地理志》。

大食(阿拉伯)等国都有频繁的海上贸易往来,钱塘江边"舟楫辐辏,望之不见其首尾"①。

宋代建国以后,由于东南地区农民的精耕细作,农田水利的大批兴修,生产工具的改进,以及优良稻种的培育与推广,农业生产发展较快,单位面积的稻谷产量达到中国封建社会的最高水平。北宋中期,明州(浙江宁波)城西广德湖周围的七乡民田,每亩收谷六七石②。南宋时,太湖流域的上等田,亩产达到五六石,因而有"苏湖熟,天下足"③的谚语。两浙最南端的平阳县人民在金舟乡(今金乡区)海滨,修建了阴均堤八十丈,"障海潮,潴清流";又造斗门于阴均山下,按时启闭,使敖江以南四十万余亩田地不再受咸潮侵害。④ 温州人民在州城的南面重新修建了直达瑞安县近百里长的塘河、塘路,⑤使当地的农田灌溉和水陆交通都得到好处。因此,宋代两浙地区平常年份的亩产,"上田,收米三石,次等二石"⑥,折合稻谷可达三石到四石多。

在农业发展的同时,独立手工业者的人数增多了,农业与家庭手工业的分离程度有了提高,许多手工业部门发展较为显著,特别是造船业的进步和指南针的使用,对海外贸易影响巨大。

造船业的进步,给宋代海外贸易提供了有利条件。唐代以前,外国人来华多乘

---

① 薛居正等:《旧五代史》卷一三三《世表列传》引注《五代史补》,北京:中华书局,1976年,第1774页。
② 据《宋会要辑稿·食货》七之四五载:绍兴九年五月,权发遣明州周纲言:"尝考明州城西十二里,有湖名广德,周回五十里,蓄诸山之水利,以灌溉七乡民田,其利甚广。自政和八年守臣楼异请废为田,召人请佃,得祖米一万九千余硕。……臣尝询之老农,以为湖水未废时,七乡民田每亩收谷六七硕。今所收不及前日之半,以失湖水灌溉之利故也。计七乡之田,不下二千顷,所失谷无虑五六十万硕。"可见广德湖周围亩产六七石是北宋徽宗政和八年以前的事。近人往往把这条材料当作南宋初年该地区出现高产的证据,这显然是把年代搞错了。
③ 高斯得:《耻堂存稿》卷五《宁国府劝农文》。
④ 杨简:《慈湖遗书》卷二《平阳阴均堤记》,《(民国)平阳县志》卷八《文征外编》;林景熙:《重修阴均斗门记》,《平阳县志》卷八《水利》。
⑤ 陈傅良:《止斋文集》卷三九《温州宜修南塘记》。
⑥ 陈傅良:《止斋文集》卷四四《桂阳军劝农文》。

坐他们本国制造的海船,中国人也多搭乘外国船舶。到了宋代,从事海外贸易的大船多由中国制造,外国商人来华也多改乘中国海船。①

北宋初期,两浙的造船技术就已经非常高超。据北宋杰出科学家沈括说:"国初,两浙献龙船,长二十余丈,上为宫室层楼,设御榻,以备游幸。"②至于造船的数量,北宋真宗时,全国官营造船场每年造漕运船数额为二千九百一十多艘,分由十一个州打造。其中江西路的虔州(赣州)为六百零五艘,吉州(吉安)为五百二十五艘,比例最大。③到了北宋哲宗年间,温州和明州的造船业有了飞速的发展,"岁造船〔各〕以六百只为额"④;徽宗时,仍保持原额,"温州每年合打六百只"⑤。而虔、吉、潭(湖南长沙)、衡(湖南衡阳)四州在北宋后期,每年总的造船额却下降为七百二十三艘。⑥正因为温州、明州造船业的发达,所以徽宗时打算恢复京师物货场,就有人提议借用温州、明州的船舶来运输货物。⑦南宋时,因运河漕运额锐减,粮船每年造额亦随之下降。温州这时除承担打造大批战船外,粮船岁额是三百四十艘;而虔、吉、潭、衡四州总的岁额仍为七百二十三艘,还完成不了任务,拖欠甚多。⑧可见从北宋后期直到南宋后期,温州的造船业始终居于全国的前列。

---

① 周去非:《岭外代答》卷三《航海外夷》。

② 沈括:《梦溪笔谈·补笔谈》卷二《权智》。

③ 马端临:《文献通考》卷二五《国用考·漕运》。按:真宗天禧末年的诸州岁造运船总额,据正文统计数额为二千九百一十六艘,而按照注文所开列的诸州造船数额统计仅有二千九百一十四艘,误差两艘。

又脱脱:《宋史》卷一七五《食货志·漕运》(百衲本,武英殿本)载:"诸州岁造运船,至道末三千二百三十七艘,天禧末减四百二十。"这里的"三千二百三十七艘",据《文献通考》应为"三千三百三十七艘"之误。中华书局新校本亦未改正。

④ 徐松:《宋会要辑稿·食货》五〇之四。

⑤ 徐松:《宋会要辑稿·食货》五〇之六。

⑥ 徐松:《宋会要辑稿·职官》四二之五三载:"(高宗建炎二年)五月十二日,发运副使吕淙言:'……依祖宗旧法,于虔、吉、潭、衡四州,认定每年打造七百二十三只为额。'"这里"依祖宗旧法",当指北宋后期的规定而说的。

⑦ 《宋史》卷一八六《食货志·商税》。

⑧ 徐松:《宋会要辑稿·食货》五〇之九。

宋代出使外国的大海船也多是在两浙或福建打造和雇募的。[①] 神宗时,为了派使者去高丽,命令"明州造万斛船二只"[②];后来,这两艘大船"自定海(今镇海)绝洋而东,既至,国人(指高丽人)欢呼出迎"[③]。徽宗时,派徐兢等出使高丽,又在明州造了两艘很大的"神舟"。据当时的记载推算,"神舟"载重约为一千一百吨,到达高丽时,"倾国耸观,欢呼嘉叹"[④]。

宋代两浙的造船技术,不仅处在全国首位,而且达到了国际最先进水平。北宋时,两浙地区有些海船的桅杆可以装在转轴上,起倒灵活,不怕大风吹折。[⑤] 海船上的设备也很齐全,舵有正舵,"大小二等","随水深浅更易";三副舵"唯入洋则用之"。还有起碇用的轮车,有布帆、利篷,有侯风向的"五两"(系鸟羽于竿上),等等。[⑥] 尤其是已经知道使用指南针来辨别航向。[⑦] 南宋时,还进一步使用罗盘针。[⑧] 这更有利于两浙海外贸易的发展。

两宋政府为了增加财政收入,并收购进口货来满足统治阶级的需要,对海外贸易十分重视,多方加以奖励。早在宋太祖开宝四年(971)平定南汉之后,北宋政府就设置市舶司于广州;接着,又陆续在杭州、明州、泉州设立。为了招致外商来华贸易,宋太宗于雍熙四年(987),又特"遣内侍八人,赍敕书、金帛,分四纲,各往海南诸蕃国,勾招进奉,博买香(香料)、药(药材)、犀(犀角)、牙(象牙)、真珠、龙脑"[⑨]。南宋时,最高统治者更加留意此事。宋高宗说:"市舶之利,颇助国用,宜循旧法,以招

---

① 徐兢:《宣和奉使高丽图经》卷三四《客舟》。

② 陶宗仪:《说郛》卷三七《倦游录》。

③ 《宋史》卷四八七《高丽传》。

④ 徐兢:《宣和奉使高丽图经》卷三四《神舟》。参见王曾瑜:《谈宋代的造船业》,《文物》1975 年第 10 期。

⑤ 沈括:《梦溪笔谈》卷二四《杂志》。

⑥ 徐兢:《宣和奉使高丽图经》卷三四《客舟》。

⑦ 朱彧:《萍洲可谈》卷二。

⑧ 曾三异:《因话录》;吴自牧:《梦粱录》卷一二《江海船舰》。

⑨ 徐松:《宋会要辑稿·职官》四四之二。

徕远人,阜通货贿"①。两宋政府又在通商口岸创办外商招待所,如杭州有怀远驿②,明州有来远驿(后改名来安亭)③,温州也有来远驿④。外商首领来到时,市舶机构用"妓乐"迎送,准许他们坐轿或乘马;当地的主要官员并亲自接见。⑤ 中外商船出海时,市舶机构"支送酒食"⑥,有时还设宴饯行,大小商人和水手、杂工都可参加⑦。

对于外商和外国商船也采取保护措施,"番舶为风飘着沿海州界,若损败及舶主不在,官为拯救,录货物,许其亲属召保认还"⑧。如遇风水不便,船破椃坏者,即可免税。外商受到当地官吏敲诈勒索,准许越级上诉。⑨ 市舶机构的官吏和中外商人对海外贸易有所贡献,即可得到奖励⑩,官吏如破坏海外贸易,要受处分⑪。

在社会生产发展和科学技术进步的基础上,加以宋政府特别奖励海外贸易,因此,当时两浙的海外贸易大大地发展起来了。

二

由于宋政府大力奖励海外贸易以及海上交通的便利,亚非各国与中国通商的,据南宋后期人写成的《岭外代答》《诸蕃志》等书记载,就有五十多个国家和地区,其中重要的有日本、高丽以及勃泥(加里曼丹北部)、阇婆(爪哇)、三佛齐(苏门答腊东

---

① 徐松:《宋会要辑稿·职官》四四之二四。
② 周淙:《乾道临安志》卷一《行在所》。
③ 罗濬:《宝庆四明志》卷三《叙郡下》。
④ 姜准:《岐海琐谈》卷一〇。
⑤ 徐松:《宋会要辑稿·职官》四四之一〇。
⑥ 徐松:《宋会要辑稿·职官》四四之一二。
⑦ 徐松:《宋会要辑稿·职官》四四之二四。
⑧ 徐松:《宋会要辑稿·职官》四四之八。
⑨ 《宋史》卷一八六《食货志·互市舶法》;徐松:《宋会要辑稿·职官》四四之三四。
⑩ 徐松:《宋会要辑稿·职官》四四之一〇;《宋史》卷一八五《食货志·香》。
⑪ 徐松:《宋会要辑稿·职官》四四之六;《宋史》卷一八六《食货志·互市舶法》。

南部)、大食、层拔等,大多数是在南洋群岛与亚洲南部、西南部的沿海地区。层拔(Zenjibar)意为黑人国,远在非洲中部的东海岸。1888 年(清光绪十四年)英国人在桑给巴尔,1898 年(光绪二十四年)德国人在索马里都曾掘得许多宋代中国的铜钱和瓷器①。近年来,伊朗人也在波斯湾内的设剌夫港、德黑兰市南郊的累依以及他们国家的东北部尼沙普尔等地掘得宋代瓷片②。1977 年,斯里兰卡考古局也在其本国北端贾夫纳附近海滩发现北宋时的中国瓷器和陶器五百多件③。同年年底,日本考古学家在九州福冈(旧称博多)港发现中国宋代的船员、商人居住的遗址,掘得了当时铜钱"元丰通宝""绍圣通宝"和大批青瓷、白瓷器④。这些都是宋代海外贸易发达的历史见证。

为了适应日趋繁盛的海上贸易,北宋政府先后在广州、杭州、明州、泉州、密州板桥镇(今属山东胶县)以及秀州华亭县(上海市松江一带),设置市舶司或市舶务。南宋时,除密州归入金朝版图外,其他五处市舶机构仍继续存在;并增设温州、江阴军等两处市舶务⑤。北宋的六处市舶机构,两浙占有三处;南宋的七处市舶务,两浙占有五处,可见当时两浙海外贸易之盛。

北宋时,广州、明州、杭州三处的市舶司合称"三司",是当时主要的贸易港。北宋政府在太宗端拱二年(989)规定:"自今商旅出海外蕃国贩易者,须于两浙市舶司陈牒,请官给券以行,违者没入其宝货"⑥。全国各地出海的商船都必须向两浙市舶司办理手续,可见该处市舶司在当时所占地位的重要。到了神宗元丰三年(1080),由于海外贸易更加发达,申请出国的地点扩大为明州和广州两处市舶司,

---

① 张铁生:《中非交通史初探》,北京:三联书店,1973 年,第 6 页;夏鼐:《作为古代中非交通关系证据的瓷器》,《文物》1963 年第 1 期。

② 夏鼐:《两千年的友谊大放异彩》,《人民日报》1978 年 8 月 29 日。

③ 《人民日报》1977 年 11 月 4 日。

④ 新华社专稿《悠久友谊的见证》,《光明日报》1978 年 10 月 29 日。

⑤ 北宋在对外贸易港口设置市舶司,北宋末及南宋只在路一级设司,州县里则设务。南宋时,两浙西路的海盐澉浦镇(浙江海盐南面)和华亭青龙镇(又名通惠镇)也曾一度设过市舶场务。

⑥ 徐松:《宋会要辑稿·职官》四四之二。

去日本、高丽等国的商船,必须向明州市舶司办理手续。元丰八年,又扩大到向杭、明、广三司申请①。徽宗政和四年(1114)三月,禁止蕃舶及本国海南州县船到密州后②,所有日本、高丽等东方国家来华的商船,多集中到两浙的港口来。我国海南州县船舶去日本、高丽以及它们来我国海南州县做生意的,也都把两浙港口特别是明州作为主要停靠站。由于两浙邻近日本,加上这时海上交通便利,商船由日本九州博多向西横渡我国东海到两浙港口,顺风需时不过一周内外,因此,日本商人来华的更多③。神宗熙宁四年(1071),北宋政府重新准许高丽通商,当时高丽商人要来北宋首都开封的,大多数先泛海至明州,再由钱塘江或余姚江经运河北上,而不愿取道密州或登州的陆路。北宋政府为了争取高丽,孤立辽朝,对高丽人特别优待④。因此,高丽人来明州、杭州的也不少⑤。从这里可以看出宋代两浙地区与日本、高丽通商关系的密切,也可以知道两浙在宋代海外贸易中地位的重要。

两宋的市舶机构类似近代的海关,而其权力较大。我国商船出海,必须向它申请、具保,办理手续,才能启行。否则货物被没收,人员被惩处。外国商船到达我国港口后,必须立即向市舶机构报告,由它派员上船检查。一般征收其货物的十分之一为入口税,叫作"抽解"⑥。并规定某些货物为"禁榷物",全部由市舶机构收购;其他货物也收买一部分,这都叫作"博买"。抽解和博买来的货物一律送交中央政府。剩余部分与搬运困难的货物,由市舶机构或外商在当地发卖。

随着海外贸易的发达,进口货物的种类也显著增加。北宋太宗太平兴国七年(982)进口货物只有四十五种⑦。南宋高宗绍兴十一年(1141),进口货物增到三百

---

① 苏轼:《东坡七集·东坡奏议》卷八《乞禁商旅过外国状》。

② 徐松:《宋会要辑稿·刑法》二之六二。

③ 木宫泰彦著,陈捷译:《中日交通史》上卷第十一章,下卷第一章,北京:商务印书馆,1931年。

④ 朱彧:《萍洲可谈》卷二;《宋史》卷四八七《高丽传》;王明清:《挥麈录·前录》卷四引燕肃《海潮论》。

⑤ 苏轼:《东坡七集·东坡奏议》卷八《乞禁商旅过外国状》;《宋史》卷四八七《高丽传》。

⑥ 徐松:《宋会要辑稿·职官》四四之一;《宋史》卷一八六《食货志·互市舶法》。

⑦ 徐松:《宋会要辑稿·职官》四四之二。

多种,其中送交中央的细色货物七十多种,粗色货物一百一十多种,而所谓"重枉费脚乘"留在当地发卖的货物约一百五十多种①。

外国商船经市舶机构"抽解""博买"后,剩余货物可以申请转运京师或别地贩卖,但有时亦得不到批准。如南宋宁宗嘉定七年(1214)五月,南宋政府不准前来华亭县市舶务贸易的日本、高丽船舶再往泉州、广州贩卖,即是一例。②

海外贸易的发达,增加了宋政府的财政收入,"东南之利,舶商居其一"③。北宋九朝,市舶司岁入最高额是英宗朝(1064—1067)的六十三万贯铜钱。④ 南宋高宗末年,岁入达到二百万贯。⑤ 明清之际的著名学者顾炎武曾强调说:"(宋室)南渡后,经费困乏,一切倚办海舶"⑥。宋代的市舶机构大多设在两浙路,足见两浙海外贸易对当时国家财政收入是起着重要作用的。

三

宋代两浙的海外贸易,以杭州、明州、温州为最盛。大约在北宋太宗端拱二年(989),两浙路的市舶司开始设于杭州。淳化三年(992),移置于明州定海(今镇海)县。⑦ 明年,又迁回杭州。真宗咸平二年(999),在杭州、明州各置市舶司。⑧ 南宋高宗绍兴二年(1132),两浙路提举市舶司从临安府移置于华亭县,⑨下辖五处市舶

---

① 据《宋会要辑稿·职官》四四之二一至二三记载的货物名目统计。"脚乘"指脚力钱。

② 徐松:《宋会要辑稿·刑法》二之一三八至一三九。

③ 《宋史》卷一八六《食货志·互市舶法》。

④ 王应麟:《玉海》卷一八六《庆元役法撮要》。

⑤ 李心传:《建炎以来朝野杂记》甲集卷一五《市舶司本息》;《建炎以来系年要录》卷一八三"绍兴二十九年九月壬午"条引前提举两浙市舶张阐之言。

⑥ 顾炎武:《天下郡国利病书》卷一二〇《海外诸蕃入贡互市》。

⑦ 王象之:《舆地纪胜》卷二《两浙西路·临安府》;《乾道临安志》卷二《历代沿革》。

⑧ 徐松:《宋会要辑稿·职官》四四之一;李焘:《续资治通鉴长编》卷四五《真宗咸平二年》。

⑨ 徐松:《宋会要辑稿·职官》四四之一四。

务。不久,两浙路提举市舶司停废,各处市舶务由转运司主管。①

杭州在北宋时已是我国第一流大城市,"地有湖山美,东南第一州"②,被称为
"富兼华夷""百事繁庶"的"地上天宫"③。著名文学家欧阳修在他所写的《有美堂
记》中说到杭州,"其俗习工巧,邑屋华丽,盖十余万家,……而闽商海贾,风帆浪舶
出入于江涛浩渺、烟云杳霭之间,可谓盛矣"④。南宋时,改称杭州为临安府,建都
于此,成为全国政治、经济和文化的中心。丝织业、印刷业、瓷器业和造船业都十分
发达,中外商贾云集,"自大街及诸坊巷,大小铺席,连门俱是"⑤,盛况空前,是当时
世界最繁华的都市之一。杭州的市舶务,起初设在城东南的保安门(候潮门的北
面)外诸家桥之南。⑥ 后来,移到城北的梅家桥(今体育场路梅东高桥附近)的北
面。⑦ 富家巨室在市舶务附近的白洋湖(今体育馆一带)水边,"起造塌房数十所,
为屋数千间",租给都城店铺及客商寄放货物之用。⑧

明州是宋代三大贸易港之一。日本、高丽等东方国家的海舶往来,都集中在这
里。中国到日本、高丽经商的海舶,多由此地放洋,回国时亦停泊于此。北宋著名
诗人梅尧臣在《王司徒定海监酒税》诗中说:"悠悠信风帆,杳杳向沧岛。商通远国
多,酿过东夷少"⑨。所以,明州海外贸易之盛居两浙路的首位。《乾道四明志》卷
一载:"南则闽、广,东则倭人,北则高句丽(高丽的旧名),商舶往来,物资丰衍。"正
由于明州海外贸易的发达,所以当地颇有通晓日本等国语言的译人。据南宋周辉
的记载,"顷在泰州,偶倭国有一舟飘泊在境上,一行凡三二十人,至郡馆谷之。或

---

① 徐松:《宋会要辑稿·职官》四四之二八。
② 周淙:《乾道临安志》卷三《梅挚》。
③ 陶谷:《清异录》卷上《地理门》。
④ 欧阳修:《欧阳文忠公全集·居士集》卷四〇《有美堂记》。
⑤ 吴自牧:《梦粱录》卷一三《铺席》。
⑥ 周淙:《乾道临安志》卷二《历代沿革》。
⑦ 潜说友:《咸淳临安志》卷九《行在所录》。
⑧ 耐得翁:《都城纪胜·坊院》;吴自牧:《梦粱录》卷一九《塌房》。
⑨ 梅尧臣:《宛陵集》卷二一《王司徒定海监酒税》。

询其风俗,所答不可解,旁有译者,乃明州人。……后朝旨令津置至明州,趁便风以归"①。淳化三年,初设明州市舶司的地址是在定海,海口有招宝山,就是因为装运宝货的海船停泊于这里而得名。市舶司后来移到明州城区的东南,它的左面(即东面)靠着罗城(外城),前门(南面大门)与灵桥门相近,②罗城外就是甬江③。宋代外商来明州贸易的除日本和高丽外,还有真里富(即真腊,今柬埔寨)、占城、阇婆、大食等国。外商有因长期留在明州经商老死的,如真里富一个大商人死后,南宋明州当局派人将其棺木护送回国,并发还财产,深得真里富人的好感。④

温州市舶务的创设时间,大约是在南宋绍兴元年(1131)以前。⑤。它的地址,据当地父老相传,是在西郭象门殿(今象门街最北端的瓯江边,与江心寺隔江相对)。北宋后期,温州造船业已居全国首位。南宋时,温州的漆器号称全国第一,首都临安有专门贩卖温州漆器的店铺,后来并曾远销海外。⑥ 其他货物如鸡鸣布、纸、皮革、竹丝灯等也很出名。⑦ 绍兴元年,中书舍人程俱在他所撰的《席益差知温州制》中讲到温州,"其货纤靡,其人多贾"⑧。由于当时温州商品经济的繁荣与海外贸易的发达,日本和其他国家的人民不但到这里经商的很多,而且前来游历或长期留住的亦不少。南宋永嘉著名诗人徐照在他所写的《移家雁池》诗中就有"夜来游岳梦,重见日东人"之句,所谓日东人,就是指日本人;在《题江心寺》诗中也有"两寺今为一,僧多外国人"之句。⑨

---

① 周辉:《清波杂志》卷四《倭国》。
② 罗濬:《宝庆四明志》卷三《叙郡下》。
③ 见 1977 年 8 月,宁波市文管会绘制的《宁波古代海外交通贸易遗址图》。
④ 楼钥:《攻媿集》卷八六《皇伯祖太师崇宪靖王行状》。
⑤ 《宋会要辑稿·职官》四四之一六。
⑥ 吴自牧:《梦粱录》卷一三《铺席》;周达观:《真腊风土记·欲得唐货》。
⑦ 蠲纸洁白紧滑,过于高丽纸。吴越时,上供此纸者,蠲免其役,故名。竹丝灯是一种用细竹丝编制的名贵灯笼。
⑧ 程俱:《北山小集》卷二二《席益差知温州制》。
⑨ 两诗均见徐照《芳兰轩诗集》。按雁池指乐清雁荡山。

四

宋代两浙的海外贸易非常昌盛,商品种类繁多。主要贸易国家是日本与高丽,这里着重谈谈同日本的贸易情况。

当时从日本输入的货物,主要是木材、黄金、硫黄、水银、砂金和各种工艺品。① 木材大量用于建筑房屋与造船,如南宋时,明州天童山千佛阁和阿育王山(简称育王山)舍利殿的楹柱都是用日本的大木材造成的。② 本文第二节所提到的南宋绍兴年间留在当地发售的粗重货物中,就有各色各样的日本木材三十多种。日本的木材,物美,我国人民喜欢购用,老年人多希望买来作棺木。南宋爱国诗人陆游在《放翁家训》中说:"四明(即明州)、临安,倭船到时,用三十千(即三十贯铜钱),可得一佳棺"③。中国黄金的价格比日本高,因此日本的黄金大量输入中国。单在南宋理宗宝祐时(1253—1258),庆元府(明州的改称)一年之间由日本商人输入的黄金总额约有四五千两。而南宋时期,中国黄金年产量也只有数千两。④ 黄金的大量输入,有利于中国商品经济的发展。日本制造的宝刀和纸扇(折扇),最负盛名,深得宋代士大夫的喜爱。欧阳修在其所写的《日本刀歌》中说:

> 昆夷道远不复通,世传切玉谁能穷。
>
> 宝刀近出日本国,越贾得之沧海东。

---

① 罗濬:《宝庆四明志》卷六《叙赋下》;梅应发:《开庆四明续志》卷八《蠲免抽博倭金》。

② 楼钥:《攻媿集》卷五七《天童山千佛阁记》;木宫泰彦:《中日交通史》下卷第一章第三节。

③ 鲍廷博《知不足斋丛书》中辑有此书。按:《放翁家训》前言云"乾道四年(1168)五月十三日,太中大夫、宝谟阁待制游谨书",而书中第七条却说"吾年已八十"。今考陆游生于宋徽宗宣和七年(1125),年八十,应在宁宗嘉泰四年(1204)。又陆游在其所上的《辞免转太中大夫状》中说:"今月二十三日,伏准告命,授臣太中大夫,依前充宝谟阁待制者。……臣遭逢颇异,涉历寝深,四朝尝缀于廷绅,八十更待于从橐。"(《渭南文集》卷五)据此,可见陆游年八十时,才获得太中大夫的官阶。《家训》前言所谓"乾道四年"当为"嘉泰四年"之误。

④ 梅应发:《开庆四明续志》卷八《蠲免抽博倭金》;参见加藤繁《日本和宋代的金银价格及其贸易》与他的友人写的《后记》(载《中国经济史考证》第二卷)。

鱼皮装贴香木鞘,黄白间杂鍮与铜。

百金传入好事手,佩服可以禳妖凶。①

同时,梅尧臣也有歌咏日本宝刀的诗篇②。日本纸扇上的绘画多出自名家手笔,很
受宋人赞赏,叹为"意思深远,笔势精妙,中国之善画者或不能也"③。

　　输往日本的商品,主要是瓷器、丝绸、香料、药材、书籍、文具以及铜钱等。这里
先讲铜钱的输出情况。北宋初和神宗时,准许铜钱出口,④但因日本与东南亚诸国
需求量太大,特别是日本镰仓时期(1185—1333)商业发达,而其国内币制紊乱,铜
钱质量低劣,于是对中国钱的需求十分迫切⑤。南宋理宗时(1225—1264),日本政
府一次就从中国运去铜钱十万贯。日本商船更经常出入温州、台州一带,偷运铜
钱,甚至弄到台州城内一度铜钱绝迹。据不完全统计,日本全国二十八处出土的中
国钱,自唐至明共五十五万三千余枚,其中北宋钱占82.4%,这些钱绝大部分是在
南宋时输往日本的⑥。铜钱的大量外流,对日本的商品经济发展是有帮助的,但造
成南宋国内的钱荒局面,因此南宋政府严禁铜钱出口,"如有违犯之人,许同舟徒伴
并诸色人告首,即将犯人送狱根勘"。"重立赏格,许人缉捉,每获到下海铜钱一贯,
酬以十贯之赏。"当地官吏如不尽心搜查捕捉而在别处破获者,当地"守臣、知县,并
行镌责",严重的降级以至革职,"永不叙理"。⑦ 但是,"法禁虽严,奸巧愈密,商人
贪利而贸迁,黠吏受赇而纵释,其弊卒不可禁"⑧。

　　瓷器是宋代外销的最主要商品。宋代瓷器业的兴盛与制作的精巧远超前

---

　　①　欧阳修:《欧阳文忠公全集·居士外集》卷四《日本刀歌》。原注云:"真鍮似金,真铜似
银。"按:鍮(音偷),又称黄铜,是铜与锌的合金。
　　②　梅尧臣:《宛陵集》卷五五《钱君倚学士日本刀》。
　　③　江少虞:《皇朝事实类苑》卷六〇《风俗杂志·日本扇》。
　　④　《宋史》卷一八六《食货志·互市舶法》;木宫泰彦:《中日交通史》下卷第一章第三节。
　　⑤　木宫泰彦:《中日交通史》下卷第一章第三节。
　　⑥　小叶田淳:《改订增补日本货币流通史》第一章。
　　⑦　徐松:《宋会要辑稿·刑法》二之一三八至一四四。
　　⑧　《宋史》卷一八六《食货志·互市舶法》。

代,①这和当时海外贸易的发达有密切关系。不但两宋政府大力奖励瓷器输出,②而且我国瓷器精美,亦深得外国人的喜爱。除我国商人向海外大量运销瓷器外,有些外国商人如南宋后期阿曼(阿拉伯半岛的东南角)人也在爪哇专门收购中国瓷器,然后转售到世界各国去。③ 所以宋代中国的瓷器遍销日本、高丽以及东南亚、非洲等地。从今天亚非各国宋瓷的出土情况来看,也可证明当时瓷器输出数量之大和地区之广。

至于书籍,也不断传入日本。如北宋太宗时,中国的雕版印本《大藏经》(开宝敕板的初印本)等大部头书由日本僧人奝(音凋)然于雍熙三年(986)乘坐中国商船带归,藏于京都法成寺。南宋商人刘文仲也携去《新唐书》《新五代史》,赠送给日本左大臣赖长。④

随着海外贸易的发展,我国先进的科学技术如指南针、火药、印刷术以及船舶制造方法也陆续传到日本、高丽和其他国家,对提高整个人类的科技水平起了一定作用。例如上面第一节已经讲过,北宋时,我国造船技术已达到当时国际最先进水平,桅杆可以灵活起倒。据沈括在其名著《梦溪笔谈》卷二四中记载:宋仁宗嘉祐年间(1056—1063),有一艘"东夷"商船因桅杆被大风折断,巫流到我国苏州昆山县海边。昆山知县派人"为其治桅,桅旧植船木上,不可动,工人为之造转轴,教其起倒之法"。又如雕版书的大批输出,对日本、高丽及其他国家的印刷事业影响颇大。⑤

总之,宋代两浙海外贸易的发达,使我国和日本、高丽以及其他国家能够互通有无,促进了经济与文化交流,丰富了人民的物质生活和精神生活,加深了彼此之间的友谊,对世界文明作出了重要贡献。

(原载《杭州大学学报(哲学社会科学版)》1979 年第 1 期)

---

① 许之衡:《饮流斋说瓷·概说》。

② 徐松:《宋会要辑稿·刑法》二之一四四;《宋史》卷一八五《食货志·香》。

③ 参见阿拉伯人迦瑞尼(1203—1283)著的《人物志》。

④ 《宋史》卷四九一《日本国传》;木宫泰彦:《中日交通史》上卷第十章、下卷第一章。

⑤ 张秀民:《中国印刷术的发明及其影响》,北京:人民出版社,1958 年;木宫泰彦:《中日交通史》上卷第十一章第六节。

宋代明州与高丽的贸易关系及其友好往来

倪士毅　方如金

　　两宋时期明州的海外贸易非常发达,尤其是与日本、高丽的贸易往来最为频繁,它是宋代对外贸易的主要港口。在张津等编撰的《乾道四明图经》卷一里记载了当时明州海外贸易的盛况:"南则闽广,东则倭人,北则高句丽,商舶往来,物货丰衍。"本文试就两宋时期明州与高丽的贸易关系做初步的研究和探讨,不当之处,请批评指正。

一

　　明州与高丽于两宋时期贸易来往频繁,这种现象的出现并不是偶然的,而是有其深刻的社会原因和客观条件的。

　　宋代两浙社会经济在各个领域各个部门都有较大的发展,特别是农业和手工业的发达以及商品经济的繁荣,是促进明州与高丽海上贸易发展的一个重要原因。

　　中国经济重心的南移,在中唐以后已很明显,当时北方遭到战争的破坏,而南方却相对稳定,因此社会经济有较快的发展,唐政府的财政收入,主要依靠东南,

"当今赋出于天下,江南居十九"①。五代十国期间,北方战争频繁,烽烟四起,而南方无兵燹之灾,社会比较安定,北方人民纷纷南迁,使南方劳动力增加,因此经济的发展就更为迅速,特别是吴越国时期,两浙经济的发展尤为显著,为北宋经济的发展和南宋建都杭州奠定了基础。赵宋政权建立后,采取了一系列发展经济的措施。在农业方面如奖励垦荒,太祖时下诏"所在长吏谕民,有能广植桑枣,垦辟荒田者,止输旧租,县令佐能招徕劝课,致户口增羡,野无旷土者,议赏"②。又蠲免了五代以来的一部分苛捐杂税。特别是两浙的农民克服了自然条件的限制,在海边、江畔、山地等处开垦了数以万计的圩田、淤田、沙田、梯田等,扩大了耕地面积;两浙是当时全国的首富地区,深为封建统治者所注目,北宋时这个地区较大规模的水利建设,就有江南海塘、钱塘江堤、西湖等处。南宋时期,两浙的水利事业就更为发达了,据《宋史·食货志》记载:"大抵南渡后水田之利,富于中原,故水利大兴。"③兴修水利,既扩大了灌溉面积,促进了农作物的增产,又能防止水旱灾害。随着水利事业的兴修,灌溉工具也不断改进,脚踏龙骨水车已普遍使用,利用水力推动运转的筒车在北宋也相继兴起,到南宋时就更加普遍了。加上占城稻等优良稻谷品种在两浙路的推广,到南宋时水稻品种繁多,仅两浙路六七个州县就有籼稻、粳稻一百四十多种,糯稻五十多种。池州一带的农民还培养出好几种从高丽传入的"黄粒稻",其稻芒长、谷粒饱满,是一种少见的优良品种。④ 因此稻谷的单位面积产量达到了空前的水平。明州城西十二里处广德湖周围一带的民田,稻谷每亩单位面积产量达到六七石之多,⑤创两宋时期稻谷亩产的最高纪录。

在手工业方面,宋代两浙路纺织、制瓷、印刷、制盐、酿酒等各个部门,无论是原料的采集、生产过程还是产品种类、数量方面,都有显著的进展,并超越了前代。北

---

① 《全唐文》卷五五五韩愈《送陆歙州诗序》,北京:中华书局,1983 年,第 5612 页。

② 《宋史》卷一七三《食货上一·农田》,北京:中华书局,1985 年,第 4155 页。

③ 《宋史》卷一七三《食货上一·农田》,第 4155 页。

④ 蔡美彪等著:《中国通史》第五册,北京:人民出版社,2009 年,第 367 页。

⑤ 徐松:《宋会要辑稿·食货》七之四五,北京:中华书局,1957 年,第 6236 页。

宋丝织业以两浙、川蜀地区最为发达,南宋时浙东、浙西和四川同样是丝织业中心。茶叶是南方各地普遍的农产品,名茶很多,以越州出产的日注茶最为有名,被誉称为"绝品"。制盐业,两浙沿海地区的明州、台州一带煮海水为盐,俗称"煮海",甚为发达。制瓷有越州、明州出产的白瓷器,处州出产的青瓷器,名闻中外。两浙是宋代造纸业中心之一,著名的藤纸出在杭、越、衢、婺等州,其中越州的藤纸最受一般人所欢迎,也有剡藤、剡硾、罗笺等品种。随着粮食的增产,酿酒业变得十分发达,名酒繁多,其中如杭州的竹叶青、碧香、白酒,明州的金波,越州的蓬莱,湖州的碧澜堂、雪溪,秀州的月波等都很有名。① 由于农业、手工业生产的发展,农业中出现了商品化和专门化,商品货币经济也随着活跃起来,沿江濒海之地兴起了商业繁荣的市镇。南方已成为国家的经济命脉,"国家根本,仰给东南"②,"朝廷用度,如军食、币、帛、茶、盐、泉货、金、铜、铅、银以至羽毛、胶漆,尽出九道(指江南九道)。朝廷所以能安然理天下而不匮者,得此九道供亿使之然尔。此九道者,朝廷所仰给也"③。由于商品生产的兴盛,推动了海外贸易的发展,加上东南沿海地区人民在北宋以前就有与高丽、日本和东南亚各国进行海上贸易的传统,这就为明州在两宋时期对高丽海上贸易的发展,提供了有利的客观条件。

两宋政府对海外贸易的重视,促进了明州与高丽的发展。

北宋时,外患严重,边防不安,华北之地失之于辽。北宋末至南宋,女真贵族崛起,并取代了契丹贵族,雄踞北方。南宋偏安江南,版图不及北宋的三分之二,剥削所入也随之减少。两宋政府一方面为了对付辽、金贵族入侵,因此军费开支浩大,不仅要维持一支庞大军队的费用,而且每年还要向辽、金贡纳数量相当可观的金银、绢帛、茶叶等物资,只有通过海外贸易来增加收入,以解决财政经济上的困难。事实上,由于当时市舶司收入逐渐增多,引起了统治阶级贪婪的欲望,即所谓"东南

---

① 朱弁:《曲洧旧闻》卷七,郑州:大象出版社,2019 年,第 283 页。

② 《宋史》卷三三七《范祖禹传》,第 10783 页。

③ 李焘:《续资治通鉴长编》卷一二八"康定元年八月"条,北京:中华书局,2004 年,第 3025 页。

之利,舶商居其一"①。北宋仁宗皇祐时,市舶收入五十三万贯,英宗治平时增到六十三万贯,在国家财政收入占有重要的地位。加之统治阶级为了满足腐朽生活的需要,要进口大量的奢侈品和其他日常生活用品、药物等,因此十分重视海外贸易,并采取了一系列奖励的措施。早在开宝四年(971)二月,宋太祖灭掉南汉,占领广州,六月即在广州设立宋代第一个市舶司,紧接着在杭州、明州、温州等地也相继建立市舶司。市舶司的职责是"掌蕃货海舶征榷贸易之事,以来远人,通远物"②,即征收商税、经营海货的专买专卖,以及管理海外诸国的朝贡等事务。因此,设置市舶司的目的是适应海外贸易的发展和扩大,而它的设置又必然促进海外贸易的发展。南宋初年市舶收入竟占百分之二十,当时"经费困乏,一切倚办海舶"③,因此南宋政府更加重视海外贸易。绍兴七年(1137)闰十月三日,宋高宗说:"市舶之利最厚,若措置合宜,所得动以百万计,岂不胜取之于民,朕所以留意于此,庶几可以少宽民力尔!"④绍兴十六年(1146)宋高宗又说:"市舶之利颇助国用,宜循旧法,以招徕远人,阜通货贿。"⑤绍兴年间,浙、闽、广三市舶司一年收入二百万贯,超过北宋最高额的两倍多。因此为了吸引、招诱外商来华贸易,国家对外商的权益予以保障,市舶官员如果强行征收外商税和收买货物,允许外商向宋政府当局控告、上诉。对外商的困难则想方设法予以解决,如对遇风险漂泊而来的外商给予救援,外商船主如不在或失踪,责令市舶官员负责清点并保管其货物,待其亲属前来认领。同时还给外商在生活上提供一切方便。外商来时,市舶官员要亲自前往码头迎接;外商归国时,市舶司要设宴慰劳送别,叫作"犒设",还要"支送酒食",并要亲自到码头"临水送之","岁十月,提举(市舶)司大(犒)设蕃商而遣之"。⑥ 南宋政府为了扩大

---

① 《宋史》卷一八六《食货志·互市舶法》,第 4482 页。

② 《宋史》卷一六七《职官七·提举市舶司》,第 4006 页。

③ 顾炎武:《天下郡国利病书》卷一二〇《海外诸番》,上海:上海古籍出版社,2012 年,第 3139 页。

④ 徐松:《宋会要辑稿·职官》四四之二〇,第 4313 页。

⑤ 徐松:《宋会要辑稿·职官》四四之二四,第 4313 页。

⑥ 周去非:《岭外代答》卷三《航海外夷》,杭州:浙江古籍出版社,2015 年,第 287 页。

海外贸易,对于招诱外商来华贸易工作成绩显著的市舶纲首,还规定授予官爵,作为奖赏,如高宗绍兴六年(1136)就明确规定:"诸市舶首能招诱舶舟,抽解物货,累价及五万贯十万贯者,补官有差。"①当时蕃舶纲首蔡景芳因从建炎元年(1127)至绍兴四年(1134)招诱贩来货物净利收入高达九十八万余贯之多,因此南宋政府就于绍兴六年(1136)底授予他"承信郎"的官爵。② 另外,对能做到使市舶增加收入的市舶司的官员,就有升官之褒,如规定"闽广舶务监官抽买乳香,每及一百万两,转一官"③。反之,使市舶亏损,外商赔本的则要受降官处分。这一系列措施的制定和推行,对于鼓励和招诱外商来宋贸易起了很大的作用,有力地促进了两宋时期明州海外贸易的发展。

两宋时期造船业的发展、航海技术的进步、指南针的发明并广泛应用于航海事业上,也促进了明州对高丽贸易的发展。

造船业在宋代很发达,不少地区都设立造船务、造船场和造船坊,特别是沿海地区,如广东的广州,福建的泉州,两浙的杭、明、温三州都是制造海舶的主要基地。此外,不在两浙沿海而设造船务的有婺州。处州虽不设场务,但也负担造船工作,如真宗天禧五年(1021),就奉命打造运船六百零五艘。④ 尤其是明州所造船舶材料十分讲究,一般都采用坚木,船上设备齐全而完善,抛锚用碇石,风帆有大小,有利于迎风疾驶,起碇、转帆都采用转轴,为了航行方便起见,舵有大小,为了测量水的深浅,船上还备有铅锤,为了增加船的浮力和减轻狂风巨浪的猛力冲击,"又于舟腹两旁缚大竹为橐"。⑤ 据吴自牧《梦粱录》卷一二《江海船舰》的记载,当时大的船舶可以载五千料(一料等于一石),五六百人;中等的船舶也可载二千料或一千料,二三百人。当时两浙的造船业是十分发达的,北宋初,"两浙献龙船,长二十余丈,

---

① 《宋史》卷一八五《食货下七·香》,第 4513 页。
② 徐松:《宋会要辑稿·职官》四四之十九,第 4313 页。
③ 《宋史》卷一八五《食货下七·香》,第 4513 页。
④ 徐松:《宋会要辑稿·食货》四六之一,第 7137 页。
⑤ 徐兢:《宣和奉使高丽图经》卷三四《客舟》,郑州:大象出版社,2019 年,第 291 页。

上为宫室层楼",同时还"设御榻,以备游幸"。① 而到了北宋哲宗元祐五年(1090)正月,诏温州、明州岁造船以六百只为额。② 当时曾打算恢复汴京和洛口的物货场,有人就提议借用温州、明州等地的船只来运输货物。③ 说明了明州船舶数量之多和造船业的发达。宋神宗元丰元年(1078),派使臣安焘、陈睦往聘高丽,就指令明州造了两艘大船。一名"凌虚致远安济神舟",一名"灵飞顺济神舟",完工之后,"自定海(今镇海县)绝洋而东",到达高丽后,高丽人民"欢呼出迎"。④ 到了宋徽宗宣和年间派使臣去高丽,朝廷又在明州造了两艘巨型海舶,"巍如山岳,浮动波上,锦帆鹢首,屈服蛟螭"。当这两艘神舟行驶到高丽时,高丽人民"倾国耸观","欢呼嘉叹"。⑤ 这种"神舟"长阔高大,什物器用,乘坐人数都比"客舟"大三倍。⑥ 至于"客舟"的规模是"长十余丈,深三丈,阔二丈五尺,可载二千斛粟","每舟篙师水手可六十人"。⑦ 内部构造十分科学,"上平如衡,下侧如刀",以便破浪,船舱分隔为三:前一舱底作为炉灶与水柜安放处,中舱分四室,后舱叫"庮屋",高一丈余,四壁有窗户,"上施栏楯,采绘华焕而用帟幕增饰,使者官属各以阶序分居之。上有竹蓬,平时积叠,遇雨则铺盖周密"。⑧ 这种分舱设置可以避免一处受损而全舱覆没的危险,坚固而安全。到了南宋因为山东半岛为金人所占,和高丽通航起点全部南移至明州,宋高宗于建炎三年(1129)十二月到了明州,提领海舶张公裕说:"已得千舟。"⑨这充分说明了明州的造船业在南宋时就更发达了。

南宋时期航海技术也大有进步,主要表现在指南针的发明及其用于测定航海

---

① 沈括:《梦溪笔谈》卷一三《权智》,郑州:大象出版社,2019年,第103页。

② 徐松:《宋会要辑稿·食货》五〇之四,第7226页。

③ 《宋史》卷一八六《食货志·商税》,第4541页。

④ 《宋史》卷四八七《高丽传》,第14035页。

⑤ 徐兢:《宣和奉使高丽图经》卷三四《神舟》,第291页。

⑥ 徐兢:《宣和奉使高丽图经》卷三四《客舟》,第294页。

⑦ 徐兢:《宣和奉使高丽图经》卷三四《客舟》,第294页。

⑧ 徐兢:《宣和奉使高丽图经》卷三四《客舟》,第294页。

⑨ 毕沅:《续资治通鉴》卷一〇六《宋纪一百六》"高宗建炎三年",北京:中华书局,1957年,第2784页。

方向。宋徽宗宣和五年(1123),出使高丽的徐兢在他所写的《宣和奉使高丽图经》一书中,已明确指出奉使到高丽的海船上已使用指南针,行船"若晦冥则用指南浮针,以揆南北"。① 说明在北宋末年指南针已广泛应用在航海上。这种情况正如吴自牧在《梦粱录》里所记载的:海商船舶进入大洋,"风雨晦冥时,惟凭针盘而行,乃火(伙)长掌之,毫厘不敢差误"。② 在距今一千年左右的中世纪的宋代,海舶航行在茫茫大海上,有指南针可以辨别方向;若遇上狂风巨浪,即可垂下船首碇石,使船停止前进;船上置备有布帆和利蓬(即席帆),正风时用布帆,偏风时则用利蓬;特别是在船桅上设置转轴,可以自由起倒,不怕风吹浪打。而当时高丽的商船的桅还是"植船木上不可动"③,远比中国落后。造船业的发达和航海技术的进步,使两宋时期中国航行于东海、黄海、渤海的船舶数量空前增多,且又比以往任何时代更为安全,这自然就促进了宋代明州与高丽海上贸易的发展。

两宋时期高丽在政治上的统一,社会经济的恢复以及和宋政府来往的加强,为高丽和明州的贸易发展提供了有利的客观条件。

北宋前夕,大封建主出身的军人王建重新统一了朝鲜,王建改国号为高丽,建京都于松都(今开城),王氏高丽统治朝鲜前后共达四百七十五年(918—1392),它的疆域除原来的新罗全境外,在十世纪末其西北疆界到达鸭绿江,和我国东北毗邻。为了加强中央集权专制制度,高丽王朝继承了新罗的一些制度,并进一步模仿学习当时北宋的政治制度,建立了一套比较完整的封建专制政权的政府机构;在外交上采取一系列措施,以加强和宋政府的友好关系,不断派使节到中国来;在经济上积极发展和宋的贸易关系,经常派遣商船来到明州。这也是推动高丽和明州海上贸易发展的一个重要因素。

---

① 徐兢:《宣和奉使高丽图经》卷三四《半洋焦》,第 297 页。
② 吴自牧:《梦粱录》卷一二《江海船舰》,郑州:大象出版社,2019 年,第 330 页。
③ 沈括:《梦溪笔谈》卷二四《杂志》,第 177 页。

二

宁波地处浙江东部东海之滨,甬江、姚江、鄞江三江汇合之处,是我国古代的一个重要对外贸易的港口。秦时称为鄮县,因有海外贸易而得名。唐玄宗开元二十六年(738)始称明州,当时海外交通已相当发达。到了宋代是全国对外贸易的四大港口(广州、泉州、明州、杭州)之一,东与日本,北与高丽,南与阇婆(爪哇一带)、占城(越南)、暹罗(泰国)、真里富(即真腊,今柬埔寨)、勃泥(加里曼丹北部)、佛齐(苏门答腊东南部),西南与大食等国都有贸易往来,成为国际通商的重要口岸。

宋代对外贸易的机关,沿袭唐的制度设市舶司。明州设立市舶司,最早在太宗淳化三年(992)四月,由杭州迁去。初设在定海县(今镇海县)并任命监察御史张肃领之,①真宗咸平二年(999)市舶迁移到明州子城东南,左倚罗城。到了南宋宁宗嘉定十三年(1220)被火烧毁,通判王梴重建,后又圮坏,理宗宝庆三年(1227)太守胡榘捐楮券万三千二百八十八缗有奇,嘱通判蔡范重新建造,蔡范还写了一篇《市舶司记》。市舶司门外濒江有来远亭,为招待外商之所,蔡范重建时更名为来安亭,方万里写有《来安亭记》。市舶司前门与灵桥门相近,新中国成立后,据考古调查,明州市舶司的地址在今宁波市江厦一带,这里是宋代商业繁盛、人口密集的地方,来自世界各地的商人都居住在此地,市舶司西边的宝奎庙就是宋代高丽馆的旧址。据宋太宗端拱二年(989)五月的一条诏文,规定宋朝商人出海贸易须于两浙市舶司"陈牒请官给券以行,违者没入其宝货"。②又"诸商贾许由海道往外蕃兴贩。并具人船物货名数所诣去处,申所在州"。③此外,还得"召本土有物力户三人"作保,保

---

① 《乾道临安志》卷二《廨舍》,王象之《舆地纪胜》卷二,均作淳化三年移杭州市舶司于明州定海县。《宝庆四明志》卷六,则作淳化元年。作者认为应以三年为是。

② 徐松:《宋会要辑稿·职官》四四之二,第4313页。

③ 苏轼:《苏轼文集》卷三一《乞禁商旅过外国状》,北京:中华书局,1986年,第888页。

证货物内不夹带兵器，并不越过所禁地分。① 经过这番手续后，商船即从市舶司领得出海许可证，即所谓"公据"或"公凭""引目"，回航时，必须在发航港口"住舶"，给予"回引"。当时去日本、高丽的宋朝商人，都由明州市舶司发给出口证，在明州出发，我国南方沿海州县船舶去日本、高丽的也以明州为主要停靠站。徽宗政和七年（1117）为了加强与高丽的贸易，宋政府在明州还特意设置了高丽司，叫来远局，造两只巨船，百只画舫，专门负责接待高丽使臣，并开垦广德湖为田，每年收租谷以为费用。②

宋朝到高丽的交通路线，在神宗熙宁以前多在山东登州出海，高丽到宋朝来从礼成江出发，也在登州或密州登陆，再陆行到汴京（今开封）。到熙宁七年（1074）以后，高丽使臣金良鉴来说，为了远避契丹③，请求改在明州登陆④。当时明州到高丽则从定海县出发，越过东海、黄海，沿朝鲜半岛南端西海岸北上，到达礼成江口。高丽人到明州后，由明州溯姚江、钱塘江再入运河北上到达汴京，这是南路，因为这条路线都是水路，运载货物比较方便。而高丽人又"便于舟楫，多赍辎重"⑤，所以多取道于此。从此明州成为通往高丽的重要港口，与高丽的贸易关系，也日益频繁起来，不仅商船往来络绎不绝，而且高丽使臣来华朝贡，也在明州登陆。元丰时，待高丽人以厚礼，沿路亭传都叫高丽亭。⑥ 因此，"朝廷馆遇，燕赍锡予之费以巨万之计"⑦，造成了明州"困于供给"的局面。钦宗时，御史胡舜陟说："政和以来，人使岁

---

① 李焘：《续资治通鉴长编》卷四五一"哲宗元祐五年"条，北京：中华书局，2004 年，第 10823 页。

② 罗濬：《宝庆四明志》卷六《叙赋下》，《宋元方志丛刊》，北京：中华书局，1990 年，第 12 页。

③ 高丽初建时，其北有渤海国。926 年，契丹国强大灭渤海国。937 年契丹建立辽国。1010 年、1018 年，契丹三次入侵高丽，在高丽军民的英勇抗击下，契丹侵略军虽被击退，但在整个十一世纪，高丽仍然受到契丹不同程度的威胁，因此高丽使臣到宋朝来要远避契丹，改在明州登陆。

④ 《宋史》卷四八七《高丽传》，第 14035 页。

⑤ 朱彧：《萍洲可谈》卷二，郑州：大象出版社，2019 年，第 24 页。

⑥ 朱彧：《萍洲可谈》卷二，第 24 页。

⑦ 《宋史》卷四八七《高丽传》，第 14035 页。

至,淮浙之间苦之。"① 元丰二年(1079),"贾人入高丽,赀及五千缗者,明州籍其名"。② 从元丰三年(1080)起,明令明州为宋丽贸易口岸,从此明州便正式成为宋丽两国通航的主要港口了。

宋代明州与高丽来回航行的时间,据《宣和奉使高丽图经》卷三记载:"由明州定海放洋,绝海而北,舟行皆乘夏至后南风,风便不过五日即抵岸焉。"③《宋史·高丽传》也记载道:"自明州定海遇便风,三日入洋,又五日抵墨山(《宣和奉使高丽图经》卷三五作黑山)入其境,自墨山过岛屿,诘曲礁石间,舟行甚驶,七日至礼成江,江居两山间,束以石峡,湍急而下,所谓急水门,最为险恶,又三日抵岸,有馆曰碧澜亭,使人由此登陆,崎岖山谷四十余里,乃其国都云。"当时高丽的国都在开城,由明州航海到礼成江需要七天,再航行三天抵碧澜亭,由此登陆,步行四十多里,才能达到开城,总计需要十天。又如南宋高宗建炎二年(1128)国信使杨应诚从高丽乘船回来,九月癸未日自三韩出发,戊子日就到达明州昌国县,航程只有六天。④ 航行往返明州、高丽时间的长短,这主要是看风向而定,如遇顺风,则"历险如夷";遇黑风,则"舟触礁辄败"。所以来回航行,必须掌握好季候风的特点,这是非常重要的。一般从明州到高丽,多在七、八、九月,乘西南季风;回航以十、十一月为宜,乘东北季风。

宋代明州商人远航到高丽经商的,北宋仁宗宝元元年(1038)有明州商人陈亮和台州商人陈维绩等一百四十七人。⑤ 徽宗崇宁二年(1103)有明州教练使张亲闵、许从等与纲首汤炤等三十八人。⑥ 五月,又有明州商人杜道济、祝延祚随商船

---

① 《宋史》卷四八七《高丽传》,第 14035 页。

② 《宋史》卷一八六《食货下八·互市舶法》,第 4541 页。

③ 徐兢:《宣和奉使高丽图经》卷三《封境》,第 183 页。

④ 马端临:《文献通考》卷三二五《四裔考二·高句丽》,北京:中华书局,2011 年,第 8941 页。

⑤ 郑麟趾:《高丽史》卷六"靖宗四年八月戊子"条,重庆:西南师范大学出版社,2014 年,第 67 页。

⑥ 郑麟趾:《高丽史》卷一二"肃宗八年二月己巳"条,第 154 页。

到高丽,后来就留住在那里。那时中国商人到高丽去,往往因为遇到逆风或风向不好,甚至二三年不能返国,因此便在高丽另立家庭,回国时也不带妻儿回来,这种两地都有家室的,在宋商中也是屡见不鲜的。

宋代商人到高丽去,以经商为主,自不待言,但其中有的商人有时还带有政治的任务。如南宋高宗建炎二年(1128)纲首蔡世章送高宗继位诏书去,①绍兴八年(1138)三月,宋商吴迪等六十三人,持宋明州牒去报告徽宗皇帝及宁德皇后郑氏崩于金的消息,②绍兴三十二年(1162)三月,宋都纲侯林等四十三人去高丽,也带明州牒报云:"宋朝与金举兵相战,至今年春大捷,获金帝完颜亮,图形叙罪,布告中外。"③宋朝政府往往通过商船将文牒传递过去,《宝庆四明志》卷六所载"本府与其礼宾省以文牒相酬酢,皆贾舶通之"④,这就是明证。

至于高丽商人来明州贸易,有的也与政治有关,如绍兴三十二年(1162)高丽纲首徐德荣到明州来,殿中侍史吴芾说:"高丽与金人接壤,昔稚圭之来朝廷惧其为间,亟遣还。今两国交兵,德荣之请得无可疑?使其果来,犹恐不测,万一不至,贻笑远方,诏止之。"⑤当宋金形势处于战争阶段,南宋当局对高丽商人来明州贸易,也是存有戒心的,惧怕金人冒充混入其中进行间谍活动。

宋朝规定外国商船到达港口后,必须向市舶司报告,征收舶税,叫作"抽解"或"抽分"之法。"抽解成数"各个时期不定,通常为全部货物价值的十分之一,所谓"大抵海舶至,十先征其一"⑥,有时也抽解到十分之四⑦。当商品经过抽解之后,由官府全部收买,即所谓"博买"或"和买"。和买价值据货物贵贱而定,所谓"价值酌

---

① 郑麟趾:《高丽史》卷一五"仁宗六年三月丁亥"条,第 198 页。

② 郑麟趾:《高丽史》卷一六"仁宗十六年三月庚子"条,第 215 页。

③ 郑麟趾:《高丽史》卷一八"毅宗十六年三月戊午"条,第 246 页。

④ 罗濬:《宝庆四明志》卷六《叙赋下》,《宋元方志丛刊》,北京:中华书局,1990 年,第 12 页。

⑤ 《宋史》卷四八七《高丽传》,第 14035 页。

⑥ 《宋史》卷一八六《食货下八·互市舶法》,第 4541 页。

⑦ 徐松:《宋会要辑稿·职官》四四之二五,第 4313 页。

蕃货轻重而差给之"。① 大约在太平兴国七年(982)以前,对海货全部收买,七年后才开放部分物品准许与民间交易。当时明州市舶司对高丽商人的"抽解",据南宋理宗宝庆三年(1227)明州郡守胡榘说:"契勘船务旧法,应商舶贩到物货,内细色五分抽一分,粗色物货七分半抽一分。后因舶商不来,申明户部,乞行优润,续准户部行下,不分粗细,优润抽解,高丽日本船,纲首杂事十九分抽一分,余船客十五分抽一分,起发上供……窃见旧例抽解之时,各人物货,分作一十五分,舶务抽一分,起发上供;纲首抽一分为船脚糜费;本府又抽三分,低价和买;两倅厅各抽一分,低价和买,共已取其七分,至给还客旅之时,止有其八,则几于五分取其二分,故客旅宁冒犯法禁透漏,不肯将出抽解。"②由于明州市舶司的抽解太重,所以许多外商敢于"犯禁透漏",以致影响外商来明州贸易,使明州市舶司收入时有减少。胡榘对此进行了改革,减轻抽解,并"镂榜沿海,招诱明谕,以本府断不和买分文,抽解上供之外,即行给还客旅"③,这样就解除了外商来华贸易的后顾之忧。从此来明州贸易的外商,又逐渐增多起来。

明州与高丽贸易的货物,品种繁多。由高丽输入明州的,据《宝庆四明志》卷六的记载有:

一、细色:

银子、人参、麝香、红花、茯苓、蜡。

二、粗色:

大布、小布、毛丝布、紬、松子松花、栗、枣肉、榛子、椎子、杏仁、细辛、山茱萸、白附子、芜荑、甘草、防风、牛膝、白术、远志、茯苓、姜黄、香油、紫菜、螺头、螺钿、皮角、翎毛、虎皮、漆、青器、铜器、双鐏刀、席、合蕈。

其中人参是高丽的特产,名声卓著,是人所皆知的高档滋补药品。人参中有一

---

① 《宋史》卷一八六《食货下八·互市舶法》,第4541页。

② 罗濬:《宝庆四明志》卷六《市舶》,第12页。

③ 罗濬:《宝庆四明志》卷六《市舶》,第12页。

个品种叫沙参的,形状大而味绝美,但不做药用而可当蔬菜吃,宋朝使臣到高丽去在使馆中经常可以吃到。

从上可以看出高丽输入的货物中,以人参等药材为最多;其次是各种布匹、漆、铜器、武器、虎皮等;此外,折扇、纸、墨等也有。通过明州输向全国各地。

至于明州输出到高丽的货物,主要有瓷器、腊茶、丝织品、书籍、文具等。

瓷器是对外贸易的主要货物之一。南宋时生产的瓷器有官窑、余姚窑、越窑和龙泉窑以及明州出产的白瓷器等,所有这些名窑的产品不单只供应国内人民的需求,而且大量输出国外。尤其龙泉青瓷,质地优良,冠绝当世,其制瓷技术在我国古代青瓷史上达到了最高峰。《萍洲可谈》记载了当时瓷器大规模输出的情况:"海舶,大者数百人,小者百余人,以巨商为纲首,……舶船深阔各数十丈,商人分占贮货,人得数尺许,下以贮物,夜卧其上。货多陶器(即瓷器),大小相套,无少隙地。"这种满载陶瓷器的海船,有些是从明州开往高丽、日本等地的。新中国成立后在朝鲜出土了大批青瓷,更可证明瓷器是当时重要的输出物品。

茶叶也是宋朝对高丽输出的大宗货物,高丽人很喜欢中国的腊茶,饮茶之风很盛,茶具有"金花乌盏,翡色小瓯,银炉汤鼎"①,都仿效中国制度和习俗。

两宋时期浙江的丝织业很发达,杭州、湖州、婺州等地都出产大量的锦、绫、罗、缎等丝织品,除上供以外,是对外贸易的重要货物,当时外商都喜欢以货物交换我国的丝织品,其中输往高丽的也不少。

北宋时雕版印刷已广泛流行,南渡以后,由于南方文化的发达,浙江的印刷业居全国首位,杭州的刻书尤为著名。北宋太祖开宝四年(971),宋政府开始雕版刻印全部藏经,至太宗太平兴国八年(983)完成,共五千多卷。淳化二年(991)高丽遣使韩彦恭来贡,请求佛经,北宋政府曾赠送《大藏经》一部。② 以后,宋政府又多次赠送高丽大批书籍,其中包括九经、《史记》《汉书》《后汉书》《三国志》等。高丽在中

---

① 徐兢:《宣和奉使高丽图经》卷三二《茶俎》,第 285 页。
② 《宋史》卷四八七《高丽传》,第 4541 页。

国的影响下,又学会了雕版印刷技术。到了南宋时,中国的胶泥活字印刷又传入了高丽,使高丽在中国胶泥活字印刷的基础上,发明了金属活字印刷,这比欧洲人谷腾堡使用的活字印刷早了四百年。这一方面说明了高丽的金属活字印刷在世界印刷史上占有重要的地位,另一方面也充分说明了中国文化对高丽文化的发展是起了很大作用的。

另外,北宋政府在宣和五年(1123)还特派使臣徐兢去高丽报聘,徐兢回国后,根据自己在高丽的先后经历和调查访问材料,写成《宣和奉使高丽图经》四十卷,内容分三百多条,每条都附有详细的插图,举凡高丽"建国立政之体,风俗事物之宜",都收集、描述得十分详细,为研究朝鲜的历史提供了重要的资料。

自古以来,世界各国经济文化的发展都是互相影响、互相促进的。高丽和宋朝频繁的贸易往来,进一步促进了两国经济文化的发展和友好往来。高丽多次向北宋馈赠良马、兵器、弓矢,金、银、铜等器皿,大布、青瓷、人参、硫黄、药材等土特产,还多次派遣僧人和留学生到中国学习文化和技术。元祐二年(1087)高丽僧义天到明州①,他在中国期间,除了学习佛教教义外,还收集了佛经章疏三千多卷,因此回高丽时,又带回许多佛经,雕版刊印。同时还根据他带回的佛经资料编成一部《新编诸宗教藏总录》,其中收书一千部,共四千七百多卷,还按目录镂版刊印,并以《华严经》一百八十卷寄赠钱塘慧因寺(俗称慧因寺为高丽寺,在西湖赤山埠附近)。不仅如此,当时许多高丽人的著述也先后流传到中国,如义天的《圆宗文类》、金富轼《三国史记》等,为中国研究朝鲜的佛学、历史、文学等方面都作出了有益的贡献。这些历史事实都充分证明了宋丽两国之间在各个领域的相互影响是很深的,在频繁贸易往来的基础上,大大促进了两国经济的发展和文化的交流。

---

① 罗濬:《宝庆四明志》卷六《叙赋下》,第 12 页。

三

宋丽两国人民在相互贸易交往中,不但促进了两国经济的发展和文化的交流,同时也结下了同舟共济、患难与共的深厚友谊。尤其是当商船遭到大风漂泊到对方国土时,两国人民总是友好关照、互相帮助的。

宋时高丽海船经常有遇大风而漂至明州的情况发生。据《宋史·高丽传》记载,真宗天禧三年(1019)"明州、登州屡言高丽海船有风漂至境上者,诏令存问,给度海粮遣还,仍为著例"。① 此后,凡海上遇暴风雨而漂流到明州的高丽人,宋朝都设法予以救济和慰问,并送给粮食遣还高丽。如哲宗元祐三年(1088)送还罗州飘风人杨福等男女二十三人。② 元祐四年(1089)明州又归还高丽飘风人李勤甫等二十四人。③ 哲宗元符二年(1099)五月十二日户部又有规定:"蕃舶为风飘着沿海州界,若损败及舶主不在,官为拯救,录物货,许其亲属召保认还,及立防守盗纵诈冒断罪法,从之。"④

神宗熙宁年间,曾巩知明州时,有高丽国托罗(耽罗)人崔举等,漂流到泉州,被捕鱼船救起,他要求到明州乘船返国,泉州即派人护送他到明州,沿途还送给他口粮,当时曾巩为了"存恤外国人"曾有札子云:"欲乞今后高丽等国人船,因风势不便,或有飘失到沿海诸州县,并令置酒食犒设,送系官屋舍安泊,逐日给与食物,仍数日一次,别设酒食,阙衣服者,官为置造,道路随水陆,给借鞍马舟船,具折奏闻,其欲归本国者,取禀朝旨,所贵远人得知朝廷恩待遇之意。"⑤

至于宋朝人流落高丽的,高丽国也同样予以优遇,"勤加馆养"。如开庆元年

---

① 《宋史》卷四八七《高丽传》,第 4541 页。

② 郑麟趾:《高丽史》卷一〇"宣宗五年五月辛亥"条,第 125 页

③ 郑麟趾:《高丽史》卷一〇"宣宗六年八月庚戌"条,第 125 页。

④ 徐松:《宋会要辑稿·职官》四四之八,第 4313 页。

⑤ 曾巩:《元丰类稿》卷三二《存恤外国人请著为令》,长春:吉林出版集团,2005 年,第 235 页。

(1259)四月,有宋人升甫、马儿、智就三人为蒙古掳去,后逃至高丽,高丽国王给以食宿,交纲首范彦华、俞昶等将其送回明州(当时明州已改称庆元府),仍给"程粮三硕"。①

从这两件事可以看出宋丽两国人民在频繁的贸易过程中建立了深厚友谊。

（原载《杭州大学学报(哲学社会科学版)》1982 年第 2 期）

---

① 梅应发等:《开庆四明续志》卷八《收刺丽国送还人》,《宋元方志丛刊》,北京:中华书局,1990 年,第 10 页。

宋代明州州治鄞县城乡之发展

宋　晞

一、前言

　　有城市必有乡村,乡村居民以务农为业,农村生产的余粮可以供应城市居民之所需,这是城市与乡村最原始的关系。城市居民以经营工商业或从事非生产性职业为主,农村居民于农忙之余兼营手工业,则足以促使乡村人口在适当地点集中。因此在城乡之间,每因交通方便,人口较为集中,则有市镇的兴起。唐代是限制县以下商业市集之发展的,如《唐会要》卷八六,中宗景龙元年(707)十一月敕:"诸非州县之所,不得置市。"但很难彻底执行,草市、墟市等还是存在的。唐代城市内的商业区且与住宅区是分开的,详见宋敏求《长安志》。

　　宋代取消了前朝在县治以下设立市集的禁令,昔日的草市、墟市等,日渐扩张,终成为有较多人口的市集,或以镇称之,此乃宋代新兴之市镇。此等市镇因商业发达,每设置固定的税收机构,征收商税。① 到了南宋,地方志出现"镇市"一词,如宋

---

　　① 　宋晞:《宋代的商税网》,《宋史研究论丛》第一辑,台北:华冈出版有限公司,1969 年,第30—64 页。

罗濬《宝庆四明志》卷一三,鄞县"乡村"条,列举一十三乡;"镇市"条列举一镇八市。即其一例。

为探讨鄞县城乡之发展,兹从户口、税收与对外贸易等方面申述之。

二、户口

明州在宋代辖鄞县、奉化、慈溪、象山、定海与昌国等六县。其户口数详如表1:

表 1　宋代明州户口数一览

时期	主户口	客户口	主客户口合计	资料来源
太宗期 (976—997)	10878 户	16803 户	27681 户	《太平寰宇记》卷九八
真宗天禧中 (1017—1021)	104725 户 256576 口	31347 户 74413 口	136072 户 330989 口	《宝庆四明志》卷五。此户口数与乾道四年完全相同,恐有误。
神宗元丰中 (1078—1085)	57874 户	57334 户	115208 户	《元丰九域志》卷五
徽宗崇宁中 (1102—1106)			116140 户 220017 口	《宋史》卷八八《地理志》
政和六年 (1116)	94574 户 213791 口	29118 户 51754 口	123692 户 265545 口	《宝庆四明志》卷五
孝宗乾道四年 (1168)	104725 户 256576 口	31347 户 74413 口	136072 户 330989 口	同前
理宗宝庆中 (1225—1227)			42410 口	《宋元四明六志校勘记》卷一

根据上表的统计,明州户口的增减并不规则,主户与客户的比例,自元丰中的50.23%比49.77%,至乾道四年客户逐渐下降为23.04%,这与宋代主客户一般比例二与一之比为低。若以政和六年与乾道四年之主户、客户之户数与口数相比较,则南宋初期明州主户增10151户,口数增42785口;客户增2229户,口数增22659

口。此与北宋灭亡,北方人口大量南移,而明州又为"畿内"之区有关。

至鄞县人口之成长情形,根据《宋元明六志校勘记》卷一及其他文献所载,表列如下(见表2)。

表 2　宋代明州鄞县户口数一览

时期	主户口	客户口	主客户口合计	资料来源
天禧间 (1017—1021)	9454 户 15856 口	8815 户 12201 口	18269 户 28057 口	《宋元四明六志校勘记》卷一
政和六年 (1116)	26395 户 50218 口	7525 户 13099 口	33920 户 63317 口	同前
绍兴九年 (1139)			39600 户	《乾道四明图经》卷九李璜《重建鄞县记》
乾道四年 (1168)	30990 户 75930 口	7943 户 19577 口	38933 户 95507 口	《宋元四明六志校勘记》卷一
宝庆间 (1225—1227)			41617 户 65694 口	《宝庆四明志》卷一三"户口"条

鄞县人口居明州所属各县之冠①;宝庆间城内两乡(武康、东安)5321 户,9283

---

① 按《宋元四明六志校勘记》卷一,载有奉化、象山、昌国三县户口数,兹表列如下:

县别	天禧中	政和年	乾道年
奉化	主 7045 户 15306 口 客 1116 户 1310 口	主 26068 户 58180 口 客 1965 户 3090 口	主 29997 户 53021 口 客 2695 户 6700 口
象山			主 8805 户 24601 口 客 3499 户 8361 口
昌国		主 6695 户 21933 口 客 4780 户 13253 口	

自本表看来,各县户口数均不及鄞县同一时期的多。

口,城外十一乡 36296 户,56411 口。根据表 2,可知鄞县之主户与客户的比例,由天禧间的 51.7%比 48.3%,到政和六年的 77.8%比 22.2%,到乾道四年为 79.6%比 20.4%。足见有土地的主户越来越多,人民生活之安定可以想见。

三、税收

宋代税收可分两税(夏税、秋苗)、专卖、商税与杂赋等项。两税征收以田亩为基准,鄞县在南宋理宗宝庆间有田 647029 亩 2 角 29 步,地 149005 亩 57 步,山 902064 亩 3 角 47 步(见《宝庆四明志》卷一三)。两税中的夏税,计:

绢 20442 匹 1 丈 9 尺 1 寸 7 分,内正税 10625 匹 1 丈 9 尺 1 寸 7 分,和买 9817 匹。

紬 6286 匹 1 丈 3 尺 7 寸 1 分,内正税 2763 匹 1 丈 3 尺 7 寸 1 分,和买 3523 匹。

绵 49810 两 12 分 7 厘。

但有折变三项:(一)折帛钱:绢 4177 匹,计钱 27766 贯 500 文。紬 3960 匹,计钱 26310 贯 500 文。绵 20555 两,计钱 8222 贯文。(二)折麦:绢 260 匹 1 丈 3 尺,紬 76 匹 2 丈 4 尺 5 寸,绵 1384 两 1 钱 9 分;通科麦 1486 石 7 斗 7 升 8 合 8 勺 1 抄。(三)亭户折盐:绢 22 匹,紬 2 尺 8 寸 8 分。上列夏税之绢、紬、绵的总数扣除折帛钱、折麦与折盐三项应支绢、紬、绵外,实收本色如下:

绢 15992 匹 2 丈 3 尺 5 寸 7 分(比原额增 9 匹 1 丈 7 尺 4 寸,系人户增产及填所亏紬数)。

紬 2249 匹 2 丈 4 尺 5 寸(亏 6 丈 1 尺 8 寸 3 分,系入绢内填纳)。

绵 27910 两 4 分 4 厘(比原额增 39 两 1 钱 7 厘,系人户增产添纳)。

秋税苗米 43121 石 8 升 2 合 8 勺,除去折变:(一)糯米 4641 石 9 斗 7 升,折苗米 4721 石 9 斗 5 升 4 合;(二)亭户折盐 58 石 9 斗 4 升 1 合。实收本色 38340 石 1

斗 8 升 7 合 8 勺。①

表 3　南宋明州鄞县酒的专卖收入一览

酒务别	本柄钱	收息钱	糟钱	合计数	资料来源
小溪务 （在句章乡）	36011 贯 680 文	4247 贯 170 文	111 贯 888 文	7970 贯 738 文	《宝庆四明志》卷一三
林村务 （在桃源乡）	8134 贯 85 文	5393 贯 500 文	283 贯 940 文	13811 贯 525 文	
下庄务 （在阳堂乡）	5185 贯 763 文	3023 贯 991 文	164 贯 620 文	8374 贯 374 文	

此外，尚有人户买扑坊场二十九处，属于阳堂乡的有韩岙、天童、东吴、下水、屯垄、大嵩、富浦等七坊；属于翔凤乡的有盐场、管江、上水、韩岭、隐学、单步、平水等七坊；属于手界乡的有青山、张村、邓桥、郑湾等四坊；属于丰乐乡的有道陈、横溪、张濠、板弄等四坊；属于鄞塘乡的有甲村、鄞塘、石支、善训、新塘、大狄、茄山等七坊。这二十九坊场是采包税制，一年共收净息钱 4717 贯 497 文。连同上述三酒务（见表 3）的收入，一共是 34874 贯 134 文。盐只有大嵩场，岁额 2680 袋 5 石 6 斗 4 合。② 按买扑法在宋代买卖交易中，已甚普遍，有买扑虚市、买扑税场、税铺、买扑江河津渡、买扑祠庙与买扑陂塘等。酒的专卖，县以下及乡村镇市坊场均由民户酿造贩资而收其课。③ 且民户买扑每优于官监。明州官吏认为民户买扑酿酒货卖，比起官监有五便。有云：

> 籴买制造，因时视宜，里社通融，为费已约。一也。执役者非其子弟，即其仆厮，无佣赁之费。二也。家人妇子，更相检柅，无耗蠹之奸。三也。工精业熟，酝造得法，费省而味胜。四也。洞达人情，谙知风俗，发卖亦易。五也。④

---

① 罗濬：《宝庆四明志》卷一三"夏税""秋税"条，北京：中华书局，1990 年，第 192 页。

② 罗濬：《宝庆四明志》卷一三"酒""盐"条，第 192 页。

③ 《宋史》卷一八五《食货志》："宋榷酤之法：诸州城内皆置务酿酒，县、镇、乡、间或许民酿而定其几课，若有遗利，所在多请官酤。"北京：中华书局，1985 年，第 4513 页。

④ 罗濬：《宝庆四明志》卷五"香泉库"条，第 64 页。

凡是规模较小的坊场,如果派官吏来办,一切反是。所以南宋理宗后期下令听人户承包酒息。

上述三酒务中小溪务尚有北渡店为其子店,林村务尚有黄姑林支务。[①] 加上二十九个坊场分布在五个乡境内,可以想见乡村中市集之普及。

再论商税收入,以宝庆元年(1225)为准,鄞县境内有三场,其岁收如表4:

表 4　南宋明州鄞县商税场一览

场别	岁额钱	资料来源
小溪场	1300 贯	《宝庆四明志》卷一三。鄞县尚有横溪、大崇二税场,庆元四年(1198)知府郑兴裔奏罢。
石碶场	3800 贯	
宝幢场	1800 贯	
合计	6900 贯	

以明州所属六县而言,论商税的收入,奉化是 1800 贯文,慈溪是 2700 贯文,象山与昌国皆无记载,唯定海高达 27600 贯文。按宋代定海即今日镇海县,位居鄞县之东北,为沿海地区,商业较为发达。

最后讨论杂赋,名目繁多,有免役钱、茶租钱、水脚钱、河涂钱、租堰钱、房廊钱与河渡钱等。其中以免役钱 24825 贯 830 文为最多,水脚钱 1557 贯 475 文次之,河涂钱 1114 贯 848 文居第三位,其他有数百贯至数十贯不等。所收免役钱之用途分配:支付县吏薪占 6450 贯 938 文,归州政府占 4884 贯文,官户不减半 1000 贯128 文,而以上供的经总制司 12490 贯 764 文为最多。至官户不减半者,反映出当地官户之多,盖明州近临安,为甸畿之区故也。又如河渡钱,按鄞县有桃花渡(即东渡)、西江渡(即西渡)、铜盆番石渡、周苏渡与俞公李家渡等五渡,各以人户买扑。(见《宝庆四明志》卷一二)即承买者按一定课额向官府交纳,然后向过往客旅征收渡钱以自偿。

---

① 罗濬:《宝庆四明志》卷一二"仓库务场"条、卷一三"酒"条,第 165—190 页。

四、对外贸易

明州地处东海之滨,对外贸易发达。《宝庆四明志》卷一,"风俗"条:

> 明得会稽郡之三县,三面际海,带江汇湖,土地沃衍,视昔有加。古鄞县,乃取贸易之义,居民喜游贩鱼盐,颇易抵冒,而镇之以静,亦易为治。南通闽广,东接倭人,北距高丽。商舶往来,物货丰溢,出定海有蛟门虎蹲天设之险,实一要会也。高宗驻跸吴山,明为甸畿。

明州为唐宋以来对日本、韩国贸易的主要港口,在州治鄞县设有市舶务,主管对外贸易。《宝庆四明志》卷三,"市舶务"条:

> 淳化元年(990)初置于定海县(今镇海县),后乃移州,在于子城东南,其左倚罗城。嘉定十三年(1220)火,通判王梴重建,久而圮。宝庆三年(1227)守胡榘捐楮券万三千二百八十八缗有奇,属通判蔡范撤新之。重其厅事,高其闲闳。内厅扁曰清白堂,后堂存,旧名曰双清。清白堂之前,中唐(堂)有屋,以便往来,东西前后列四库。……两夹东西各有门,东门与来安门通,出来安门为城外往来之通衢,衢之南北各设小门。隔衢对来安,又立大门,门之外濒江,有来远亭,乾道间守赵伯圭建,庆元六年(1200)通判赵师嵒修,宝庆二年(1226)蔡范重建,更名来安。贾舶至,检核于此,历三门以入务。而闭衢之南北小门,容顿宽敞,防闲慎密,司存之吏亦免于庋矣。务之前门与灵桥门近,绍定元年(1228)正月火,自务之西北延燎于南,务独免,而前门毁。二月重建,自此门之外先后建置,皆有碑记。

北宋时两浙路凡五市舶务,即明、杭、秀、温州与江阴军,南宋光宗、宁宗相继废杭、温、秀及江阴军。"凡中国之贾高丽与日本,诸蕃之至中国者,惟庆元得受而遣焉。"宋廷为加强对高丽之贸易,以便接待高丽使节,乃有置来远局之议。《宝庆四明志》卷六,"高句丽"条有云:

政和七年(1117)郡人楼异除知随州,陛辞,建议于明置高丽司,曰来远局,创二巨航百画舫以应办三韩岁使;且请垦州之广德湖为田,收岁租以足用。既对,改知明州。复请移温之船场于明,以便工役,创高丽使行馆。今之宝奎精舍,即其地也。

广德湖在鄞县县城之西十二里,周回五十里,源出四明山,而引其北为漕渠,泄其东北入江。曾巩撰《广德湖记》有云:"凡鄞之乡十有四,其东七乡之田,钱湖溉之;其西七乡之用,水注之者,则此湖也。"(见《乾道四明图经》卷一〇)并历述宋初以来禁湖为田之事迹。北宋末南宋初垦湖为田,终成事实,此与发展对外贸易有关。至垦田派与复湖派之争,日本学者小野泰曾为文讨论,刊于《中国水利史研究》第十七号(1987)。

为开拓对外贸易,也带动造船业的发展。《宝庆四明志》卷三,"造船官"条:

国朝皇祐中,温、明各有造船场。大观二年(1108),以造船场并归明州,买木场并归温州。于是明州有船场官二员,温州有买木官二员,并差武臣。政和元年(1111),明州复置造船、买木二场,官各二员,仍选差文臣。二年为明州无木植,并就温州打造,将明州船场兵级、买木监官,前去温州勾当。七年(1117),守楼异以应办三韩岁使船,请依旧移船场于明州,以便工役。寻又归温州。宣和七年(1125)两浙运司乞移明、温州船场,并就镇江府,奏辟监官二员,内一员兼管买木。未几,又乞移于秀州通惠镇,存留船场官外省罢。从之。中兴以来,复置监官于明州。

按设监官一员,由文臣担任。船场设在城外一里甬东厢,办公厅则在桃花渡,有亭曰超然。

五、结语

明州在宋代人口不断增加,农地也不断增垦。以州治鄞县而言,全境一十三乡,除县城二乡外,城外一十一乡。由于地滨东海,对外贸易发达,而内陆水运畅通,无论农业、工业产品,运输便利。尤其南宋时期,明州地近国都临安,犹如国民政府定都南京后之与上海。鄞县城乡之间,有一镇八市:一镇即小溪,在句章乡,唐代曰光溪镇;八市即横溪市在丰乐乡,林村市在桃源乡,甬东市在万龄老界乡,下庄、东吴、小白等三市在阳堂乡,韩岭与下水二市在翔凤乡。其中小溪、林村与下庄三市且设有酒务,派有监官主管酒的专卖。还有二十九坊场以买扑方式由民户酿造出售而收其税,足见小型市集遍及全县。

从对外贸易来看,高丽、日本商船自东北来,海南、占城以及广、泉船自东南来,贸易兴盛。蔡范重建市舶务时,并"置听事于郡之东南戚家桥",实因业务上之需要,别设办公分处也。

总之,宋代的明州为国际贸易大港,名闻中外。其州治鄞县因农、工、商业的发达,城乡之间有不少市镇或市集出现,此等市镇实为乡村间联系与发展的桥梁,不容忽视。

(原载《宋史研究集》1990 年第 20 辑)

五代宋明州市舶机构初建时间及演变考

方祖猷　俞信芳

宁波(古称明州)古代市舶机构始建于何时？自 20 世纪 80 年代以来,存在二种不同的看法,即主唐说和主宋说。1992 年,在《海交史研究》第 1 期和第 2 期上,发表了施存龙先生《唐五代两宋两浙和明州市舶机构建地建时问题探讨》一文,引用了众多资料,全面地批驳了唐朝说,力主北宋说,但问题似乎未结束,1993 年,在同一期刊的第 1 期上,发表了林士民先生《唐、吴越时期浙东与朝鲜半岛通商贸易和文化交流之研究》一文,引用了明代李岱墓志铭,仍主张唐在明州已设立了市舶司。最近,我们为了编写宁波海关志,不得不对宁波海关的前身——明州市舶机构初建的时间,进行了考证。我们基本上赞同施文的观点,但不取北宋说,认为明州市舶机构,始置于五代。

一、唐代明州未见有设市舶司的确证

施存龙先生引用《唐会要》、《册府元龟》、《旧唐书》、《新唐书》、陆贽《陆宣公集》等书的资料,并查考了《唐国史补》《唐语林》等文献后指出:"笔者查遍现在可见的唐史有关章节,不曾有两浙和明州设市舶使(司)的片言只语。"①而他所查阅的上述资料,"说来说去,也只涉及到岭南、安南,而无任何两浙或明州的反映"。他所引用的资料是可靠的,结论是令人信服的。

不过,我们认为,造成唐朝在岭南道以外是否设置过市舶机构的疑问,还有一个原因,就是顾炎武的名著《天下郡国利病书》,书中说:"唐始置市舶使,以岭南帅臣领之。……贞观十七年(643),诏三路舶司,番商贩到龙脑、沉香、丁香、白豆蔻四色,并抽解一分。"②施存龙先生在引用《唐会要》等书后说"从这些记载中一致透露出唐开元二年前已在岭南(广州)设有市舶使(司)的史实",那么,他所说的开元二年前,当为唐太宗贞观十七年,提前了近七十年。

但重要的是,顾炎武所说的"舶司"有三路,顾氏未说明这三路的名称,后人也难以寻觅,张星烺先生在其主编的《中西交通史资料汇编》第二册第五章引用了顾氏之说后说:"贞观时,已有三路舶司,广州外,余二司皆不知何在,吾遍查《唐书》及《太平广记》等书,不见杭州有番客胡商之记载。"③由于张星烺先生未说明他所引的《天下郡国利病书》的版本,我们先查考慎记书庄石印本的这段文字,看到的却是"一路"舶司,而不见"三路",是否为石印本误三为一? 但设若市舶司仅一处又何必写上"一路"二字? 后来,我们查阅了四部丛刊本,在《天下郡国利病书》第三十三册《交趾西南夷》一节中,确为"三路"。不过问题是,唐未设"路"行政区域,有的是"道"这一行政区域,"路"仅宋元二朝设过,广州在唐时就属岭南道。那么,唐的"路"指的是什么? 顾氏在其书上确讲到"路","海寇有三路,设巡海备倭官军以守之。……中路自东莞县南头城出佛堂门,十字门,冷水甬诸海滨。……东路惠、潮一带,自拓林澳出海。……西路高、雷、廉海面"。④ 这样看来,所谓"路",当指广东

---

① 施存龙:《唐五代两宋两浙和明州市舶机构建地建时问题探讨》,《海文史研究》1992年第1期,第2期,以后所引施文皆据此,不一一注出。
② 顾炎武:《天下郡国利病书》第三三册《交趾西南夷》,四部丛刊本,第3136页。
③ 张星烺主编:《中西交通史料汇编》第二册,北京:中华书局,2003年,第202页。
④ 顾炎武:《天下郡国利病书》第二七册《广东上》,第2591页。

的东、中、西三条水路,这三条水路是自古就有的。顾炎武所说的贞观十七年的"三路舶司",应该是广东的三条水路的"舶司",决不会在广东以外又设市舶司,由此可以否定唐在明州设过市舶司。

至于在广州外又有其他二路、舶司的问题,我们认为"司"字可能是"使"字之误,除《唐会要》外,如《册府元龟》《旧唐书》《新唐书》等,所提的都是"市舶使"。"司"为机构,"使"是官职,可否理解为在广州设市舶司时,派市舶官员在广东的这三路抽解番商的货物,因为番商除到广州外,必然会到东路和西路来贸易,特别是东亚的新罗、日本诸国番商到潮州、惠州一带进行买卖。

对唐在明州是否设过市舶司的问题,南宋孝宗时曾任吏部尚书兼翰林侍讲的明州人楼钥,在其《代谢除提举福建市舶启》中说:"番禺置使,传自有唐,闽峤厄司,起于元祐(宋哲宗号)。"①就是不提唐在明州也设过市舶司。综上所述,主唐说的立论,根据不足。

顺便一提,施存龙先生认为发生唐在明州设市舶司之误,其根子出在民国二十四年,即1935年出版的《鄞县通志》上,因为《鄞县通志·食货志》在追述鄞县"通商史略"时写道"唐代海外贸易渐兴,有市舶使之设,置务于浙,鄞亦隶属焉"②。施存龙先生这一看法是对的。不过,《鄞县通志》的说法却有两种,在其《政教志·榷税》的《提举市舶司》一目,却没有这样肯定。它列举《宋史》《文献通考》等书有关宋市舶司的内容后,接着说:"按提举市舶,简称市舶使,亦称舶使,见周密《癸辛杂识》,又称押蕃使,见《柳河东集》卷十,又称监舶使,见《全唐文》卷七六四。如是,则唐或亦曾置市舶司于此也。"③文中的"或"字,为未定语气,只不过是说可能而已。那么,为什么前面如此肯定,后面又如此不肯定? 我们认为矛盾出在《鄞县通志》的写

---

① 楼钥:《攻媿集》卷六《代谢除提举福建市舶启》,四部丛刊本,第62页。

② 陈训正、马瀛主编:《(民国)鄞县通志》卷五《食货志》戊编《产销·通商史略》,宁波:鄞县通志馆,1936年,第3页。

③ 陈训正、马瀛主编:《(民国)鄞县通志》卷二《政教志》甲编《历代行政制度沿革·宋·榷税》,第13页。

作过程中。《鄞县通志·食货志》确出版于 1935 年，然《政教志》却很迟才出版。据该书《编印始末记》，此《志》编写于民国二十二年（1933），共分舆地、政教、博物、文献、食货、工程六《志》，然此六《志》并非共同撰写，而是"各自为书，各有起讫"，如《食货志》编纂者为马瀛、周义新、应厚甫，《政教志》编纂者为马瀛、蔡和铿、张布洛、应厚甫、周克任。而马瀛为编纂主任，仅挂名而已。从各有起讫来说，民国二十四年《食货志》四册告竣，二年后《政教志》十二册的编纂才大体就绪，然其第一册排印刚一半，而七七事变起，数年后宁波即沦陷，在艰难困苦之中，《政教志》至民国三十七年（1948）才排印装订完成①。这样长的时间，编纂人员或亡或离，也无安静时间进行审阅，这样，就发生了上述矛盾。

二、从李岱墓志铭找不到主唐说的根据

主张唐时明州设市舶司的林士民先生，在其《唐、吴越时期浙东与朝鲜半岛通商贸易和文化交流之研究》一文中说：

> 以张保皋大使为代表的海上贸易活动家，在浙东经营的主要港口是明州。因此朝廷为了管理海外贸易，唐设市舶使，管理市舶。一般都由州官兼任。……在唐代，这些地方（指浙东临海、黄岩等地）的市舶务均有明州刺史统管，唐明州刺史李素立"以夷人市舶事滨海"说明他是刺史又兼管舶务，并经常在台州临海、黄岩、海门一代港口管理对外商的贸易事务，……这些史料在明代李岱墓志铭中有记述。

林士民先生为唐朝说找出了这样有力的证据，既有人名，又有活动范围，更有物证，唐在明州设市舶司似可确定。现藏于临海博物馆的李岱墓志铭，全称为"明故将仕郎汾州李公墓志铭"，其有关部分原文如下：

---

① 陈训正、马瀛主编：《（民国）鄞县通志》首册《编印始末记》《题名》，第 1 页。

公讳岱,字镇南,号汾州,先世陕西西安人。鼻祖讳素立,由唐明州刺史以夷人市舶事滨海,过台境,遂家台之大汾乡,朱□、门第,著于□。宋主以椒房之戚,特书"经畲"名堂。①

我们推敲原文,以此为唐朝说的理由实在有问题,因为李素立"以夷人市舶事滨海",并不能说明明州设有市舶司的机构。因为明州既然是对外贸易的重要港口,朝廷自然要对番商及其船只、货物进行管理和抽解。"夷人市舶事",只是说番商渡海来贸易事,并不涉及市舶机构设立与否。设立市舶机构,可以由刺史兼管,不设立市舶机构,市舶事同样可以由刺史兼管,不能因有海外贸易事,就推论在明州必然设立市舶司。我们举宋时情况来看,《宝庆四明志》说,宋置市舶机构后,"初以知州为使,通判为判官。既而知州领使,如劝农之制,通判兼监而罢判官之名。元丰(宋神宗号)三年,令转运兼提举。大观(宋徽宗号)元年,专置提举官。三年,罢之,领以常平司,而判官主管焉。政和(宋徽宗号)三年,再举提举。建炎(宋高宗号)元年,再罢,复归于转运使。二年,复置。乾道(宋孝宗号)三年,乃竟罢之,而委知、通、知县监官,同行检视,转运司提督"②。可知,宋朝时市舶机构虽几废几复,而由地方官或专管或兼官市舶事则不变。由此推见,唐朝亦应如此。此外,林士民先生说"唐代在这些地方的市舶务均由明州刺史统管",说在临海、黄岩等地设有"市舶务"的机构,同样不确切,任何唐代文献,均无"市舶务"机构的名称。

为了慎重起见,我们翻阅了宁波现存的《四明六志》《宁波府志》和《鄞县志》等地方志书,都不见有李素立任唐明州刺史的事。于是决定到李素立家乡做一番实地调查。《明李岱墓志铭》确嵌镶在临海市"台州碑林"之中,铭文又为台州地区文管会、台州地区文化局编入《台州墓志集录》,但除此外,一无所获。我们决定打破砂锅问到底,到碑文提到的大汾去进一步考察,遂至黄岩,下海门,渡海至前所,达

① 台州地区文管会、台州地区文化局:《台州墓志集录》,台州:台州地区文化局,1988 年,第 198 页。

② 胡榘、罗濬等:《宝庆四明志》卷六《郡志六·叙赋下·市舶》,《宋元方志丛刊》,北京:中华书局,1990 年,第 12 页。

大汾。大汾现分汾东、汾西两村,近万人,全都姓李,为李素立后裔。汾东村支书李耀昌先生向我们提供了初修于南宋淳祐年间,九修于 1921 年,十修于 1994 年的《大汾李氏族谱》,该谱《谱序》说:

> 至惠公,号素立,为晚唐明州刺史。视察海港,由宁波经海道至章安,览见汾州地脉精英,前景广阔,后可发祥,遂念开拓基业之思,故而解绶后,暂寓临海东乡林浃桥,再转迁大汾,迄今千余年。

《谱序》说明李素立为晚唐人。《李岱墓志铭》中说:"宋主以椒房之戚,特书'经畲'名堂。"所谓"椒房之戚",即帝王的亲戚,则李氏子孙有成为赵宋皇族的外戚的,《谱序》的"后可发祥",当指此。不过重要的是,《谱序》说的是李素立因"视察海港",才由宁波至台州的章安(今椒江区章安镇),则《李岱墓志铭》所说李素立"以夷人市舶事滨海"之说,又打了一个很大的折扣。

总之,单凭《李岱墓志铭》,实不能作为唐时明州已设有市舶司的确实证据。

三、五代时明州已有市舶司的雏形——博易务

周昂《十国春秋·拾遗》中说:"梁时,江淮道梗,吴越泛海通中国(指中原王朝),于是沿海置博易务,听南北贸易。"博易务属什么性质的机构? 有的学者据此否认它具有管理对外贸易的职能,因为文中说的是与中原王朝的南北贸易。有的学者则认为其与市舶司职能相同,否认其对内贸易的性质。施存龙先生认为博易务"它当是海上内外贸易兼管双重任务的机构",并做了说明,我们同意施先生的观点。

五代时,吴越国据有秀、杭、越、明、台、温、福、苏、湖、睦、婺、衢诸州,有漫长的海岸线,海外贸易相当发达。《唐律疏义》说:"若共化外蕃人私相交易,谓市买博易,或取蕃人之物及将物与外人。"这是"博易"一词的来源,其性质为对外贸易,包括陆路与水路,然唐时以前者为主。吴越时,在这词后增一"务"字,则成为政府所

立的对外贸易机构。吴越国虽臣服朱梁及以后的中原诸王朝,但既立国,中原王朝在他们看来自属外国。不过,中原朝廷毕竟是大陆国家,与吴越同属一大陆,只是中间隔了吴和南唐国,江淮道梗而已,故虽属水路,但不取市舶之名,而以博易相称。同时,为了更好地与中原朝廷进行官方贸易(不排斥私人贸易),吴越国又在中原朝廷所辖的山东登莱诸州设置了"两浙回易务"①,这应为博易务的分支机构。

明州与海外诸国的经济文化交流没有因唐亡而中断。吴越僻处海滨,与兵灾相仍的中原地区来说,取得了数十年相对安定的和平环境,经济与文化从而获得相应的发展。据日人所著《日中文化交流史》统计,当时吴越国派往日本的使臣有:朱雀承平五年(935)九月,蒋承勋献羊数头,十二月,交易唐物使藏人藤原亲盛至太宰府,想是验收蒋承勋带来的货物;六年(936)七月十三日,太宰府报告吴越人蒋承勋、季盈张到达,承勋此行似负有吴越王元瓘的使命,八月二日,左大臣藤原忠平有书赠吴越王。朱雀天庆元年(938)七月二十一日,太宰府呈献中国客商所献羊二头,八月二十三日,以太宰府布赐蒋承勋;八年(945)七月二十五日,太宰府报告吴越商客蒋衮、俞仁秀、张文过等百余人来到肥前松浦郡柏岛。村上天历元年(947),蒋衮以吴越王佐的使者身份,又至日本,带来书信及土仪;七年(953),蒋承勋以吴越王俶的使者身份,再至日本,献书信及锦绮等珍品。村上天德元年(957)七月二十一日,吴越国持礼使盛德言至日本,献上书信;三年(959)正月十二日,吴越国持礼使盛德言再至日本,献上书信。当时,日本使臣多乘中国商船或委托中国商人带去书信、砂金等物,计有天庆三年(940)、天历元年(947)、天历七年(953)三次。上述统计见于史书,而不见于史书的民间贸易应该更多。

从上述统计来看,吴越去日使者、客商次数多,日本使者回复次数少。《日中文化交流史》作者说:"想来可能因为吴越占据的明越州,自古就是中日交通的门户,当地客商从唐代就从事中日之间的贸易,获利很多,所以吴越在这里建国后,也想

---

① 《旧五代史》卷一〇七《刘铢传》,北京:中华书局,1976 年,第 1403 页。

依照前例取得贸易利益，才这么作的。"①作者的分析很有道理。除日本外，明州还有与新罗（后称高丽）、大食等国的商贸往来。频繁的市舶贸易，使吴越王积累了大量财富，这是吴越国王营造人间天堂杭州的经济基础。《旧五代史·世袭列传第三·钱佐》记载，当时"航海收入，岁贡百万"，指吴越国从航海收入中向中原朝廷每年进贡百万，则其全部航海收入当更巨。我们以《宋史》所载来看，如《太祖纪三》："钱俶进贺平升州银绢、乳香、吴绫、䌷锦、钱茶、犀象、香药皆亿万计。"又据该书《吴越钱氏世家》所载，以上某些显然为"航海收入"，如太祖乾德元年贡犀角象牙各十株、香药一十五万斤；开宝九年，乳香十万斤、犀角象牙二百株、香药三百斤。太宗太平兴国元年，又贡犀角象牙三十株、香药万斤；三年，又贡乳香万斤、犀角象牙各一百株、香药万斤。其他可能为"航海收入"的如金（主要从日本进口）、玳瑁、真珠等，也不计其数。如此巨大的航海收入，如果没有一专门机构来管理，是不可想象的。所以，我们认为五代时明州必然有博易务的设立，它具有兼管与国内中原朝廷进行朝贡贸易（不排除与山东半岛的民间贸易，然以官方贸易为主）和与海外日本、高丽、大食、西洋诸国等进行航海贸易的职能。就前者来说，它没有市舶司的性质，就后者来说，它具有市舶司的职能，故我们认为博易务应是市舶司的雏形。

四、宋明州市舶司建置和变化时间考

那么，宋明州市舶司建于何年？至今共有三种说法：一是淳化中说，即《宋会要辑稿》所说"淳化中，徙置于明州定海县"②，意指两浙路市舶司从杭州徙置于明州，定海指今镇海；一是淳化元年说，即《宝庆四明志》所说"淳化元年，徙明州"③；一是淳化三年说，见载于清人徐兆昺《四明谈助》的南宋蔡范撰《新建市舶司记》碑之"甬

---

① 木宫泰彦著，胡锡年译：《日中文化交流史》，北京：商务印书馆，1980 年，第 229—230页。

② 徐松：《宋会要辑稿·职官四四》，北京：中华书局，1957 年，第 4313 页。

③ 胡榘、罗濬等：《宝庆四明志》卷六《郡志六·叙赋下·市舶》，第 12 页。

东舶司,创于淳化三年"①,又见于《乾道临安志》卷二《历代沿革·廨舍·提举市舶
衙》"淳化三年四月庚午,移杭州市舶司于明州定海县"。淳化(990—994)为宋太宗
年号,共五年。这三种说法,第一说时间不很明确。以第二说与第三说比较,应以
后者为是。因为《宝庆四明志》修得极仓促,"由孟夏迄仲秋,成二十一卷"②,为时
不足半年,故有疏忽和错误。而蔡范《新建市舶司记》的淳化三年说,不仅与《宋会
要辑稿》所述"淳化中"相近,且与《乾道临安志》所载吻合。《乾道临安志》不仅早于
《宝庆四明志》,且关于市舶司由杭州迁到明州,记载了具体的年、月、日,更可信。
不过,严格说来,这市舶司不是明州地方的市舶司,而是两浙路的市舶司,只是把机
构从杭州徙到明州而已。

    两浙路市舶司在淳化三年徙至明州后,次年又徙回杭州,这就是《宋会要辑稿》
所说:"明年,肃(张肃)上言'非便',复于杭州置司。"③明州是宋朝与日本、高丽等
国进行贸易活动的主要港口,市舶司徙回杭州后,外来的蕃舶停靠明州后,还需杭
州派员前来检查、征税,十分不便。宋太宗至道元年(995)四月,"令金部员外郎王
瀚与内侍杨守斌往两浙相度海舶路"④,即考察两浙的海外航路,九月,王瀚等考察
回来,考察结果不得而知。两年后,即宋真宗即位第一年,咸平元年(998),又令两
浙转运使副王渭考察杭明二州设市舶司问题。"真宗咸平二年九月,两浙转运使副
王渭言,奉敕相度杭、明州市舶司乞,只就杭州一处抽解。"但他的建议未被采纳,真
宗"诏杭(明)州各置市舶司,仍取蕃官稳便"。⑤ 所谓"仍取蕃官稳便",即"听蕃客
从便,若舶至明州定海县,监官封船、塔堵送州"。⑥ 说明经过几次考察后,宋真宗
终于在徙明州市舶司回杭州后的第六年,决定在两浙路市舶司之下,在杭州和明州
各设立市舶司。这路、州两重市舶机构的设置,我们可以以撰刻于宋真宗天禧五年

① 徐兆昺:《四明谈助》卷二八《市舶务·新建市舶司记》,宁波:宁波出版社,2000年。
② 胡榘、罗濬等:《宝庆四明志》,《四明志序》。
③ 徐松:《宋会要辑稿·职官四四》,第4313页。
④ 徐松:《宋会要辑稿补篇·市舶》,第9页。
⑤ 徐松:《宋会要辑稿补篇·市舶》,第9页。
⑥ 徐松:《宋会要辑稿补篇·市舶》,第9页。

(1021)的《宋杭州放生池碑》为证,此碑的撰文者王随所署官衔为"朝奉大夫给事中知杭州军州兼管内提堰桥道劝农市舶使提举杭苏一路兵甲巡检公事护军",同署的另二人则都有"两浙诸州水陆计度转运使兼提点市舶司本路劝农使"的官衔。① 王随为"知杭州军州"而兼管"劝农市舶"的官员,所管当为州一级的市舶司;后二人为"两浙诸州"的转运使而兼管"市舶司本路劝农"的官员,所管当为路一级的市舶司。《宋史》也提到,在宋神宗熙宁五年(1072),存在"杭、明、广三司市舶"②,杭、明二州市舶司并立。因此,到了宋真宗咸平二年(999),明州才有了自己的市舶司。

明州市舶司建立后,确曾有二次被撤。第一次被撤,施存龙先生举"《文献通考》卷二〇说'仁宗时(1023—1063),诏杭、明、广三州置市舶司',下这样提法的诏书,可推想在此期间或上一届皇帝时曾暂停过市舶司",我们认为,"上一届皇帝"即宋真宗时,但不太可能,因为宋真宗经过郑重的考察,决定建立杭、明二州市舶司,不可能又随便罢撤。我们从史籍上可以看到,直到宋真宗最后一个年号,即天禧元年,还有"明州市舶司"的记载。③ 这件事应发生在宋仁宗天圣四年(1026)以后,天圣四年在史籍上尚可看到"明州言市舶司牒"④的文句。

第二次被撤,由宋徽宗"崇宁元年(1102)七月十一日,诏杭州、明州市舶司依旧复置"⑤的诏令推测,在此年前,这二州市舶司一度被撤。但撤于何时?我们认为应在宋哲宗元祐五年(1090)以后,因为在元祐五年,史尚载:"(海舶)回日,许于合发舶州住舶,公据纳市舶司,即不请公据而擅乘舶自海道入界河,及往高丽、新罗、登、莱州界者,徒二年……"⑥自宋神宗熙宁七年(1074)后,往高丽、新罗的发舶州,

---

① 阮元:《两浙金石志》卷五《宋杭州放生池碑》,杭州:浙江古籍出版社,2012 年,第 119 页。
② 《宋史》卷一八八《食货志·食货下八·互市舶法》,北京:中华书局,1985 年,第 4609 页。
③ 徐松:《宋会要辑稿补篇·市舶》,第 9 页。
④ 徐松:《宋会要辑稿补篇·市舶》,第 9 页。
⑤ 徐松:《宋会要辑稿补篇·市舶》,第 9 页。
⑥ 徐松:《宋会要辑稿补篇·市舶》,第 9 页。

主要为明州，①则由回舶后"公据纳市舶司"句，可知明州市舶司尚在。由此可知，明州市舶司被撤（包括杭州），应在宋哲宗元祐五年后、宋徽宗崇宁元年前的十二年之间。

南宋绍兴二年（1132），两浙路市舶司由杭州徙至秀州华亭县（今上海松江境内）后，杭明二州降格为市舶务，这一问题已由学者进行过考证，这里不赘。

南宋孝宗乾道二年（1166），"诏罢两浙路提举市舶司"②后，明州市舶务仍存在，但专职官员随之而撤。明州郡守胡榘在上朝廷的札子中说"每年遇船至舶务，必一中明"，舶务即市舶务，又说："惟市舶一司，自乾道二年因巨僚奏罢提举市舶专官，且言祖宗旧制，有市舶处，知州带提举市舶，通判带主管官。当时已降指挥委知、通同行检视，漕司提督，令漕司令倅为主管官，专出纳之任。"③

则市舶务工作，全由地方官兼管，这与《宋史·食货志》所说"乾道二年，罢两浙路提举，以守倅及知县、监官共事，转运使提督之"④是一致的。这种情况，迄南宋灭亡，没有变化。

（原载《海交史研究》1996 年第 2 期）

---

① 《宋史》卷四八七《外国三·高丽》："（熙宁）七年，遣其臣金良鉴来，言欲远契丹，乞改涂由明州诣阙，从之。"

② 徐松：《宋会要辑稿补篇·市舶》，第 9 页。

③ 胡榘、罗濬等：《宝庆四明志》卷六《郡志六·叙赋下·市舶》，第 12 页。

④ 《宋史》一八八《食货志·食货下八·互市舶法》，第 4609 页。

海外贸易与唐宋明州社会经济的发展

李小红　谢兴志

自汉武帝时代以来,中国古代对外贸易便同时存在着陆路和海路两个不同的方向,不过在相当长的历史时期中,海路贸易的规模和意义一直逊色于陆路贸易。直到唐朝中期以后,由于国家政局和对外贸易政策的变化、经济文化重心的南移、造船技术和航海水平的提高以及周边国际关系形势的变动,海路贸易逐渐发达起来。降至宋代,对外贸易的重心完全转移到东南海上,海路贸易终于超过陆路对外贸易。那么,海外贸易在唐宋时期东南沿海地区的兴起以及展开,对东南沿海地区社会经济的发展产生了哪些方面的影响呢? 为此,本文拟以唐宋时期海外贸易最为兴盛的地区之一明州(今浙江宁波市)为例,对海外贸易在其中的作用和影响做些探讨,冀以说明问题。

一、海上交通及贸易与明州区域地位的提升

唐宋时期是明州从一个相对落后的边缘地区发展成为一个重要地方经济区域的转变时期,明州的设立可谓是其转变的标志性事件。唐玄宗开元二十六年(738),经采访使齐澣的奏请,唐廷将宁绍平原东部的甬江流域以及舟山群岛从越州中分割出来,别设州以统之,取其境内四明山之名,称为明州。明州治小溪(今宁

波鄞江镇),辖鄮县、慈溪、奉化、翁山四县。明州的设立以及行政区划的划定,使甬江流域成为宁绍平原上又一个政治、经济中心,极大地推动了地域的开发和社会经济的发展。

明州在唐中叶之得以设立,固然是该地区社会经济长期发展和不断积淀的结果,但与该地区海上交通的日渐发达和海外贸易的日趋兴盛的外在推动有着莫大的关系。明州地处东海之滨的宁绍平原上,背山面海,气候温暖湿润,港口常年不冻,本有着发展海上交通及贸易的得天独厚条件。但是,在海路交通和贸易尚不发达亦不受统治者重视的时代,明州地区的海路交通优势非但没得到应有的发挥,反而由于远离统一国家的政治中心区域且处于全国陆路交通网络的末端,僻在一隅。缘于此,秦汉朝廷虽在该地区设置了鄞、鄮、句章三县,但行政上却隶属于以山会平原为中心的会稽郡或越州(今浙江绍兴市)。故而在去秦末汉初数百年之后的西晋,该地区的开发依然滞后,仍是片谈虎色变的化外之地。如官员车茂安的外甥石季甫蒙朝廷恩典,出任鄮县(今宁波鄞州区)县令,但石季甫的家人对此任命非但不以为喜,反以为忧。为此,当时著名文学家陆云曾作书信加以开导。[①] 石季甫家人的异常反应以及陆云在书信中的美妙说辞,从正面和侧面透露出当时该地区生产力落后的信息。这种行政区划格局以及地域社会面貌从秦汉到唐中叶前的八九百年间总体变化不大,正如日本学者斯波义信在其宁绍地域经济史的研究中所指出的,"明州的实质性开发从秦汉到唐朝中期几乎没有多少进展……沿海的航海业尚未发达,也反映了宁波平原尚未得到生产性的开发"[②]。

隋炀帝时,沟通南北的京杭大运河的开通,一定程度上改变了宁波地区在统一国家陆路交通网中的困境。由此有了唐高祖武德四年(621)鄞州的设立,试图将甬江流域从越州中分离出来,但终因外在条件尚不成熟而很快作罢。然则,随着唐朝

---

① 陆云:《陆云集》卷一〇《与石季甫书》,北京:中华书局,1988 年,第 165 页。

② 斯波义信著,方健、何忠礼译:《宋代江南经济史研究》,南京:江苏人民出版社,2001 年,第 72 页。

海路交通和贸易的日益频繁,宁波作为沿海交通的中转港口以及对高丽、日本交通的重要口岸地位逐渐凸显出来。如唐高宗显庆四年(659)日本第四次遣唐使中的第二船便在越州鄮县登陆。① 毫无疑问,甬江流域得以打破近千年的区域行政格局,从县级升格为州级并独立于越州之外,正与该地域日渐发达的海路交通及贸易的外在刺激密切相关,上引齐澣以鄮县是丝织品和海味集散地而奏请朝廷设立明州便是明证。

不惟明州的设立有赖于海外交通及贸易的外在刺激,即便明州在唐后期以及两宋时期地位的不断提升也得益于海外交通及贸易的外在推动。

在唐中叶明州设立之初,它在全国行政区划中不过是一个普通的州级机构而已,但这种局面随着唐中后期国内、国际政治形势的变化而发生改变。长达八年之久(755—763)的安史之乱严重地动摇了唐朝的统治,在内因藩镇割据而使中国北方地区陷入长期的战乱纷争中,在外逐渐失去对西北陆上"丝绸之路"的控制而不得不仰赖海路交通。这样,地处东南沿海交通要道的明州港逐渐成为唐朝南北海上交通以及对外尤其是对日交通的主要口岸。据学者考证,明州港是唐中后期日本"遣唐使"最重要的登陆地和启航地之一,如天宝十一年(752)日本第十二次遣唐使团中的第二、三、四船,贞元十九年(803)日本第十八次遣唐使团中的第二船,开成三年(838)日本第十九次遣唐使团中的第一、四船,都是从明州登陆和放洋归国的。与此同时,频繁来往于唐日之间的李邻德、张友信(或张支信)、李延孝等民间海商集团基本上都由明州启航或登陆。② 日渐勃兴的海上交通及贸易,凸显了明州的海上交通地位,明州很快发展成为东南亚贸易圈的主要商埠,并与交州、广州、扬州齐名,并称为唐朝四大名港。长庆元年(821),明州由小溪移治交通便利的三江口(姚江、奉化江和甬江的交汇处),其实正是适应明州海上交通及贸易日益扩大的需要。

---

① 王勇、中西进:《中日文化交流史大系(10)》,杭州:浙江人民出版社,1996年。
② 林士民:《万里丝路:宁波与海上丝绸之路》,宁波:宁波出版社,2002年。

　　入宋以后,西北陆上"丝绸之路"完全被阻塞,加之两宋政府出于国家财政收入、政治外交以及对奢侈品的需求等目的,积极鼓励海外贸易,从而有力地推动宋代海上交通及贸易的发展,明州的商贸地位由此获得进一步提升的条件。淳化三年(992),两浙市舶司移治明州定海县,次年又移回杭州。咸平二年(999),杭州、明州各置市舶司。① 明州设市舶司后,贸易地位迅速上升。至元丰三年(1080)后,"诸非广州市舶司,辄发过南蕃纲舶船,非明州市舶司,而发过日本、高丽者,以违制论,不以赦降去官原减"。② 南宋初年明州遭受战祸,海外贸易曾一度萎缩,但不久即得恢复,且商贸地位进一步提高。当时,来两浙的海外蕃舶大多集聚明州,以至于驻华亭的两浙市舶司官员常年在明州视事办公。庆元元年(1195)后,两浙路其他市舶机构相继撤销,惟明州独存,"凡中国之贾高丽与日本诸蕃之至中国者,惟庆元得受而遣焉"。③ 明州(庆元府)在两浙诸港中之独占鳌头以及在宋代海外交通及贸易中的重要地位由此可见一斑。

　　不仅如此,两宋政府源于对辽国、金国斗争的需要,十分重视与高丽的交往,而元丰二年后,明州是宋丽官方交往的唯一通道,从而使得明州在宋丽官方交往中起着极为重要的作用。当时的明州地方政府,不仅要负责组织双方来往使臣的接待、护送等事宜④,还要兼理对高丽漂流民的救援工作。⑤ 特别是隆兴二年(1164)宋丽正式外交关系断绝后,两国官方之间的交往实际上完全通过明州地方政府来组织执行,所谓"本府与其礼宾省以文牒相酬酢,皆贾舶通之"⑥之语,正是上述情况的反映。宋人祝穆在《方舆胜览》卷七《庆元府》称明州为"四明重镇,二浙名邦,内此

---

① 罗濬等:《宝庆四明志》卷六《市舶》,《宋元方志丛刊》,北京:中华书局,1990 年,第 12 页。

② 苏轼:《苏轼文集》卷三一《乞禁商旅过外国状》,北京:中华书局,1986 年,第 888 页。

③ 罗濬等:《宝庆四明志》卷六《市舶》,第 78 页。

④ 张伟:《略论明州在宋丽官方贸易中的地位》,《宁波大学学报(人文科学版)》2000 年第 4 期。

⑤ 杨渭生:《宋丽关系史研究》,杭州:杭州大学出版社,1997 年。

⑥ 罗濬等:《宝庆四明志》卷六《市舶》,第 78 页。

藩屏王畿,外以控制海道",一语点明了明州在南宋的重要政治和商贸地位。

总之,中唐以来的明州,由于地处海上交通要道,区域政治和商贸地位迅速提升,并成为当时发展最快的地区之一。宋人在总结明州的发展时明确指出:"明之为州,实越之东部,观舆地图,则僻在一隅,虽非都会,乃海道辐凑之地。故南则闽广,东则倭人,北则高句丽,商舶往来,物货丰衍……亦东南之要会也。"①议论精辟,充分说明了海上交通及贸易在唐宋明州的建立及发展上的重要作用。

二、海外贸易与明州地区商贸的发展

明州是唐宋时期国内著名的贸易港之一,海外贸易相当兴盛。明州海外贸易的航路大体可以分为南北两大方向。北向主要与日本、高丽相通,据《宣和奉使高丽图经》卷三载,由明州乘南风,顺利的时候不过五日就可以到达高丽。同样,在明州与日本的博多等港口之间也有稳定的航线,夏秋两季借西南信风赴日,借东北信风返航,顺利时全程只需七天左右。故而在唐宋时期,两国从明州登陆或启航的官方使船与民间商船不断,其中既有中国商船亦有日本商船,如南宋人梅应发《开庆四明续志》卷八载:"倭人冒鲸波之险,舳舻相衔,以其物来售。"南向与东南亚、阿拉伯等国家或地区相通。大量商船在明州登陆及其舶货源源不断地输入,对明州地区商贸的发展无疑具有一定的推动作用。

港口是发展海外贸易的重要保证,而随着海外贸易的展开,港口及其周围地区的商贸活动必然凭借这种天然优势而获得不同程度的驱动,因而一些交通位置较为便利的地方,往往由村落墟场成长为重要的商贸市镇,以至于设县置府。

在唐末明州地区出现的诸多市镇中,不少便是因海外贸易而兴起,其中以鲒埼镇(今宁波奉化市鲒埼镇)和望海镇(今宁波镇海区)比较具有代表性。鲒埼镇原为鲒埼寨,在奉化县南五六十里处,濒临象山湾,"习俗素悍。富者开团出船,藏纳亡

---

① 张津:《乾道四明图经》卷一《总叙》,《宋元方志丛刊》,北京:中华书局,1990年,第2页。

赖,强招客贩"。很快因"商舶往来,聚而成市。十余年来,日益繁盛,邑人比之临安,谓之小江下"。① 嘉定七年(1214),朝廷敕准设镇。到理宗朝官员吴潜为浙东安抚使时,该镇更加繁盛,"居民环镇者数千家,无田可耕。居廛者则懋迁有无,株守店肆。习海者则冲冒波涛,蝇营网罟。生齿颇多,烟火相望。而并海数百里之人,凡有负贩者皆趋焉"②。可见,鲒埼镇因为贩海往来而被誉称"小江下",从最初的濒海墟场发展成为数百里内一大商品交易中心。与鲒埼镇一样,望海镇亦因为海外贸易由墟场发展为市镇,并进而升格为县。望海镇地处鄞县东部的甬江出海口,"去明州七十余里,俯临大海,与新罗、日本诸蕃接界"③,控江扼海,是明州进入大海的门户,交通位置十分重要。随着唐宋时期明州海外贸易的蓬勃发展,它成为船舶出入明州的重要停泊码头,"蛮舶之贾于明,明舟之贩于他郡,率由此出入"④。建中二年(781),出于海外贸易及海防的需要,唐廷在此设置望海镇。五代吴越国钱氏统治时将其升格为望海县,不久改名为定海县。

海外贸易对唐宋明州地区商贸的最大影响表现在它有力地将明州城市的商业推向了繁荣。本来,明州乃"濒海之地,田业既少"⑤,农业并不发达,以致"小民率仰米浙东、浙西,歉则上下皇皇,劝分之令不行州郡,至取米于广以救荒"。加之"俗不甚事蚕桑纺绩,故布帛皆贵于他郡"⑥,手工业也甚为落后,地域内可用于商品交换的剩余产品有限,商品经济相对落后。但中唐以来,由于海外贸易的蓬勃兴起,大量商船的到来以及外来物资的输入,使得明州城市商品经济出现了空前繁荣的景象。在城外,千帆竞渡,商船云集,"风帆海舶,夷商越贾,利原懋化,纷至还

---

① 罗濬等:《宝庆四明志》卷六《市舶》,第78页。
② 吴潜:《许国公奏议》卷三《奏禁私置围场》,《丛书集成》初编本,第58页。
③ 罗濬等:《宝庆四明志》卷六《市舶》,第78页。
④ 罗濬等:《宝庆四明志》卷六《市舶》,第78页。
⑤ 罗濬等:《宝庆四明志》卷六《市舶》,第78页。
⑥ 罗濬等:《宝庆四明志》卷六《市舶》,第78页。

来"①。对此,邵必有诗云:"城外千帆海舶风,城中居市苦憧憧。"②舒亶在诗中也描写道:"梯航纷绝徼,冠盖错中州。草市朝朝合,沙城岁岁修。"③城市内,百业齐全,市场众多,商铺林立,物货丰衍,故而有"小人多商贩,君子资官禄,市廛列肆埒二京"④之说。陆游记其盛况云:"惟兹四明,表海大邦……万里之舶,五方之贾,南金大贝,委积市肆,不可数知。"⑤在这里,各种外来舶货琳琅满目,并很容易购得,如陆游在《放翁家训》中谈道:"四明、临安倭船到时,用三十千可得一佳馆。"⑥

海外贸易促进了唐宋明州区域内商贸经济活动的发展,尤其是加强了区域与域外的经济联系和交流。在唐宋时期,由于明州是对日本、高丽交通最重要的港口,甚至在相当长时期中处于唯一口岸的地位,因而各地商人须将财货运至明州,再从这里放洋启航到日本、高丽贸易;同样的,从日本、高丽发来的商船也须在明州登陆,然后再从这里将财货转运或转销国内各地。基于如此特殊的地位,使得明州成为当时进出口贸易中的一个重要的中转市场。为适应这种需要,在城内设有专供商人存积货物的仓库,"东、西、前后列四库,胪分二十八眼,以'寸地尺天皆入贡,奇祥异瑞争来送,不知何国致白环,复道诸山得银瓮'号之两夹",以作库名⑦。正是凭借这种进出口贸易的中转地位,唐宋明州加强了与地域外的经济联系和交流。

海外贸易推动了唐宋明州地区商贸活动的发展,并使其成为重要的区域商贸中心。不仅如此,海外贸易还直接关系到该地区政府的财政收入和民众的家庭收入,正如《宝庆四明志》卷六《市舶》指出:"本府僻处海滨,全靠海舶住泊,有司资回税之利,居民有贸易之饶。"而同书卷五《商税》更明确地说:"岁有丰歉,物有盛衰

① 张津:《乾道四明图经》卷一《总叙》,第 2 页。
② 张津:《乾道四明图经》卷一《总叙》,第 2 页。
③ 张津:《乾道四明图经》卷一《总叙》,第 2 页。
④ 吴潜:《许国公奏议》卷三《奏禁私置围场》,第 58 页。
⑤ 陆游:《陆游集(第五册)》卷一九《明州育王山买田记》,北京:中华书局,1976 年,第 113 页。
⑥ 叶盛:《水东日记》卷一五,影印四库全书本,第 73 页。
⑦ 罗濬等:《宝庆四明志》卷六《市舶》,第 78 页。

……故征敛亦有盈缩。庆元司征尤视海舶之至否,税额不可豫定。"海外贸易对明州社会经济发展的重要影响在此得到最有力的说明。

三、海外贸易与明州地区产业结构的变化

唐宋海外贸易的进出口商品主要为种种高档奢侈品,这种贸易对自然经济占据主导地位的社会生产的影响十分有限。不过,随着海外贸易的发展,它对与海外贸易直接相关的地区及其相关产业的发展仍有着不可忽视的作用。在唐宋明州地区,随着海外贸易的展开,不计其数的人离开通常被视为本业的农业,转而从事海外贸易及其相关产业。

中国传统思想向以农业为重,但明州地区因为濒江负海,具有农业相对落后、航海捕捞业发达的社会生产特点,从商风气自古较浓。《舆地志》释"鄮县"云:"邑人以其海中物产于山下贸易,因名鄮县。"到唐宋时期,地域经济大有发展,却又出现了严重的人地关系矛盾,人们难以在农业中获得更大的发展,因而弃农从商风气更盛,居民之中"籍贩粜者半之"①。随着明州海外贸易在唐宋时期的蓬勃兴起,当地人们更是趋之若鹜。

与唐宋时期的一般贸易活动不同,海外贸易是一种互补性贸易,贸易关系稳定,利润丰厚,"每是一贯之数可以易番货百贯之物,百贯之数可以易番货千贯之物"②。在丰厚利润的诱惑下,不少人成为海商,亲自扬帆出海,操舟牟利,"贩海之商,无非豪富之民。江淮闽浙,处处有之"③。这方面事例举不胜举,如郭彖《睽车志》卷三记载:"四明人郑邦杰以泛海贸迁为业。"还有一些人不亲自扬帆出海,采取与人合股,或租船募人的"带泄"方式,参与到海外聚财殖货的活动中。所谓"带

---

① 王元恭等:《至正四明续志》卷五《土产》,《宋元方志丛刊》,北京:中华书局,1990年,第65页。

② 包恢:《敝帚稿略》卷一《禁铜钱申省状》,影印四库全书本,第8页。

③ 包恢:《敝帚稿略》卷一《禁铜钱申省状》,影印四库全书本,第8页。

泄"，"乃以钱附搭其船，转相结讬，以买蕃货而归。少或十贯，多或百贯，常获数倍之资"①。这种贸易方式因为节省时间、有利于降低贸易风险和成本并能获利丰厚而为很多人所采用。还有一些没有出海的人，纷纷转向利润丰厚的出口产品的生产上，或转变种植结构，生产适于出口的农产品。大量的人转向从事与海外贸易的有关的产业，对明州地区产业结构的变化无疑具有一定影响。

海外贸易对明州地区产业结构变化的影响不唯表现在上述方面，而且表现在刺激了与海外贸易相关产业，如造船业、制瓷业的发展上。

造船业的发展是海外贸易的必要条件，唐宋海外贸易的空前繁荣极大推动了明州造船业的进步。明州所在的两浙路是唐宋时期全国最大的造船基地和造船业中心之一，其中明州、处州、温州三州尤为发达。天禧（1017—1021）末三州所造船只占全国总数的三分之一还多。而随着明州港在海外贸易中的地位日显重要，其造船业也随之上升。到元祐五年（1090）时，"温州、明州岁造船以六百只为额"，而其他有的一路才两三百只。② 明州造船业规模大，技术好，宋朝出使高丽的使节坐船"神舟"都在此打造。除官营造船业以外，明州一带的私人造船业也甚为发达，所造船只数量不在少数。故而建炎三年（1129）高宗从明州逃往海上，仓促之间便能聚得千舟。入南宋以后，由于政治局势的影响，明州、温州的造船业有所下降。但由于以前的雄厚基础，到南宋中晚期，庆元府仍然有"自一丈以上共三千八百三十三只，以下一万五千四百五十四只"③。由此可见明州造船业之兴盛。

明州、越州是我国青瓷的主要产地，学术界将其窑场称为越窑。在唐来海外贸易中，瓷器取代丝绸成为最大宗的出口商品，一定程度上刺激了东南沿海各地制瓷业的发展。不过，由于北宋中叶以后，青瓷制造中心已经由明州、越州一带转移到龙泉一带，因而在宋代明州港的青瓷外销中，明州地产瓷器在其中的比重不大，海

---

① 包恢：《敝帚稿略》卷一《禁铜钱申省状》，影印四库全书本，第 8 页。
② 徐松：《宋会要辑稿·食货》五〇，北京：中华书局，1957 年，第 7229 页。
③ 梅应发等：《开庆四明续志》卷六《水阅》，《宋元方志丛刊》，北京：中华书局，1990 年，第 8 页。

外贸易对明州制瓷业的影响似乎较小。但明州作为重要的瓷器产地以及外贸港口所在地,其瓷器的外销应当不在少数。日本《朝野群载》卷二〇所收录的宋朝航海"公凭"中记载:泉州纲首李充赴日贸易,携带的舶货中就有"象眼肆拾匹、生绢拾匹、白绫贰拾匹、瓷碗贰佰床、瓷碟壹佰床"。所以,正如苏基朗先生所指出的,与闽南、广东等地区的瓷器生产主要以出口为动力并与海外贸易共存共荣不同,越窑所生产的瓷器主要用于满足上贡或内销的需要,真正用于外销的不超过其全部产品的一半,但海外贸易的批量需求也一定程度带动了本地制瓷业的发展,至少具有"锦上添花"的作用①。

此外,海外贸易对明州农业商品化的驱动也具有一定的作用。宋代明州已充分利用自然条件,开展多种经营,普遍种植桑、麻、茶、甘蔗等经济作物,"山谷之民,耕桑乐业"②。这些经济作物,不少便被用于外销,舒亶的"梯航纷绝徼,冠盖错中州。草市朝朝合,沙城岁岁修。雨前茶更好,半属贾船收"③一诗,反映的就是这种情况。

综上所述,在唐宋时期明州地区社会经济的发展中,无论是明州区域地位的提高、区域商贸活动的繁荣,还是产业结构的变化等方面,无不与海外贸易有着某种密切的联系。从这个意义上讲,海外贸易在唐宋明州地区社会经济发展中起着外在推动力的作用。实际上,如果从宋代以后明州(或宁波)地域社会经济的发展情况来看,海外贸易的这种影响依然在发生着作用。所以,中国古代海外贸易尽管在整个国家社会经济中的影响和作用十分有限,但就东南沿海的局部地区而言,却未必尽然。

(原载《宁波大学学报(人文科学版)》2004 年第 5 期)

---

① 苏基朗:《两宋闽南、广东、浙东外贸瓷产业空间模式的一个比较分析》,《江南的城市工业与地方文化》,北京:清华大学出版社,2004 年。

② 罗濬等:《宝庆四明志》卷六《市舶》,第 78 页。

③ 张津:《乾道四明图经》卷一《总叙》,第 2 页。

宋代明州的人口规模及其影响

陆敏珍

人口是区域开发研究中的一个重要的问题,区域经济的兴衰和行政辖区的兴废,均是区域人口数量变迁的产物。唐中期以前,宁绍平原的东部(即今宁波所在地)仍然是落后的边缘地带,唐中期以后,随着北方人口的南迁以及区域人口的自然繁衍,当地的人口数量有了较大的增长。开元二十六年(738),这一带开始独立建置,时称明州,至宋代下辖鄞、慈溪、奉化、象山、翁山、定海六县,南宋时一度更名为庆元府。人口增加使得地区经济获得了较大的发展,并最终使明州从一个落后的边缘地区发展成为相对独立的亚经济区域。本文就宋代明州人口的发展概况略陈管见,以供治史者参考。

一、人口发展概况

现存有关唐宋时期明州的户口数据,保存得较为系统的主要是宋人所编纂的方志,现将各时期人口数据辑录如表1。从史料看,现存明州的户口数据有诸多缺陷,除了户均口数偏低、户口记载资料缺乏等宋代人口资料中的常见问题外,如表1所示,出现了天禧户数与乾道四年户口数据相同的现象,两项资料同出于《宝庆四明志》,是否属于传抄中的错误不得而知,但其中一个数据必然有误,孰对孰错,学者之间看法各不相同①。笔者认为:从太平兴国到天禧年间不超过 40 年的时间内,明州户数比原来增加了 4.9 倍,人口年均增长率为 40.6‰,显然是不可能的。太平兴国到天禧之间,大规模的人口迁移尚未开始,从明州历年人口记载看,也没有如此高的年均增加率,即便是在两宋之际北方人口大规模迁入后,人口的增长速度也远低于该数字。因此,以当地的人口增长趋势推测,可能是天禧的户口数有误。再者,元丰初年(1078)至政和六年(1116)约 40 年间,人口的年均增长率约 1.7‰,假定此后 50 年间,年均增长率一致的情况下,乾道四年的户数应为 134576 户,与所记载的户数相差约 1495 户。考虑到战争因素致使户口损失,并由此导致年均增长率降低,但移民大量迁入,据吴松弟估计,两宋之际明州移民数量可能在一万乃至数万②,移民不仅弥补了这些损失,而且可能还会有所增长,由此推断,乾道的户数相对合理。

表 1 唐宋时期宁波地区人口数据

	时间	县数	户数	口数	户均口数	年均增长率(‰)
A	唐开元年间 (713—741)	4	42200			A→D 1.74
B	天宝元年 (742)	5	42207	207032	4.9	
C	元和年间 (806—820)	4	4083			
D	宋太宗朝 (976—997)	5	27681			
E	天禧中 (1017—1021)	5	136072	330989	2.4	D→E 40.6

---

① 宋晞认为天禧户数有误(《宋代明州州治鄞县城乡之发展》,《宋史研究集》第 20 辑,台北:台湾编译馆,1990 年);吴松弟则认为乾道户数有误(《中国人口史》第三卷《辽宋金元时期》,上海:复旦大学出版社,2000 年,第 467 页。)

② 吴松弟:《北方移民与南宋社会变迁》,台北:台湾文津出版社,1993 年,第 137 页。

续表

	时间	县数	户数	口数	户均口数	年均增长率(‰)
F	元丰初年 (1078)	6	115208			E→F −2.8
G	崇宁元年 (1102)	6	116140	220017	1.8	F→H 1.7
H	政和六年 (1116)	6	123692	265545	2.1	
I	乾道四年 (1168)	6	136072	330989	2.4	H→I 1.9
J	宝庆年间 (1225—1227)	6	140349			I→J 5.1

资料来源：A《太平寰宇记》卷九八《江南东道》；B《新唐书》卷四一《地理志五》；C《元和郡县志》卷二七《江南道》；D、E、F、H、I《宝庆四明志》卷五《户口》；G《宋史》卷八七《地理志四》；J《宝庆四明志》卷一三至二一《户口》。

说明：在计算年增长率时，如无确切年代，则取中间年度；开元以二十六年(738)计，因该年明州置郡；太宗朝则以《太平寰宇记》的成书年代太平兴国(976—983)的中间年度计。

尽管有缺陷，但从较长的时间尺度中，仍然可以看出唐宋时期明州人口发展的趋势及其特点。开元二十六年(738)，明州单独建郡后，人口发展呈增长趋势，尽管增幅不大。元和年间(806—820)，户数骤减，仅是天宝户数的9.67%。从全国范围看，《元和郡县志》中所载的元和年间的各地户数均较低，浙江境内的几个州郡如杭州、湖州、越州、温州元和户数分别是天宝户数的59.4%、59.3%、22.9%、19.8%[1]，而明州尤低。天宝时明州领有四县，广德二年(764)象山县并入明州，因此元和的户数应是五县之和，比天宝时多出一县的户口。虽然其间经过安史之乱，户口有可能下降，但数量不会太大，更何况安史之乱及其伴随的社会动乱中，浙江不是主要战场，社会秩序相对安定，况且还有一部分避乱的北方人南迁，因此元和户数与天宝户数相差如此悬殊，令人费解，很有可能与唐代户籍不完整以及人口隐漏严重有关系。

---

① 天宝年间各州户数见欧阳修：《新唐书》卷四一《地理志五》，北京：中华书局，1975年，第1059—1063页。

宋代,明州的户数进入稳定的增长阶段。如果忽略天禧的户口数,从北宋初期到末期,各时期人口均呈上涨趋势。靖康之乱,金兵南下,战场移至江南一带,苏州、湖州以及浙东的明州、越州均遭屠城。时人称"明州无噍类"[1],金兵还在当地搜山,"由是遍州之境,深山穷谷,平时人迹不到处,皆为虏人搜剔杀掠,不可胜数"[2]。受战争的破坏,明州人口剧减。建炎四年(1130),金军退回长江以北,南方一带局势稍安,北方人口开始大量南迁,当时平江、常、润、湖、杭、明、越等七府州,"号为士大夫渊薮,天下贤俊多避地于此"[3]。南迁的人口,填补了金人入侵及盗乱所导致的人口损失。从政和六年(1116)到乾道四年(1168),明州的人口年平均增长率为1.9‰,虽然战乱造成人口损失,但大量的人口迁入,在人口增长率上仍有一定的反映。乾道以后,明州的人口增长速度加快,年平均增长率超过了以往任何一个阶段。

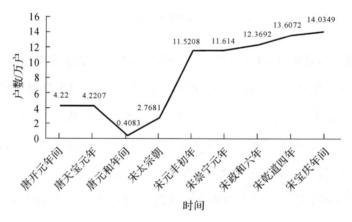

图 1　唐宋时期明州户数增长曲图

以上主要以人口年平均增长率这一数据的变化来说明地方户口的发展状况,另外,也可以人口密度作为参考数说明该地区自北宋以来人口的增长趋势。

①　汪藻:《浮溪集》卷一《奏论诸将无功状》,四部丛刊初编本,第1页。
②　罗濬:《宝庆四明志》卷一一《车驾巡幸》,北京:中华书局,1990年,第153页。
③　李心传:《建炎以来系年要录》卷二〇"建炎三年二月庚午"条,《宋史资料萃编本》,台北:台湾文海出版社,1968年。

人口密度是指单位面积土地上平均居住的人口数,是反映人口变化的一个重要指标,其计算公式是总人口数对土地面积数之比。为说明一个地区人口数量的变化,也可通过不同时段的人口密度的比较,反映该地区人口分布稠密程度的变化。为具有可比性,人口密度应是对同一块土地面积上人口数量的计算。明州正式建立独立的行政单位时,领有鄞、慈溪、奉化、翁山四县。广德二年(764),象山县从台州划归明州[①]。后梁开平三年(909),改鄮县为鄞县,并将其东部的望海镇升为望海县,次年改为定海县。熙宁六年(1073),将一度划归鄞县的翁山重新置,并更名为昌国县[②]。此后,除了州名有所更易外,明州的行政区域设置大体如旧。虽然建置后的三百年间,明州辖县的数量、各县的辖地有所变更,但总体上说,自广德二年象山县归属明州后,这些变化基本上在同一个地域发生,明州土地的总面积并无变化。因为析县或合并的原因,各县的人口统计数可能有变化,但作为一州的户口总数并没受影响。因此,计算当地的人口密度以确定人口增长的趋势具有可操作性。

日本学者斯波义信曾对 980 年至 1390 年长江下游地区的人口密度作过计算。关于明州的人口数据是他根据史籍中的户数记载,假定一户为 5 口估算出大致人口总数,同时推定土地面积为 $7117km^2$,这一数据是将北宋末州府的领域"投影于现代资料得出的"。两者之比,推算出明州自 980 年、1080 年、1102 年、1199 年到 1399 年的人口密度分别为 20、81、82、96、147。从这一组数据看,宁波自北宋到元明的人口明显呈增长趋势,北宋中后期人口密度的数值一度超过绍兴[③]。这里的人口总数是以户均 5 人的假定数,加上史籍中所载的人口数据中未包括不在籍的僧道、军人等人数,因此其人口密度的数据不一定正确,但用来作为反映人口增长的趋势仍具有一定的说服力。

---

① 张津:《乾道四明图经》卷六《象山县》、卷一《总叙》,北京:中华书局,1990 年。

② 张津:《乾道四明图经》卷六《象山县》、卷一《总叙》。

③ 斯波义信著,方健、何忠礼译:《宋代江南经济史研究》,南京:江苏人民出版社,2001 年,第 149—155 页。

考虑到宋代人口记载中口数的不确定,吴松弟则依据每平方公里的户均数来计算人口密度,其中,太平兴国五年(980)、元丰元年(1078)、崇宁元年(1102)、宝庆元年(1225)明州的人口密度分别是 5.8、24、24.2、29.2,其数据在北宋中后期也一度超过越州①。

总之,无论以何种方法计算,宋代明州的人口呈增长的趋势,南宋时人口增长速度最快。

二、南宋时明州人口数量推算

在宋代城市或地区的户口数量推算过程中,主要需要解决两个问题。

第一,未列入主客户统计范围的人口。

史籍中所载的宋代人口一般以主、客户计,这些在册人口是宋代人口的主要组成部分。此外,还有未统计在内的人口,包括军人及其家属、僧侣道士、妓女、官员、某些少数民族等②。这些人员在地方上所占的数量、比重不一。南宋时明州不在户籍的人员以军人及其家属、僧侣道士为主。

宋代明州的驻军主要是制置司水军、禁军、厢军。制置司水军设于绍兴二年(1132),驻扎在定海,水军的人数各时期有所变化。绍兴三十一年(1161),计有2000 人;隆兴元年(1163),增加 2000 人以平海寇之乱;之后,确定水军人数定额为3000 人;乾道七年(1171),又增至 4000 人;宝庆年间(1225—1227),定海水军的人数是 3909 人。禁军设于嘉祐四年(1059),共两指挥,各 400 人,后又增设三指挥,额 400 人。大观元年后,禁军五指挥,定员 2330 人。宝庆年间,各指挥所隶人数均未满额,当时实际人数合计为 1490 人。明州厢军共设九指挥,除两指挥无额以外,其余的七个指挥,军士额员在 200 到 480 之间,总额为 2377 人。宝庆年间,尚有八

---

① 吴松弟:《中国人口史》第三卷《辽宋金元时期》,第 475 页。
② 吴松弟:《中国人口史》第三卷《辽宋金元时期》,第 93—97 页。

指挥,实有的军士人数合计为 1188 人。但《宝庆四明志》卷七《叙兵》中载有厢军总数额为 1299 人,与各指挥人数之和不符,今取 1299。除上述军队外,明州还有一定量的乡兵,因乡兵是按户籍抽调的壮丁,隶属于民籍,此处不计。

宋代军人的家庭人口也不在户籍统计之列,因此统计军人的数量还需包括其家属在内。关于军人的家庭人口,吴松弟曾提出平均每一军人家口以 2 口计①,在后来的著作中,他认为军人五口之家中大约有现役军人 1.6 人②,意即计算时可以4.4 作为基数统计军人与其家庭的数量。南宋军队中的家属人数并不少,时人在论及当时军人家庭时,也常以五口计,如张九成(1092—1159)言:"屯兵江口,无虑数万人。就以二万人论之,人必有家,家止五人,人日二升,日计二千斛。"③胡宏(1106—1162)同样说道:"今海内大乱……而被甲者无虑数十万家,家以五口为率,乃有数百万端坐待哺于农民者矣。"④因此,军人家庭户均五口较为可取。

再看僧道人数。唐代以来,佛教得到了很大的发展。明州一些寺院,如天童寺、阿育王寺等多次得到朝廷的赐额,成为全国佛教圣地。到宋代,明州寺院的数量增加速度更快。如鄞县北宋时有寺院 70 余所,比唐代增加了大约 2.5 倍左右⑤。南宋时,寺观的数量较前又有了增加,据《芦浦笔记》载:"四明僧庐,在六邑总大小二百七十六所,只鄞一县,城内二十六所,城外八十。"⑥而据《宝庆四明志》统计,明州共有寺观 310 所,分别为:鄞县城内 26,城外 94,奉化 75,慈溪 42,定海 32,昌国24,象山 17。⑦ 寺院宫观的众多,意味着当地存在可观的僧尼道士数量,而宋代的僧尼道士一般是列入僧籍而不计在民籍之内,因此在估算宋代明州人口数量时,这部分人员也不能忽略。

① 吴松弟:《中国移民史》第四卷,福州:福建人民出版社,1997 年,第 280 页注 4。
② 吴松弟:《中国人口史》第三卷《辽宋金元时期》,第 95 页。
③ 张九成:《横浦集》卷十二《状元策》,影印文渊阁四库全书本,第 6 页。
④ 胡宏:《五峰集》卷二《上光尧皇帝书》,影印文渊阁四库全书本,第 13 页。
⑤ 罗濬:《宝庆四明志》卷一三《寺院》,第 190 页。
⑥ 刘昌诗:《芦浦笔记》卷六《四明寺》,上海:上海古籍出版社,1992 年。
⑦ 罗濬:《宝庆四明志》卷一一、一三、一五、一七、一九、二〇、二一《叙祠》。

僧道人数因寺观大小不一,差别很大。宋宁宗时,鄞县天童寺"日饭僧千人",育王寺"亦不下七八百人"。[①] 寺中还有为数众多的童行,但童行未获度牒,尚隶于民籍,因此不可计入。如此大规模的寺院在明州这一小区域内应属于较为特殊的行列,因此计算时将之单独列出。除了拥有上千人的寺院外,一些偏远地区的寺院人数也不在少数,如昌国县宝陀山下有一寺,有僧五六十人[②]。也有一些寺院人数不多,如证果寺,"仅有僧行三四辈"[③]。至于其他寺观的僧道人数,史籍中没有确切的记载,因此估算这些宗教人士的数量,可选方法之一是参考其他佛道发展相类似地区的统计结果,作大概的估计。

据《淳熙三山志》记载,淳熙年间(1174—1189),载入帐籍的僧人共 11530 人,童行 2915 人,道士 170 人,其中童行占总人数的 24.9%;当时共有寺观 1540 所[④],如忽略童行数目,每所寺观约有僧道 7 人。嘉泰年间(1201—1204),台州共有大小寺观 379 所,僧道 2376 人[⑤],每所寺观约 6 人。因已将天童寺、育王寺两处人数单独计算,为谨慎起见,取其他每寺观以 6 人计,据此推算,南宋时,天童寺、育王寺约 1800 余人。因童行不载入僧籍,所以要去掉这部分人数,如以 24.9%作为参照数,共有 432 人,两寺僧人约 1368 人,加上其他寺观的人数,明州的僧人道士约在 3200—3500 之间。

第二,除不在册人员外,户口比例也是推算宋代地区人口中的一个重要因素。宋代户口统计中户多口少的现象,学者们已作了大量的探索,口数资料难以直接征用已是共识,如何推测当时合理的家庭人口数量是估计其总人口的关键。

基于宋代户口统计中户均口数过低的情况,学者在讨论宋代户口数量时,一般采用按户数估算的办法。绝大部分学者在研究宋代人口时通常取每户 5 口这一比

---

① 刘昌诗:《芦浦笔记》卷六《四明寺》,第 17 页。

② 张邦基:《墨庄漫录》卷五,四部丛刊三编本,第 32 页。

③ 洪迈:《夷坚志丁》卷六《证果寺习业》,北京:中华书局,1981 年,第 1011 页。

④ 梁克家:《淳熙三山志》卷一〇《版籍类一》、卷三三《寺观类一》,北京:中华书局,1990 年。

⑤ 陈耆卿:《嘉定赤城志》卷一五《版籍门三》,北京:中华书局,1990 年,第 68 页。

率,也有学者采用 4 口计算,但实际上取 4 或 5,计算结果差别很大。后来又有人将南北宋口户比加以分别,北宋定为 4.1,南宋定为 4。① 这种判定也有其合理性,但适于计算全国人口,用于计算某个特定地区人口则未必合适。

近年来学者多注意到了宋代人口在地域分布上的差异,如周宝珠提出:宋代的农村户数,一般均按 5 口计算,虽不是确数,但大体属实。城市如果按 5 口计算,则过少了。因此他在计算开封人口时,每家按 7 口计。② 吴松弟认为宋代北方的户均人口大于南方,因此如果将南方户均口数估计为 5.2,北方户均口数估计为 6,或许比较接近实际。③ 而程民生的估计是北方户均人口约 9 人,南方地区户均约为 6 人。④

史籍关于明州户均口数的记载较少,现有的资料中错误颇多。如,南宋时定海县清泉乡"以户计者凡千二百六十一,以口计者四万三千九百六十四"⑤,户均口数 34 人,高得令人难以置信。另外,《宝庆四明志》中记载了绍定二年(1229)明州知州的一份奏疏,其中提到:慈溪县共有主客户 20000,计 156300 口,定海县主户 17471,计 49951 口,客户 1648,计 6541 口,慈溪县户均 7 人,定海县户均 2.9 人。学者对于这条史料的解释较为一致,认为:一府两个县的户均人口相差一倍多,实际上是不可能的,当是由于两县户口统计方式不同所造成的,定海的人口数不是全部口数。如,宫崎市定指出,绍定元年慈溪县的"口数",是全部人口包括妇女的总数⑥;苏基朗(苏启龙)也认为这一观点完全正确,之所以造成这种差异是因为慈溪县采用了与其他县不同的统计方法,该县的口数中包括了妇女的人数,虽然难以解释为什么妇女会突然被包括在慈溪的口数之中,但是这个口数与整个州总的情况

① 赵文林、谢淑君:《中国人口史》,北京:人民出版社,1988 年,第 245 页。
② 周宝珠:《宋代东京研究》,郑州:河南大学出版社,1992 年,第 323 页。
③ 吴松弟:《中国人口史》第三卷《辽宋金元时期》,第 162 页。
④ 程民生:《宋代家庭人口数量初探》,《浙江学刊》2000 年第 2 期。
⑤ 戴栩:《浣川集》卷四《乞将清泉两管均济摘济札子》,影印文渊阁四库全书本。
⑥ 宫崎市定:《宋代的户口统计》,《史林》1936 年第 21 期。

相吻合,是可信的①。

这条史料以及学者对该条史料的研究虽然为我们估算明州的户均人口数提供了一个很好的例证,但若以每县 7 口计,估计数量偏高。考虑到"庆元多大家"②,因此以 6 口计,应该不致于偏高。据此,宝庆年间,明州约有在籍人数 84.2 万人,不在籍人员 3.6~3.7 万,共计 87 万余人。

三、"土狭人稠"现象及其影响

唐宋以来,为了维持宁波平原上新增人口的生活,人们不断地寻找新的耕地。奉化县,百姓"日以开辟为事","不以为劳"。③ 开庆时(1259),鄞县西乡"十分田有九分辟"④。尽管如此,与人口增加相比,土地增加的数量和速度均较慢。据戴栩记载:自政和六年(1116)以来,定海县户数"几增半之",口数"更逾昔数之半",但是"垦田所加才三十之二焉"。⑤ 由于人口增长速度要远远大于耕地增长速度,人均耕地面积越来越少,"土狭人稠"的局面很快就出现了。

从表 2 看,南宋时,明州各县的户均亩数除慈溪县稍高外,鄞县、定海、昌国均未超过 20,象山由于只有民田数,无法获知其户均亩数,但估计也不会超过 20。以每户 6 口计,人均耕地在 3 亩左右。而以传统社会的生产方式,"一岁一人之食,约得四亩"⑥,即大约需要 4 亩才能维持一个劳动人口的最低生活水平。这一数据为清代乾隆年间洪亮吉所估测,若以南宋的生产力水平,估计所需田亩数可能还要多。

---

① 苏启龙:《宋代的户口统计制度:对有关制度的综合分析》,《中国社会经济史研究》1985年第 1 期。
② 罗濬:《宝庆四明志》卷六《牙契》,第 76 页。
③ 罗濬:《宝庆四明志》卷一四《风俗》,第 208 页。
④ 吴潜:《开庆四明续志》卷一〇《吟稿下》,北京:中华书局,1990 年。
⑤ 戴栩:《浣川集》卷五《定海七乡图记》。
⑥ 洪亮吉:《洪北江诗文集·卷施阁文甲集》卷一《意言·生计》,四部丛刊初编本,第 1 页。

　　当然,表 2 田亩数统计时没有将山地计算在内。但如计算山地,以鄞县为例,按《宝庆四明志》卷一三载,鄞县共有山地 149005 亩,鄞县户均官民田、山地约 21 亩,比例增长并不多,而且山地质量无法同平原土地相比。

　　另外,明州寺观众多,寺观通过朝廷的赐田和自身购买所得也占有大量土地。如,绍兴元年(1131),朝廷许可明州阿育王山广利禅寺"买田澹(赡)其徒"①,后田产"多至数万亩"②。广福院的住持契和,以"衣钵资置五十亩",后积至 367 亩③。但即便加上寺观占有的土地,明州各县人均亩数增长并不多,以鄞县为例,共有 114 所寺院,占田 29451 亩④,约占鄞县总耕地面积的 3.8%。如果将寺观田产与官民田相加,主客户与僧侣的人均占田也不超过 4 亩。

表 2　南宋宝庆年间明州各县人地比例

地点	户数	田亩数	户均亩数
鄞县	41617	746029	17.9
慈溪	20000	469158	23.4
定海	19119	356750	18.6
象山	13380	131920(民田)	/
昌国	13541	159000	11.7

资料来源:《宝庆四明志》卷十三、十六、十九、二十、二一。

　　可耕地不足也可从其他记载中获得佐证。如,明州大户人家的占田数不多。鄞县为明州大县,但该县"所谓大户者,其田多不过百亩,少者至不满百亩"⑤。传统社会,土地是财富的象征,大户拥有土地数量不多,当地人均耕地不足应是原因之一。此外,也可由没官田数看当时个人占田数量。没官田是犯罪人全部田产,南

①　陆游:《渭南文集》卷一九《明州育王买田记》,四部丛刊初编本。
②　李心传:《建炎以来朝野杂记》甲集卷一六《僧寺常住田》,北京:中华书局,2000 年。
③　陈著:《本堂集》卷四八《广福院记》,影印文渊阁四库全书本,第 113 页。
④　罗濬:《宝庆四明志》卷一三《寺院》,第 190 页。
⑤　王安石:《临川先生文集》卷七六《上运使孙司谏书》,四部丛刊初编本,第 462 页。

宋时,明州所没官田或用于筹措水利,或作为养士田庄,如有刘泳没官田 29 亩,以其田租收入,专充鄞县它山堰雇夫淘沙之用①。再如,宝祐五年(1257)至开庆元年(1259),有五笔"没官田"被知州拨为养士庄田。这五笔田产除了其中一笔因包含未开垦田亩,数目较大外,其他几笔田亩数加起来的总数不超过 70 亩②。

土狭人稠现象对当地的经济产生了深远的影响。

首先,由于人口增多,人均耕地逐渐减少,人们不得不转向次等地的开发和利用,"田尽而地,地尽而山,虽土浅水寒,山岚蔽日,而人力所至,不无少获"③。奉化县"土狭人稠","凡山巅小湄,有可耕者,累石堑土……不以为劳,仰可俯畜,仅仅无余"④。人口对土地的压力促进了人们去改善农业生产的环境,从而促进了地方农业生产技术的发展。

其次,人均耕地过少,使得人们不得不在务农之外,寻找其他的生活出路。定海县鲒埼镇,"倚山濒海,居民环镇者数千家,无田可耕"。由于无田可耕,人们只得另谋生路,"居廛者则懋迁有无,株守店肆;习海者则冲冒波涛,蝇营网罟"⑤。

第三,人多地少,造成了地价上涨和粮食严重不足。王安石于庆历七年(1047)至皇祐二年(1050)间在鄞县任县令,他称当时鄞县田价,"百亩之值为钱百千,其尤良田乃直二百千而已"⑥,约为每亩 1 至 2 贯。而号称"苏湖熟,天下足"的苏州,一贯文可以典得一亩田⑦。南宋淳熙年间(1174—1189)定海县田价除清泉乡外,五乡之田,每亩 20 至 30 贯,而清泉乡,虽然田土贫瘠,但"佳者两千,次一千",维持在北宋的水平。嘉定间(1208—1224)鄞县田价每亩常熟价值 32 贯⑧。当然,还需考

---

① 魏岘:《四明它山水利备览》卷上,丛书集成初编本,第 3 页。
② 吴潜:《开庆四明续志》卷一《增拨养士田产》。
③ 陈梦雷:《古今图书集成》卷五《农部》,北京:中华华局,1934 年。
④ 罗濬:《宝庆四明志》卷一四《风俗》,第 208 页。
⑤ 吴潜:《许国公奏议》卷三《奏禁私置团场以培植本根消弭盗贼》,清抄本,第 37 页。
⑥ 王安石:《临川先生文集》卷七六《上运使孙司谏书》,第 462 页。
⑦ 李焘:《续资治通鉴长编》卷二六七"熙宁八年八月戊午"条,北京:中华书局,1995 年,第 6556—6557 页。
⑧ 罗濬:《宝庆四明志》卷一二《叙水》,第 175 页。

虑到物价上涨而导致的价格变动,但南、北宋之间地价相差二三十倍,不可能全部源于铜钱购买力的下降。

由于耕地的增加与人口的增加不相一致,粮食短缺问题也显露出来。因为粮食不能自给,明州粮食供应往往需要依靠外地,"岁得上熟,仅可供州民数月之食,全藉浙右客艚之米济焉"①,而在荒年,"州郡至取米于广以救荒"②。除了广州外,浙西等与明州水陆相通的"丰稔去处",也是政府差人收购粮食的主要地区。淳熙八年(1181)朱熹曾"雇备人船",前往潮、广、浙西等丰熟州军收籴③。宝祐六年(1258),奉化县常平籴米,"往平江府收籴"④。此外,"印榜遣人散于浙西、福建、广东沿海去处招徕客贩"⑤,以增加米的供应量,也是解决粮食不足的方法之一。

人多地少、粮食不足也可直接从当时的米价变化中反映出来。朱熹在浙东救荒时,曾要求拨给明州 100 万贯购置义仓米,但以当时明州中色米价计,只能"籴得二十四五万石","而盘运水脚糜费又在其外"⑥。可见当时中等成色的和籴价约为每石 4 贯,但淳熙年间(1174—1189),两浙的和籴均价约为每石 1.5～1.6 贯⑦。淳祐四年(1244),知州赵纶拨钱 52 万 300 贯,籴米 19500,此处未指明是在何地籴粮,但与六十年前相比,和籴价约为每石 27 贯十七界会子,以当时十七界会子每贯折铜钱约 100 文计,则粮价约为每石 2.7 贯,约增加了 1 倍。开庆年间(1259),定海淘湖田地租的折钱价为每石米"五十贯文十七界",海塘田的地租折钱是每石 48 贯文⑧,如折合成铜钱计算,粮价又增加了许多。而在荒年,米价更高,"市区斗为钱

---

① 冯福京:《大德昌国州图志》卷四《叙物产》,北京:中华书局,1990 年,第 21 页。

② 罗濬:《宝庆四明志》卷四《叙产》,第 48 页。

③ 朱熹:《晦庵先生朱文公文集》卷一七《奏明州乞给降官会及本司乞再给官会度牒状》,四部丛刊初编本。

④ 吴潜:《开庆四明续志》卷四《奉化县鲒埼库》。

⑤ 朱熹:《晦庵先生朱文公文集》卷二○《乞禁止遏籴状》。

⑥ 朱熹:《晦庵先生朱文公文集》卷一七《奏救荒画一事件状》。

⑦ 蔡戡:《定斋集》卷四《乞平籴札子》,影印文渊阁四库全书本,第 29 页。

⑧ 吴潜:《开庆四明续志》卷四《广惠院》。

数百"①。

四、结语

自唐宋以来,明州地区的人口不断增加,中唐以后,北方历经变乱,北方人口大量南迁,宋室南渡后,大量的人口进入明州地区;此外,从北宋中期到南宋这一时期正是南方经济发展的兴盛时期,人口自然增衍也较快。人口的增加促进了土地开垦手段的多样化和土地面积的增加,但是土地垦殖的速度明显慢于人口增长的速度,从而引起当地土地和粮食相对价格改变。为了能够在少量土地上生产出较多的农产品以满足日益增多的人口需要,人们不得不利用天时、地利来提高农田耕作的集约化程度,通过增加劳动投入,精耕细作,多加肥料、改进施肥技术等来提高土地利用率,通过复种制以提高产量。人口对土地的压力导致了制度的变迁和技术的革新,最终引起了地方经济格局的变化。

(原载《浙江社会科学》2006 年第 2 期)

---

① 罗濬:《宝庆四明志》卷四《叙产》,第 48 页。

晚唐至宋初明州城市的发展与对外贸易刍议

丁　雨

明州是我国古代重要的对外贸易港口之一。从目前的文献史料来看,它始建于唐。宋初,统治者于此地设立市舶司,在此后的大部分时间里,明州均作为东南地区较为重要的对外口岸并有所发展。比较而言,有关明州地区的地方志文献和考古资料相对丰富,近年海内外发现的与明州相关出土——尤其是出水材料也日益增多,新材料不断更新着我们对这一港口城市发展、城市体系及相关贸易活动的认识。本文即试图结合宁波近些年来的城市考古工作与相关的陶瓷考古发现,在前人研究基础之上,再窥明州早期城市发展状况,并就明州相关的对外陶瓷贸易进行一定的探讨。

一、晚唐至宋初明州城市的发展及其商贸地位

明州的建立可追溯到唐开元二十六年(738),中央政府将原先隶属于越州的鄮县升置为明州,此时明州并不在今天的三江口一带。直到 83 年之后的长庆元年

(821),明州才移州治于三江口。据《宝庆四明志》载,明州刺史黄晟始筑罗城①。据《新唐书》所载,黄晟景福元年(892)在明州刺史钟季文死后自称刺史②,其卒于梁开平三年(909),表明明州罗城应建设于892—909年之间。宁波在清理东渡路罗城遗址时,发现了刻有"乾宁五年"(898)的城砖,③表明罗城建造年代应在这一年份左右。从正式设州到黄晟筑城的这一段时间里,明州虽然已经开始加速发展,但其此时在这一地区的地位似乎并不突出,甚至相当边缘。

从地方行政建制上来看,明州受浙江东道观察使管辖。而浙东观察使的治所设于越州(今绍兴),下辖越州、睦州、衢州、婺州、温州、台州、明州、处州等地,此后直至吴越初期,浙东除短暂与镇海军(浙西)合并外,所辖范围大体变化不大。由此而观,此时明州之重要性应弱于越州。同一时期,浙江西道则先后以升州(今南京)、苏州、润州(今镇江)为治所,光化元年(898),移镇海军于杭州④,杭州由此正式成为浙西地区的行政中心。从建城史来看,杭州建城凤凰山可追溯至开皇十一年(591)⑤,至于越州,有学者认为,绍兴的城市雏形在越王勾践时已经奠定⑥。如果比较建城规模,则杭州始建就有三十六里九十步,后五代、宋时扩为七十里⑦。史料称唐扬州城四十里⑧,经过考古验证,大致不差⑨。而明州建罗城时仅有十八

① 胡榘、罗濬等:《宝庆四明志》卷三《叙郡下》,《宋元方志丛刊》第五册,北京:中华书局,1990年,第5020页。

② 《新唐书》卷一〇《昭宗本纪》,北京:中华书局,1975年,第288页。

③ 林士民:《浙江宁波东门口罗城遗址发掘收获》,《再现昔日的文明:东方大港宁波考古研究》,上海:三联书店,2005年,第101—105页。

④ 《新五代史》卷六七《钱镠世家》,北京:中华书局,1975年,第838页。

⑤ 乐史:《太平寰宇记》卷九三《江南东道五》,北京:中华书局,2007年,第1861页。

⑥ 李孝聪:《历史城市地理》,济南:山东教育出版社,2007年,第264—265页。

⑦ 周淙:《乾道临安志》卷二《历代沿革》,台北:成文出版社有限公司,1984年,第45页。

⑧ 圆仁:《入唐求法巡礼行记》卷一《承和五年》,桂林:广西师范大学出版社,2007年,第15页。

⑨ 中国社会科学院考古研究所等:《扬州城:1987—1998年考古发掘报告》,北京:文物出版社,2010年,第52页。

里①,这一范围因受到河流的限制,延至明清,变化不大,至今与宁波三江环绕的环城主路相合,近年来宁波城市考古工作颇多,对子罗城的范围也多有揭示②,范围与文献颇为吻合。

另外,从史料中浙江地区群雄的角逐或亦可一窥这一地区各城市的战略地位与重要性。钱镠早在中和四年(884)就已经自居杭州,刻意经营,与居于越州的董昌形成对峙之势,并最终灭掉董昌势力,统一两浙,同时受封镇海军节度使与镇东军节度使。吴越时期,杭州与越州分别成为西府与东府,是吴越的政治中心。由此可见,至少晚唐至吴越建国之前,两浙地区较为核心的城市是杭州、越州。与吴越关系最密的地方势力,除钱镠早期在两浙的敌人刘汉宏、董昌外,就是据有江南的杨行密,吴越与之相争的重点地区,是太湖流域的富庶之地。相关的升、苏、润等州,都是这一区域极为重要的城市和地方割据势力激烈争夺的据点。在群雄角逐的局面之下,正史对明州的描述几乎是空白。可见,虽然明州的实质性开发始于唐中期③,但从以上各角度的分析来看,直至 10 世纪末,明州与扬州、杭州、越州等地方重镇相比,城市规模不大,地位亦不甚高。

实际上,虽然贾耽记载的对外海路只有始发于登州、广州这二条④,但学界普遍认为唐代长三角地带已经有了对外交流和贸易的迹象,如 8 世纪中叶的鉴真和尚赴日本,就是从扬州出发⑤。且文献中对扬州曾居有大量胡人的记录也并不

---

① 胡榘、罗濬等:《宝庆四明志》卷三《叙郡下》,"罗城周回……计十八里……",第 5020 页。
② 林士民:《浙江宁波市唐宋子城遗址》,《考古》2002 年第 3 期;林士民:《再现昔日的文明:东方大港宁波考古研究》,第 101—105 页。
③ 斯波义信著,方健、何忠礼译:《宋代江南经济史研究》,南京:江苏人民出版社,2012 年,第 448 页。
④ 《新唐书》卷四三下《地理七下》,第 1146 页。
⑤ 释赞宁:《宋高僧传》卷一四《唐扬州大云寺鉴真传》,"(鉴)真乃慕比丘思托等十四人,买舟自广陵赍经律法离岸",北京:中华书局,1984 年,第 349 页。

少①。然而无论是扬州、明州抑或杭州,都缺少官方正式的对外贸易管理机构②。有学者认为,五代时期吴越在明州设置有博易务或两浙回易务来管理涉及吴越国的对外贸易③。但应当澄清的是,尽管不排除吴越存在着管理对外贸易机构的可能性,但以往所论的博易务等机构,却似并非设置于明州。现摘抄《旧五代史》《新五代史》的相关记录如下:

> 先是,滨海郡邑皆有两浙回易务,厚取民利,自置刑禁,追摄王民,前后长吏,利其厚赂,不能禁止。铢即告所部不得与吴越征负,擅行追摄。浙人惕息,莫敢干命。④

> 刘铢,陕州人也。少为梁邵王牙将,与汉高祖有旧,高祖镇太原,以为左都押衙。铢为人惨酷好杀戮,高祖以为勇断类己,特信用之。高祖即位,拜永兴军节度使,徙镇平卢,加检校太师同平章事,又加侍中。是时江淮不通,吴越钱镠使者常泛海以至中国,而滨海诸州皆置博易务,与民贸易。民负失期者,务吏擅自摄治,置刑狱,不关州县,而前为吏者,利其厚赂,纵之不问,民颇为苦。铢乃一切禁之。⑤

从以上叙述来看,设置有"博易务""两浙回易务"的主体似应为"中国"滨海地带,用以应对与吴越的海上交易,而非指吴越国的滨海地带设有市舶机构。否则,刘铢作为驻扎在山东地区的后汉将领,是无法管辖居于浙江擅自摄治的"务吏"。有学者指出,临海博物馆曾出土"明故将侍郎汾州李公墓志铭"一块,记载有"鼻祖讳素立,由唐明州刺史,以夷人市舶事滨海",以此为明州在唐代即有市舶机构的证据。但值得注意的是,这是一块明代碑刻,恐不足以对晚唐五代的机构设置提供充

---

① 如田神功 760 年曾"至扬州,大掠百姓商人资产……商胡波斯被杀者数千人"。刘昫等撰:《旧唐书》卷一二四《田神功传》,北京:中华书局,1975 年,第 3532 页。
② 黎虎:《唐代的市舶使与市舶管理》,《历史研究》1998 年第 3 期。
③ 林士民:《三江变迁:宁波城市发展史话》,宁波:宁波出版社,2002 年,第 102—106 页。
④ 《旧五代史》卷一〇七《刘铢传》,北京:中华书局,1976 年,第 1415 页。
⑤ 《新五代史》卷三〇《刘铢传》,第 335—336 页。

分的证据。

《新五代史》说钱氏政权"又多掠得岭海商贾宝货"①，宋人视十国为番邦，评介时不免用污语，然则此条透露的信息表明吴越实际至少应当存在着对进口货物的抽解现象，且这一现象频繁而普遍。实际上，吴越在对中原王朝的贡奉中，多有犀牙、真珠、香药、玳瑁、乳香、苏木等南洋或亚热带物产②，且数目不小。罗隐《杭州罗城记》亦记有"东眄巨浸，辖闽夷之舟楫，北倚郭邑，通商旅之宝货"③。表明了吴越之杭州与国境之南的地区有着密切联系。同时，吴越与中原王朝的联系基本上也建立在海路之上，"镠虽季年荒恣，然自唐朝，于梁室，庄宗中兴以来，每来扬帆越海，贡奉无阙，故中朝亦以此善之"④。同时，从上文博易务一节的探讨也可看出吴越与山东诸地海上联系之紧密。不过这种对外海上贸易的核心城市似应是杭州，除了以上所引罗隐之语可见杭州水路贸易的规模外，实际上早在中唐时期，李华就有"水牵卉服，陆控山夷，骈樯二十里，开肆三万室"⑤之语，极言杭州水路贸易之盛。谭其骧先生将对海外的贸易列为杭州在唐代大发展的第一条原因，且认为吴越时期是杭州逐渐超过苏州与越州的关键时期⑥。明州以浙东运河等河道与杭州相连，在杭州湾沙滩险恶的情况下，明州是作为杭州通海路的一条重要路径的门户而存在的。不管是否设立了市舶机构，其城市的发展应当从海路的贡奉与贸易中获益不少。

---

① 《新五代史》卷三〇《钱俶世家》，第 843 页。

② 徐松：《宋会要辑稿》"蕃夷七"，北京：中华书局，1957 年，第 7840 页下半。

③ 罗隐：《杭州罗城记》，《文苑英华》卷八一一《城》，北京：中华书局，1966 年，第 4268 页下半。据李定广，此篇《文苑英华》和《全唐文》本有出入。《全唐文》中，写作"辖闽粤之舟楫"（参见李定广校笺：《罗隐集系年校笺》，人民文学出版社，2013 年，第 940—941 页）。《全唐文》成书于清，晚于《文苑英华》，且今认为其错误甚多，不过笔者认为，结合语境，将"闽粤"并列，似更为合理。在此仍循前人校笺本。

④ 《旧五代史》卷一三三《钱镠传》，第 1770 页。

⑤ 李华：《杭州刺史厅壁记》，《文苑英华》卷八〇〇《厅壁记四》，第 4233 上半页。

⑥ 谭其骧：《杭州都市发展之经过》，《长水集》，北京：人民出版社，2011 年，第 435—447 页。

　　也许正因如此,到北宋时期事情发生了显著的变化。在吴越纳土(978)后的14年,北宋政府在淳化三年(992)移杭州市舶司至明州定海县,并命监察御史张肃主之,到第二年(993),"肃上言非便",于是又移回了杭州,咸平二年(999),在杭、明二州皆设市舶司,"听蕃客从便"①。明州市舶司这一番波折,让人似乎感到了某种管理官员和蕃客的矛盾。我们或可推测,到淳化三年时,明州定海县所在的甬江入海口已经成为一个蕃客惯常的登陆点,为了便于抽解宝货,朝廷便把市舶司移到了定海。但由于种种原因——或许是定海县的基础设施建设可能并没有跟上,或者是有一些蕃客习惯性直接航行至杭州进行贸易,或者是蕃客太多而明州定海县接待能力有限等——使官员以为"不便"。这种不便,归根结底可能是明州城的开发程度不够造成的。但是当市舶司真正移回杭州之后,大概杭州湍急的水道又使一些蕃客感到了"不便",故最终结果在杭、明二州皆设市舶司,让蕃客有选择的自由。市舶司能够选择在明州设立,表明明州在吴越统治期间获得了相当大的发展。而这番波折说明,这一发展可能仍然有限,以至于直至此时,明州的城市地位仍颇具争议。不过市舶司的设立,显然是明州发展的一大助力。不过即便如此,直至南宋乾道年间(1165—1173),时人仍然如此评价明州:"明之为州,实越之东郊,观舆地图则僻在一隅,虽非都会,乃海道辐辏之地,故南则闽广,东则倭人,北则高句丽,商舶往来,物货丰衍。"②这一叙述虽有一定主观性,不过也在一定程度上反映了时人心目中的明州,同时阐明了当时明州通商的几个主要地区。

　　虽然直到南宋初期,明州城仍未能够达到"都会"的地位,但是其交通地位的重要却有目共睹。斯波义信指出,最早刺激明州开发的,应是交通的发达。它的开发"受到了作为大运河延长的浙东河决定性影响,它作为杭州的外港,分担着以杭州

----

　　①　杭州设置市舶司的年份不详,不过《宋会要辑稿》"职官四四"有载,"端拱二年五月诏,自今商旅出海外蕃国贩易者,须于两浙市舶司陈牒请官,给券以行,违者没入其宝货"(徐松:《宋会要辑稿》"职官四四",第3364页下半),这一记载表明杭州设置的两浙市舶司应在端拱二年(989)或以前。

　　②　张津等:《乾道四明图经》卷一《分野》,《宋元方志丛刊》,第4877页下半。

为中心海产品、农产品和山货集散地的功能"①。实际上,联系以上对明州及其所
在地区其他城市的叙述,我们或可看出,明州的发展首先立足于经济重心南移的大
背景之下,并与地方核心城市杭州的发展紧密联系在一起,运河交通的畅达是其获
得发展机会的关键条件。明州的优势在于它是内陆河道与海路的交接点,而其劣
势则是腹地相对狭小②,正因如此,它只能暂居于腹地深广的大集散地辐射范围之
下。杭州是大运河的南端,通过运河又能与长江水运勾连,吴越在杭州修筑捍海
塘,整治城区运河,使之在五代的重要性逐渐超过苏、越等州,在北宋成长为"东南
第一州"③。而杭州湾的行驶和停泊条件的天然不足,为明州的发展提供了契机,
它作为杭州向外沟通的延伸,作为海路商品涌入杭州的通道发展起来。浙江的温
州、台州等地,在五代时期可能面临着与明州同样的发展海路贸易的机会,但是它
们的腹地问题显然缺乏有效的解决途径,同时又缺少与明州相似的与大都会勾连
的交通通道,因此在后期的发展中败下阵来。综上所述,在明州早期的发展阶段,
内陆河道的畅通,与直达长江下游重要都会杭州的重要性,是比其港口条件更值得
重视的历史条件与背景。这一点对我们理解分析唐宋之际的明州及与其相关的对
外贸易至关重要。

二、唐宋之际明州的对外陶瓷贸易

明州境内有著名的窑场越窑,而唐宋之际的越窑正处于发展高峰时期,越窑窑

---

① 斯波义信著,方健、何忠礼译:《宋代江南经济史研究》,第 450—451 页。
② 斯波义信著,布和译:《中国都市史》,北京:北京大学出版社,2013 年,第 146 页。
③ 王象之:《舆地纪胜》卷二《官吏上》,成都:四川大学出版社,2005 年,第 102 页。

址的发掘①、越窑瓷器在国内的流布②、越窑瓷器在海外沉船中的发现③均证明了
这一点。正因如此,越窑窑址分布最密集的明州地区也受到了学者们的密切关注,
尤其是井里汶沉船超过 30 万件越窑瓷器的发现④,更让人们对于这一时期的明州
有了更多思索。然而通过以上对明州城市发展与商贸地位的分析,我们发现晚唐
五代乃至北宋初期的明州在文献史料的记载中似乎并不是一个类似于唐代扬州的
繁荣大港。那么,应该如何看待这一问题呢?

　　先从几艘爪哇海域的沉船谈起。黑石号沉船、印坦沉船、井里汶沉船、加拉璜
沉船、西村勿里洞沉船、西村廖内沉船⑤是目前已知的几艘唐宋之际的东南亚沉
船,其中前三者资料较为详备。从黑石号出水的纪年器——一件有乾元元年(758)
纪年的铜镜和宝历二年(826)纪年的瓷碗来判断这艘沉船的年代可能不早于 826
年,其所载的货物生产年份至少跨越了 68 年。

　　黑石号年代略早,所载瓷器品类甚众,且以长沙窑瓷器为多,据称有 57500 件
之多;考虑到扬州出土的瓷器品类几乎可与黑石号的船货对应,有学者认为黑石号
有可能自扬州解缆始发,考虑到装长沙窑瓷器的罐子均产自广东,则推测它应当在

---

① 浙江省文物考古研究所等:《寺龙口越窑址》,北京:文物出版社,2002 年。

② 谢西营:《唐宋境内越窑瓷器流布的阶段性研究》,北京大学硕士学位论文,2013 年。

③ 黑石号参见:Regina Krahl,John Guy,J. Keith Wilson & Julian Raby,Shipwrecked:
Tang Treasures and Monsoon Winds,Arthur M. Sackler Gallery,*Smithonian Institution*,2010. 印
坦沉船参见:Flecker,M. ,"The archaeological excavation of the 10th Century:Intan shipwreck",
British Archaeological Reports,Vol. 1047. 2002. 井里汶沉船参见:《故宫博物院院刊》2007 年第
6 期。

④ 秦大树:《拾遗南海　补阙中土:谈井里汶沉船的出水瓷器》,《故宫博物院院刊》2007 年
第 6 期。

⑤ 加拉璜沉船规模不大,所出货品约几千件,且种类不甚明确,不过据称与印坦沉船品类
相似,可能包含浙江地区瓷器,但是即便货品全部是浙江地区瓷器,规模也不超万件。参见:
Horst H. Liebner:The *"Krawang" Wreck*:A cargo of 10th century ceramics,Jakarta:PT Putera
Paradigma Sejahtera-PT Nautik Recovery Asia,2009. 西村勿里洞沉船和西村廖内沉船以西村冠
名,是因为船体所出瓷器主要是广东西村窑产品。参见:Roberto Gardellin,"Shipwrecks around
Indonesia",*The Oriental Ceramic Society Newsletter*,No. 21(2013),pp. 17-18. 其报道不全,与本
文论题关系不大,故此处不多做介绍。

去程或归程时在广州停留过,抑或扬州本身也存有这种广东所产的大罐①;亦有学者认为如果黑石号在扬州装载,到广州卸货再用广东罐子包装长沙窑瓷后再装船,似过于麻烦,更有可能是由多个港口城市分别运往大集散地之后,在一个大集散地集中装船处理②;亦有学者认为,长沙窑瓷器外运存在着运往广州的水运路线,黑石号的瓷器可能是直接运到广州,装入广东大罐,然后再外运③。实际上,目前的材料不足以完全证实以上任何一种假说。考虑到黑石号所出货品绝大多数产自中国,笔者认为第一种假说颇具合理性,正如他所强调的,以广州地区为出发港之所以令人疑虑,在于广州城市考古中出土的类似船货组合太少。然而按照如此逻辑,这一假说的问题则在于扬州地区似尚无报道出土有类似作为包装的广东大罐④,若在广州装船——无论是提前备好还是回程再装,都不免面对第二种假说的质疑。当然,这一假说也提醒我们重新审视扬州对海外通航的条件和对海外沟通的方式。史念海先生认为,扬州可能在8世纪末就已经失去了对外贸易口岸的便利条件⑤。如梁肃《通爱敬陂水门记》所云:"当开元以前,京江岸于扬子,海潮内于邗沟,过茱萸湾,北至邵伯堰,汤汤涣涣,无隘滞之患。其后江派南徙,波不及远,河流浸恶,日淤月填。若岁不雨,则鞠为泥涂,舟楫陆沈,困于牛车。积臭含败,人中其气,为疾为瘵。"⑥梁肃生卒年为753—793年,此文应于788年扬州牧杜佑兴建水西门之后所作。杜佑对扬州河道的整治主要是保证运河通畅,以向北方政治中心运粮。这

① 谢明良:《记黑石号沉船中的中国陶瓷器》,《美术史研究集刊》2002年总第13期。
② 秦大树:《中国古代陶瓷外销的第一个高峰:9～10世纪陶瓷外销的规模和特点》,《故宫博物院院刊》2013年第5期。
③ 李建毛:《湖湘陶瓷(二):长沙窑卷》,长沙:湖南美术出版社,2009年,第39页。
④ 谢明良先生举证扬州汶河路曾出土广东窑场出产四系带流罐(见谢明良:《记黑石号沉船中的中国陶瓷器》,《美术史研究集刊》2013年总第13期;扬州博物馆等编:《扬州古陶瓷》,北京:文物出版社,1996年,图48),然而这种高约20厘米的小罐并不用于包装,应是一种商品,它和作为包装容器的广东大罐是否会有同样的流通渠道,颇值得怀疑。一般情况下,包装物多就近取材,除非有特殊需求,很少从远方运输包装材料对货品进行包装。
⑤ 史念海:《论唐代扬州和长江下游的经济地区》,《河山集·三集》,北京:人民出版社,1988年,第286—302页。
⑥ 梁肃:《通爱敬陂水门记》,《文苑英华》卷八一二《城门》,第4290页。

一材料表明,至少到788年,由于长江南摆,扬州已经无法直接向海外通航。不过这并不意味着扬州不再能够与海外沟通,只是由于长江南摆,与海外的沟通不如从前方便,需要换船而至城下。如前文所提圆仁838年入唐,到海陵县某村后,换三十余小船,由水牛拉船运物品至扬州,颇为不便,"自海陵县……去州六十五里"①。不过,扬州虽受此影响,但因此时与之繁荣关系最密切的运河尚能通畅,因此到9世纪前半叶仍能有"二十四桥明月夜""水郭帆樯近斗牛"的盛景。

实际上,在史料之中,不止陶瓷,扬州几乎聚集了全国各地的特产。而扬州之所以能够成为中晚唐时代首屈一指的大都会,实际上很大程度上是受到经济重心由黄河中下游移至长江下游的影响。作为长江和运河的交汇点,长江流域内的各处特产几乎都是要先运至扬州,再转运至北方的政治中心②。可以说,扬州在一定时期内是中央朝廷经济生命线最重要的节点。抛开经济背景不谈,联系扬州的交通实际,运河才是扬州最为倚赖的生命线。正因如此,对内的商品集散才是扬州城经营的重点。以长沙窑瓷器为例,在安徽③、河北④等地发现的长沙窑瓷器,很有可能是先运至扬州,再通过运河北上运抵这些地区的。扬州这一特殊功能是对外来商人最大的吸引力。太和八年(834),唐文宗下旨,"其岭南、福建及扬州蕃客,宜委节度观察使……任其来往,自为交易,不得重加税率"⑤,表明彼时其尚繁盛未衰,仍能吸引胡商到扬州经商往来。这实际上提示我们商品集散地腹地的深广与交通渠道的畅通似是更能够吸引商人们注意力的条件。

第二种假说的问题则在于,如果黑石号是从东南亚(如室利佛逝)的大集散地出发的,那么船货的品类则似应当如井里汶沉船一般更加多元,为何绝大多数船货

---

① 圆仁:《入唐求法巡礼行记》卷一《承和五年》,第9页。

② 史念海:《论唐代扬州和长江下游的经济地区》,《河山集·三集》,第286—302页。

③ 益友:《谈谈安徽出土的长沙窑瓷器》,湖南省文物考古研究所等编:《湖南考古辑刊》第四辑,长沙:岳麓书社,1987年,第156—161页。

④ 李建毛:《湖湘陶瓷(二)·长沙窑卷》,第36页。

⑤ 宋敏求:《唐大诏令集》卷一〇《帝王·太和三年疾愈德音》,北京:商务印书馆,1959年,第64—65页。从文中内容来看,标题中的"太和三年"似应为"太和八年"。

高度一致地产自中国？至于第三种假设，第一种假说已经对其提出了质疑：目前在广州地区缺少长沙窑瓷器的发现。不过值得重视的是，在桂林发现过 500 多件长沙窑瓷器①，桂林到广州只需要顺桂江直下，至梧州入西江，即可顺流而至广州。桂林发现的长沙窑瓷器至少表明了长沙窑向南运抵广州并再进一步外运的可能性是存在的。

就黑石号而言，200 多件越瓷的外运似乎并不是一个难题，因其数量较少，外输渠道的可能性很多。无外乎由运河北上扬州——如扬州确实失去海港而不便，则可下明州而一路向南。不过可以肯定的是，不管从哪条路径向外运输 200 多件越瓷，应该都不需要港口具有宏大的规模，也未必一定要通过明州。

在由黑石号所引发的问题中，我们可以明确的是，扬州是晚唐时期中国最大的商品集散地，必然对购买中国商品向外销售的商人们有着非常大的吸引力。黑石号的商品产地相对单一，从中国某地启航的可能性比较大。笔者倾向于第一种假说，然而从目前的资料来看，这一假说的确认仍需进一步的证据。黑石号运送的少量越瓷，尚难以表明明州对海上贸易有深入参与。

我们再把目光转向 10 世纪中叶左右，此时长三角地区的形势已经发生了变化。扬州屡遭战祸，地方割据导致了运河运行的中断，扬州迅速落衰。这一时期吴越、闽、南汉等国都在发展对"外"贸易②，一批港口由此获得了发展的良机。印坦沉船与井里汶沉船被推测沉没于这一时期或者稍晚的阶段。这两艘沉船所载船货与黑石号不同，品类相当复杂，不仅仅来自中国，更有东南亚、中东的货品。因此，笔者赞同前人提出的假设，这两艘船更有可能始发于东南亚某个居于交通要道的大集散地，譬如室利佛逝的巨港。印坦沉船出水有 4000 多件广东陶瓷和百余枚

---

① 李铧、刘志耘：《桂林出土的长沙窑瓷器及相关问题探讨》，中国古陶瓷学会编：《中国古陶瓷研究》第九辑，北京：紫禁城出版社，2003 年，第 139—145 页。

② 对"外"贸易实际不只是中国区域对现在其他国家和地区的贸易，也包括当时沿海各国之间的贸易。

"乾亨重宝"①,似更多呈现出与南汉的亲密性。其出水的 1000 多件越窑瓷器,仍然难以证明越窑附近已经出现了举世瞩目的大港。真正令人兴奋的是井里汶沉船出水的 30 多万件瓷器。这个数字会造成人们的某种预期,即认为这暗示着越瓷的大规模出口,并认为这种规模似应当是通过明州与东南亚某大港的直接互动造成的。实际上,所谓"大规模",是一个较为模糊的限定词,没有比较和数字,我们实际上难以对规模的"大小"做出判定。笔者在此尝试对 30 万件数字做另一种解析。我们有必要关注到,越瓷研究专家在对井里汶沉船出水瓷器进行分析之后指出,井里汶沉船上所出的越窑瓷器生产年份跨越了晚唐至宋初近百年的时间②,而黑石号的发现表明,至少从 826 年左右开始,越瓷至少存在着小规模的外运。如果我们用 300000 除以 100,每年只需要向外运输 3000 件越瓷,最后就能够形成 30 万件的积累。经笔者粗略的估算,假定 3000 件瓷器都是高 7.2 厘米、口径 15 厘米的普通越窑碗的话,所占用空间大约在 1.6 立方米左右③。前引罗隐《杭州罗城记》云,杭州"辕闽夷之舟檝",表明来往吴越船只数量颇多,从浙江沿海流出这 1.6 立方米的越瓷并非难事,按常理推断,不需要一年时间,恐怕一天时间就可以完成装载并启航。换句话说,只要每天有一艘船携带有 1.6 立方米的越瓷运向东南亚某个港口,仅仅需要 3 个多月的时间,这个作为集散地的港口就可以获得 30 万件瓷器。瓷器生产年份判定留给我们的时间是 100 年。那么,每天有一艘船携带有 1.6 立方米的陶瓷和其他一些货物出海,对于港口来说是否可算是大规模外运陶瓷?按照刚才的算法,假定我们保守估计一年中只有 10 天的时间海风适合航行,每日有一艘

---

① 谢明良:《关于所谓印坦沉船》,《陶瓷手记》,台北:石头出版股份有限公司,2008 年,第309—322 页。

② 沈岳明:《越窑的发展及井里汶沉船的越窑瓷器》,《故宫博物院院刊》2007 年第 6 期。

③ 笔者在《寺龙口越窑址》报告中取一个普通的标本 T7(3c):17,高 7.2 厘米,口径 15 厘米。参考井里汶沉船的装载方式,瓷器相叠而置,20 个碗为一摞,平放在地方,占地为[2.1(内底至圈足的高度)×20+7.2-2.1]×15=706 平方厘米,那么 3000 个碗占地面积实际就是 3000/20×706/10000=10.59 平方米。这一计算是只将瓷器铺作一层来计算的。如果按照体积来算,则是 10.59×0.15=1.5885 立方米。

这样的船,一百年实际可外运越瓷 3 万×100＝300 万件。假如这种算法足够保守且相对合理的话,那么 300 万件瓷器外运是否算大规模? 只看 3000 件和 300 万件两个数字,我们或许会得出完全不同的结论。

对于东南亚的中转地来说——我们目前推测是室利佛逝,以上这种估算,有赖于中转商品集散地政权的稳定。从现在的研究成果来看,在 9 世纪中期到 1025 年之前,室利佛逝的政权似乎相当稳定①。假如确实如此,则作为大集散地的吸引力可以通过多种路线吸引必要的商品到它仓库中去——设在巨港或者其他地点,并不一定需要和明州建立直接的联系——我们现在也缺乏有力的证据证明其二者之间有直接联系。站在东南亚集散地的角度,每天有一艘运载几千件越瓷的船只抵达港口,似乎也不是什么多不同寻常的事情。

另一方面,越窑应当也具备相应的生产能力。有学者曾对广东龙窑的产量作出评估,认为广东地区一座长 30 米左右的中型龙窑一次可烧 38000—43000 件瓷器②,寺龙口越窑址所发现的龙窑炉体斜长 49.5 米③,或亦可用此估计④。假定每座窑炉一年烧造 10 次,则 10 座窑炉一年就可以烧造 300 万件。

---

① 尼古拉斯·塔林主编:《剑桥东南亚史》,昆明:云南人民出版社,2003 年,第 142 页。

② 曾广亿:《广东古陶瓷窑炉及有关问题初探》,《中国考古学会第二次年会论文集》,北京:文物出版社,1982 年,第 206—215 页。

③ 浙江省文物考古研究所等:《寺龙口越窑址》,第 21 页。

④ 有学者指出越窑成品率或不高,然而考察这一论点的论据是基于北宋中期地方官的一首描述上林湖瓷器生产的诗歌《观上林坩器》:"作穴长如丘,取土深于堑。踏轮飞为模,覆灰色乃绀。力疲手足病,欲憩不敢暂。发窑火以坚,百裁一二占。里中售高贾,斗合渐收敛。持归示北人,难得曾罔念。贱用或弃扑,争乞宁有厌。鄙事圣犹能,今予乃亲觇。"(邹志方点校:《〈会稽掇英总集〉点校》卷一三《观上林坩器》,北京:人民出版社,2006 年,第 191 页。)然而这首诗歌的使用可商榷的地方很多。一则谢景初生于 1020 年,中进士在 1046 年,其担任余姚知县必然在 1046 年以后了。那么这首诗所描述的就是北宋中期的越窑生产状况。越窑到北宋中期已经渐显衰相,越窑的生产情况可能已经与前期大不相同,这一北宋中期的诗似难以确切描述五代宋初越窑繁荣时期的生产。二则"百裁一二占"句是否有可能使用了夸张的修辞? 既然"里中售高贾",那么他所指代的会不会是精品越瓷,而非普通者? 另外,从常理推断,在出现成品率只有百分之一二的情况下,工匠们是否考虑过改进技术,提高成品率? 瓷窑生产本身是一种动态过程,地方官员毕竟只是生产过程的观察者,其所描述现象的偶然性也许是很大的。

以上分析表明,如果在东南亚存在着一个大型中转港口这一假设成立,那么明州或杭州地区无需单次大批量外运陶瓷,依靠小批量的多次外运也同样可以达成井里汶沉船这样的效果。考虑到这一时期的对外陶瓷贸易绝大多数为民间贸易①,缺少政府的组织②,或许这种活跃而小股的贸易形式更有可能。假如确实如此,则可能陶瓷贸易对明州城市发展的推动会相当有限。另外似应澄清的是,官方市舶仓库与出口待售商品的仓库似应当区分开来。实际上,只要存在生产和销售的时间差,就一定会存在或大或小的贸易仓库,只要明州存在陶瓷商店或陶瓷中转商,不论陶瓷的最终流向如何,贸易仓储都是有可能存在的,这是一个商品流通中的普遍的状况,并不与涉外贸易特定相关。但是市舶仓库的主要存储品并非出口商品,而是抽解获得或低价博买的进口商品。从市舶机构的发展来看,其早期管理的重点似更多在于攫取进口商品,而市舶库则主要用于存放抽解和博买所获得的商品。因此,有学者用市舶库的发现来论证陶瓷出口对明州贸易繁荣程度的促进,似为不妥。

从地理区位和考古发现两方面看,慈溪窑区、东钱湖窑区均在明州管辖范围之内,上虞窑区距离宁波也不甚远,明州地区实际上是这些越瓷的主要生产窑场向外销售的较大集散地点,越瓷在这里集散,既可能用于外销,亦可能用于内销。越瓷并不是单一的外销型陶瓷,而是国内外知名的瓷器品类,其销售市场相当广阔,并非只有外销一种途径。即便全部用于外销,这些越瓷也仅可部分反映越瓷外销的规模,而难以反映越瓷对宁波港口发展的促进程度。

而更不应被忽视的是,在这一区域内,越瓷并非只有明州这一个地点可以作为较大的商品集散地,杭州作为这一区域内的地方重镇、商业中心和对外港口,使得杭州对其周边地区形成了强大的影响辐射。作为一个较为强势的市场,它对周边

---

① 秦大树、谷艳雪:《越窑的外销及相关问题》,《2007 中国·越窑高峰论坛论文集》,北京:文物出版社,2008 年,第 177—206 页。

② 从商品经济的规律来看,政府往往都跟在民间商业力量的后面进行运作,即政府很多行政行为和设置是对活跃的民间商业力量的反馈。

地区的商品有着很强的"吸力"。甚至明州在很长一段时间内,附庸于杭州的对外贸易需要。虽然我们尚未在杭州发现类似于宁波和义路的较大规模出土越瓷的遗址,但是从普通遗址出土越瓷的统计数据来看,杭州是一个比明州更大的越瓷消费市场,考古上暂时的空白尚不足以否定其作为越瓷出口地点的可能性。文献表明,作为地区性的商品大集散地,杭州的对内对外地位可能都更为重要。据史料记载,直到南宋,"浙江乃通津渡海之津道,且如海商之舰,大小不等"①,杭州仍能够停靠大批的海船。杭州湾水浅,更多影响的是尖底大型远洋船②。综合地理条件与史料记载,我们似乎应当思索自然条件在多大程度上给杭州造成了影响——在这一地域海外贸易发展的早期阶段,这种情况对杭州对外贸易的影响似乎并没有我们想象的那样大。当然,明州所获得的初步发展,似也部分来源于杭州天然条件不足所造成的机会。

综上所述,笔者认为,几艘沉船乃至宁波近年来发现的越瓷,固然可从某个侧面反映越窑的生产状况和市场拓展状况,亦能够由此中发掘窑址与城市的密切关系,但是窑址、外销瓷的兴盛与所涉及外销港口的规模与兴衰,却并非简单的因果关系可以涵盖。一方面,除外销瓷之外,明州至少还出口丝绸、布帛、铜钱等可能附加值更高、也更容易运输、在海外可能也更畅销的商品与通货,只是这些物品与陶瓷相比,更难以被考古工作所发现。另一方面,即便在这些外贸产品存在的情况下,明州依然地位平平,除了存在杭州这样有力的竞争对手和其他不利因素之外,实际上还因为海外贸易在当时经济中所占比例可能并不甚高。有学者经研究指出,即便到了对外贸易极大发展的南宋时代,海外贸易所占国家财政岁赋的收入或不及百分之三,一般在百分之一二之间③。基于以上,考古体现出的陶瓷贸易的兴

---

① 吴自牧:《梦粱录》卷一二《江海船舰》,孟元老等著:《东京梦华录(外四种)》,上海:上海古典文学出版社,1956 年,第 235 页。此处"浙江"非指省份或地域,指钱塘江,同书同卷"浙江"条有"浙江在杭城东南,谓之钱塘江"。

② 斯波义信著,布和译:《中国都市史》,第 137 页。

③ 郭正忠:《南宋海外贸易收入及其在财政岁赋中的比例》,《中国古代史研究导引》,南京:南京大学出版社,2011 年,第 253—264 页。

盛,与史料中明州的地位平平这种看似矛盾的现象,就有较为合理的解释了。

此外,在笔者看来,沉船中的数据可能也并不能非常客观地反映陶瓷市场占领状况。沉船是一种特殊的遗存。在这种埋藏环境下,遗物呈现出一种极为集中的状态。其所反映的是一种物流过程的状态,是一种多元市场消费前的聚集状态。商品一旦流入市场,流入消费群体,就会很快被稀释。对于考古学家来说,统计当时的市场规模就变成了一种类似于大海捞针的事情。如史料中记载吴越曾经累次贡奉宋廷十万件以上的越窑瓷器,然则据统计,五代至宋初瓷窑窑址以外所有见诸报道的出土越瓷数量大约不过数千件,而中原地区出土越瓷不超过 20 件[①],发现比例约为万分之一,而吴越贡奉的登陆点山东地区几乎没有发现过越瓷。因此,对比沉船出水越瓷的数量和越瓷在国内流布的数量,来说明越窑的主要市场在海外[②],似乎值得商榷与重新思考。在笔者看来,更有针对性和说服力的比较,应当是同类遗址之间的比较。据金英美的统计,唐宋之际,日本出土越瓷数量约为2252 片[③],这一数字可能仅仅略少于中国的出土数量,虽然我们目前缺少日本出土越瓷瓷片的分期统计数据,无法分期段与中国的情况进行进一步的对比;但如果日本考古工作的密度与出版报告的速度与我国近似的话,那么这一数字或能够说明唐宋之际的日本是一个几乎与中国比肩的越瓷消费市场。实际上,如前文所引文献和一些史家所研究的那样,东北亚地区正是吴越统治者重点发展的海外贸易市场[④]。这也与浙江地区的地理区位优势相符合。目前已知越瓷在东南亚、西亚、东

---

① 谢西营:《唐宋境内越窑瓷器流布的阶段性研究》,第 57—80 页。

② 谢西营:《唐宋境内越窑瓷器流布的阶段性研究》,第 106 页。

③ 金英美:《越窑研究》,北京大学博士学位论文,2002 年。

④ 李东华:《五代吴越的对外关系》,《中国海洋发展史论文集》第五辑,台北:"中研院"中山人文社会科学研究所,1993 年,第 17—60 页。

非等地均有发现,虽有个别遗址披露发现越瓷的数目①,但鲜有各地域整体数据的披露。如要真正对越窑的销售规模和市场占领情况有所了解,实际还有待于更多的资料与数据。

三、总结

本文无意否定明州地区与外界的早期联系,但是这种早期联系与城市的真正发展及地位的提升应当是不同的概念。虽不断有文章强调明州的早期繁荣和陶瓷贸易在其中的地位,但如何衡量和描绘贸易繁荣的程度,似乎需要加以多方面的比较、限定和考量。从史料来看,明州在晚唐五代时期贸易地位平平,结合地方志与多年来的考古成果,其城市规模亦无法与周边的杭州、扬州等地媲美。虽然不排除吴越时期明州就已经存在对外贸易管理机构的可能性,但这种机构应不是正史中提到的博易务和两浙回易务。较为明确的证据表明,最晚到公元999年,明州设立了市舶司。综合扬州、杭州、明州的情况,晚唐扬州、五代杭州的对外地位可能比当时的明州更为重要。早期明州主要依附于腹地深广的大集散地而获得发展。

几艘沉船的船货情况可能代表了长三角地区不同时期的不同情况。尽管井里汶的沉船越瓷数目极为引人注目,但是考虑到船货生产年代跨度极大,经计算,每年并不需要有很大量的外输就可以达成这样的积累,因此几艘沉船的发现似尚不足以说明明州港口具有了很大的规模。在海外贸易并不在经济结构中占较大比重的情况下,明州在唐宋之际还面临着较为强势的吴越首府、北宋东南第一州杭州的竞争,这可能是使它未能迅速迈入都会级别大港口的原因。另外,沉船出水陶瓷资

① 如秦大树先生曾统计埃及福斯塔特遗址出土越瓷229片(参见秦大树、谷艳雪:《越窑的外销及相关问题》,第177—206页);肯尼亚曼达遗址和上加遗址发掘者分别披露发掘中发现越瓷分别为57片和34片等。参见:Chittick, N., Manda: Excavations at an Island Port on the Kenya Coast. Nairobi: *British Institute in Eastern Africa*; Horton, M. C., Brown, H. W., & Mudida, N., Shanga: the Archaeology of a Muslim Trading Community on the Coast of East Africa(Vol. 14). *British Instin Eastern Africa*.

料恐怕难以反映陶瓷的真正市场占领情况,同类遗址之间的比较或许更能够说明问题。

综合来看,与闽南、广东等地相比,长三角地区最大的对外贸易优势在于背靠中国最深广的腹地,尤其是在运河畅通的情况下,中国南北方货品皆可辐辏。闽南、广东的优势显然更多在于靠近南海的地理位置,福建地区山高流断,腹地狭小,广东地区则面临着大庾岭的阻隔,通往内陆的交通远不及长江下游杭州、明州一带畅通。如此形势造成的结果可能是,来自东南亚、中东等客商更倾向于到广州销售商品,而如果想要获取品类更全、价格更优惠的商品可能就需要通航至长三角地带。笔者认为,正是这种地理区位和商品集散的实际情况造成了此前学者曾论证过的北宋时代广州市舶司和两浙市舶司的分工①。我们从中不难看出,地理区位和腹地条件对港口城市具有重大影响。

(原载《故宫博物院院刊》2014 年第 6 期)

① 郑有国:《中国市舶制度研究》,福州:福建教育出版社,2004 年,第 59 页。

附录　鄞州宋代研究论著选目

政治

倪士毅、宋佩芬:《王安石治鄞政绩述略》,《浙江学刊》1987 年第 3 期。

王德毅:《郑清之与南宋后期的政争》,《宋史研究论文集:国际宋史研讨会暨中国宋史研究会第九届年会编刊》,保定:河北大学出版社,2002 年。

张邦炜:《王安石的鄞县施政与熙宁变法之异同》,《首都师范大学学报(社会科学版)》2016 年第 1 期。

尹航:《宰属与史弥远专权》,《文史》2019 年第 2 期。

小林晃:《南宋后期史弥远专权内情及其嬗变》,《国际社会科学杂志(中文版)》2020 年第 3 期。

地方社会与家族

梁庚尧:《家族合作、社会声望与地方公益:宋元四明乡曲义田的源起与演变》,《中国近世家族与社会学术研讨会论文集》,台北:"中研院"历史语言研究所,1998 年。

黄敏枝:《南宋四明史氏家族与佛教的关系》,《宋史研究论文集:国际宋史研讨会暨中国宋史研究会第九届年会编刊》,保定:河北大学出版社,2002 年。

廖寅武:《论宋理宗继位与四明集团的关系》,《求索》2004 年第 11 期。

近藤一成:《宋代科举社会的形成:以明州庆元府为例》,《厦门大学学报(哲学社会科学版)》2005 年第 6 期。

周扬波:《南宋四明地区耆老会概述》,《宁波大学学报(人文科学版)》2006 年第 5 期。

柳立言:《科举、人际关系网络与家族兴衰:以宋代明州为例》,《中国社会历史评论:第十一卷》,天津:天津古籍出版社,2010 年。

柳立言:《士人家族与地方主义:以明州为例》,《历史研究》2009 年第 6 期。

包伟民:《宋代明州楼氏家族研究》,《传统国家与社会:960—1279 年》,北京:商务印书馆,2009 年。

黄宽重:《政治、地域与家族:宋元时期四明士族的衰替》,《新史学》2009 年第 2 期。

游彪、龙耀祥:《由"鄞县"到"临安":两宋之际四明史氏的崛起道路》,《人文》2020 年第 1 期。

郑丞良:《南宋明州先贤祠研究》,上海:上海古籍出版社,2013 年。

戴仁柱著,刘广丰等译:《丞相世家:南宋四明史氏家族研究》,北京:中华书局,2014 年。

社会经济

邹逸麟:《广德湖考》,《中国历史地理论丛》1985 年第 2 期。

乐承耀、徐兆文:《宋代宁波农业的发展及其原因》,《浙江学刊》1990 年第 4 期。

宋晞:《宋代明州州治鄞县城乡之发展》,《宋史研究集》第 20 辑,台北:台湾编译馆,1990年。

成岳冲:《论宋元宁波地区主干水利工程的分布与定型》,《浙江学刊》1993年第6期。

侯强:《宋元时期宁波盐业考述》,《盐业史研究》2012年第1期。

苏金花:《唐宋明州制瓷业发展述论:以考古资料为主的考察》,《中国经济史研究》2019年第5期。

陆敏珍:《唐宋时期明州区域社会经济研究》,上海:上海古籍出版社,2007年。

斯波义信著,方健、何忠礼译:《宋代江南经济史研究》,南京:江苏人民出版社,2012年。

海外贸易与对外交流

徐规、周梦江:《宋代两浙的海外贸易》,《杭州大学学报(哲学社会科学版)》,1979年第1期。

倪士毅,方如金:《宋代明州与高丽的贸易关系及其友好往来》,《杭州大学学报(哲学社会科学版)》,1982年第2期。

渡部武:《〈耕织图〉对日本文化的影响》,《中国科技史料》1993年第2期。

许孟光:《明州与高丽的交往以及高丽使馆》,《海交史研究》1995年第2期。

方祖猷、俞信芳:《五代宋明州市舶机构初建时间及演变考》,《海交史研究》1996年第2期。

李小红:《海外贸易与唐宋明州社会经济的发展》,《宁波大学学报(人文科学版)》,2004年第5期。

张伟:《略论明州在宋丽民间贸易中的地位》,《宁波大学学报(人文科学版)》,2004年第5期。

施存龙:《两宋时期明州为枢纽港的中朝航海》,《宁波与海上丝绸之路》,北京:科学出版社,2006年。

陈佳荣:《明州航线最早使用罗盘之记录》,《宁波与海上丝绸之路》,北京:科学出版社,2006 年。

刘恒武:《试论宁波港城的形成与浙东对外海上航路的开辟》,《宁波与海上丝绸之路》,北京:科学出版社,2006 年。

张德华:《唐宋时期鄞州与日本的佛教交往》,《东方博物》2005 年第 2 期。

朱爱武:《宋代明州海外贸易发展对政治和社会生活的影响》,《宁波大学学报(人文科学版)》2009 年第 1 期。

魏志江、魏楚熊:《论十至十四世纪中韩海上丝绸之路与东亚海域交涉网络的形成》,《江海学刊》2015 年第 3 期。

张锦鹏:《南宋时期明州港兴盛原因探讨》,《华中科技大学学报(社会科学版)》2007 年第 1 期。

丁雨:《晚唐至宋初明州城市的发展与对外陶瓷贸易刍议》,《故宫博物院院刊》2014 年第 6 期。

周运中:《宋代宁波港产生的中国最好地图研究》,《中国港口》2017 年增刊第 2 期。

蹇雪:《宋朝对高丽漂流人救助研究》,《河北北方学院学报(社会科学版)》2018 年第 2 期。

纪昌兰:《宋代明州航济亭设置时间考辨》,《中国史研究》2020 年第 2 期。

考古艺术

席龙飞、何国卫:《对宁波古船的研究》,《武汉水运工程学院学报》1981 年第 2 期。

杨古城、曹厚德、徐宁:《浙江鄞县东钱湖南宋墓道石刻的历史和文化价值》,《浙江工艺美术》1994 年第 2 期。

陈锽:《鄞县东钱湖南宋神道石刻艺术初探》,《东南文化》1999 年第 5 期。

宁波市文物考古研究所：《浙江宁波市唐宋子城遗址》，《考古》2002 年第 3 期。

清华大学建筑学院、郭黛姮、宁波市保国寺古建筑博物馆：《东来第一山：保国寺》，上海：上海科学技术出版社，2018 年。

思想文学

缪钺：《论张孝祥词》，《灵谿词说》，上海：上海古籍出版社，1987 年。

吴怀祺：《宋代学术史著作和黄震对理学的总结》，《史学史研究》1991 年第 2 期。

张伟：《论黄震理学思想的时代特色及其历史地位》，《杭州大学学报（哲学社会科学版）》1996 年第 1 期。

叶嘉莹：《拆碎七宝楼台：谈吴文英词之现代观》，《迦陵论词丛稿》，石家庄：河北教育出版社，2000 年。

张三夕、杨毅：《论王应麟的学术渊源》，《浙江学刊》2010 年第 1 期。

王水照：《王应麟的"词科"情结与〈辞学指南〉的双重意义》，《社会科学战线》2012 年第 1 期。

蒋寅：《王应麟诗论的文本特征及其诗学史意义》，《上海大学学报（社会科学版）》2014 年第 1 期。

钱志熙：《试论王应麟的学术思想与文学成就》，《求是学刊》2014 年第 1 期。

李贵：《楼钥〈北行日录〉的文体、空间与记忆》，《文化遗产》2016 年第 4 期。

刘蔚：《楼璹〈耕织图诗〉的艺术渊源及其创变》，《浙江社会科学》2017 年第 10 期。

牛润珍：《宋元之际四明地区佛教的发展：以延祐〈四明志〉为中心的考察》，《中国地方志》2018 年第 1 期。

陈伟权：《宋代明州茶文化史初探》，《农业考古》2019 年第 5 期。

李小红、陈雁：《庆历五先生：宁波文化坐标的节点》，《浙东文化研究：第 1 辑》，杭州:浙江大学出版社,2014年。

范立舟:《"甬上四先生"对象山心学的继承和张大》,《浙东文化研究:第1辑》,杭州:浙江大学出版社,2014年。

图书在版编目（CIP）数据

　鄞州宋史研究论文集 / 陈志坚,张凯编. —杭州：
浙江大学出版社，2023.4
　ISBN 978-7-308-23202-9

　Ⅰ.①鄞… Ⅱ.①陈…②张… Ⅲ.①鄞州区－地方
史－研究－宋代 Ⅳ.①K295.54

　中国版本图书馆 CIP 数据核字（2022）第 198647 号

鄞州宋史研究论文集

陈志坚　张　凯　编

责任编辑	蔡　帆　吴心怡	
责任校对	吴　庆	
封面设计	周　灵	
出版发行	浙江大学出版社	
	（杭州市天目山路 148 号　邮政编码 310007）	
	（网址：http://www.zjupress.com）	
排　　版	浙江时代出版服务有限公司	
印　　刷	杭州宏雅印刷有限公司	
开　　本	710mm×1000mm　1/16	
印　　张	23.5	
字　　数	342 千	
版 印 次	2023 年 4 月第 1 版　2023 年 4 月第 1 次印刷	
书　　号	ISBN 978-7-308-23202-9	
定　　价	128.00 元	